江南文化研究

播种『主义』——上海报刊与江南红色文化的塑造与传播（1919—1927）

瞿骏 靳帅 武小力 著

上海人民出版社 上海书店出版社

出版说明

　　江南文化是长三角地区共同的精神家园，是长三角区域高质量一体化发展的文化基础。为推动江南文化研究的深入开展，推出一批江南文化创新研究的最新成果，在上海市委宣传部的直接指导和宣传部理论处、市哲学社会科学规划办公室的大力支持下，上海市社会科学界联合会组织开展了"江南文化研究"系列课题研究工作。经专家评审鉴定，19项课题成果顺利结项。评审专家对系列课题研究整体质量表示肯定，认为课题成果总体体现了沪上江南文化研究的较高水准，既有对江南文化的总体框架性研究，也有针对江南文化重大问题的具体专题性研究，一定程度上填补了江南文化研究的一些空白领域，在江南文化研究的理论提升方面也有所突破。经遴选，挑选其中8项富有一定创造性和创新价值的研究成果以"江南文化研究"丛书的形式公开出版，为推动打响"上海文化"品牌，服务长三角高质量一体化发展贡献力量。

总　序

熊月之

　　江南文化是中华文化家园中的重要组成部分，是江南人民在漫长历史中创造的、有别于其他区域、极具活力的地域文化。

　　江南，泛指长江以南，不同时期内涵有所不同，有大江南、中江南、小江南之分。所谓"大江南"，泛指长江中下游地区，有时也包括长江上游部分地区；所谓"中江南"，主要指长江下游地区，包括江西一带；所谓"小江南"，主要指长江三角洲及周边地区。先秦时期所说江南多指大江南，唐代以后所说江南多指中江南，明清以来（包括今人）所说江南多指小江南。小江南亦有基本范围与核心范围之分，基本范围以太湖流域为中心向东、西两侧延伸，包括今江苏南京、镇江地区，浙江绍兴、宁波等地区，也包括安徽芜湖、徽州等地区，江西的婺源及长江以北的江苏扬州、泰州、南通等地区；核心范围仅指太湖流域，包括南京、镇江、常州、无锡、苏州、杭州、嘉兴、湖州与上海。

　　江南地区山水相连，壤土相接。自秦汉至明清，两千多年间，其行政建置，先为一体，唐代同属江南道，明代大部分属南直隶，清代前期大部分属江南省；后为毗邻省份，乾隆二十五年（1760）以后分属江苏、安徽、浙江三省。彼此人民语言相近，习俗相通，有无相济，流动频繁，认同感强，亲密度高，故文化一体化程度很高。

关于江南文化特质，学界已有很多种各能自洽的概括，今后一定还会有很多种概括。据我有限目击，以下四个方面是为较多学者所述及的。

其一，开放包容，择善守正。

江南地区经济文化的发展，得益于持续的开放与交流。

秦汉时期，江南地区地广人稀，经济文化落后于中原地区，东晋以后才快速发展，很重要一个原因，便是由于中原战乱。西晋永嘉之乱、唐代安史之乱与宋代靖康之乱，使得中原大量人口向江南迁移。北人南迁不是难民零星迁移，而是包括统治阶层、名门望族、士子工匠在内的集群性迁移，是包括生产方式、生活方式、文化知识、价值观念、审美情趣等在内的整体性文化流动，即所谓"衣冠南渡"，这对江南影响极大。这种迁移，从全国宏大范围而言，是中国内部不同区域之间的迁移，但对于江南而言，则是一种全面的文化开放与交流交融。

江南地区的开放，也包括面向世界的开放。古代中国与东亚以外的世界联系，主要通过两个方向，即今人所说的两条丝绸之路。一条是西汉张骞出使西域打通的横贯亚洲、联结亚欧非三洲的陆路丝绸之路；另一条是海上丝绸之路，形成于秦汉时期，发展于三国隋朝时期，繁荣于唐宋以后。前者以长安为起点向西，与东南沿海地区没有太大关联；后者或以泉州、广州为起点，或自杭州、扬州等港口直接出航，所载货物，或为丝绸，或为瓷器等，这就与江南地区有了直接关系。中国历史上，凡是偏向于东南地方的政权，都比较重视海洋。宋朝注意发展市场经济，拓展海上贸易。朝廷带头经营，民间积极参与，江南地区处于对外贸易前沿，江阴、青龙镇、刘河、温州、明州（今宁波）、乍浦、上海，都曾是重要港口。

江南文化长期引领中国对外开放潮流。明末清初，徐光启等知识分子与来华的西方传教士利玛窦等人，共同掀起第一波西学东渐热潮，将《几何原本》等大批西学介绍到中国来，其中代表性人物徐光启、杨廷筠、李之藻、王锡阐等，都是江南人。鸦片战争以后，上海成为第二波西学东渐中心，其代表性人物，李善兰、徐寿、华蘅芳、徐建寅、王韬、马相伯、李问渔等，也都是江南人。五四前后介绍马克思主义热潮中，亦以江南人为多，陈独秀、陈望道、沈玄庐、瞿秋白、张太雷、恽代英等，均为江南人。

江南地区在吸收大量来自外地、外国优秀文化的同时，一直有自己的选择与坚持。诚如近代思想家苏州人冯桂芬所说，"法苟不善，虽古先吾斥之；法苟善，虽蛮貊吾师之"，吸收的过程，就是比较、鉴别与选择的过程，吸收精华，排斥糟粕，唯善是从，坚守优秀。海纳百川与壁立千仞，开放与坚守，是高度统一的，其标准便是唯善是从。明清时期江南学术、文学、艺术的全面兴盛，便是典型。近代以来的海派文化，则是以江南文化为基础，吸收了西方文化的优秀部分发展起来的。

其二，务实创新，精益求精。

无论是经济领域，还是文化领域，江南人都相当务实，勇于创新，秉持实践理性。江南多数地方自然禀赋优越，气候温润，土壤肥沃，物产丰盛，人们容易解决温饱问题，故读书人多，识字率高，所以，江南进士、举人比例特高。但科举仕途太窄，绝大多数读书人在由学而仕的道路上行走不通。于是，他们除了务农，还有很多人当了塾师、幕僚、账房、讼师及各种专业性学者或艺术人才。他们有文化，竞争力强。无论何种领域，从业人员愈多，则分工愈细，分工愈细则创新能力愈强。康熙雍正年间，苏州加工布匹、丝绸的踹坊，就有 450 多家，苏州工艺种类多达五十余种，且加工精细，水平高超。苏绣、苏玉、苏雕、竹刻、"四王"的绘画，顾炎武、钱大昕、阎若璩的考据，方以智的哲学，桐城派的文学，各种顶尖的学术、艺术，都是沿着精益求精路子，获得成功的。

务实创新，精益求精，使得江南文化成为中华文化精致绚烂的时尚中心与审美高地。诚如明代人评论以苏州为核心的吴地文化时代所言："夫吴者，四方之所观赴也。吴有服而华，四方慕而服之，非是则以为弗文也；吴有器而美，四方慕而御之，非是则以为弗珍也。服之用弥博，而吴益工于服；器之用弥广，而吴益精于器。是天下之俗，皆以吴侈，而天下之财，皆以吴啬也"[1]。

最为典型的例证，是清朝宫廷对苏州艺术的欣赏与垂青。学术界研究成果表明，明清两代紫禁城，从自然景观到人文环境，都浸润着苏州文化元素。紫禁城是苏州工匠领导建造的；皇家建筑使用苏州金砖、玲珑的太湖石、精美的玉雕山景；宫廷殿堂使用苏造家具，墙壁贴着吴门画派的山水画，屋顶挂着苏州花灯，桌上摆着苏州钟表，衣饰、床帐、铺垫为苏州刺绣，吴罗、宋锦等织绣；皇室享用的绣品，几乎全出于苏绣名艺人之手，服饰、戏衣、被面、枕袋帐幔、靠垫、鞋面、香包、扇袋等，无不绣工精细、配色秀雅、寓意吉祥。康熙、乾隆皇帝十二次南巡，前后在苏州驻留 114 天。乾隆皇帝对于苏州文化，已经到了痴迷的地步。孔飞力说，江南是让清朝皇帝既高度欣赏又满怀妒忌的地方。如果有什么人能让一个满族人感到自己像粗鲁的外乡人，那就是江南文人；如果有什么地方让清朝统治者既羡慕又恼怒，那就是江南文化，"凡在满族人眼里最具汉人特征的东西均以江南文化为中心：这里的文化最奢侈，最学究气，也最讲究艺术品位。"如果满人在中国文化面前失去自我的话，那么，正是江南文化对他们造成了最大的损害[2]。

这一特点到了近代，更为突出。穆藕初以一个普通的海归，能在不太长的时间里成为全国棉纺业大王，陈光甫能在金融业中脱颖而出，商务印书馆能长期执中国出版业之牛耳，难计其数的以精致著称的"上海制造"，都是务实创新、精益求精的结果，都是务实创新、精益求精的典型。当代江南，万吨水压机、人造卫星、神威·太湖之光超级计算机、蛟龙号深海探测船、上海振华龙门吊等大国重器不断涌现，无不体现江南人务实创新、精益求精的品格。

其三，崇文重教，坚强刚毅。

江南普遍重视文化，重视教育。归有光说："吴为人材渊薮，文字之盛，甲

<hr>

[1] 章潢：《三吴风俗》，《图书编》卷三六。

[2] ［美］孔飞力著：《叫魂：1768 年中国妖术大恐慌》，陈兼、刘昶译，上海三联书店 1999 年版，第 94 页。

于天下。"[1]江南地区自宋代以来便书院林立，讲学兴盛，明代无锡东林书院、武进龙城书院、宜兴明道书院、常熟虞山书院、嘉兴仁文书院，清代苏州紫阳书院、杭州诂经精舍、南京钟山书院等，不胜枚举。江南所出文人儒士之众，诗词文章之繁，为天下之最，苏州作为"状元之乡"的名声早已举世闻名。科举之外，凡与文相关的方面，文赋诗词、书法绘画、戏曲音乐、雕刻园林，江南均很发达。当代江南所出两院院士，在全国人数最多，比例最高。

江南民性有小桥流水、温文尔雅一面，也有金刚怒目、坚强刚毅一面。宋末元军南下，在江南遭到顽强抵抗，常州以2万义军抵抗20万元军的围攻，坚守半年，被誉为"纸城铁人"。明初宁海人方孝孺，面对朱棣的高压，宁愿被诛十族，也不愿降志辱身，成为刚正不阿的千秋典范。清兵南下，江阴、嘉定、松江、浙东都爆发了气壮山河的抗清斗争，涌现出侯峒曾、黄淳耀、陈子龙、夏完淳、张煌言等一批刚强激越的英雄。绍兴人刘宗周宁愿绝食而死，也不愿入清廷为官。近代章太炎、徐锡麟、秋瑾，均以不畏强权、铁骨铮铮著称于世。江南人在这方面已经形成了延绵不绝的文化传统。越王勾践卧薪尝胆的故事，每到改朝换代之际，就会转化为强大的精神力量。顾炎武的名言"天下兴亡，匹夫有责"，早已成为妇孺皆知、沦肌浃髓的爱国主义营养。

其四，尚德重义，守望相助。

江南文化具有浓厚的宗教性内涵，信奉佛教、道教者（包括信奉妈祖）相当普遍，民众普遍尚道德，讲义气，重然诺。徽商、浙商、苏商均有儒商传统，崇尚义利兼顾。这种传统到了近代上海，就演变为讲诚信，守契约，遵法治，其中相当突出的现象是商业规范与信用系统的建立。诚如著名实业家穆藕初所说：数十年来，"思想变迁，政体改革，向之商业交际，以信用作保证者，今则由信用而逐渐变迁，侧重在契约矣。盖交际广、范围大，非契约不足以保障之"。

贫富相济，守望相助，是江南社会一大特色。近代以前，江南慈善事业就相

---

[1] 归有光：《震川先生集》卷九，周本淳点校，上海古籍出版社2007年版，第191页。

当普遍而发达，设立义田、义庄、义塾以资助贫困子弟读书，设立育婴堂、孤儿院、清节堂等慈善机构，以救助鳏寡孤独等弱势群体，是江南社会重要传统。古代中国最早的义庄，便是宋代范仲淹在苏州所设。近代以后，上海则是全国城市慈善事业最为发达的地方，也是全国慈善救助中心。近代上海有二百多个同乡组织，他们联系着全国各地，每个同乡组织都有慈善功能。从晚清到民国，全国性慈善中心上海协赈公所就设在上海。从事慈善组织活动的中坚人物，经元善、盛宣怀、谢介福等，都是江南人。每遇内地发生水灾、旱灾、传染病与战乱，上海慈善组织总是发挥领头与关键性救助作用。

以上四点，或从整体精神方面，或从经济、文化与社会方面，共同构成了江南文化的普遍性特点。这些特点，植根于江南历史，体现于江南现实，是江南地区的共同精神财富，也是我们今天所倡导和正在进行的长三角一体化文化认同的基础。

长三角地区一体化，有个从自发到自觉的发展过程。历史上，从杭州到扬州运河的开通，太湖流域多项水利工程，近代沪宁铁路、沪杭甬铁路的开通，长三角区域内河航线轮船的运行，多条公路的运行，密切了长三角内部的联系。这可视为长三角地区一体化的自发行为。

长三角地区地形的多样化，导致地区内物产的多样性，有利于区域内经济品种专业化程度的提高。自宋代以后，地区内就形成了产粮区、桑蚕区、植棉区、制盐区的有机分工，这也促进了地区内的人员流动。包括商人、学人、技术人员在内的各种人员，在区域内的频繁流动，诸如徽商到杭州、苏州、常州、扬州等地创业，绍兴师爷到江苏、安徽等地发展，近代宁波、温州、绍兴、无锡、常州、合肥、安庆等地无数商人、学人、艺人到上海谋发展。这可视为长三角地区一体化的自然基础与人文基础。

江南文化是长三角地区共同的文化标记。吴韵苏风、皖韵徽风、越韵浙风和海派文化，虽各具特色，但都是江南文化一部分，或是在江南文化基础上发展起来的。要推动长三角更高质量一体发展，比以往任何时期都更加需要江南文化提供精神资源和精神动力。

　　江南文化是内涵极其丰富的宝藏。对于江南文化的研究，可以从多领域、多角度、多方法入手。由上海市哲学社会科学规划办公室和上海市社会科学界联合会策划的这套"江南文化研究"丛书，涉及士人生活、江南儒学、典型家族、家风家训、海派文化、医药文化、近代报刊与新型城镇化等诸多方面。它们有的从宏观上整体把控江南文化的特征与变迁，勾勒出文化史的发展线索；有的则从某一领域着眼，深入发掘儒学、医学、新闻学等在江南这片土地上结出的硕果。书中既有能总括全局的精深见解，也不乏具体而微的个案研究。各位作者，都在相关领域里长期耕耘，确有创获，或独辟蹊径，或推陈出新。这套丛书中的作品均经上海社联邀请相关领域学者严格评审、遴选，它的出版必能为江南文化研究提供新的视角与成果。

　　江南文化研究的先哲顾炎武，曾将原创性学术成果比喻为"采山之铜"。可以相信，这批成果的问世，对于拓展、深入理解江南文化的内涵，对于推动江南文化研究，对于推动长三角地区一体化，都会有重要的价值。

　　特此遵嘱为序。

2021 年元月 23 日

目录

1   总序/熊月之

1   引论　在上海—江南互动中理解"建党时刻"

10   **第一章　《民国日报·觉悟》与"社会主义"的江南展开**
        （1919—1924）

12   一、"社会命脉似的事业"：《觉悟》的创办与流变

23   二、商业竞争与思想论战：《觉悟》同人与《时事新
        报》的互动纠葛

33   三、忏悔与觉悟：五四青年的自省风气

39   四、"觉悟"青年如何走向"社会主义"：围绕施存统
        的讨论

48   结语

49   **第二章　《时事新报·学灯》与"社会主义"的江南互动**
        （1919—1922）

49   一、《时事新报·学灯》的发展概况

77   二、社会主义思潮文本的书写与呈现（1919—1922）

110   三、读者的思想世界与改造探索

148   四、"社会主义"的生意

159   五、趋向学术化的书报广告

174   结语

178　　第三章　《东方杂志》与"社会主义"的江南流布
　　　　　　　　（1919—1922）

182　　一、《东方杂志》的办刊取向与"十月革命"的讨论

197　　二、商务印书馆与《东方杂志》的发行销售

203　　三、《东方杂志》的阅读与"社会主义"的在地化

217　　结语

220　　第四章　沈定一、戴季陶与《星期评论》的江南回响
　　　　　　　　（1919—1922）

222　　一、打破"人自为战"：五四政潮中京沪新文化同人
　　　　　　的联动

233　　二、平和互助：戴季陶对五四运动的观察与反应

237　　三、沪杭联动中《星期评论》的停办与沈定一的思想
　　　　　　转变

247　　结语

248　　第五章　《学生杂志》与"社会主义"的江南形塑
　　　　　　　　（1919—1924）

249　　一、"富于革新精神"：《学生杂志》的创办与沿革

254　　二、"俄国社会"与"社会主义"：对读者疑问的解答

271　　三、"时论要目"：社会主义的"新书通讯"与"阅读
　　　　　　指南"

276　　四、"问答栏目"："实际人生"与编读互动中的解答

287　　五、"到民间去"："入社会"与"干革命"的思想导引

295　　结语

298　　后　记

引论 在上海—江南互动中理解"建党时刻"

 1921 年 7 月的中共建党已有无数研究和诠释，但"一切真历史都是当代史"，在百年视域中如何更深入理解这一伟大时刻无疑有相当多的东西可以继续谈。以笔者有限阅读范围所及，40 多年来对此的研究和诠释较多看重"外来资源"与"外部影响"，如谈到上海与建党之关系必要剖析租界因素，论及建党过程则必要联系共产国际和苏俄。这些分析当然都大致不错，也很有必要，但从百年后回望，有一些问题似较难从前述的分析路径中得到更完整的答案，比如上海之于中共建党究竟提供了哪些现实基础与思想促动？苏俄十月革命带来的马克思主义传播在中国遭遇了怎样的具体历史条件？按照共产国际之设想塑形的中共何以能够在与原典描述非常不同的社会状态下快速壮大？这些问题都应有一些新的讨论方向，而一个可能性就是不孤立地去理解上海，同时也不单独地去理解嘉兴南湖，在海上石库门与烟雨湖画艇间实有千万条连线，这条条连线即是上海—江南的互动。

一

 在上海—江南的互动中理解建党，首先要关注到上海不仅仅有租界的"霓虹

1

灯内"，还有上海城市的"霓虹灯外"与江南各个城市、县城、市镇、乡镇、乡村里的"霓虹灯外"。这"霓虹灯外"的世界不仅比"霓虹灯内"的世界广大得多，同时也能让我们理解中共一大绝不止租界洋场中正式开会的那几天，而是有更丰富的与上海、江南乃至全国相联系的内容。主要体现在，第一在"一大"之前上海成立的共产党早期组织中来自"大江南"地域的读书人不少，其中尤以浙江籍为多，如沈玄庐、陈望道、俞秀松、施存统、邵力子、茅盾、沈泽民等。这批读书人或直接成长于小江南之市镇、乡村，或跨越了浙西山区与浙东平原之区隔，进而在杭州浙江一师这个具体场域汇聚。他们曾有的生活环境是碧油油的水，一湾的古城，四面的桑田和连山的翠色；进而感受的是省城里改革的学校，活泼的课堂和满怀理想之年轻人的群聚。来上海后，"洋场文明"一方面为他们的活动提供了不少便利和掩护，但另一方面也是对他们时时刻刻的考验与激刺。这种考验与激刺一方面体现在"洋场"中充斥着既不受中国法度管辖，亦不受外国法理控制的"冒险家"，贫富的悬殊落差随处可见，又遍地往来电车、汽车等"紧张物"，由此革命者的精神时常经受考验，"成加速度的律动"，而且"精神越是紧张，疲劳的程度越是加大，渐渐地疲劳到极点，连律动的能力也就薄弱下去"[1]。另一方面在"洋场"内他们的精神再紧张，体力再疲劳也未必能够生存下去，很多时候共产党早期组织的革命者们要离开洋场，进入工厂，以获得立足都市的资源。如俞秀松就曾在虹口厚生铁厂工作。虹口工厂区离法租界的俞氏落脚处——《星期评论》社距离颇远。俞氏缺钱，来回都走路，即使也以很快的速度，也要"走一点钟才到"[2]。由此这些革命者在上海的心境既会不时兴奋，又会不时失落，兴奋时感到此处是宣传和行动的好所在，失落时则感到"上海的一切，时

---

[1] 戴季陶：《到湖州后的感想》(1920年7月1日)，唐文权、桑兵编：《戴季陶集（1909—1920）》，武汉：华中师范大学出版社，1990年，第1273页。
[2] 俞秀松：《日记（节录）》，1920年6月27日条，上海市中共党史学会编：《俞秀松文集》，北京：中共党史出版社，2012年，第12页。

时象（要）驱逐我出境的样子"[1]。

正因早期中共建党成员的经历和心境如此跌宕丰富，所以当张东荪在谈"由内地旅行而得之又一教训"的时候[2]，邵力子即问："难道住在通商口岸的时候，（张东荪们的）眼光只注射到高大的洋房、宏敞的商店；而对于民穷财尽的景象，一定要旅行内地以后方才明白么？"[3]这话除了质疑张东荪等只能见到都市的"霓虹灯内"，也说明邵力子等人的心界多是一个"霓虹灯内"与"霓虹灯外"的结合体，他们在上海都市中从事建党活动，但其着眼却一定不会囿于上海都市。

第二，具体到"一大"的代表，他们的会场虽然在"洋场"之中，但他们的到会之旅和离会之途却都是在经历、观察和思考江南及至一整个的但又有巨大地域差异的"中国"。从北京出发的代表要先乘火车到天津，到天津后可以选择坐海轮直接去上海，也可以选择搭津浦路车南下，先到南京，再通过沪宁线到上海。这一路他们看到的是1895年后沿海中国的"畸形现代化"。"现代"由火车、铁路、海轮、口岸城市等构成，"畸形"则由军阀的火并、路匪的枪声、原先繁华城市的衰落、沿途憧憧的贫病死亡的暗影来浮现。从湖南出发的代表则大概更能看到内陆中国与沿海中国的差异——火并更剧、枪声更密、衰落更彻底，憧憧暗影变为处处可见。而且这种差异不仅反映在他们沿途的见闻中，同时也反映在来自"洋世界"的代表心中感觉来自内地的代表"土气"之上。当会议从上海进入江南，前述"差异"的中国又部分变化为"交织"的中国。"一大"代表们从上海去嘉兴，坐的是沪杭线早班车，能当天来回也同样依靠沪杭线的晚车。在两趟"现代化"的沪杭线之间，他们除了紧张地开会，还看到了江南胜景——"万顷碧波，湖畔一片芦苇中掩映着楼台亭阁"，较之西湖别有风味[4]。当然他们一定还会看到和感受到很多在江南胜景之外，这一地域现代与传统"交织"的状况，

[1] 鲁迅研究室、柔石故居整理：《柔石日记选》(2)，1923年1月6日条，《新文学史料》1987年第3期，第187页。

[2] 东荪：《由内地旅行而得之又一教训》，《时事新报》1920年11月6日，第2张第1版。

[3] 力子：《再评东荪君底"又一教训"》，《民国日报·觉悟》1920年11月8日，第4张第1版。

[4] 张国焘：《我的回忆》第1册，出版地不详，现代史料编刊社，1980年，第144、146页。

这些状况虽然缺乏记录，但烙印在他们今后的革命实践里[1]。

第三，共产党早期组织成员的努力和"一大"代表的奋斗让中共有了上层的形制，但离开上海后，他们中的大部分人多考虑全局性的规划，只有一小部分人真正从事于各地方的扎根与建党。因此要讨论革命的星星之火何以在短时间内能在地方社会燃烧就要关注更多的江南革命青年，他们的经历典型地反映了建党前后上海—江南的互动。这些人大多出生于1890年代，是上上个世纪的"90后"。碍于昂贵旅费和学校布局，他们不能随心所欲地四处考试，而是在加倍努力后进入上海的学校求学。在上海，他们与五四运动遭遇，是运动中的"活动分子"，在活动中学习团结同学，学习街头演讲，学习油印技术，学习当一个与平民在一起的教书匠，也正是在这些学习中他们靠拢了组织。不过三四年后由于上海居大不易，他们毕业后不太可能留在都市，遑论出国深造，于是带着一身实践中练就的本领回到家乡，干起了革命。这些江南革命青年的故事提示在建党时刻，中共看似人数稀少，组织弱小，但因为有五四大风的笼罩效应和理想召唤的拓展效应，中共同时也后备充足，"潜力无穷"。这充足的后备与无穷的潜力很大一部分即产生于上海与江南的互动之中。这就涉及下一个问题——这些江南共产党早期组织成员和江南革命青年是怎样接触和认知主义的。

二

一般常言1917年十月革命一声炮响，给中国带来了马克思列宁主义。但需要注意此时的中国不是一张主义的白纸，江南更不是一张主义的白纸，而是已有形形色色的各种"主义"在这一区域内长时间流布传播。清末民初，这些主义在

---

[1] 如"一大"后，8月上旬毛泽东即在杭州、南京等地游历，这次游历对他日后写出《江浙农民的痛苦及其反抗运动》等名文应有一定的帮助。中共中央文献研究室编：《毛泽东年谱1893—1949》上卷，北京：中央文献出版社，2002年，第85页。润之：《江浙农民的痛苦及其反抗运动》，《向导》第179期（1926年10月25日）。

《申报》上有之，在《东方杂志》上有之，在《新民丛报》上有之，在《社会星》上有之，在《甲寅》上有之，在《万国公报》上亦有之，传播它们的人物则有蔡元培、张元济、杜亚泉、梁启超、江亢虎、章士钊、李提摩太等。而从1917年到1921年，在斑斓多姿的江南主义舞台上，更多的主义使者粉墨登场。有《新青年》，有《每周评论》，有《星期评论》，有《时事新报》，有《民国日报》，有《建设》。所以当张国焘提到"从南到北，不少人都在摸索俄国革命成功的途径"，无数报刊在同情甚至宣扬社会主义时，其中他拿来作为代表的北京报刊只有1种，而作为代表的上海报刊多达4种[1]。这样的反差从何而来？它首先说明在主义尤其是先进主义的传播中上海造成的声势要比北京显豁，进而要讨论上海的声势何以会更加"显豁"？这当然和上海报刊之"生产"绝大多数在"洋场"之内有关，但亦和上海—江南的互动紧密联系。

报刊若能大量"生产"意味着它也需要大量销售，否则难以为继。大量销售需要有便利的人、物流通条件，有在当地销售的机构，有充足的购买力量和广泛阅读的人群，这些都能在江南找到。江南地区水网密布，船来舶往，外围包罩着沪宁铁路和沪杭甬铁路两大铁路线，可谓齐集前蒸汽时代和蒸汽时代最便利的人、物流通条件。上海又拥有1920年代中国最大的出版—销售产业，如商务印书馆、中华书局等。不过称其为"最大"，不仅仅是因为它们在上海的本部体量庞大，更因为它们在全国各地乃至东南亚各处"分号"的星罗棋布。不过以当时的运输成本和配置条件，无论商务印书馆还是中华书局，都一定是在离上海较近的江南地区"分号"最多，布局最广。如果说在东北地区，商务、中华只是在沈阳、长春、哈尔滨等中心城市设有分号，那么仅在江南苏州一地，苏州城内有分号，吴江县城有分号，黎里镇虽无分号，但邮局、烟纸店等亦会代卖商务、中华的教科书、杂志和文具。

以上谈的是报刊销售的物质条件，更重要的是购买、阅读报刊之人。明清时

---

[1] 张国焘：《我的回忆》第1册，第84页。

代江南读书人以科举表现出色，文风繁荣鼎盛闻名，这个特点造就了江南地区的识字率高于全国的平均水准，令有能力阅读的人群基数有了数百年的保证。而要能阅读报刊，一个最基本的条件是识文断字。在满足识文断字的基本条件后，1870年代后这个地域更形成了读书人阅报的风气，养成了他们读刊的习惯。中国传播主义报刊的出现大概是在1902年后，大量井喷在1919年后。但阅读报刊的习惯养成和风气形成若只有20年时间，基础或不牢靠，或更缩短到两三年时间，压根就不具备可能性。而在江南地区1919年前后不少读书人阅读报刊已经同吃饭、睡觉一般"须臾不可离"，此种状态的出现是和这一地区近50年的报刊传播阅读史绾合在一起的。因此主义"生产"于上海，又壮大于江南。上海为江南的主义壮大提供了样品和试用品，江南则为上海的主义"产生"提供了源源不断的作者、读者。这些作者、读者经历各异、性格迥然、口味不同，兴趣多样，正是这一个个不一样的他们为主义落地中国，且不断"中国化"提供了具体的历史条件。

三

这些具体的人和具体的历史条件汇集起来有两点特别值得关注。一个是建党前后社会主义思潮的"浑朴"。"浑朴的社会主义"由张东荪提出，被李汉俊批评为"一个主义，一定有一个内容，断没有只有趋向而无内容的可以说是主义"[1]。李汉俊的批评很有道理，但若把"浑朴"不理解为"无内容"，而是理解为当时主义彼此交错，难分你我，尚有待区分的历史状态，则张东荪所言也确实是一种提示。今日人们能够较为清晰地辨别马克思列宁主义、河上肇趋近社会民主主义的社会主义、罗素、柯尔式的基尔特社会主义与巴枯宁、克鲁泡特金式的无政府主义，但需要注意当时人很可能没有也不能区分得那么清楚。一个较为典型的例

---

[1] 东荪：《我们为什么要讲社会主义》，《解放与改造》第1卷第7号（1919年12月1日）；汉俊：《浑朴的社会主义者底特别的劳动运动意见》，《星期评论》第50号（1920年5月16日）。

子是《新青年》。1920年10月《新青年》第8卷第2号出版，封面是罗素相片，下书"就快来到中国底世界的大哲学家罗素先生"；广告页的"新青年丛书"预告两本罗素著作——《到自由之路》与《哲学问题》；当期要目栏的前六篇文章是张崧年所写的《罗素》、罗素译文——《梦与事实》、《工作与报酬》、《民主与革命》、《游俄之感想》和《哲学里的科学法》。1920年11月《新青年》第8卷第3号出版，前六篇文章是张崧年的《试编罗素既刊著作目录》、王星拱的《罗素的逻辑和宇宙观之概说》、罗素译文——《能够造成的世界》、《自叙》、《民主与革命》、《罗素论苏维埃俄罗斯》[1]。

《新青年》里关于罗素的内容这样多并不说明它是一本宣扬基尔特社会主义的刊物，而是说明当时思想界因欧战的影响，对苏俄的憧憬和对资本主义罪恶的认识有了一个相近似的"社会主义倾向"，罗志田即指出各派政治力量虽有诸多不一样，"但仍有某种程度的共识"，即"他们均对资本主义持不同程度的批判态度而倾向于某种社会主义式的解决"[2]。

这样一个社会主义思潮"浑朴"的局面当然会在后续历史发展中产生大变化。中共诞生后，何谓真正的主义，哪些是正确思想，未来道路究竟应该走向何方都渐渐不再"浑朴"。但另一方面当我们回顾"建党时刻"时，也应该看到社会主义思潮"浑朴"的局面亦在一段时间内让人们接受马克思主义有了一定的普遍基础，也带给人们迎接巨大新改变的潮流感。这样的潮流感指引着中共党员，也影响着诸多中共之外的人士。1921年1月2日，湖南新民学会新年大会上讨论解决社会问题的方法。参会人士中赞成采用布尔什维克主义的多达12人，赞成德莫克拉西（近于社会民主主义）的2人，赞成温和方法的共产主义（即罗素的主义）的1人，未定者3人[3]。到9月张东荪亦直接承认布尔什维克主义"看去

---

［1］《新青年》第8卷第2号（1920年10月1日）、第8卷第3号（1920年11月1日）。

［2］ 罗志田：《乱世潜流：民族主义与民国政治》，北京：中国人民大学出版社，2013年，第108—109页。

［3］ 中共中央文献研究室编《毛泽东年谱1893—1949》上卷，第79页。

明明是一条大路"，而基尔特主义"明明看去无路"。虽然张氏补充说布尔什维克主义的大路是"画在墙上的"，基尔特主义若不急功近利的话，"总可以得到柳暗花明又一村的境地"[1]。但无论如何补充，通过新民学会的选择和张东荪的言论可以明显看出在当时各种主义的竞争中，马克思主义已在脱颖而出。

不过张东荪说的"画在墙上"放在 1921 年也并非全然无根。若中共真的在建党后随共产国际、苏俄亦步亦趋，全力以赴成为共产国际在远东的一个支部，则"画在墙上"可能就变为了现实。但中共自其建党那一刻就已在寻觅独立自主的道路，这即是具体人和具体历史条件汇集的第二个关注点——"建党时刻"与马克思主义中国化的联系。

1922 年 5 月 5 日陈独秀在中国社会主义青年团第一次代表大会上做演说，陈氏特别指出"最重要的是现社会的政治及经济状况，不要单单研究马克思的学理"；又说"宁可以少研究点马克思的学说，不可不多干马克思革命的运动"[2]。"一大"后不到一年陈独秀做这样的强调，一方面暗示此时中共领袖或真还未能研读多少马克思的"学理"，另一方面也说明中共在建党之初就具备了不拘泥于马克思的"学理"，活学活用的品格。对此，胡绳日后有非常精辟的总结。他说当时中国的先进知识分子能读到的马克思列宁主义的著作是很少的，但他们学到了马克思主义的基本观点，就勇敢地投身于炽热的实践斗争中。"他们的理论准备不够多，这是一个弱点；但是，一接受马克思主义，就立即把它和中国的反帝反封建的群众运动结合起来，这又是中国马克思主义运动的一个特点和优点。"[3]

胡绳的总结其实不局限于中共领导层，作为出生苏州的江南人士，他谈论的也是 20 世纪 20 年代对"主义"的"江南认识"和"中国化认识"，这里兹举一例。1923 年五一国际劳动节，后来的"左联五烈士"之一的柔石来到江南名刹灵

---

[1] 东荪：《我们所能做的》，《时事新报·社会主义研究》1921 年 9 月 16 日，第 4 版。

[2] 陈独秀：《马克思的两大精神》，任建树主编：《陈独秀著作选编》第 2 卷，上海：上海人民出版社，2014 年，第 453—454 页。

[3] 胡绳：《从鸦片战争到五四运动》（简本），北京：红旗出版社，1982 年，第 674 页。

峰寺，遇到一位僧人。此人在成都办过中学，1916 年倒袁以后，"就不再在社会周旋"，遁入空门。但他对社会主义很有一些见解，说"社会主义于现中国似不合，但亦不可不提倡，一时不说，则一时赶不上别人，万年不说，则万年赶不上别人"[1]。

灵峰寺的僧人大概更未读过多少马克思主义的原典，但在欧风美雨的侵袭下，在救国救民的尝试中，他清楚意识到中国要富强，必须强大国家，也必须发展资本，但不能复制，亦不可能复制欧美列强的发展模式，因此他会说社会主义"不可不提倡"。这里他要"提倡"的社会主义正是"马克思主义中国化"的雏形。其基本特点是既未扭曲欧陆原典的基本道理，又充分适应着中国的复杂实际。在日后的实践中，我们日渐清晰走这样社会主义道路的中国才有独立的可能，进而有复兴的希望。在走过独立之征途，复兴之大路的过程里，中共百年的伟大实践不但让中国人迎头赶上了"别人"，而且为世界社会主义的强势发展添加了浓墨重彩之一笔。

---

[1] 鲁迅研究室、柔石故居整理：《柔石日记选》（2），1923 年 5 月 1 日条，《新文学史料》1987 年第 3 期，第 197 页。

第一章 《民国日报·觉悟》与"社会主义"的江南展开 (1919—1924)

　　《民国日报·觉悟》副刊是五四时期的四大副刊之一，因其为国民党人所办而更具有特殊性。学界对于《觉悟》的研究已经相当丰富，但一个主流取向是以杂志"文本"作为研究中心，围绕杂志的创办与发展、编辑群体的思想与活动、杂志文本的内容与影响等方面进行讨论。这种研究取向可称之为一种"不见读者的报刊史研究"[1]。作为一份杂志，有编辑群体就有作者群体，亦会有销售管道与

---

[1] 既有研究择其要者有：晨朵：《〈觉悟〉副刊对传播马列主义的贡献》，《复旦学报》1983年第2期，第75—78页。杜竹敏：《〈民国日报〉文艺副刊研究》，复旦大学，博士学位论文，2010年。岳亮：《〈觉悟〉与社会主义在中国的早期传播》，《科学社会主义》2014年第6期，第145—148页。孙旭红：《〈觉悟〉与社会主义在中国的传播》，《东方论坛》2014年第6期，第88—95页。蒋含平、李敏、王悦：《城市风格与报刊姿态：五四时期北京〈晨报副刊〉与上海〈觉悟〉副刊妇女解放运动呈现比较（1919—1920）》，《新闻大学》2018年第5期，第20—27页。史建国：《陈德征与〈民国日报·觉悟〉的"复兴"》，《新文学史料》2016年第2期，第183—190页等。史建国有专著"对《觉悟》进行一些初步的探索和尝试"。该书从《觉悟》的诞生过程、对新文化议题的讨论、作者群体及其后期的政治转向等方面进行了讨论。需要指出的是，这本书以文学史的角度切入，故而会有"从新文化公共空间"到党派"自己的园地"论断。实际上，《民国日报》的经费来源、编辑人员构成乃至作者群体构成以及思想主张始终是国民党"自己的园地"，只不过处在"新文化公共空间"时期的《觉悟》国民党是隐伏其后而已。此外，史建国所指出的"另一种'一校一刊'的结合——（转下页）

阅读群体。上述研究在细化杂志文本的同时，也逐渐引出杂志受众群体为何、他们是如何获得杂志的、阅读后的反应如何等问题[1]。

五四时期，"报纸杂志中的读者来信和投稿数量巨大"，"这类投稿来自中下层，常常是'无名之辈'，有时反而能以'民意'的名义影响历史"。这些读者群体"也正是各杂志作者写文章时面对的'对手方'之一"，"他们在一定程度上塑造着作者的言说"。"通过这些报刊的来往信件，可以清晰地看到思想的动态过程"[2]。王汎森在讨论五四青年"烦闷的本质"时，就指出《中国青年》的'问答栏'很珍贵，它提供的材料让我们得以观察当时青年人现实生活中的苦闷与困惑；以及主义宣传家如何引导当时青年把他们人生的困惑、生活的遭际与国家命运结合在一起，最后把各种困惑、挫折的情绪调动到一处，找到共同的出路"[3]。

在《觉悟》中，"通信"栏目的来稿量巨大且种类多样、内容丰富，是窥探《觉悟》编辑的办刊取向、五四知识青年对新文化的"到手"、"入心"乃至"行

（接上页）复旦大学与《觉悟》作者群"中的邵力子、叶楚伧、刘大白、陈望道四人相当程度上只是部分"编辑群"而已，真正意义上的"作者群"是那些当时处于烦闷彷徨中的知识青年。史著企图附会"北大——新青年"模式而提出的"复旦——觉悟副刊"模式似难成立。因为邵力子、叶楚伧、陈望道等人亦同时在上海大学执教，因此亦可以说是"上海大学——觉悟副刊"模式，如此则这种非要对应"一校一刊"模式的合理性则会大大消解。

[1] 目前学界对此已有以"阅读史"、"接受史"为视角的反思和实践。潘光哲、张仲民、李仁渊等学者对中西阅读史的研究有较为系统的梳理和实践，参见潘光哲：《追索晚清阅读史的一些想法——"知识仓库"、"思想资源"与"概念变迁"》，《新史学》2005 年第 16 卷第 3 期，第 137—170 页。张仲民：《从书籍史到阅读史——关于晚清书籍史/阅读史研究的若干思考》，《史林》2007 年第 5 期，第 151—180 页。李仁渊：《阅读史的课题与观点：实践、过程、效应》，载复旦大学历史学系著：《新文化史与中国近代史研究》，复旦大学出版社，2009 年，第 213—255 页。李仁渊：《晚清的新式传播媒体与知识分子——以报刊出版为中心的讨论》，台北：稻乡出版社，2013 年。潘光哲：《晚清士人的西学阅读史》，台北："中央研究院"近代史研究所，2014 年。张仲民：《种瓜得豆：清末民初的阅读文化和接受政治》，北京：社会科学文献出版社，2016 年。瞿骏《天下为学说裂：清末民初的思想革命与文化运动》，北京：社会科学文献出版社，2017 年。瞿骏：《助产"主义时代"：〈中国青年〉的定位、推广与阅读（1923—1927）》，《中共党史研究》2020 年第 6 期，第 44—66 页。
[2] 周月峰编：《新青年通信集》，福州：福建教育出版社，2016 年，编者说明第 1—2 页。
[3] 王汎森：《思想是生活的一种方式：中国近代思想史的再思考》，台北：联经出版集团股份有限公司，2017 年，第 162 页。

动"的独特管道[1]。本研究拟在梳理《觉悟》的基础上，以"社会主义"在江南地区的传播与接受为切入点，对《觉悟》的创办与流变，《觉悟》与《时事新报》的思想论争中的商业竞争以及"社会主义"在五四青年中的传播以及五四青年在传播中的接受等为中心展开讨论。

一、"社会命脉似的事业"：《觉悟》的创办与流变

曾经常为《觉悟》撰稿的曹聚仁晚年在《文坛五十年》中回忆称："《民国日报》自主持人叶楚伧以下，本来都是南社文人，有着民初的革命气氛。邵力子主编《觉悟》，态度最为积极，和《新青年》桴鼓相应，最为青年学生所爱好。那时上海《民国日报》受了政府干涉，邮寄颇成问题，就靠日本邮局在转送，居然一纸风行。经常替《觉悟》写稿的，如陈望道、刘大白、沈定一、杨贤江、张闻天、瞿秋白，后来都是社会革命的激进分子"[2]。曹聚仁的回忆指出《觉悟》的党派特性。

和此时国内大多数报纸不同，在"'无党派'三个字，几乎成了中国报界的金科玉律"的时候，《民国日报》的负责人叶楚伧和邵力子公然承认《民国日报》是国民党机关报，使得《民国日报》在所有大报中独树一帜。当时叶、邵称"我们六七年以来的主张"，使"爱读我们底报纸的人"，"都很知道我们底报纸和国民党的关系"[3]。他们之所以敢于承认《民国日报》的党派背景，主要也与此时报纸杂志界"过于中立"的现状有关。

当时旅德的王光祈在致国内学界的信中即反思称"德国报馆，不光是一座房子几位主笔，还是一部分特定的宗旨相同的有组织的群众的言论机关"，但中

---

［1］ 王玉春对五四时期报刊中的"通信"栏目有较为初步的研究，参见氏著：《空间与对话：五四报刊"通信"栏目研究》，台北：花木兰文化出版社，2012 年。

［2］ 曹聚仁：《文坛五十年（正编·续编）》，北京：生活·读书·新知三联书店，2011 年，第 162 页。

［3］ 楚伧：《报纸与党派——读申报王光祈底信》，《民国日报·觉悟》副刊 1922 年 7 月 24 日，第 1 版。

国的报纸则"号称代表大多数民意","其实按之实际，仍是代表一座房子几位主笔"。因此，叶楚伧才敢宣称"代表真党派要比代表假民意老实有效的多"[1]。尽管坦然承认自身的党派色彩，但在办刊取向上，《民国日报》及其《觉悟》仍"抱定'集思广益'的方针，极力采取各方议论"[2]。

新文化运动在如火如荼之际，许多报刊书籍是借"新文化"来拓展销售，发展生意的。譬如经常给《觉悟》撰文的刘大白即指出"现在中国的社会，在表面上虽然似乎已经有新思潮的出版品的需要，在内幕里还是很欢迎黑幕派的出版品。所以有些编辑和书坊，为了双方兼顾，期间一方面用一个名字编辑或发行新思潮的出版品，一方面用别一个名字编辑或发行黑幕派的出版品。于是尽可名利双收"。刘大白将其称之为"蝙蝠式的编辑和书坊"[3]。当时就有在南洋留学的青年致函邵力子称，他在上海新潮社定了一份《新的小说》，结果"新年号"的"封面上画底的一个裸体女子"，"与《新的小说》一同寄来的，还有一张廉价券和两张广告"，"内中一张，大书《隔帘花影录》二集又出版了！"他指出这本《隔帘花影录》仅看目录就知道是"可比金瓶梅"一类的春宫书。继而他指出"民立图书馆"是"借着新文化书籍的光"，"大登其卖春宫片底广告。"他亦警告上海新潮社，"不要高谈着'改造社会''改造社会'，先自己做些不贻害社会的事才好！"[4]上海新潮社的负责人之一张静庐看到此通信后，即在《觉悟》上刊登声明，对留学青年所指出的问题一一回应。张氏指出，由于"本社只负编辑文稿，所有发行印刷，完全由泰东图书局负责"。因此《隔帘花影录》传单附寄一层，本社绝对不晓得，也可以绝对不负责任"。而泰东图书局的经理赵南公则声称

[1] 楚伧：《报纸与党派——读申报王广圻的信》，《民国日报·觉悟》副刊1922年7月24日，第1版。

[2] 《宣言》，《民国日报·觉悟》副刊1921年7月1日，第1版。

[3] 汉胄：《随感录：蝙蝠式的编辑和书坊》，《民国日报·觉悟》副刊1921年3月11日，第4版。玄庐：《谈话：读品的选择》，《民国日报·觉悟》副刊1921年8月12日，第1版。对于民初"黑幕小说"的研究，参见郝庆军著：《民国初年的文学思潮与文学运动》，北京：北京时代华文书局，2017年，第128—174页。

[4] 夏应佛：《通信：出版界底一个忠告》，《民国日报·觉悟》副刊1921年3月4日，第4版。无明：《通信：希望新闻界拒登淫书广告》，《民国日报·觉悟》副刊1921年8月26日，第4版。

"此事鄙人绝未前知"，事后才查明"乃系店中伙友私行夹附，盖亦徇其友人之请求也"[1]。这件事虽就此澄清，但从中亦可管窥出新文化运动已然不仅仅成为一种思想场，更是生意场。

为了改变这种借"文化"发展"生意"的风气，南社社员朱瘦桐即指出"自'五四''六三'以后，我们大家都尽力于文化的运动，想改造出一个新社会来"，但是"无赖文人在那里冒挂着新文化的招牌，出那不伦不类的丛书，想藉此作投机的营业"。1920年7月，他便致信给邵力子，要求他"专立一'书报批评栏'，专批评现近出版的书报及讨伐那些冒牌的东西"[2]。

在新文化运动中，一般报纸杂志的办刊风格、栏目设置、议题选择往往随着时事转变、主编更迭以及编读往来而处于不断变化之中。《觉悟》亦是如此。《觉悟》初创不久，其刊物的定位、栏目的设置以及议题的选择并不明确。在《觉悟》创办两年后的1921年7月，邵力子等人决定对《觉悟》的选题与取材提出进一步要求。其在《觉悟》上发表《宣言》，指出从是年7月起，《民国日报·觉悟》副刊决定在选题和取材上增加"三条限制"，分别为：

（一）提倡真挚的著述——同人不相信广告式的文字，能够站在水平线上，此后学者态度底假装，从本刊底努力，稍稍绝迹霄壤。

（二）破除著译底藩篱——同人相信著作界歧视著作与译述，完全是智识上的部落主义。只要是好的著述，无论是中国人做的，外国人做的，一样地可以使我们思想情感进步；何须分出中国外国？日货进来，

---

[1]《出版界的一个声明》，《民国日报·觉悟》副刊1921年3月6日，第3版。

[2] 朱瘦桐、力子：《专设"书报批评栏"的要求》，《民国日报·觉悟》副刊1920年7月14日，第3—4版。相比较邵力子而言，朱瘦桐显得更加激进。参见朱瘦桐：《书报批评底辩论》，《民国日报·觉悟》副刊1920年7月20日，第4版。胡正强的《中国媒介批评的历史考察》一书中亦有提及。参见胡正强：《中国媒介批评的历史考察》，第223—226页。1920年10月有《批评》半月刊问世，有人即认为将文化运动称之为"批评运动也不为过"。他认为"今日中国底思想界五花八门，各树一帜，要再不拿真知灼见的批评眼光，批评精神，则离"破产真不远了"。倪鸿文：《"批评"半月刊出世有感》，《民国日报·觉悟》副刊1920年10月25日，第4版。

说是利源外溢，知识上也有外溢的利源么？而且这个主义不去，说不定会有"剽窃"与"烧直"（将他人的著作颠倒离合，弄得三不像，供给读者）来污我出版界。同人此后决计破除这个藩篱，无论哪门，都将译作同样看待——就是通信，也欢迎有价值的译作。

（三）欢迎奋进的青年——同人认循世堕落与循世退藏都不是健全的人生，凡有这类意见的说述，请勿污染同人眼目。[1]

这"三条限制"，第一条是针对此时新文化运动促使的一大批商业广告文字，尤其是"呜呼苏梅案"的影响[2]。这些文字多矫揉造作，情滥意靡，或撷取名人言论而空洞无物，仅为文字的销售贩卖而失去其真意。邵力子等《觉悟》的主办者所主张的则是文字的真诚，尽管这一方针常常会因作者与编辑的立场态度先行而有所折扣，但总体而言，《觉悟》保持了这一特色。第二条是源于对"文章署名问题"、"版权同盟"问题的讨论而引发的限制。当时《觉悟》等报纸杂志的文章来源多不甚清楚。有的是将外国著述在翻译中用己意再创造而来，有的则是将其他报纸杂志中的文章稍加增删而成。当文化成为一种"运动"之际，对于"文化"生产与传播的方式也极为随意。《觉悟》的同人是从根本上反对"版权同盟"的[3]。第三点"欢迎奋进的青年"则是表明《觉悟》的办刊取向是面向积极的乃至多少有些激进的青年群体，甚至他们对于青年群体的激进取向持一种暧昧的赞赏、支持的态度。这无疑成为促使知识青年不断激进化的重要推手；《觉悟》亦是从此方针中获得了大量知识青年的趋捧与追随，其销售量与影响力亦在知识青

---

[1]《宣言》，《民国日报·觉悟》副刊1921年7月1日，第1版。

[2]参见沈晖：《李大钊与苏雪林的师生缘：兼述"呜呼苏梅"论战经过》，《新文学史料》2008年第3期，第75—80页。李永春、李逻辑：《易君左1921年文字风波述略》，《湖南工程学院学报》2014年第1期，第72—77页。史建国：《批评的"恶"与"善"："呜呼苏梅"公案与文章署名问题的论争》，《山东青年政治学院学报》2012年第3期，第133—137页。

[3]力子：《随感录：从根本上反对"版权同盟"》，《民国日报·觉悟》副刊1920年12月10日，第4版。

年中不断扩展。

至于《觉悟》的体例，此时也略有变更。主要是将栏目的功能界定得更加清晰。比如"谈话"栏目，将"个人意见，归入这门"；"讨论"栏目，将"两人以上的辩论，归入这门"；"调查"栏目则是"将一切社会现象的记述，归入这门"；"随感录"则分为"海外随感录"和"国内随感录"，等等[1]。《民国日报·觉悟》副刊常常刊登一些与《民国日报·觉悟》副刊同人关系密切的"我们少数人自己的东西"，也引发了一些读者和投稿者的不满。有一名叫"梵声"的作者就抱怨"只看见你们少数人——记者——的议论和诗词"，邵力子不得不费心解释，阐明"来稿不能尽登的理由"[2]。

但总体而言，《觉悟》的"七一宣言"是极为成功的。在宣言发表之后有读者即表示"这两年来，中国定期出版界的趋势，渐由奋发和热烈而渐倾向到消沉和寂寞去了"。《觉悟》能屹立在这趋势当中而不受他的影响，不断的想跟着时代前进；七月一日的宣言，有更益努力的表示"。"你们可以说是'文化的批评'的机关，你们包容各派的主张而不拘于一派，可以说是'社会的思潮'的机关"。同时，他亦希望《觉悟》能够有"事实的批判"、"常识的普及"、"求知的指导"、"消息的报告"以及"文艺的兴味"[3]。

《觉悟》自 1919 年创刊之后，每月发行一册合订本。销售定价是"每册大洋三角"[4]，"全年大洋三元，邮票可以代洋"[5]。到 1925 年《觉悟》已"日渐褪色"，"读者之不满，自是意中"，有读者即致函编辑部"承示本刊缺点"，但是仍然有

---

[1]《宣言》，《民国日报·觉悟》副刊 1921 年 7 月 1 日，第 1 版。当时《民国日报·觉悟》副刊的"通信"与"调查"栏目的稿源其实并不丰富。尤其是"调查"栏目。当时《民国日报·觉悟》副刊的编辑室就呼吁"学校放假，觉悟青年与社会接触更密切了"，"敬希就见闻所及，记述见惠"。《编辑室通信》，《民国日报·觉悟》副刊 1921 年 7 月 14 日，第 4 版。

[2] 力子：《"来稿不能尽登"的说明》，《民国日报·觉悟》副刊 1921 年 8 月 4 日，第 4 版。

[3] 记者：《编辑室通信：答一读者》，《民国日报·觉悟》副刊 1921 年 7 月 5 日，第 4 版。尽管如此，《民国日报·觉悟》副刊对于文言文概不刊登。

[4]《编辑室通信》，《民国日报·觉悟》副刊 1925 年 2 月 7 日，第 7 页。

[5]《编辑室通信》，《民国日报·觉悟》副刊 1923 年 10 月 23 日，第 4 页。

人来信咨询杂志的内容与售价等信息。虽然数年之间价格未变，但亦可看出刊物讯息在不同地域中传播流布的差异[1]。

即使在上海的对岸，在民初素称"模范县"的南通，一位叫"元吉"的读者到导文社书店里发现"《太平洋》、《新潮》、《少年中国》、《改造》、《新青年》、《民铎》、《小说月报》都没得卖"。他想把"在上海带的几种新书"托给导文社书店代卖时，遭到了店主的拒绝，由此他"拿了书就跑，一头跑，一头就想到八十二期平民上 C.C.L 写给预育先生的信中的一段话：'我们必须本合作之精神，组织译书出版的机关，若能这样办，不但是已经翻译的书可以出版，就是有志翻译的，因为出版容易也就自然去翻译了'"[2]。这是"元吉"最真切的感受，亦可从中管窥出《觉悟》同人所办的杂志对"元吉"这样的知识青年在思想上的触动。

当时有相当多的新式读书人痛感这种只顾营利而不重视传播新文化的"资本主义"书商。越年之后的1923年，力倡"合作主义"的张廷灏亦感到"书价太贵"、书籍"难得"，在《民国日报·平民》副刊上呼吁"组织合作图书公司"。他主张"这个合作图书公司既是为了供给我们的须要而组织，不是为了谋利而组织"[3]。这一提议即刻引来了许国桢等六名读者的联名响应，要求张廷灏赶快"拟出具体的组织和草章"。从这些读者"有如此的热忱"中可看出他们"平日也确曾受着这种谋利书店的痛苦"[4]。

其实在新文化运动期间，报纸杂志的供销受交通限制较大。读者周逸群就已经注意到了这一点。他写信给《民国日报》称"报纸是文明事业最重要的一种"，但是因交通不便，"由北京发个电报，要两三天才能到上海的；有时由广州发封快信，两个礼拜还不能到上海的"，"北京、广州尚且如此，贵州、云南、甘

［1］《编辑室通信：答子久先生》，《民国日报·觉悟》副刊1925年5月29日，第7页。

［2］元吉：《南通州底书店》，《民国日报·觉悟》副刊1922年2月2日，第7版。

［3］张廷灏：《组织合作图书公司的提议》，《民国日报·平民》副刊1923年9月22日，第1版。

［4］《关于组织合作图书公司的消息》，《民国日报·觉悟》副刊1923年9月28日，第3—4版。

肃等省，更不消说了"，"上海底报纸至少要一个月才能到贵阳"，他戏谑道"试问一个月以前底报纸"，"新闻成了旧闻"，"除了包东西，还有什么用？"周逸群还以日本的报界作比较，指出发展铁道对中国报业的促进作用。称"日本铁道，遍于全国，无论怎样偏僻地方，要看东京底报纸，至迟不过一天多些"。此外他还建议中国的报业能学习日本，"由各大埠配达到外县的新闻——如朝日、日日等——留一栏空白，以备临时加入地方新闻。这样一来，简直和地方自办的报纸没有什么区别了"[1]。

在五四运动如火如荼展开之际，很多人将创办报纸杂志看作是"社会命脉似的事业"，认为它有"有改造风习和民族性质底权能"[2]，而书局是"发布文化底先锋，对于将来中国底建设是负有无穷底责任"[3]。办报者叶楚伧对此亦有更大的雄心。在讨论王光祈有关中国报纸是否为"一部分特定的宗旨相同的有组织的群众的言论机关"时，叶楚伧认为"中国现在还没有健全的群众组织，主笔先生便要寻一个来做后盾也难"。因此"新闻记者原该走在国人前头的，既见寻不着，便应该出来提倡啊，制造啊，譬如工人是群众的一部分，他们没有健全的组织，我们就应该帮助他们，使他们底组织早些成立啊"。在叶楚伧的观念中，"新闻记者"和报纸杂志不仅仅要为群众"造组织"，还要为群众"定主义"。他称"不论政治的社会的，最少限度，必须有个历久不变的主义，换一句话，需是主义的集合"[4]。由于王光祈的信中称"德国因教育普及之故，几乎无一人不能看报，无一人能不看报"。邵力子亦受其刺激，指出"许多在智识阶级里讨生活的人——如学校教员之类——是不看报的"。他呼吁报纸与教育要"发生密切的关系"，"受

---

［1］周逸群因此还呼吁重视"孙总统底实业大计划"。周逸群：《报纸与交通》，《民国日报·觉悟》副刊1922年7月27日，第4版。

［2］元吉：《南通州底书店》，《民国日报·觉悟》副刊1922年2月2日，第7版。远定：《新闻纸上的经济与正义》，《民国日报·觉悟》副刊1924年2月20日，第7版。

［3］伯焜：《"不做市侩"的书局》，《民国日报·觉悟》副刊1922年2月12日，第4版。

［4］楚伧：《报纸与党派——读申报王广祈的信》，《民国日报·觉悟》副刊1922年7月24日，第1版。

过教育的人有不能不看报的程度，不能不提倡活的教育，动的教育"，要注意"国内政治与世界大势"，"注意一切新学术与新文艺"[1]。

办报者的态度如此，读报者对报纸亦相当重视。读者"祯基"指出"看报纸是开通智识的"，但是农工商界"对于文化运动的事更不在他们眼里"。因此希望学界之"阅报者应担负一种责任"，在"看报以后，破费些光阴，随时随地讲给他们听"，如此"效果比演讲还大"[2]。

在新闻报纸拥有"指导民众"的资格和地位后，怎样才能更好地指导民众成为了许多读书人的思考对象。有一位叫"南强"的读者来信指出，"现在中国底新闻界似乎都以舆论机关自命"，"新闻记者脑中已经装满了——舆论，指导民众一类的字"，"然而怎样才算是舆论，怎样才得指导民众"，"新闻界诸君却从未提起"。在"南强"看来，"所谓指导民众，也必须能够指导全体民众才算是名副其实"。因此，他认为要全体民众懂得报纸舆论，必须有几个条件，"希望新闻界即刻实行"：首先是"采用语体，使人能够读懂"；其次是"采用简写，使人能够多看"；最后是"应当限制常用字数"，"常用字不过五千字，倘能定了，将来编小学教科书便有把握"。"南强"认为如此则"看报的人必定可以增加许多"，"指导民众的实际也竟在那诸君有利中获到了"[3]。

仅仅一个月之后，江苏省教育会的"推行国语委员会"联名致信《觉悟》，同样主张"报纸改用语文体"。该委员会指出"报纸和一国的文化最有关系"，但是由于"报纸都用文言"，因此导致"办学的人"仍然采用文言文教学，如此则很难使白话文推广开来，也导致很多人"没有报可看"，知识界所声张的"平民教育"也很难普及。"推行国语委员会"继而称"我们同人，都牺牲了自己的方言，要说国语；牺牲已经注满脑筋中的汉字和古言，提倡语体文；都是为了便利初学者起见。所以也希望诸君牺牲自己习惯用的笔墨，替以后的社会想一条容易

[1] 力子：《随感录：报纸与教育》，《民国日报·觉悟》副刊1922年7月24日，第3版。
[2] 祯基：《阅报者应担负一种责任》，《民国日报·觉悟》副刊1920年7月11日，第3版。
[3] 南强：《对于新闻界的希望》，《民国日报·觉悟》副刊1923年1月21日，第1版。

读书容易看报的途径"[1]。

当时文言体杂志的销路具有相当的市场。而为了获得更广的销路，商务印书馆等商家往往也会将一本杂志杂糅成既有文言体又有语体文。当时商务印书馆出版的文言体《小说世界》为了"和《礼拜六》决赛"而采用和《礼拜六》同样的新式，"兼收语体文，但不能都用新式标点"，并且将售价降得很低——"每册售价不及银币四分"。而"这在杂志界真可算是空前的廉价了"，如此使人不得不猜想其是为了"压倒一切《礼拜六》《快活》《星期》《半月》……等等"。为此邵力子认为商务印书馆应该将其所有"专用语体文和新式标点的杂志"的售价，尤其是《小说月报》都"应特别廉价到和《小说世界》一样"[2]。此言虽有几分挖苦讽刺，但亦表明将"报纸改成语体文"存在一定的困难。因此，对于江苏省教育会"推行国语委员会"的来信请求，邵力子只能回应称虽然因"经济上的关系，不能即把新闻改成语体文"，但是"为了表示一点赞成的意思"，"把这封信登出"，借此"督促自己努力向这目的做去"[3]。

1923 年后，整个社会逐渐趋向"集团主义"发展，许多人对于学术界、思想界以及学生界均有"新的希望"。而此时的《觉悟》"在今日的社会之中，已成为一种极有力量的传布新思想的文字的工具"，读者"颂皋"指出这是"力子先生的倡导之力"，而许多"爱护本刊的男女青年朋友尽力奉献，多方帮忙，有以致此"。但同时他对《觉悟》亦提出批评和"新希望"。有人感叹新文化运动到此时朝气已经"遽尔销亡"，"中国底思想界之暮气沉沉，每况愈下，实令人不胜嗟叹"。在这种大气候下，"青年有为之士，非以家庭问题益憎其烦恼，则以吟诗刻集，寄托其颓放"，"而利己之个人主义，与否定一切之虚无主义，乃最与其时

---

[1]《报纸改用语体文的要求》，《民国日报·觉悟》副刊 1923 年 2 月 11 日，第 4 版。

[2] 力子：《杂志底定价》，《民国日报·觉悟》副刊 1922 年 12 月 28 日，第 4 版。为获得销量和市场，许多杂志不仅仅要改变"文体"，也要改变纸张和版式。如沪上的著名出版人王伯祥在日记中即称：田汉主办的《南国》半月刊第一号"印刷纸张都好，和《文学》一比，真是相形见绌了"。张廷银，刘应梅整理：《王伯祥日记》第 1 册，1924 年 1 月 22 日，北京：中华书局，2020 年，第 10 页。

[3]《报纸改用语体文的要求》，《民国日报·觉悟》副刊 1923 年 2 月 11 日，第 4 版。

之风会相适应"，因此"颂皋"建议《觉悟》"应设法劝勉男女青年，使伬奋发向前，既勿为恋爱问题所牺牲，又勿为家庭经济问题所摧阻"。许多青年"只知斤斤于一时性欲问题的如何解决，如何得失，而置一己的正当的学问，宝贵的事业于不顾"[1]。他暗暗批评之前的《觉悟》等"社会的先进者"对于青年的恋爱等问题"不但不能加以纠正引导，甚且一方激动之，一方又压制之，使青年底心潮时起时伏"。"颂皋"直言"申述至此，我心碎了。我不能不深深希望此后的《觉悟》能深深洞悉个中道理，而以晨钟暮鼓式的文字，耳提面命，而以惊醒伬们"。

此外，"颂皋"还批评《觉悟》往往对学潮态度暧昧，偏向支持。他指出《觉悟》因为他在社会上的信用日增普遍之故，无形中已成为男女青年们共同底嗜好物"。因此，他极为痛心地指出《觉悟》亦成为"不得意底青年发泄牢骚底公共的地方了"。"颂皋"正面建议《觉悟》以后"凡是遇到学潮澎湃的时候，最好用严厉鲜明的态度，直接了当的文字给与学潮里面的那些'弄潮儿'一个切实的忠告。同时再以平等的眼光，评断这事的是非曲直，给予那学校当局，一个诚恳的商榷"。他亦指出"近来的学潮，不论内面的是非何如，却可表现青年含有一种弱点，叫做感情太强，理性太弱。惟其感情太强，所以遇事不辨利害，每以意气对付。惟其理性太弱，所以名为偶像打破却还逃不了新式偶像的崇拜；侈言崇拜自由，却还不懂自由的真谛，而反为声色货利之奴"。因此他恳请作为"青年之友"的《觉悟》要"尽力纠正此风"，否则"鼓励青年从事政治和社会革命难收效果"，即使青年欲"一心问学"，也"难如愿了"[2]。

以后见之明观之，"颂皋"对《觉悟》的批评与希望是一针见血，极为准确的。尽管邵力子刊登了此封通信，并"特辟'读者意见'一栏"，恳请读者"随

[1] 对于各大报纸杂志多讨论青年人的恋爱婚姻问题的办刊取向，许多人亦有批评。如作者"远定"即指出"许多很想关心社会底报馆主笔先生们，为了社会上所发生底些许小事，如某个人底婚姻问题……等，不惜连篇累牍底闹上几个星期之久，而对于辱国丧权底重大问题，如曹锟贿选、关税问题及金法郎案……等却很少详详细细底记载，批评过"。远定：《新闻纸上的经济与正义》，《民国日报·觉悟》副刊 1924 年 2 月 20 日，第 7 版。

[2] 颂皋：《对于〈觉悟〉的新希望》，《民国日报·觉悟》副刊 1924 年 2 月 16 日，第 4—6 版。

时赐教",但是受到政党立场的限制,邵力子在办刊活动中并未实践"颂皋"的建议。而此时国共两党逐渐走向合作,两党主义区隔在新文化运动之际就已显现,合作之后更是矛盾迭起,暗潮涌动。如此环境之下,《民国日报》社内左右分化亦极为严重。《觉悟》的主笔邵力子南下广州,《民国日报》社由右派叶楚伧掌控,《觉悟》亦由陈德征等右派人士主办。

但是亦有人已经注意到1922年左右,"新文化反有消沉的气象"。浙江一师的学生在1922年年底即有此种论断,其称"新潮流波荡了好久,一时受着潮流影响的人们也是层出不穷。到了现在,仿佛潮退,观潮人也散了,这话并非故意说得刻薄,实在是普遍的现象"[1]。这种观察和我们今天将新文化运动视作是一直不断上扬、激进的态势较为不同,也更加细致。在这种态势下,林有壬对报纸杂志的创办状况亦有反思,他称:

> 环顾国中,新出版物有如前之盛吗?"社会革命"、"社会革命"之声有如前之充满吗?昔日凌厉无前之马克思(Marx)学说几莫有非难之学者今又怎样呢?最近出世之杂志,其持论及记载不渐倾向于社会主义吗?富于被动性之学子,前非《新青年》不读者,今不反而顶礼于绝相反之某某等杂志吗?[2]

林有壬将这种现象归结为是"资本主义侵入出版界之见微",他不禁叹问"资本主义方兴未艾,社会主义将奈何?"在这种将资本主义与社会主义二元对立的分析观念下,林有壬还指出"社会主义者与赞同社会主义者既无力办报以鼓吹其主张,不得不投稿以发表其意见。无如在资本主义下之新闻杂志所定之投稿约章多有上谕式'来稿登载与否,不能预复,亦不检还'之律令。只此数字,不知压抑若于异己,亏负若干寒士,埋没若干舆论,冤枉若干佳著",再加上报刊中

---

[1]《浙江一师书报贩卖部改组宣言》,《民国日报·觉悟》副刊1922年12月7日,第4版。

[2] 林有壬:《资本主义与出版界》,《民国日报·觉悟》副刊1922年1月22日,第1—3版。

"凡任编辑者，既无一定资格，未必俱有所长"，但是因其编辑地位，致使其"亲朋戚友，无稿不登"，如此则"每更迭一编辑者，则投稿者随之而易"。林有壬其实是在抱怨刊物对于投稿者的文章"留滞不登"，而且"凡所摒弃，均为废物"的现象，但是他却用新文化中极为流行的词汇将这一现象上升到"资本主义对出版界的侵入"，并将编辑者视之为"资本主义"，而投稿者视之为"社会主义者"，并将二者对立视之。从这篇言论中可以看出，虽然林有壬应该是一位年纪较长但却喜好新文化的老辈读书人，但其却已在运用新的"思想资源"与"概念工具"反思社会的办刊现象，声张自己的利益诉求[1]。

二、商业竞争与思想论战：《觉悟》同人与《时事新报》的互动纠葛

《民国日报》创办之后，即与研究系张东荪等人主持的《时事新报》以及上海的各家大报处于商业竞争与思想论争的地位。谁能吸引更多的知识青年阅读，谁就能在更广阔的地域进行传播、销售、贩卖。吸引知识青年阅读与扩大销售规模二者是彼此影响，互动互生的。因此，《民国日报》常常在许多思想议题中驳难《时事新报》以及其他的上海报纸。

譬如在 1920 年 10 月 29 日的《觉悟》上，邵力子刊登了一篇《出版界一件可痛的事》，他隐晦地指出上海的《之江周报》每谈到"妇女解放"，"婚姻自由"，"便要现出一副'翼圣卫道'的话，叹息于人心不古"。但是他们所编的'丛谈'，'谐薮'等栏目，尽是些"谈狐说鬼"的标题。[2] 邵力子对于东南各地的出版物常有批评和介绍。在这些批评和介绍背后，不纯粹是出于一位"新文化运动的导师"对思想运动的关注，更有消解商业对手方的声势，扩大国民党系报刊的影响力与销售量的目的。

1920 年 7 月，在新文化运动风起云涌之时，朱积宜重提旧事，指出"当袁世

---

[1] 林有壬：《资本主义与出版界》，《民国日报·觉悟》副刊 1922 年 1 月 22 日，第 1—2 版。
[2] 力子：《出版界可痛的事》，《民国时报·觉悟》副刊 1920 年 10 月 29 日，第 4 版。

凯摧残国会，组织第一流内阁时，上海报纸拼命助袁的，不是研究系的报纸吗？拼命冤诬民党的，不是研究系吗？袁死黎继，段祺瑞组织内阁时。初则力劝段祺瑞勿恢复国会，终则主张修改选举法，替安福系代建作恶基础的，不是研究系吗？力为段氏破坏约法辩护者，又不是研究系报吗？"朱积宜深知，"把这段老账翻开来，民众还容得着他来说话吗？奴婢式的政系，自打自耳光的言论，不到几时，我看他们又该一变哩"[1]。

1920 年 10 月，沈定一看到"今昨两天有南洋公学的一个学生力排《觉悟》底文章"，他遂写了一篇《牛皮灯笼的"学灯"》。该文章重点其实是在强调此时是一个"批评与否定的时期"。他认为"在这个纷扰、急转的时期"里，"一般青年或改造家、先驱者往往立在最危险的阵头上不顾已身底灾难和牺牲"。"振起一般苟安因袭的沉闷者，使佢们走到觉悟路上去"，"医治一般在黑屋子里牢睡不醒的'渴睡病'"。他亦指出"觉悟者即使招一般患睡病的人厌弃和侮辱，甚至加危害到觉悟者身上，都不该认为恶意的"，"也决不能因为佢们厌恶了，便顺着佢，更在佢底床头挂起一张黑幔来"。行文至此，他顺带嘲讽《学灯》只是"一盏荧光"，"还要罩上一个牛皮套子，熄了火么？"[2]。

1921 年 6 月，张东荪在《学灯》指出"禁看杂志诚属不合理，但小说则当严禁"。此后他在学灯栏回应质问时又继而申论称青年人"看神秘派小说，助其幻想，有损无益。看写实派小说，使其神经受刺激而不易洗褪痕迹"[3]。为此有人指出张东荪底思想是互相"矛盾"的。刘大白亦斥责张东荪是"两重人格"[4]。有一名叫"则人"的青年看到张东荪的言论后，也在《觉悟》上刊文，指出张东荪将小说分为神秘派与写实派两种极不恰当，他声称"倘然这封信被外国人见了，那真是丢中国人的脸呢"。他指责张东荪"倘然不曾研究过文学，请不要来乱谭小

[1] 朱积宜：《研究系机关报的公论》，《民国日报·觉悟》副刊 1920 年 7 月 19 日，第 4 版。
[2] 玄庐：《牛皮灯笼的"学灯"》，《民国日报·觉悟》副刊 1920 年 10 月 24 日，第 4 版。
[3] 《通信》，《时事新报》1921 年 6 月 6 日，第 4 张第 2 版。
[4] 汉胄：《两重人格的东荪君》，《民国日报·觉悟》副刊 1921 年 6 月 16 日，第 4 版。

说应该看不应该看，请更不欲提出神秘派写实派小说来假充'内行'，更请不要以'指导者'自居，在《学灯》栏写信，误了那些无邪气的青年"[1]。

1921年5月12日，张东荪在《时事新报》上刊登了一篇《文化与职业》的文章。张东荪的大意是主张"文化运动是把读书人分散到各界上去，就是使读书人到田园里去，到工厂里去，到作场里去"。张东荪所针对的是"嘴里是'劳工神圣'，'社会互助'，其实他所以要读书求学，仍是'百行士为首'和'唯有读书高'"这一普遍存于青年心理的矛盾现象。而对于这种青年心理现象的担忧，亦是1919年"问题与主义之争"的一种延续。新文化运动发展到1921年时，空谈主义、文化与思想的风气愈演愈烈，张东荪意在鼓励青年们"多研究些问题"，把"空浮的求知欲移到实际上去"[2]。

不料此文一出，即刻引来《民国日报·觉悟》副刊同人的批驳。5月13日，《民国日报·觉悟》副刊上刊登了一篇署名"大石"的文章——《质问张东荪底〈文化与职业〉》。这篇文章完全是立场先行式的批驳。文章认为"我们现在想读书求学"而不去工厂做工，是因为"一面想造一些改造社会的工具，去创造一种制度，来分轻一人的劳动量；一面想研究一些科学，去设法代省人们的劳动力，和不适人们做的劳动"。在文章的末尾，"大石"除了痛批张东荪对此问题的看法是"瞎子评戏"，所提出解决的办法是"削足适履"之外，还劝告他"要研究这个问题"，"要把现社会不好的病根寻出，再来把这病根割去，那么才可以解决这些问题，不然只在浮面上看着，在枝枝节节零零碎碎上补救着，终要'顾此失彼'"[3]。"大石"所提的劝告其实亦是表示要先对社会问题找出一种"总解决"的办法，而非零零碎碎的从点滴的改革做起。这正是"问题与主义之争"的延续。

---

[1] 则人：《青年时期何以不当看小说》，《民国日报·觉悟》副刊1921年7月1日，第1版。

[2] 对于这种风气的探讨，参见罗志田：《激变时代的文化与政治：从新文化运动到北伐》，北京：北京大学出版社，2006年。

[3] 大石：《质问张东荪底〈文化与职业〉》，《民国日报·觉悟》副刊1921年5月13日，第1—2版。

《觉悟》同人对于《时事新报》的批驳，不仅仅只针对其负责人张东荪，还兼及一些在《时事新报》上有较大影响力的作者。譬如1921年7月16日，郑振铎以"西谛"为笔名在《时事新报》上发表了一篇《性的问题》。郑振铎的本意是对当时社会上讨论地喧嚣扰攘的"婚姻问题""恋爱问题"以及"男女同学"等困扰青年人的社会论题的反思。他认为有许多"更大的问题没有解决"，有许多"更大的事务需要大家去做"，"性的问题同他们比起来"可以说是微不足道。他还举例说"俄国革命潮汹涌澎湃的时候，性的问题也常常困扰于革命青年的心中，但他们却不为这个问题所拘束，他们同时向他们底目标——革命——努力前进"。

不料此番论调却亦引来《觉悟》同人的批驳。7月19日，《觉悟》上刊登出了署名"G. D."的《什么是两性问题》，指出"西谛""简直不懂什么是两性问题，便望文生义，以为性的问题就是恋爱诗与恋爱小说"。他还借此劝告知识青年不要"剽窃一两个新名词，闭着眼睛说大话"，而没有"虚心研究的态度"[1]。"G. D."仅仅是强调郑振铎连什么是"两性问题"都不懂，而第二天《觉悟》又刊登了刘大白以"汉胄"名义的文章。此文则是针对郑振铎所言"性的问题不重要"的观点而展开批驳。刘文指出性的问题是极其重要的，"是和食的问题平分了现在最大底社会问题的领域，支配着人生底全部的"[2]。同时他亦指出俄国革命后关于性的议题的"婚姻法典却比劳动法典早发布"，性的重要由此可见一斑。第二天，刘大白又撷取了一句爱伦凯关于性的言论以证明性的问题的重要，并给郑振铎扣上"反爱伦凯主义"的帽子[3]。

刘大白的辩驳引来了郑振铎的回应。在8月初刊登的回应文章中，郑振铎再次强调自己所针对的是"一天到晚只知道谈爱情"的社会风气。他认为"食的问

［1］ G.D.:《什么是两性问题》,《民国日报·觉悟》副刊1921年7月19日，第1版。

［2］ 汉胄:《对于西谛先生的'性的问题'的疑问》,《民国日报·觉悟》副刊1921年7月20日，第1版。

［3］ 汉胄:《性的问题真小吗》,《民国日报·觉悟》副刊1921年7月21日，第4版。

题是比两性问题重要的多，经济制度不根本变更，两性问题也是不能解决的。我们现在所应讨论的是用什么方法打破现在的经济制度。是 Bolslevisism 或 Guide societism 或是 Anaroilism？革命主义或是无抵抗主义？这是我们急需讨论的。"他亦称"比恋爱问题更要讨论的事，实是非常的多。中国的军阀如何可以斩除；应该用什么方法来传播社会主义；……这些不都是比恋爱更重要的问题么？"[1]。

应该说，郑振铎所针对的当时五四青年"一天到晚只知道谈爱情"的社会风气确实是存在的。郑振铎所要指陈的也是希望青年切实地去做"比谈恋爱更重要的问题"。而且郑振铎和刘大白在主义的信仰上亦无太大的分歧，均主张"打破现在的经济制度"、"传播社会主义"，只是需要讨论、研究"应该用什么方法"。但是郑振铎之所以会引来刘大白"自己没有立足地而张口就骂"[2]，则无疑是缘于郑振铎将其文章发表在了《觉悟》的对手方《时事新报》上。对于刘大白等《觉悟》同人而言，这种颇有见地的主张一旦刊登在对手方的报刊上，则或多或少会引来青年赞和、增加刊物声望。

《觉悟》同人对于张东荪的攻击还不止于此。1921 年 8 月 14 日的《觉悟》上刊登了一篇刘大白的《冤枉哉也！——抨击张东荪先生的人们！》，全文占用了当日副刊的全部版面。文章标题看似是给张东荪解围，实际上则是釜底抽薪式地进一步抨击张东荪。他指出"近来抨击张东荪的人很多"但都集中于以下问题：

　　一、变节、不负责任、专学时髦、胡说、武断、不通、摆学者的架子、想包办文化、滑头、虚伪欺骗、阴险、忍心、政客的态度、专想吃

---

[1]《我和郑振铎君底"麻烦"》，《民国日报·觉悟》副刊 1921 年 8 月 2 日，第 4 版。这些文字亦引来了张东荪的反击，结果却又再次引起《觉悟》同人的回应。刘大白称张东荪"西崩东应的也闭着眼睛瞎谈起'性的问题'来"，结果比"西谛君说的更荒谬"。汉胄：《不知性的问题的东、西说什么东西》，《民国日报·觉悟》副刊 1921 年 8 月 11 日，第 3 版。《请看西谛君底"言行合一"》，《民国日报·觉悟》副刊 1921 年 8 月 2 日，第 4 版。

[2] 郑振铎：《问汉胄君》，郑振铎：《郑振铎全集》卷 3，石家庄：花山文艺出版社，1998 年，第 492 页。

现成饭。

二、自己专拿外国人来吓中国人，却骂人家生吞活剥。

三、主张"读书一层非不可缺乏要素"，"人之生于天地之间，第一即在固有之职业而发展之"。

四、主张把结婚问题不可视为唯一之重大事件；又主张性的问题不是重大问题；又把"无意识中的性欲"问题当做"性的问题"。

五、主张维持现状。

紧接着，刘大白将上述"抨击张东荪先生"的内容——分析，将人们之所以如此抨击的原因均略显牵强地归结为张东荪是"主张资本主义者"。这其实是对张东荪1920年11月所发表的《自内地旅行而来又得的一教训》的持续回击[1]。刘大白将此前诸人批评张东荪的理由——否定。譬如有人之所以骂张东荪"变节"，是因为张东荪"从前主张社会主义，落后又主张资本主义"，刘大白则完全否定张东荪此前"主张过社会主义"。如有人批评张东荪"专学时髦"——"当社会主义底思潮乘爱国主义底兴起而兴起，支配了一般青年的脑子的时候，先生就大唱什么社会主义；及至一般青年知道社会主义与爱国主义是不能调和的了，先生主张对外主张社会主义，对内主张资本主义，以投青年之好"。这种批评无论是否符合张东荪的思想，仍尚有一些逻辑，也是当时"老师追着学生跑"的一种表征。但是刘大白则认为张东荪是"主张资本主义者"，而"资本家本来是'专乘时髦'的"，所以张东荪才会如此。

此外，张东荪"变节、不负责任、专学时髦、胡说、武断、不通、摆学者的架子、想包办文化、滑头、虚伪欺骗、阴险、忍心、政客的态度、专想吃现成饭"等等均是因为"张东荪先生在民国九年十一月五日表明了是主张资本主义

---

[1] 对于张东荪《自内地旅行而来又得的一教训》一文所展现出巨大思想转变的讨论，参见高波：《追寻新共和：张东荪早期思想与活动研究（1886—1932）》，北京：生活·读书·新知三联书店，2018年，第254—266页。

者"[1]。为了彻底打击张东荪及其《时事新报》,刘大白将张东荪所有的一切"问题"均归结为其是"主张资本主义者",由此可见此时五四思想界对于"社会主义"的崇拜和对"资本主义"的厌弃。"资本主义"在五四知识界中已然呈现出"负面整体化"的倾向。

1921年11月,张东荪代理中国公学校长期间,学校发生学潮,刘大白在《觉悟》上讥讽张东荪"自从停编黑幕、泼克以后,也很得那些不念——也可以说是健忘——旧恶的人们底称誉。虽然有些明知他和一般的政客是'一邱之貉',但是还总有些若干人,直到他改讲了资本主义,还不辨黑白地崇拜他。要是他也常常弄些假面具带着,不露出庐山真面目来,也未始不瞒过一般近视眼底青年"。但是此番学潮,却让他"时髦政客"的面具,"也完全破产了"[2]。

1922年5月,《时事新报》为曾担任中国公学的监督、浙江教育厅厅长的夏敬观[3]辩护,称"夏敬观确有改造浙江教育底意思",而且攻击《民国日报》称"这种报多存在一天,社会的是非多混淆一天"。这导致《觉悟》同人的不满。邵力子回应称"《时事新报》既然明目张胆为夏敬观辩护","自然对于我们要势不两立"。"我们只是不愿拥护那个尸位溺职酿成浙江一切学潮的夏敬观,我们只是不愿眼见许多天真的青年被夏敬观利用而不自觉"[4]。

当年6月,上海的中国公学又发生风潮。《觉悟》又连续刊登有关声援中国公学的通信函件。直到6月26日,《觉悟》的编辑同人才宣称"最近该校通告,对于善后办法","似尚可满意",因此"所存来信,不再揭载,望投函诸君原谅"。同时,编辑同人亦表达了对于学校风潮的看法:"我们对于任何学潮,无一毫成

---

[1] 汉胄:《冤枉哉也!——抨击张东荪先生的人们!》,《民国日报·觉悟》副刊1921年8月14日,第1—4版。

[2] 汉胄:《张东荪与吴佩孚》,《民国日报·觉悟》副刊1921年11月3日,第4版。

[3] 夏敬观(1875—1953),字剑丞,江西新建县人。先后任三江师范学堂、上海复旦公学、中国公学学监,江苏巡抚参议,署江苏提学使。1919年至1924年任浙江省教育厅长。1919年底—1920年在其任上发生了浙江一师风潮,因此饱受新文化人的指责。

[4] 力子:《时事新报底"居心"》,《民国日报·觉悟》副刊1922年5月29日,第4版。

见，学校当局能不怙过饰非，是我们所最希望的"[1]。但由于《觉悟》的办刊对象和读者预设是面向知识青年的，为了获得知识青年的支持，《觉悟》在众多学潮中往往是偏向于学生群体的。

1923 年 10 月发生曹锟贿选，研究系与《时事新报》均表示支持，选举结果引来《觉悟》同人以及陈独秀的痛斥。"大同"称"研究系近年也曾竭力反对有枪阶级，不料这次《时事新报》为了要拥戴曹锟，却大夸张曹锟的'两次战功，八省地盘'，甚至承认'马上得天下的话'也是不错"，使"其假面具完全揭穿了"[2]。后来《时事新报》又提出了"无治主义"的论调，邵力子、张秋白纷纷在《觉悟》上回应。张秋白指责《时事新报》不要以为"抬出了'无治主义'的金字大招牌，就可以遮得住自己反对共和底罪恶"。他历数《时事新报》所代表的研究系"保皇、拥袁、以至做督军团的谋主、帮徐世昌出力、劝青年只争外交"的"种种丑历史"，认为"你们二十年来的行为可谓毫未改变，始终是一个'愿得强有力者为之臣仆'的宗旨。十二年来共和不见一点成绩，正是因为有你们之故"[3]。《向导》和《觉悟》上均刊登了陈独秀的《研究系与中国政治》，斥责研究系"始终托每个时期的统治者，压迫每个时期的反对派"。陈独秀称"他们忏悔一次又一次，若不毅然决然抛弃胜利者的势力之旧观念，亦终于忏悔而已"[4]。

1924 年 7 月 23 日，《时事新报》刊登了一篇名为《反对帝国主义问题》的文章。张春蕃将这篇文章的要旨总结为四点：

（一）中国反对帝国主义运动与日本反对美国运动比较起来，虽没有日本那样激烈，但总较有意义和价值的。

（二）帝国主义就是工业主义，所以反对帝国主义，必须同时反对

---

[1]《编辑室通信》，《民国日报·觉悟》副刊 1923 年 6 月 26 日，第 4 版。

[2] 大同:《时事新报的假面具揭穿了》，《民国日报·觉悟》副刊 1923 年 10 月 19 日，第 4 版。

[3] 张秋白:《再斥时事新报》，《民国日报·觉悟》副刊 1923 年 10 月 21 日，第 1 版。

[4] 独秀:《研究系与中国政治》，《民国日报·觉悟》副刊 1923 年 10 月 23 日，第 3 版。Q:《杂感:"学灯"记者的妙论》，《民国日报·觉悟》副刊 1924 年 5 月 19 日，第 6 版。

工业主义。

（三）中国采用了欧洲的立宪民主，代议诸政制，而不采用这些政制所籍而立的工业主义，故制度越变，越吃其亏。

（四）我们要根本更张，要澈底的反对和废除，不要宣言反对。

进而，张春蕃将以上四点要旨逐一批驳。他先指出"日本反对美国，同时侵略朝鲜、中国"，所以它的反对是毫无意义的，然后笔锋一转，指责《时事新报》"讨论蒙古问题"时宣扬帝国主义压迫弱小民族的论调。继而他指出"帝国主义"与"工业主义"大相径庭，绝非可以等同视之。《时事新报》认为中国没有采用西方政制"所藉而立的工业主义"，因此导致"制度越变，越吃其亏"，颇有几分道理。但是张春蕃却强释为：如此则"中国目前，只有两条路可跑：（一）将工业主义搬到中国来；（二）废去立宪、民主、代议诸政制"；时事新报"既说工业主义就是帝国主义"，则其目的是想"主张帝国主义，或是想主张君主专制"[1]。

南洋公学的学生缪斌"一见了这个题目，马上就知道它一定又想在报上闹鬼"。缪斌也同样指出《时事新报》所持的"帝国主义就是工业主义"这一论断"是何等的大胆"。继而他指出《时事新报》"是要主张资本主义"，"他又不敢那样直说，回肠自转，才想到工业主义这个名词"。缪斌指出"'帝国主义就是工业主义'和'一面则帝国主义反对之，一面则工业主义欢迎之'。那一段话，都是无论如何说不通的"。其实缪斌所主张的"我们只主张中国发展资本，即是中国发展工业，却不主张中国发展资本主义"亦是很难讲通[2]。但无论是张春蕃还是缪斌，都是在国共合作下激进的国民革命的代言人，与《时事新报》所代表的温和渐进的研究系自然是呈现出日益决裂之势。

---

［1］ 春蕃：《评时事新报底社评"反对帝国主义问题"》，《民国日报·觉悟》副刊1924年7月25日，第2—3版。

［2］ 缪斌：《驳时事新报底"反对帝国主义问题"》，《民国日报·觉悟》副刊1924年7月25日，第2—3版。

1924 年 9 月 5 日江浙战争之际，《时事新报》发表了一篇《希望速了》的社评。社评用先抑后扬的手法指出民众对江浙战争"希望速了"的心理比期望"甲或乙战胜之心理'高尚纯洁百倍'"。邵力子撰文指出《时事新报》之所以持此论调，其目的在于指出"反证此次战事仍为两军阀之战"，以此来厚诬"期望浙军胜利"的舆论是"少数和军阀有关系的人"制造的。因为此时国民党与皖系、奉系已然形成三角联盟之势，《时事新报》的此番社评其实是在抨击希望皖系浙军胜利，是因为国民党与皖、奉系军阀之间有"勾结"。邵力子在翌日的《觉悟》中对此予以回应，他将一年前曹锟贿选时《时事新报》吹捧直系曹锟"两次战功咧，八省地盘咧"的旧事重提，并且指出《时事新报》其实是希望"这次战争一定速了，而且卢永祥一定战败"[1]。

此时"坐而言"式的新文化运动已经转向"起而行"的国民革命，全国政局亦逐渐走向"区域化"，《时事新报》与《民国日报》的此番争论，其实均是在支持某一方军阀的共同语境下展开的辩驳。1924 年 10 月份，《觉悟》刊登了一篇刘一清斥责研究系及其《时事新报》的文章，在这篇文章中，其运用民族主义话语，认定研究系与"帝国主义与帝国主义所豢养的军阀"、"帝国主义与军阀走狗的反革命派"是"三位一体"的。此外，刘一清还历数《时事新报》近年来对国民党的"污蔑"，如指责"国民党赤化"、"苏俄是变相的帝国主义，是中国的敌国"；称 1924 年的广州"商团事件"为"孙文之反革命行动"。纵观此时两报之间的论战，可以看出两者之间已无对话讨论的空间，之前相互责难的辩诘已经转变为形同水火的仇雠[2]。

---

[1] 力子：《张东荪先生的心理》，《民国日报·觉悟》副刊 1924 年 9 月 5 日，第 7 版。

[2] 刘一清：《杂感：反革命派与时事新报》，《民国日报·觉悟》副刊 1924 年 10 月 24 日，第 6 版。《时事新报》还在报道 1924 年黄仁惨案纪念会的稿件上将"上海大学的学生会"前擅自加上"共产党"三字，结果被国民党人所发现。参见峻山：《杂感：告造谣的时事新报记者》，《民国日报·觉悟》副刊 1924 年 10 月 23 日，第 6 版。国民党人对《时事新报》在商团事件上的回应，可参见赤诚：《杂感：呜呼研究系之时事新报！》，《民国日报·觉悟》副刊 1924 年 10 月 25 日，第 6 版。方白：《杂感：捕风捉影的随军记者》，《民国日报·觉悟》副刊 1924 年 10 月 18 日，第 6 版。侠夫：《杂感：告研究系的机关报时事新报记者》，《民国日报·觉悟》副刊 1924 年 11 月 1 日，第 6 版。

三、忏悔与觉悟：五四青年的自省风气

《觉悟》之所以命名为"觉悟"，与五四以后思想界的风气密切相关。"觉悟"在五四新文化运动之际成为一个极为新潮的词汇，而成为一个"觉悟"的人则亦是许多知识青年追求的目标。而且"觉悟"与"唤醒"又有所不同。"觉悟"有自觉性与自发性，需要自己体悟、觉醒，然后再促使他人"觉悟"。

"成为一个觉悟的人"是有条件的。一位来自厦门的青年陈尚友曾将"现在青年所该觉悟的条件"一一举列。在他看来，这些条件主要有：自信、自助、多读书、少服务、不能升学毋馁志、与无行的智识阶级宣战、谨慎交友等七点[1]。

"成为一个觉悟的人"不仅有条件，亦有步骤。有一位叫"白书"的作者认为"在酣睡中，睁开眼睛，见到光明，这是觉悟的第一步骤。见到光明，自己向光明路上走，这是觉悟的第二步骤。经验光明却是好处，立刻回来报告酣睡的群众，领导酣睡的群众；这才是觉悟的动作。见到光明，算不得觉悟；独自走向光明，也算不得觉悟。指导酣睡的群众，才算得觉悟。因为觉悟不是空口而静止的，是实际而动作的。现在自号觉悟的青年们呀，莫要以第一步骤、第二步骤去当做'成功的觉悟'，而自己心满意足。我想：自号觉悟而不愿意到'指导酣睡的群众'这领域内的，将来依旧免不了做'时代落伍的青年'"[2]。

有一位叫"伯焜"的作者来信说"我底案头放了几册《觉悟》，就随时想一想我自己底行为能否合于'觉悟'底精神，惟恐偶一不慎，有堕落的倾向，才时时看《觉悟》，藉以提起我底'觉悟'能力，'觉悟'思想，以养成一个完全'觉悟'的人格"[3]。

"觉悟"的领域有方方面面。不仅仅有傅斯年所说的"社会的觉悟"，更有

---

[1] 陈尚友：《现代青年所该觉悟的条件》，《民国日报·觉悟》副刊 1922 年 8 月 22 日，第 4 版。

[2] 白书：《真觉悟应如此》，《民国日报·觉悟》副刊 1922 年 7 月 13 日，第 4 版。

[3] 伯焜：《读"觉悟"的利益》，《民国日报·觉悟》副刊 1921 年 10 月 29 日，第 4 版。

"阶级底觉悟"。一名叫罗豁的作者以轮船中的等级舱、工厂中的劳动者和资本家为例，认为"富豪和无产者的利益根本冲突"，进而指出"阶级"的存在，呼吁要有"阶级觉悟"[1]。亦有要求青年摆脱"男女之爱情"的"X主义"，而"希望青年觉悟"。因此在他看来，"将来社会怎么样，全是你们底责任"。他不禁呼吁"觉悟罢！快些觉悟罢！"[2] 但是邵力子却对此似乎不以为意，他觉得"青年陷于这种罪恶底终是少数，从思想上救济他们也绝非什么难事"。

"觉悟"的群体亦有不同。一些"觉悟"青年不仅仅要让资产阶级觉悟，亦要让"中产阶级觉悟"。1922年，徐之圭就认为"介于资产阶级与无产阶级中间，有所谓中产阶级的一派"，"他们对于社会问题，常取旁观的态度，抱一种陈腐保守的观念"，因此亦有"听到社会革命的声浪，而大惊小怪者"。他告诉那些中产阶级者要尽快"觉悟"——现在的阶级分化终有"被挤入无产阶级的一日"，因此"社会改造""应当有无产阶级和中产阶级团结起来做"[3]。

1920年11月，一位叫张辛生的青年看到家乡南浔镇上高等小学和国民小学的校长还要求学生"读古文"，"教四书和唐诗"，遂致信《觉悟》，询问邵力子"有什么法子，可以使得那些守旧的校长们觉悟呢"，同时他希望"看《觉悟》底同乡，早早想法来救南浔底青年"。邵力子回复称"教育界不觉悟，从觉悟者一方面看，不是佢们底罪，是自己宣传未力之过"。他勉励张辛生"与有觉悟底南浔人同起努力"，"切切实实做些宣传底功夫"[4]。

五四新文化运动所引发的剧烈的思想与社会风气的转变，导致许多读书人开始反思过去的自己。此时否定过去的"忏悔"式文章层出迭见。当时有位叫唐敬杲的作者称"忏悔是你们新生命底圣火"，"忏悔是你们大努力底源头"，"忏悔是你们唯一的推器"。他鼓励青年"从你们心灵深处忏悔出来，而且要时时刻刻的

---

[1] 罗豁：《阶级底觉悟》，《民国日报·觉悟》副刊1921年6月23日，第1版。

[2] 君昭：《青年底罪恶》，《民国日报·觉悟》副刊1922年3月20日，第4版。

[3] 徐之圭：《中产阶级应有的觉悟》，《民国日报·觉悟》副刊1922年7月20日，第1版。

[4] 张辛生：《怎样促小学教员觉悟》，《民国日报·觉悟》副刊1920年11月26日，第4版。

忏悔"[1]。

一位青年致信《觉悟》，其称"我是一个青年堕落者"，"如今自己觉悟了"，因此幡然忏悔。这位青年并未说明自己"堕落"的往事，但是仍然直言"从师范毕业以来，不知经过了多少挫折"，以至于没有"面目见故乡父老"，也没有勇气自杀，"想来想去，没有别法，只有忏悔了"[2]。

当时一些人喜欢作忏悔文字，并乐意将其"载在报上"，显示他们是"有觉悟的青年"。对此，一位署名为"世颖"的作者不免有所隐忧。他认为如此会"生出一种侥幸心来，预拿将来'很神圣的忏悔'，做他们不正当行为底后盾"。因此他主张"一个人既要忏悔"，便没有"公布底必要"，况且"真正底忏悔和笔头上底忏悔，更是两样的事情"[3]。

M.U. 认为"忏悔是觉悟底表现，有真觉悟然后有真忏悔。一旦觉悟，痛自忏悔，亦是当然的事"。他感到"近来的人，颇有作忏悔文字的。也有怀疑的，说没有公开的必要；尚有说不脱自解自炫的毛病，仿佛把世间一切的忏悔文字，一笔抹杀"。为了证明"忏悔"的风气在中西方皆渊源有自，并且是"可以公布的"，他首先列举了卢梭和托尔斯泰这两位西方哲人的忏悔行为，其次又追寻"中国圣贤"的忏悔思想。最后引用了近儒王子山的"几句精语"——"过当内惭，亦当对象，看我自今复做如此事否，——则牵复及人矣"来论证应该"可以作忏悔文，读忏悔文"[4]。

"成为一个觉悟的人"之后，与之而来的便是"烦闷"与"苦痛"。耿迁指出"觉悟就是痛苦（pain）底别字"，因此他称"耐不得苦痛的，上不得觉悟的路"[5]。当"社会底杀人罪恶和改造底急要"已深入许多知识青年的脑中之后，则

［1］ 唐敬杲：《青年底忏悔》，《学生杂志》第 9 卷第 1 号（1922 年 1 月 5 日），第 109—111 页。

［2］《一个表示忏悔的青年》，《民国日报·觉悟》副刊 1924 年 2 月 11 日，第 7 页。

［3］ 世颖：《忏悔底危机》，《民国日报·觉悟》副刊 1920 年 11 月 6 日，第 4 版。

［4］ M.U.：《说忏悔》，《民国日报·觉悟》副刊 1920 年 11 月 26 日，第 1 版。《忏悔短篇余之放浪史（一）》，《大世界》1919 年 5 月 27 日，第 3 版。

［5］《"觉悟"和"苦痛"》，《民国日报·觉悟》副刊 1920 年 12 月 6 日，第 1 版。

如何"使经济未能自立的觉悟青年能得改造社会的工具"又成为了困扰许多知识青年的问题。有一位"痛之"的青年写信给《觉悟》，他称作为一名"经济未能自立的觉悟青年"，连改造社会的第一件工具——"高深的学问，都没法得到"，"纵使觉悟到什么，都不过徒增痛苦罢了"。他感叹"贵族式的学校"上不起，而半工半读则无暇读书，他不禁问邵力子"有什么方法能使我们得到改造社会的工具"？邵力子对此亦表无奈，但他借用沈定一"耐不得苦痛的，上不得觉悟的路"的话来鼓励"觉悟青年"要"耐"，同时，他亦鼓励青年要"促进佢改造全社会底决心"[1]。他认为"觉悟"是苦痛之门。他主张进门之后，要"下一番奋斗功夫，把门内的一般睡汉一齐唤醒，共同破坏，才可共同建设。耐不得苦痛的，千万闭着口不要轻谈'觉悟'"[2]。

"痛之"被邵力子一番批评之后，不久又再次致信《觉悟》。这次他一反之前的消极颓废的态度，俨然成为一名坚定积极的"觉悟青年"。在这封信中，他"觉悟"到不能因为所选择的改造社会的工具不能达其目的，便自暴自弃。改造社会的目的"是要坚持到底的"，但是改造社会的工具"是要时常变换的"。因此"只要有再接再厉，坚持到底的勇气，便终有可达目的之日"[3]。

同样有一位叫"文生"的青年向邵力子表示"《觉悟》本来是我所最爱阅的，从前真有'一日不见如三秋兮'之慨，但是近来见了《觉悟》，忽然避之若浼，总以不阅为佳"。因为他感到"多一点知识，即多增许多烦闷"，看了《觉悟》"精神上反多受痛苦"，因而觉得"愈彻底觉悟，愈不可以求生"。他指出邵力子常常用"奋斗、努力、忍耐等话来勉励人，我以为总是骗人的"。他问邵力子"有什么良法"来解他心中的这个郁结？邵力子回复称请他读"痛之"的信，并称"痛之"也曾说过这种"极牢骚"的话，但是现在却极有信心[4]。

---

［1］ 痛之：《觉悟青年底苦痛》，《民国日报·觉悟》副刊1920年11月17日，第4版。

［2］ 力子：《"苦痛"之门》，《民国日报·觉悟》副刊1920年11月17日，第4版。

［3］《觉悟后的痛苦与奋斗》，《民国日报·觉悟》副刊1920年12月2日，第4版。

［4］ 同上。

一位叫"长恨"的青年致信邵力子，称：

　　我读《觉悟》不上一个月，不但使我底知识增进，还令我旧时麻木的身体，突然变了一个精神觉悟的人。这样看来，《觉悟》真有改造社会之能咧。我从前对于宗教、阶级制、忠君爱国说，法律咧，政府万能论，都是很相信的；如今觉悟了，才知道这些全是阻碍人类进步的东西，一切都破除了。这不是忽然变了一个精神觉悟打倒人底明证吗？但《觉悟》栏近日常登有一两篇通信，竟至说厌读《觉悟》和许多颓丧的话。以为读了《觉悟》是痛苦的；我想想他们是同我从前一样，在初进觉悟之门的时候，思想未得圆满，觉悟又未得彻底，所以才有这种悲观底表示。我预料他们不久便彻底觉悟，不仅不会说这样底话，还要说'努力奋斗'咧。[1]

几日之后，朱瘦桐和一名叫"傲霜"的作者均对"文生""极牢骚"的话作出回应。"傲霜"劝诫"文生"说，"吾们既经觉悟"，"对于资本家及其手下阔绰者色笑""尽可不管"。而朱瘦桐则勉励"文生"：

　　觉悟这个名词底意义，就是我们觉得从前所作的不合，现在要改变态度，向着正义的路上走去；不是说觉悟后立即可得幸福的。或者因觉悟之后，见社会上种种黑暗而更加痛苦，亦情理所必然的。所以我们切不可受了刺激，就发生厌世观念或实行自杀，当接续地努力奋斗，总能得着一些光明来。否则仍免不了志行薄弱四个字，何尝有一些新少年的气味呢？我愿你力劝新觉悟的青年（不）要存厌世观念！[2]

────────────

[1]《读〈觉悟〉者底觉悟观》，《民国日报·觉悟》副刊1920年12月5日，第4版。
[2]《觉悟后应取的态度》，《民国日报·觉悟》副刊1920年12月7日，第4版。

由于"觉悟"已然成为知识青年中的流行词,"觉悟者"亦拥有无上的光荣。因此,会出现许多"真觉悟者"和"藉口觉悟者"。陈德征列举了许多"藉口觉悟者"的种类,譬如"藉口共产",其目的不过是"便于掠取";"藉口社交公开",其目的是为了"便于作践妇女底人格";"藉口脱离家庭",是为了"便于拆梢做无赖"。陈德征称"这些藉口觉悟者,死尸式的挺在觉悟门前,无怪那些欲登觉悟门的,要畏缩不前了"。他认为"只要真觉悟者的人们,显出自己的光明来,他们底伎俩,就无所施了"[1]。

1920 年 9 月 20 日,《觉悟》上刊登了一篇施存统在东京深刻剖析自己的自传文章《回头看二十二年来的我》。在文章的"绪言"部分中,施存统指出自己写这篇文章的缘由。对于当时社会的忏悔风气,他称:

> 我不主张忏悔,我以为对于过去的事体,用不着忏悔,忏悔也是无益。我们的努力,只是在于将来;——从现在起的将来——我们只要对于将来好好儿努力就是。一旦觉悟了,只要向努力的方向去做就是,不断地觉悟,不断地努力,人生才有意义。

在《回头看二十二年来的我》中,施存统讲述了自己"从来没有对人说过的事",如被教员侵犯、参与赌博、到戏台看女人、"犯手淫"等"罪恶的事体"。施存统将这些"罪恶的事体"归结为"是社会给我们受的"。譬如在回顾他与同学将"犯手淫"当做"以此为乐"的事情时,他反思称这是源于青年人没有"正当的娱乐"。将种种"罪恶的事体"归结为是罪恶的社会所造成的,施存统因此主张要"从事改造社会"的事业[2]。

夏丏尊也注意到"近来做文字来忏悔罪恶的人","已经不少"。他感觉这些文字"虽然也有感动我的地方,但是总不及这次看存统那篇文字的深切"。夏丏

---

[1] 德征:《"藉口觉悟者"底伎俩》,《民国日报·觉悟》副刊 1921 年 8 月 18 日,第 4 版。
[2] 存统:《回头看二十二年来的我》,《民国日报·觉悟》副刊 1920 年 9 月 20 日,第 1 版。

尊鲜明地指出施存统这篇文字不仅仅将"自己赤裸裸底给人看",还"把家庭、学校、团体……等等一切制度底衣服,尽情地剥去",让"一切制度因了这篇文字"而"破了产了"。施存统的这篇文字也让身为老师的夏丏尊感到"我底罪恶",并且使他"有反省的机会"[1]。

施存统在1920年9月撰文称"觉悟,觉悟,我们天天嘴上讲,我们时时脑中转",但他认为"觉悟不能一次就算"。他称"我现在觉悟:改造社会,绝不是一蹴可到的事体,也没有侥幸能成的道理,是要我们大家协力齐心,谋共同的具体计划,尽各人的最善努力,继续不断,前仆后继,用一点一滴的血,去洗刷社会的污点,才有达到目的的一日,否则高谈一万年,理想的社会始终是理想的社会,绝不会有实现的机会"。施存统称"我们主张把现实社会根本改造,这是不错的;但是社会是个有机体,应当分头并进;而根本改造也决不是一次改造完了的意义"。他宣称"我以后绝不信什么单有理想而没有实行计划的主义,我此后决计做一个从实际上做功夫的革命者。因为没有实行计划的主义,我信他无益,不从实际上做功夫,革命绝不会成功"。施存统认为"改造自己,总比改造社会容易一点,而且是目前最切实的办法,自己不能改造,决不能改造社会"。他劝告知识青年"不要把改造社会看得太容易,要切切实实从事实上去研究去实行"[2]。

四、"觉悟"青年如何走向"社会主义":围绕施存统的讨论

近代中国"社会主义"之所以流行的一个重要原因/缘由是国人对于"社会"的关注[3]。到五四前后,一部分知识分子对于"社会"颇多关注而较少参与

[1] 丏尊:《读存统底〈回头看二十二年来的我〉》,《民国日报·觉悟》副刊1920年10月27日,第1版。

[2] 存统:《我们底觉悟》,《民国日报·觉悟》副刊1920年9月29日,第1版。

[3] 王奇生:《革命与反革命:社会文化视野下的民国政治》,北京:社会科学文献出版社,2010年,第40—55页。

"政治"。五四运动之后，这种对于"政治"的厌弃与对"社会"的关注也体现在《觉悟》上。1920 年 10 月 29 日，一位叫"鸣田"的作者在《觉悟》上发表了一篇《政治存废问题》的文章。他认为"自有了政治，人类社会就掘了一道鸿沟，互相敌视的两阶级，继续到现在"。他将人类的政治分为"神话政治""英雄政治"和"阶级政治"三个阶段，认为"人类社会从神话政治底幻惑逃出来，又从英雄政治底幻惑逃出来，最近复从议会政治底幻惑逃出来。明明妨碍社会有机底进化，就是政治。要是再向政治路上跑，那真是愚不可及了"[1]。

叶楚伧在 1920 年 7 月发表在《觉悟》上的一篇"随感录"中亦谈道：

> 求那些作恶的改悔，已经是绝望的了。希望多数人自己振作起来，自建一个真民治的国家，多数人又还没有寻到路头。这是现在最感痛苦的事。因此或竟使人灰心，再不与闻国事。我说可以不必与闻国事，若然人人能将新社会的责任担当起来，社会底组织一完成，要建设甚么国家，就建设甚么国家。还怕到这时有不屑提起国家的呢。[2]

《觉悟》的另外一位主笔邵力子亦持有此种看法。1920 年 10 月，第十五届赴法学生团乘船赴法途中，总代表贴出公告，认为"学生人格，至为高贵。况我们负笈留学，还要将来改造社会"，然而"和外人讲话，有失人格"，而且认为"一般水手，最下等人，和他们有什么话可说"。身为小组代表的柴岗颇不服气，结果引发争论，同伴多倾向总代表。柴岗遂致信给邵力子，请邵力子"以精确的眼光，下严肃的批评，给朦胧的社会一声响钟"。邵力子回信称"国家和阶级底区别，都是人类罪恶底源泉。你所述的这件事，其中即有此两种观念作祟"。他

---

［1］ 鸣田：《政治存废问题》，《民国日报·觉悟》副刊 1920 年 10 月 29 日，第 1 版。
［2］ 楚伧：《撇开社会整理国家》，《民国日报·觉悟》副刊 1920 年 7 月 14 日，第 4 版。

感叹称"'国家'害人之深，大好同舟，竟如敌国"[1]。

　　五四之后的几年间，整个知识界有一股思想支流，一方面是对于"国家"与"政治"的抵触，另一方面是如同傅斯年所言的对"社会的觉悟"。王奇生即指出"当时的人们深觉政治的基础在社会，乃难免将政治的黑暗乃至一切'不良'统统归咎于社会"。因此"'社会改造'迅速汇为一种社会思潮"[2]。社会是一个充满问题的"社会"，因此才有人问"改造社会究从那里做起？"1919年"问题与主义之争"结束后，有一位叫"轶湘"的青年称"改造社会的声浪，早宣传到社会人底耳鼓了，然而社会依旧没有一线的改造"。他不禁发问"难道提倡者无改造的决心吗？还是社会不能实行改造吗？还是改造底方法未善吗？"他比较了周作人提出的"改造社会，先从改造个人做起"与胡适主张的"改造社会，要先从改造社会的种种势力做起"这两种不同的改造社会的方式。"轶湘"对于周作人"先改造个人"的主张，"本来很主张的"，但对于"社会势力也极要注意"。因为"环境底势力，实在厉害。即使个人要改造，环境不许，就要危险"。对于胡适"从改造社会势力入手"的方式，他认为"胡先生是主张一点一滴去改造的"，"这种办法，一定不彻底"。"果真要根本改造环境势力，只有社会革命的一条路（就是对于政治、经济、风俗等等根本革除，重新建设一种各不受人支配的最自然的社会，那么社会也改造了，人也改造了）"。因此，他对于这两种改造社会的方式均"不满足"，于是区分出了"特异的个人"和"普遍的个人"两种"个人"。在他看来，"特异的个人是已觉悟者，常常立于指导社会的地步者"。"特异的个人""造成一个极好的良善势力，去和万恶社会痛战一下，将制度上的习尚上的一

---

[1] 参见《"国家观念"底弊害》，《民国日报·觉悟》副刊1920年12月9日，第4版。这种对于政治的厌弃，还表现在关注国外政治上。常年旅居日本的"晋青"1920年7月致信《民国日报·觉悟》副刊，指出日本执政党政友会霸占众议院，完全不理反对党，他感叹这是"政党政治底劣点，真被他们完全败露了"。参见《民国日报·觉悟》副刊1920年7月20日，第4版。

[2] 傅斯年即称，五四时期是对于"社会的觉悟"。参见王奇生：《革命与反革命：社会文化视野下的民国政治》，第47页。

切罪恶，打了一个精光，到了这时候，还要愁社会不改造吗？个人不改造吗？"[1]

在当时形形色色的"社会主义"中，许多倾向无政府主义（安那其主义）的人认为马克思主义"不彻底"；而俄国的布尔什维克主义太"专制"，"没有把政府废除"，因此"只是半截底革命"。这些人认为这两者均是"我们底大敌"。施存统则辩护称俄国的"布尔什维克""的确有些专制"，但它的专制是"劳动阶级底专制"。同时他反问称"在全世界未起革命底时候，能够实行全截革命么？"

他劝告那些想要"以一个主义支配世界"的人，"只要是真正热心社会革命的人，无论他所抱的是那一种社会主义"，在资本主义制度"这个共同的大敌没有排去之前"，"都有联络进行之必要"。他认为等资本主义制度"扑灭了之后"，"再各献身手，决一死战"。

施存统还指出"我们相信一种主义，只是因为它能够圆满解决我们底问题，能与我们有益处，绝不是趋时髦，也不是为彻底"。在施存统看来，此时的"安那其主义"与"布尔什维克"的马克思主义均是"主义相同，而所取的方法"不一致而已。施存统认为对此应该"劝告"而不能"强他与我同一"。他认为"宣传主义，绝不当取宣传宗教的手段"。同时，施存统也认为"我们要相信那一种主义，有时要取和那一种主义根本反对的手段"，"不能因为'布尔什维克'杀人，便痛骂他残虐；也不能因为'布尔什维克'主张劳农专政，便斥它为半截革命"[2]。

---

[1] 轶湘：《改造社会究从那里做起》，《民国日报·觉悟》副刊 1920 年 7 月 10 日，第 1—2 版。需要指出的是，五四时人眼中的"社会"包罗了"中国"和"世界"，亦即罗志田所言的"天下"。罗志田：《把"天下"带回历史叙述：换个视角看五四》，《社会科学研究》2019 年第 2 期，第 1—13 页。薛刚：《从朝廷天下到国家社会——辛亥革命前后的思想转折》，《清华大学学报》2016 年第 6 期，第 118—131 页。鲁纯仁即认为"试看如今的世界，有了国家就有了国际战争；有了政府就有了权利争攘。有了私有制就有了贫富阶级；有了家庭制度，就有了父母专制"，"我们不满意这些现象，要替人类革除痛苦，所以要把界限打破，建设一个大同的世界"，"建设一个人类自由，平等，和平，相爱的社会"。他进而称"经过彻底破坏之后，建设社会主义的国家，政治组织，完全变更，对外则以友爱相待，对内则去独裁的领袖政治而为合议的民众政治"。鲁纯仁对于"破坏"之后所要"建设"的"人类"社会想象中仍然包含着"对内"与"对外"两种合一的"天下"意识。

[2] 存统：《我们底大敌，究竟是谁呢》，《民国日报·觉悟》副刊 1920 年 9 月 28 日，第 1—2 版。

1920 年底，在东京的施存统看到《民国日报》刊载了戴季陶关于改革广东的计划后，他"产生了无限的希望和无限的感想"。他认为改革广东，应该有"顺应世界底趋势，适合本国环境底主义"和"实行这个主义"的具体计划和人才，以及结成"极大的党"四个条件。在这篇文章里，他仍然延续着之前对于"改造社会"的思考。他认为"工团主义和基尔特社会主义"是"产业先进国底产物"，"不适合"现在的中国；而对于无政府主义，他虽然"无反对之理由"，但是认为"其间必要经过一种过渡的阶级，否则，无论如何都跳不过去"。此时的施存统还"很希望中国有这样一个大党出现"——"无论在政治上，经济上，都要一党独握大权或是相信同一主义独握大权才有希望的"。因为他担心不同的党派拥有不同的主义，"所主张的政策自然也要不同"，这样则会导致互相妨碍，"一塌糊涂"。这时候施存统的思想较之前已经变得激进不少[1]。

1921 年 2 月，施存统在思考"团体与分子"关系时，又重新思考"我们要相信那一种主义，有时要取和那一种主义根本反对的手段"这一主张。他并不认可"现在许多社会主义的集团"，或是完全主张"绝对自由"，或是主张"绝对干涉"。他认为"我们要求的是自由，如果所取的手段也是自由，恐怕一万年也不会得到自由"。因此，他主张要同"支配阶级作战"，团体中的分子要"绝对受团体底支配"，忍受"一切的不自由"。

施存统之前认为"团体就是分子，分子就是团体"。现在他却认为两者是分开的。"一个团体，是有一个共同的目的"。他认为只有有关这个"共同目的"的，团体才应该去干涉，否则，涉及团体中分子个人问题的，就不应该干涉。他列举了"少年中国学会因宗教问题而发生分裂"以及日本新人学会因为男女问题而发生风潮这两件事例来指出"干涉个人的事，只于团体有损"。施存统之所以产生此种观点，与当时"社会主义者"各个派别之间的主张各异而分歧渐烈有关。他不赞成有些社会主义者"拿宗教问题和男女问题当做一种团体的

[1] 存统:《改革底要件》,《民国日报·觉悟》副刊 1921 年 1 月 10 日, 第 1—2 版。

主张"。

他认为"不要做那些枝枝节节的竞争",应该将社会主义者的团体主张简化为"经济组织底改造"。等经济组织变革了,则"自然会有一种新社会关系"的产生。社会主义的"团体目的"越单纯,注意力便越集中,如此则会"结合的人越多,团体也会越有力量"。在这一目标下,凡是"信奉社会主义的人",都可以"协同动作"[1]。

在这种"团体"与"分子"的区别下,施存统主张不能因为"主义不同而攻击个人",但是对于"掠夺阶级中特别有权力及特别罪恶的个人""阻压我们宣传主义"以及"戴假面目提倡社会主义"的个人,则应该极力攻击[2]。

施存统常常将许多社会现象归结为"制度的必然"和"社会的罪恶"。譬如当《觉悟》的一位作者"猛济"痛斥"拿文章来卖钱的人"时,他却认为"在这个私有财产制度下面,无产阶级,势必要卖其筋力或脑力"。因此,"社会底罪恶,不能加在个人头上去",惟有"促其觉悟",一起来"把现代经济组织根本推翻",才不会出现这种状况[3]。

施存统在宣传社会主义时,有信奉无政府主义的费哲民对此表示异议。费哲民借用克鲁泡特金的观点,认为"要达到终极理想的社会","不一定要经过马克思主义才行的,只要是合于时代革命的,用种种手段来颠覆现世的经济组织与政治组织"就可以。"待颠覆之后,绝不容政权存在! ——统治机关!"[4] 应该说,费哲民的无政府主义和施存统等《觉悟》同人的马克思主义均是在"社会主义"这一大的系统之下,所区隔的只是政府的有无。费哲民还引出了另一名无政府主义者郑太朴的观点来指出中国自有无政府的传统,而马克思主义则不适应于中国。郑太朴认为"从中国的历史上观察,可说中国向来

---

[1] 存统:《团体与分子》,《民国日报·觉悟》副刊 1921 年 3 月 16 日,第 1—2 版。

[2] 存统:《攻击个人》,《民国日报·觉悟》副刊 1921 年 5 月 18 日,第 4 版。

[3] 存统:《卖文者与社会组织》,《民国日报·觉悟》副刊 1921 年 4 月 5 日,第 4 版。

[4] 存统:《请看高论》,《民国日报·觉悟》副刊 1921 年 5 月 15 日,第 4 版。

是没有政府的"。5月10日，《觉悟》上刊登出来施存统对郑太朴的回应信。施存统在信中虽然对郑太朴"中国向来没有政府"的观点以及"批评马克思主义"的地方有所回应，但仍然比较客气，甚至将郑太朴归结为"真心改造社会的朋友"[1]。

5月18日，《觉悟》再次刊登了郑太朴对施存统的回应文。在文章中，郑太朴详细解释了马克思主义不适合中国的原因。他认为"马克思主义是中央集权"，而"中央集权的政治组织与中国的国民性不能容"。郑太朴担心实行专制的劳农政治，会和现在的共和政治一样，"会出现更多的首领强盗"。他告诫施存统要注意主义在空间和时间上的适应性，"若忘却这两个重要条件"，"以为某国某处可行，我们一定也可行，那就难免危险的结果了"。他宣称自己"不是'克鲁泡特金主义者'，不是'巴枯宁主义者'，不是'普鲁东主义者'，……我是'无政府主义者'，我是'中国式的无政府主义者'"[2]。

郑太朴所自称"中国式的无政府主义者"的论调一出，即引来陈独秀在《新青年》上的批评。郑太朴所主张的"中国式的无政府主义"其实是"参酌中国的社会情形"，"不能贸然把某个西洋无政府主义者的学说拿来生吞活剥如法炮制的装上"[3]。但是陈独秀撰写《中国式的无政府主义》一文时，则"断章取义地"认为"近来青年中颇流行的无政府主义，并不完全是西洋的安那其，我始终认定是固有的老庄主义复活"，"所以他们还不满于无政府主义，而进而虚无主义而出家而发狂而自杀"。所以他认为"老庄底虚无思想放任主义"是"青年底大毒"。陈独秀认为只有袁世凯、张勋之流才会"绝对赞成""迁就中国国民性和社会情形而不加以矫正"。陈独秀主张要"从政治上教育上实行严格地干涉主义"，以便"早日造成一个名称其实的'开明专制'之局面"，从而改变郑太朴所主张的"中国式的无政府主义思想"。他极为决绝地称"宁肯让全国人骂我攻击我压迫我，而

---

[1] 存统：《经济组织与自由平等》，《民国日报·觉悟》副刊1921年5月10日，第4版。

[2] 太朴：《太朴答存统的信》，《民国日报·觉悟》副刊1921年5月18日，第4版。

[3] 太朴：《质陈独秀先生》，《民国日报·觉悟》副刊1921年6月27日，第3—4版。

不忍同胞永远保存这腐败涣散的国民性"[1]。

1921 年 6 月 27 日，郑太朴在《觉悟》上对陈独秀的观点予以回应。他首先指出陈独秀所主张的"开明专制"实质是"贤人政治"，而非马克思主义所主张的"更普遍更平民"的"劳农政治"。此点直接质疑陈独秀是否主张马克思主义；其次，郑太朴指出陈独秀一方面认为中国"国民性的堕落"，一方面又主张"无产阶级专政"，如此则"堕落的国民"如何实行"无产阶级专政"？此外，针对陈独秀所主张的成立"一个强有力的政治机关"来改造国民性，郑太朴认为这个"强有力的政治机关"是难以成功的[2]。

7 月 15 日《觉悟》上，再次刊登出施存统回应郑太朴的文章。在这篇文章中施存统为陈独秀辩护，并进一步要求郑太朴详细解释"中国式无政府主义"的"经济基础"、"施行方法"等等[3]。即使郑太朴的再次回应，其实也很难说清楚，他只好承认"自己还有研究之必要"，并且笼统地回答称"中国式的无政府主义"的经济基础也一定是"中国式"的，"至于详细办法，我亦只好无以对"；而实行的方法，"笼统的说一句，只是'革命'二字"[4]。

而有一位叫"冰"的倾向于施存统的旁观者指出，郑太朴所言的中国人历来对于政治没有兴味，主要是两种情况，一种是"不识字，没有知识的农工商小民"，而另一种是"老庄思想深入人心的避世隐遁的'士'"。"冰"指出后一类是少数，而前一类则是"中国人民的最大多数"。这些人"他们不晓得什么叫做国家，什么叫做政治"，因此才对政治不感兴趣。"冰"用一些"近来他们中间的'暴发户'喜欢运动议员"的例子来表明只要他们有了知识，"未有不表示对

[1] 独秀：《中国式的无政府主义》，《新青年》1921 年第 9 卷第 1 号（1921 年 5 月 1 日），第 140—141 页。

[2] 太朴：《质陈独秀先生》，《民国日报·觉悟》副刊 1921 年 6 月 27 日，第 3—4 版。

[3] 光亮：《一封答复"中国式的无政府主义"者的信》，《民国日报·觉悟》副刊 1921 年 7 月 15 日，第 4 版。

[4] 太朴：《论中国式的安那其主义并答光亮》，《民国日报·觉悟》副刊 1921 年 7 月 17 日，第 3—4 版。

政治热心的"。因此，"冰"并不赞成郑太朴所言的中国的国民性是合于无政府主义的[1]。

纵观郑太朴与施存统、陈独秀的争论，其实可以看出，双方均是主张"打破世界上的资本主义，整理——改造中国社会"，但是其分歧点则在于"马克思主义与无政府主义何者适合当前的中国"。郑太朴认为马克思主义不适合中国，而施存统则反对将无政府主义应用到"现在及最近的将来"[2]。二人均考虑到中国的地理空间及国民性的特殊性，但是当具体到何种主义适合中国特殊的地理空间与文化风俗时，则又成为社会主义各派争论不休的一个问题[3]。施存统信仰的马克思主义就是布尔什维克主义。他认为它的手段就是"劳农专政"，而它的"最后目的，就是各尽所能各取所需底共产社会"[4]。

这种"在纸上空谈，争个不休"的争论难以得出具体的结论，而只能是各持己见而各不相服。因此到新文化运动后期，至少在1923年左右，整个思想界从"坐而言"逐渐走向了"起而行"的实践阶段。这也就是郑太朴所说的"与其在纸上空谈，争个不休；不如切切实实地干去，做些实际上的榜样出来，到这时，既有实例可援，不容空争了"[5]。而"冰"也认为"谁也不敢相信中国现在不死不活的状态能维持到十年二十年之久，我们都相信快十年内中国局势总要变化，所

---

[1] 冰：《"中国式无政府主义"质疑》，《民国日报·觉悟》副刊1921年9月4日，第1版。

[2] 施存统认为马克思主义是无政府主义的一个过渡阶段。因此他主张"无政府共产主义者，反对劳农政治是可以的，但是自己必须找到一种过渡时代的办法"。参见光亮：《一封答复"中国式的无政府主义"者的信》，《民国日报·觉悟》副刊1921年7月15日，第4版。

[3] 譬如郑太朴就注意到"提倡一种主义，或想实现一种组织"，最要紧的是要有时间的条件和空间的条件。时间的条件方面，要看"历史上的根据"，而空间的条件，则要看"地理——国民性上的关系"。参见太朴：《太朴答存统的信》，《民国日报·觉悟》副刊1921年5月18日，第4版。而施存统则认为要实行无政府主义，必须注意到中国的"经济问题"与"道德问题"。只有"生产力非常发展"，"恶习惯恶习性"能够免除，才可以实行无政府主义。光亮：《一封答复"中国式的无政府主义"者的信》，《民国日报·觉悟》副刊1921年7月15日，第4版。

[4] 光亮：《再与太朴论主义底选择》，《民国日报·觉悟》副刊1921年7月31日，第1版。

[5] 太朴：《论中国式的安那其主义并答光亮》，《民国日报·觉悟》副刊1921年7月17日，第3—4版。

以谁也都觉得在现今方要迈开步走的时候，方向一定先要决定！"[1]

结语

本章探讨了《觉悟》的创办和流变过程，指出在五四青年心目中，像《觉悟》这样的新文化刊物是"社会的命脉"，拥有着无比重要的地位。而不能以现代人对报纸杂志的认知来比附五四知识青年对新文化刊物的态度。《觉悟》在创办与发展的过程中是在与上海的其他新文化刊物相互竞争中展开的。尤其对张东荪所办的《时事新报》及其副刊《学灯》，邵力子等人将其视作思想上的"假李逵"和商业中的"竞争者"，无时无刻与其展开辩论、驳斥乃至污蔑。它既反映出五四运动之后新文化同人思想"因相近而区分"，乃至"因相近而互争"的现象，亦反映出新文化运动中"启蒙运动的生意"因素。

五四知识青年在新文化刊物的分化与互争中阅读和接受这些刊物所传播的思想。在这些刊物的影响下，处在科举停废、学堂勃兴的这批过渡时代的知识青年逐渐寻找成为一个"觉悟者"的途径。"觉悟"成为悬浮在五四青年心中的一个目标。而在五四青年中传播的各种社会主义与五四青年的自身经历相融合，使诸多五四青年成为各种社会主义或者多种社会主义的信奉者。其中施存统等人逐渐选择马克思主义。而陈德征等知识青年在1924年国共合作之后却逐渐蜕化为反对"联俄容共"道路的国民党右派，整个《觉悟》更失去了宣传马克思主义的作用。但是不可否认的是，在此之前它的确引导了一批五四时期处于迷茫和苦闷的知识青年初窥得部分马克思主义原理并走上了革命道路。

---

[1] 冰：《"中国式无政府主义"质疑》，《民国日报·觉悟》副刊1921年9月4日，第1版。

第二章 《时事新报·学灯》与"社会主义"的江南互动（1919—1922）

一、《时事新报·学灯》的发展概况

《时事新报》创办于 1911 年 5 月 18 日，由《时事报》与《舆论日报》合并而成。1907 年 12 月 9 日，《时事报》创刊于上海，由邵松权等人集资创办，汪剑秋担任主编[1]。次年 2 月 29 日，狄葆丰在上海创办《舆论日报》。1909 年，《时务报》因经济困难被上海道台蔡乃煌收购，并入《舆论日报》[2]。两报合并改名为《舆论时事报》，其后由于蔡乃煌"官营商报"的内幕被揭穿，该报改由茂记公司的黄楚九垫本承接[3]。《舆论时事报》出版至第 1000 号时改版恢复报名为《时事报》，并于 1911 年 5 月发布启事，自该月 18 日正式更名为《时事新报》。

---

［1］ 张黎敏：《文化传播与文学生长：（1918—1923）〈时事新报·学灯〉研究》，北京：中国财政经济出版社，2014 年，第 16 页。

［2］ 张黎敏：《文化传播与文学生长：（1918—1923）〈时事新报·学灯〉研究》，第 16 页。

［3］ 马光仁主编：《上海新闻史（1850—1949）》，上海：复旦大学出版社，2014 年，第 360—361 页。

(一)《时事新报》的出版发行与内容革新

《时事新报》馆设于上海英租界望平街一百六十二号，汪诒年任经理。民国建立后该报成为研究系在上海的机关报，因于言论上坚决反对袁世凯复辟，揭露袁氏称帝阴谋而在舆论界声名鹊起。袁世凯倒台后，研究系将立宪改良的政治期望寄托于段祺瑞的军阀政府，但在民初的政治角逐中，研究系逐渐失势直至彻底边缘化，梁启超、蓝公武、张君劢等研究系的骨干分子宣布退出政界。政治上的失意并没有磨灭掉他们澄清天下、为国效力的热忱，这些研究系的知识分子将拳拳报国热情倾注于文化教育事业之中。梁启超曾撰文称学校、报纸和演说是传播文明的三种利器，研究系的骨干成员籍忠寅在自述中也曾提到"研究会人以政府无望，相与抛弃政治，退而尽力于文化事业"，"京有《晨报》、《国民公报》，上海有《时事新报》，皆研究会人所为"[1]，由三报充当其思想言论之喉舌，办刊经费由籍忠寅、梁伯强、黄溯初筹措。1917年张东荪接替张君劢任《时事新报》主笔，直至1924年辞职，他在任职期间致力于报纸内容与形式的革新，将之打造成为五四新文化时期宣传新思潮、新文艺的重要平台。

近代中国报纸的出版发行方式大致有两种，其一为直接订阅，本埠由馆中派人专送，外埠则由邮局寄递；其二为间接订阅，本埠由报贩批购，外埠由分馆或代派处代发[2]。报纸初兴时，多依靠信局携往各埠售卖，民国初年邮政日益进步，根据民国五年七月邮局颁布的新订章程所述，"邮路扩展至七十五万二千二百八十三里"[3]，如此极大地便利了报纸的分销。《时事新报》作为新闻纸，其封面设计亦严格按照邮政章程，报头标有报名，华文为"时事新

---

[1] 籍忠寅：《困斋文集》（卷三），北京大学藏，第23页。转引自吴静：《〈学灯〉与五四新文化运动》，北京：中国书籍出版社，2013年，第38页。

[2] 戈公振：《中国报学史》，北京：中国和平出版社，2014年，第227页。

[3] 戈公振：《中国报学史》，第299页。

报"英文为"The China Times"，报名附近标注有馆设地点、发行日期、出版号次、订阅价目、广告刊例、定报章程、电报简码、电话号码。在报纸顶部标有"中华邮政总局特准挂号立券之邮件"的字样，自1921年12月7日起该字样更换为"已在中华邮政挂号按照总包特别优益寄送之报纸"。根据新订章程的规定，"立券新闻纸"无论华文洋文，在中国知名印刷所按指定之期出版，"每期不逾十日者，准其挂号享受立券之利益，以其省周折而期迅速寄递"[1]。邮寄费用"按每次交寄份数之连皮重量以核算之"，本埠分送者"每一百公分（格兰姆）收费银元五厘"，寄往外埠投送者"每五十公分（格兰姆）收费银元五厘"，"按月所计邮费，共系若干，准其核减百分之二十"[2]。其中，按月邮资应在次月初五日以前付清，若逾期拖欠将停收该报，"报馆应以等于一个月邮费之款预存邮局，此项存款之数目，得随时更订"[3]。每次交寄报纸，需随附报馆主笔签名及填书日期，开明本埠、外埠寄送份数，"报纸送交邮局投送，由邮局加盖特别戳记，即可在本埠投递，或寄往凡有邮局之处，一概不再索费"[4]。《时事新报》更换挂号字样后，按规定属于"总包新闻纸"。此类新闻纸"交寄之时，必须至少以每五十份结束成捆，或装于篓内，唯不得每件折卷，亦不得每件分交各人"，"所有每捆每篓，应将寄往处所之地名显明书写"，且"必须在发行之钟点后二十四点钟交寄"[5]。按此封装之总包新闻纸，如由轮船运送，为便利起见，"在指定之轮船上，由该报所派切实经理人手内收寄，无须海关准单"[6]，寄抵时亦按此法。如由火车运送，须在邮局交寄，"唯经邮务长核准，亦可在火车上邮局专间径交径送"[7]。此类邮费"按每份重不逾一百公分（格兰姆）收取银元一厘，续加之每百

［1］ 戈公振：《中国报学史》，第301页。

［2］ 同上。

［3］ 戈公振：《中国报学史》，第301—302页。

［4］ 戈公振：《中国报学史》，第302页。

［5］ 戈公振：《中国报学史》，第302—303页。

［6］ 戈公振：《中国报学史》，第303页。

［7］ 同上。

公分（格兰姆）亦按银元一厘收纳"[1]，按月邮费缴纳及邮局预存款的要求与前述立券新闻纸相同。通过与邮局订立合同，《时事新报》在报纸邮寄方面既享有运送之快捷，减少了中间周转的手续，此外还享有邮费价格上的优惠，减少了运送成本。作为每日出版发行的新闻纸，《时事新报》在邮寄上的便利更利于其打开销路，提高订阅量。对于外埠的读者群体来说，除了邮寄这种方式外，他们还可通过报馆分馆、各种代派处订阅报纸，如此订报更为快捷省时。根据1918年1月《时事新报》发布的关于黑幕汇编的广告启事，笔者对其在全国所设的分馆、代派处的排布情况进行整理，如下表所示。

表1 《时事新报》所设分馆及代派处各省分布表[2]

省份	分　馆	代　派　处
京兆		（北京）顺治门大街国民公报社，铁老鹳庙聚兴报房，铁老鹳庙聚升报房
直隶		（天津）南市庆兴里华昌派报处，河东小关吕泰荣派报处
江苏	（南京）城内奇望街本报分馆；（苏州）阊门内本报分馆；（南通）聚生书社内本报分馆	（南京）下关管鼎派报处；（六合）王耀记派报处；（溧阳）王承恩代派处；（浦口）金汤门大街义记派报处；（镇江）吴春记派报处、龙潭镇龙潭阅报社；（松江）公和泰药材行内思益社；（吴淞）徐金记派报处；（海门）海门旅馆周心泉派报处，沪杭各报总派社；（洙泾）两宜斋；（无锡）北门外吴子辉派报处，杨舍梁丰高初两等学校；（常州）吴葆生派报处；（南通）南通派报处；（靖江）信泰祥报社；（宜兴）西庙巷任璧苍派报社；（扬州）达士巷许岚生派报处；（宝应）湖垛淮东书药局；（阜宁）进化书社；（盐城）沟墩镇进化报社；（泰州）泰州公报社；（淮安）顺记派报处；（徐州）城内普育书局；（宿迁）同仁书局；（灌云）板浦市广智小社
浙江	（杭州）城站新福缘巷本报分馆；（湖州）泰和坊本报分馆；（嘉兴）本报分馆	（杭州）拱宸桥见信社；（嘉善）闻恒裕派报处；（崇德）县公署东崇德派报处；（硖石）又日新派报处；（宁波）陈佑记派报处；（温州）府前街日新书局，府前街申报分馆；（平阳）南门外直街孔大盛派报处；（台州）赤城应吉堂派报处；（东阳）城内中校程品文；（兰溪）兰溪总派报处；（衢县）徐绍仁派报处；（上虞）城内上于派报处
安徽	（安庆）纯阳道街本报分馆	（芜湖）孔颂卿派报处；（滁州）新武书报社；（和县）中街顾合兴号；（舒城）梅花巷口商务印书馆寄售所；（蚌埠）杨恒记；（菱湖）振菱派报社；（广德）王春台代派处

---

[1] 戈公振：《中国报学史》，第303页。

[2] 《本馆特别启事》，《时事新报》1918年1月5日，第1张第1版。

省份	分 馆	代 派 处
江西	（清江）大北门本报分馆	（南昌）万子祠民益社；（九江）小走马路江应蕃代派处；（萍乡）安源新街孟金如代派处
河南		（洛阳）东大街豫兴派报所；（开封）共和派报处；（周家口）磨盘街春茂祥号
山东		（济南）齐美社；（德州）德州车站通顺报社；（青岛）中孚派报处
福建		（福州）文益派报处（厦门）商务印书分馆；（归化）中华派报社
湖北		（汉口）江左书局；（沙市）七里庙六艺书局
湖南		（长沙）新坡子街中华分局
陕西		（长安）公立派报处
山西		（太原）桥头街商务印书分馆
奉天		（奉天）鼓楼南中华分局
吉林		（哈尔滨）商务印书分馆
黑龙江		（黑龙江）盛京时报分社，龙江派报社，南大街路东东泰报社
四川		（成都）上南大街陈岳安派报处
甘肃		（兰州）南门大街中华分局
贵州		（贵阳）北大街中华书局
云南		（云南）报国寺政治公报馆，北门街求真庐，北门街邓胜天派报处
广西		（桂林）司前街荣记派报处
广东		（广东）仙湖街高记报房

　　根据表中内容所示，1918年《时事新报》在全国21个省份设有销售点，所设分馆共有8所，其中江苏、浙江两省各占3所，安徽、江西两省各占1所。所设代派处共有81处，就其在全国的分布情况来看，以江苏所占比例最大，共有26处，浙江次之，共有13处，安徽7处，北京、江西、河南、山东、福建、黑龙江、云南各有3处，直隶、湖北各有2处，湖南、陕西、山西、奉天、吉林、四川、甘肃、贵州、广西、广东各有1处。此外，在同年2月的一则启事中，《时事新报》馆对绍兴当地报资的收取方式做了明确要求，"绍埠市上向有现洋、划洋、角洋三种区别"，"划洋与现洋价值相去每百元已达十四五元之多，而

角洋他处仅作八八折者，绍市又涨作拾另三四折"[1]。为减少亏耗，报馆规定绍兴当地报资"概照现大洋收结，凡用划洋照市升贴现水，角洋依照申杭市盘折算"[2]，绍兴居民可到绍城轩亭口泰和源处订购本报。据此推之在一个月的时间内，时事新报馆已在绍兴新辟了一所代派处。据上所述，上海时事新报总馆将分馆与代派处多设在省城及重要商埠的城门处、街巷、庙宇、车站等人流密集区，由当地报社、书社、书药局、学校、旅馆、杂货商铺等负责代派事宜。此外商务印书馆、中华书局、申报馆等在各地所设分馆，以及诸如《盛京时报》此类当地的日报社亦与其有商业上的合作，为其在地方上分销报纸提供了诸多便利。

就承担的具体事务来看，分馆根据报馆总部的指示对接工作，负责该地城乡市镇各派报处、分销处的定销事宜，当地商家登载广告等事也由其负责联络。自1919年起，时事新报馆对各地分馆与代派处进行整顿改造，裁撤拖欠报款的代派处，对推销不利的分馆与代派处更换其负责人或承办地址。此外大力开拓销售网络，在《时事新报》封面报头一侧的广告栏里刊布各种招揽承办方的广告。如1919年9月，《时事新报》发布添请承办分馆启事，"启者奉天、吉林、黑龙江、山西、陕西、甘肃、新疆、湖北、湖南、江西、福建、广东、广西、贵州各省城以及九江、汉口、芜湖、镇江各大埠，近因代办分馆之人不甚得力，拟另添设分馆，如有愿承办者，请即投函本馆或惠临面商，当将代售定章奉阅"[3]。此次扩招承办方涉及内陆多个省份，对我国东北及西南省份亦有关注，特别关照到了此前未设销售处的新疆地区。同年12月，报馆再次发布声明并详述了分馆承办要求，"本馆迭接内地各界函称各该地派报遇紧购阅孔艰，显系代派不甚得力或偏僻地方犹未遍设分馆之故"，"应急添分馆以利广销用特登报，拟请各省城镇市乡志愿承办者从速投函本馆开明每日约可认销若干份，当将代售章程奉阅妥议办法可

---

[1]《绍兴阅本报诸君鉴》，《时事新报》1918年2月14日，第1张第1版。

[2]《绍兴阅本报诸君鉴》，《时事新报》1918年2月14日，第1张第1版。

[3]《本馆添请承办分馆启事》，《时事新报》1919年9月11日，封面。

也"[1]。在1921年刊布的特别启事中，报馆对派报处的承办要求亦有说明，"本报拟于安庆、长沙、云南、武昌、成都、福州、芜湖、萍乡、和县、溧阳等处添设派报处数所，如有愿派本报请照章预缴保证金每报一份计缴保证金一元，余依此类推保证金寄到报即照寄"[2]。

从实际的承办情况来看，以1920年间新设的分馆、代派处数量最多，其后两年亦有增设。具体而言，在1919—1922年间，时事新报馆在江苏省添设2家分馆，1所代派处，即在无锡、徐州两地添设分馆，由北大街茂记派报社承办无锡分馆事务[3]，由通裕报社承办徐州分馆事务[4]。1921年改由汉昌路中市陈觉记接办无锡分馆事务[5]，由徐州南门内聚丰号组织"上海时事新报徐州分馆"，原通裕报社及普育书局承办报务统归分馆管理[6]。原松江代派处思益社因积欠报款屡催不理，故在1919年裁撤该代派处[7]。1920年原苏州分馆由阊门内改归阊门东中市第二百五十六号，由李瑞庭经理苏州分馆报务[8]，同年在南京增设一所代派处，由南京城内行口大街杜松坡经理南京城内派报事务，由下关河西大马路管鼎经理南京下关派报事宜[9]，南京及下关的推销事务仍由南京城内奇望街时事新报南京分馆负责办理[10]。浙江省增设5处分馆，2所代派处。其中1920年在杭州、嘉兴、温州增设分馆，由杭州城站沪杭旅馆承办杭州分馆事务[11]，后杭州分馆改设于杭州城站福缘路[12]，此外在嘉兴东门大街设立分

［1］《本馆添请承办分馆启事》，《时事新报》1919年12月13日，封面。

［2］《本馆特别启事》，《时事新报》1921年2月15日，封面。

［3］《无锡阅报诸君鉴》，《时事新报》1920年1月21日，封面。

［4］《徐州阅报诸君鉴》，《时事新报》1920年8月1日，封面。

［5］《无锡阅报诸君鉴》，《时事新报》1921年6月16日，封面。

［6］《徐州阅报诸君鉴》，《时事新报》1921年3月29日，封面。

［7］《松江阅本报诸君台鉴》，《时事新报》1919年12月18日，封面。

［8］《苏州阅本报读者鉴》，《时事新报》1920年2月26日，封面。

［9］《南京阅本报诸君鉴》，《时事新报》1920年2月23日，封面。

［10］《南京阅报诸君鉴》，《时事新报》1921年4月1日，封面。

［11］《杭州阅报诸君鉴》，《时事新报》1920年1月16日，封面。

［12］《杭州阅本报诸君鉴》，《时事新报》1920年4月5日，封面。

馆^[1]，由叶晓泉经理温州分馆事务^[2]，增设宁波四明日报馆^[3]、温州城内大高桥温处派报社两所代派处^[4]。1921 年添设宁波分馆，设于西门内王春茂弄袁嗣骥派报处^[5]，1922 年在金华城内特设时事新报分馆^[6]。湖北省汉口、武昌两地添设 2 家分馆，由小董家巷桂方里岭南小学梁绍文承办汉口分馆事务^[7]，由利群书社承办武昌分馆事务^[8]。四川成都增设 2 所代派处，即桂王桥北街华洋书报总派处、昌福馆中间华洋书报流通处^[9]。河南省开封、郑州两地添设分馆，1920 年由新文社承办开封分馆事务^[10]，1922 年在郑州车站福寿大街特设时事新报分馆^[11]。在江西省，时事新报馆将清江分馆由原来的大北门改设于江北图书公司内^[12]。1921 年，在直隶添设 1 处分馆，原天津分馆因推销不利^[13]，遂另招承办方，由广兴大街华昌报房承办天津分馆事务^[14]。1922 年，在山东济南添设分馆，设立于济南后宰门内大街，且在青岛、兖州、泰安、济宁、曲阜、滕县等处均设有分销处^[15]。此外，时事新报馆借助其研究系的背景，与北京的《国民公报》、《晨报》亦有合作，三家共同延揽海内外著译人才^[16]，刊登、转录有关新潮流的文章，上海时事新报馆代为派销《晨报》^[17]，同样晨报馆亦在北京设有场地代派《时事新

---

［1］《嘉兴阅本报诸君鉴》，《时事新报》1920 年 2 月 23 日，封面。

［2］《本馆启事》，《时事新报》1920 年 6 月 1 日，封面。

［3］《宁波阅本报诸君鉴》，《时事新报》1920 年 3 月 4 日，封面。

［4］《温州阅本报诸君鉴》，《时事新报》1920 年 3 月 28 日，封面。

［5］《天津宁波阅报诸君鉴》，《时事新报》1921 年 9 月 14 日，封面。

［6］《金华阅报诸君鉴》，《时事新报》1922 年 9 月 16 日，封面。

［7］《汉口阅本报诸君公鉴》，《时事新报》1920 年 2 月 14 日，封面。

［8］《本馆启事》，《时事新报》1920 年 12 月 29 日，封面。

［9］《成都阅本报诸君鉴》，《时事新报》1920 年 1 月 27 日，封面。

［10］《开封阅本报诸君鉴》，《时事新报》1920 年 2 月 23 日，封面。

［11］《郑州阅报诸君鉴》，《时事新报》1922 年 9 月 1 日，封面。

［12］《清江江北阅报诸君鉴》，《时事新报》1920 年 7 月 22 日，封面。

［13］《本报招设天津分馆启事》，《时事新报》1920 年 6 月 10 日，封面。

［14］《天津宁波阅报诸君鉴》，《时事新报》1921 年 9 月 14 日，封面。

［15］《济南及青岛兖州泰安济宁曲阜滕县阅报诸君公鉴》，《时事新报》1922 年 8 月 31 日，封面。

［16］《北京〈国民公报〉、〈晨报〉，上海〈时事新报〉紧要启事》，《时事新报》1919 年 7 月 14 日，封面。

［17］《本馆代派北京晨报》，《时事新报》1919 年 6 月 28 日，封面。

报》[1]。按照原定的扩招计划，时事新报馆希望对广大内陆地区尤其是销售难以广及的东北、西南的地区有所突破，也曾发布广告向亳州、大同、重庆[2]等地诚招代派处。但从实际的承办结果来看，东北及西南地区并未有数量上的大突破，仅湖北、四川、山东、河南、浙江、江苏、直隶7省增设了新的分馆、代派所与分销处。在广州地区，甚至有人利用《时事新报》的名声，打着时事新报馆与其合办报馆的幌子四处招揽[3]，以谋私利。根据前述数据显示，自1919年起，4年间共增加13处分馆，其中又以浙江增设分馆的数量最多。若从销售网络的排布情况来看，1918—1922年间，《时事新报》在各地的销售网点以江、浙两地分布最为密集，所涉城乡市镇最多，安徽、山东、河南等地的市镇也逐渐发展起了新的销售网点。上海总馆在保持原有的对江浙两地的经销优势的基础上，实现了对中部地区销售版图的扩张，如此庞大的销售网络进一步扩大了《时事新报》在全国的影响力。

对于本埠读者来说，购阅报纸则更为便捷。《时事新报》每天清晨出版后，即由卖报人分布全埠，甚为敏捷，本埠读者可随时向卖报人零购或订购报纸，但有时也会因未能遇到卖报人而无处购报，抑或是卖报人手中报纸业已售罄。针对这种情况，1922年时事新报馆发布启事，本埠读者除了向卖报人购报以外，还可就近向各烟纸店购买[4]，如此一来本埠读者购报则更为便利，本埠报馆凭借遍布大街小巷的烟纸店进一步拓展了自己的销售网络。就报纸售价而言，《时事新报》零售大洋三分，"本国及日本境内全年九元五角，半年五元，三个月三元，其余外国各埠全年十六元，半年八元，以上均按照大洋计算邮费在内，汇款汇费由定报人自付邮票按九五折算"[5]。订阅者可以个人名义订报，亦可以团体名义订购[6]，只是

[1]《北京阅报诸君鉴》，《时事新报》1921年6月15日，封面。

[2]《本报特别启事》，《时事新报》1922年5月31日，封面。

[3]《本报特别声明》，《时事新报》1920年1月23日，封面。

[4]《本报爱读本报诸君鉴》，《时事新报》1922年7月23日，封面。

[5]《本馆定报章程》，《时事新报》1918年2月16日，封面。

[6]《本馆特别启事》，《时事新报》1920年7月24日，封面。

依照《时事新报》的定报章程，读者定报"至少须汇三个月报费，以便遵寄，否则一律退款"[1]。《时事新报》的版面虽几经扩大，制报成本屡有增加，但始终未涨价，其后为优待学生顾客，报馆还曾发布启事：凡学生来函有校章证明，即可在订阅本报时享受七折优惠[2]。但这项优惠也给报馆带来一定的经济损失，"数年以来损失不赀"[3]，后因纸价飞涨，"每报一份纸费已在大洋三分以上"[4]，加之编辑排印等费用，报纸的制作成本剧增。迫于成本压力，时事新报馆在优惠措施推行一年后，于1920年8月取消了此项优惠，此后仍按原来的定价销售。

《时事新报》作为商业性报刊，虽背靠研究系的资源，其办报理念中亦含有研究系同人以文化建设革新社会的期望，但报馆若要长期运营下去首先要实现商业盈利。从营业角度来看，报馆收入主要来自刊登广告与发行报纸。据时人黄天鹏所说，"因广告尚无可观，而致力于编辑，以求发行数之增多，藉以维持其营业，如上海《时》、《时事》两报，北平《京》、《晨》各报及内地较佳之报纸，而内地尤甚"[5]。且《时事新报》也曾谈及本报"夙以独立独行称，惟独立独行，故信誉既著之时，即突飞猛进之时，两年以来，销数增三倍强"[6]。据此可知，在《时事新报》初创阶段，报馆盈利主要依赖增加报纸的发行量。庞大的销售网络固然可以为报纸销售提供地利，但要在诸多新闻纸中脱颖而出吸引读者前来订阅，还是要靠报纸的内容取胜。因而从报纸的长远发展及商业盈利考虑，《时事新报》馆对报纸的版面与内容进行了一系列改革，以此扩大发行量增加营业收入，以丰富多元的报章内容吸引读者购阅，进而扩大《时事新报》在报界的影响力。

1919年《时事新报》馆改良了报纸印刷，添购新式轮转机及其他各种印刷器

[1]《定阅本报诸君公鉴》，《时事新报》1920年2月6日，封面。

[2]《本报优待学生启事》，《时事新报》1919年7月16日，封面。

[3]《本报取消优待办法》，《时事新报》1920年7月28日，封面。

[4]《本报取消优待办法》，《时事新报》1920年7月28日，封面。

[5] 黄天鹏：《中国新闻事业》，北京：中国传媒大学出版社，2018年，第60页。

[6] 黄天鹏：《中国新闻事业》，第60页。

具[1]，使用美国纸，采用新式圈点符号[2]，按日添插美术讽刺图画[3]，使报纸面目更为美观简洁。此外，扩充篇幅，全报行间加密以增加容量[4]，1918年《时事新报》共三大张，1920年1月起扩充为四大张，1922年2月2日起扩充为五大张，每逢元旦、国庆等节日时还有增刊，且版面虽有扩充而价格始终不变，可谓加量不加价。从新闻栏的革新来看，革新地方要闻，整顿本埠新闻，注重社会经济及工商学各界的新发展[5]，添聘苏州、镇江、常州等江浙地区的通信员[6]，派专员从事新闻采访。为提高国内新闻的时效性，时事新报馆于国内增加电报"除北京专电及特约电外，所有各重要都会，如广州、长沙、济南、福州、天津、南京、杭州、武昌、重庆、太原等处，均特聘拍电专员，使全国消息都能灵通呼应"[7]。为及时关注世界局势变化，报馆"增设欧美日本各大埠通信员，并延专门学者分任编述有系统之世界大事的经过"[8]，增添俄国莫斯科专员专电及巴黎伦敦专电[9]。除了关注国外时政要闻，以添派记者、通讯员等方式掌握国外第一手时讯，从中国新闻人的视角观察世界局势变化并报告给国民，《时事新报》馆还自订西文日报与杂志，招请翻译以更好地为国民宣扬西方的新思潮。据1920年12月报馆所发的招请启事所知，报馆所定西文日报与杂志有数十种，有英文、德文两种文字，"材料皆为西文日报与杂志上之论著而关于新思潮者"[10]，译者可编译大意或详译全文，对有相当能力者报馆愿聘为特约翻译。

对于报纸的副刊内容，《时事新报》馆进行了历时更久、更为多元化的改革。

---

[1]《广告》，《时事新报》1919年4月22日，封面。

[2]《本栏启事》，《时事新报》1919年7月14日，封面。

[3]《本报大扩充广告》，《时事新报》1919年12月12日，封面。

[4]《本报启事》，《时事新报》1921年3月27日，封面。

[5]《本报大扩充广告》，《时事新报》1919年12月12日，封面。

[6]《本报特别启事》，《时事新报》1918年12月26日，封面。

[7]《本报大扩充广告》，《时事新报》1919年12月12日，封面。

[8]《本报大扩充广告》，《时事新报》1919年12月12日，封面。

[9]《本报启事》，《时事新报》1921年3月27日，封面。

[10]《本报招请翻译》，《时事新报》1920年12月2日，第1张第1版。

1918 年初《时事新报》共三大张，每张有四大版面，其中封面页刊登广告及启事，第一张和第二张的第一版、第四版刊布广告和本埠商情，第四版为《报余丛载》栏，其余版面刊登专电、时评、内外要闻及本埠新闻。从上述版面情况可知，《时事新报》大部分版面刊布的都是新闻及广告，只有第四版是带有娱乐消闲性质的文艺副刊，这一版面结构与其他新闻日报无太大区别。其中较为特别的是《报余丛载》中的专栏"上海黑幕"，1916 年 10 月 10 日《时事新报》首创黑幕专栏。所谓"黑幕"从编者的初创理念来看，是为"改良社会之宏愿，特创之一纪实文字也"[1]，但从实际刊登的文章来看，更多是带有消遣娱乐性的文字，从其征稿广告中亦能窥见一斑，所求"官场之黑幕、旗人之黑幕、娼妓之黑幕、市侩之黑幕、宫禁之黑幕、政客之黑幕等"[2]。黑幕小说中虽有许多文章的文学价值不高，但充分迎合了市民阶层的猎奇心理与趣味，一经推出大受读者欢迎，《时事新报》也因此销量大增，黑幕之风也引得各书肆纷纷效仿。黑幕小说虽给报馆带来了巨大的经济效益，但也引来了不好的社会风气，其内容"诲淫者有之，攻人隐私者有之，罪恶昭著，人所共见"[3]，与报馆同人揭露黑幕以澄清社会的办报宗旨相去甚远。1918 年 11 月 7 日，《时事新报》撤销"上海黑幕"专栏，《报余丛载》改为刊登短篇小说，种类包括讽世、滑稽、社会小说[4]，以及一些诗歌、游记、剧坛等。

"黑幕"落幕，代之成为《时事新报》新一代销售法宝的是《学灯》副刊。《学灯》创刊于 1918 年 3 月，《时事新报》以此首开改革报纸副刊的先河，宣扬灌输新思潮新文化，为社会学子开辟一立说之地。《时事新报》同仁曾评论："自从那位'学灯'公子出世以后，就把从前的'黑幕'哥哥驱逐出族，家庭里面顿换了一番新气象"[5]，《学灯》之所以能崭露头角，全在于其"能灌输一切新知识

[1]《本报裁撤黑幕栏通告》，《时事新报》1918 年 11 月 7 日，封面。

[2] 广告，《时事新报》1918 年 1 月 3 日，第 3 张中缝。

[3]《本报裁撤黑幕栏通告》，《时事新报》1918 年 11 月 7 日，封面。

[4]《征求短篇小说》，《时事新报·报余丛载》1918 年 12 月 3 日，第 3 张第 4 版。

[5] 明：《开场白》，《时事新报·青光》1921 年 12 月 4 日，第 4 张第 4 版。

给社会"[1]，于学术界贡献很大，因而深受知识界的欢迎。关于《学灯》的发展概况详见下节，此处不做赘述。同年 12 月 22 日，《时事新报》又仿照外国报纸所载泼克画，增辟星期增刊《泼克》，占一张版面，每逢周日即更新一次，刊布当日《学灯》即停刊一次。泼克即"英语 PUOK 此言滑稽画也"[2]，因"具有直觉的感刺，足以兴动阅者，大凡读沉闷之言论后，必一阅此，藉舒胸臆"[3]，除滑稽画以外还登载短篇小说、滑稽小品文字、新闻屑、剧谈等一切趣味性著作[4]。《泼克》刊布一年后，于 1919 年 11 月 18 日停刊，报馆编辑在每日《学灯》的前一版面添设"余载"，专载小说戏曲、游记、笔记、插图画等[5]，其中小说、剧本须"短篇而确有文艺价值"[6]。两年后，因《时事新报》投放广告过多，"新闻地位不敷"，遂废止《余载》，"移登地方新闻"[7]。四个月后，即 1921 年 12 月 4 日，《时事新报》创立《青光》副刊"以增阅者兴趣"[8]，每日刊行，占半张版面，所载内容与《余载》相似。编者在创刊号中谈及《青光》与《学灯》的不同之处，他认为《学灯》是"学者的态度"，"常用庄严的面目来对社会说话"，是"社会的严师"[9]。而《青光》的性质是普遍的，"说话不必陈义过高，但求一般社会易于了解"，要教"阅者能在嬉笑怒骂中得着益处"，是"社会的良友"[10]。《青光》就是"要使大家快乐，要使大家向上"[11]，且"青光"的青色有平民的意义，因而青光也是平民之光。由此可知两种副刊在定位上的不同，《学灯》注重学理化，为

---

［1］ 明：《开场白》，《时事新报·青光》1921 年 12 月 4 日，第 4 张第 4 版。

［2］《本报特别通告》，《时事新报》1918 年 12 月 15 日，第 1 张第 2 版。

［3］ 同上。

［4］《〈泼克〉征文启事》，《时事新报》1919 年 2 月 9 日，第 3 张第 4 版。

［5］《本报大改良》，《时事新报》1919 年 11 月 18 日，封面。《余载体例》，《时事新报》1920 年 1 月 5 日，第 3 张第 4 版。

［6］《本栏特别启事》，《时事新报》1921 年 1 月 5 日，第 3 张第 4 版。

［7］《本报启事》，《时事新报》1921 年 8 月 11 日，封面。

［8］《本报特别启事》，《时事新报》1921 年 12 月 5 日，第 1 张第 1 版。

［9］ 明：《开场白》，《时事新报·青光》1921 年 12 月 4 日，第 4 张第 4 版。

［10］ 同上。

［11］ 同上。

阅者解决知识的饥荒，《青光》则注重通俗化，为阅者提供心灵的慰藉。1921年5月10日，《时事新报》与文学研究会合作，在文艺副刊中又推出一新文学刊物——《文学旬刊》，每月登载三次，逢十出版，占两页版面。文学研究会是由郑振铎、耿济之、郭梦良等人组织成立的文学团体，随着队伍愈发壮大，文学研究会在文学界逐渐崭露头角，《文学旬刊》作为其机关刊物在报刊界的名声也愈发响亮。在创刊宣言中，郑振铎提出"人们的最高精神的联锁，惟文学可以实现之"[1]，他们要努力介绍世界文学到中国，同时努力创造中国的新文学，为世界文学界做出贡献。文学研究会成员以《文学旬刊》为阵地，译介俄国小说与戏剧，以文学为载体传播新思潮与新文化。

除了前述改革文艺副刊与学术副刊外，《时事新报》对经济问题始终抱有关注，大力提倡发展实业，这种理念在其副刊改革中亦有体现。1919年12月《时事新报》发表声明添辟"工商之友"一栏，"用极显的文字，介绍极切要的企业、金融、贸易、制造的智识，启发店员、职工等对于宇宙、人生、国家、社会的观念"[2]。1921年3月，报馆将原有《经济界》、《工商之友》、《商情》栏附刊合并为一大张，命名为《工商界》，"对于金融为敏捷之报告，对于商情作系统之编辑，对于实业为切实之倡导，仍佐以各种常识与调查，用备参考"[3]。次年3月6日，《时事新报》增附上海职工俱乐部特刊《合作》，该副刊格式仿照《学灯》占两页版面，每周一更新一次。他们提倡职工教育、职工合作，介绍与研究国内外的劳动组织与劳动状况，着力改善职工的问题，期望通过办刊将俱乐部的旨趣及内部精神"普遍宣传到上海及全国职工的脑筋里，使得他们一齐觉悟自身的地位，和本部组织的必要"[4]。同年3月20日，《时事新报》又增开附刊《经济旬刊》，占两页版面，逢十出版，由中国公学经济研究会编辑，时事新报馆出版

---

[1]《本报特别启事》，《时事新报》1921年4月23日，第1张第1版。

[2]《本报大扩充广告》，《时事新报》1919年12月12日，封面。

[3]《本报启事》，《时事新报》1921年3月27日，第1张第1版。

[4] 解殳伯：《创刊词》，《时事新报·合作》1922年3月6日，第1版。

发行，"以专门研究经济原理及讨论经济问题为宗旨"[1]。6个月后，即1922年9月6日，《时事新报》又与妇女问题研究会、中华节育研究社合作，增刊《现代妇女》，每月刊行三次，逢十出版，发行当日《学灯》即停刊一次。该旬刊在发刊词中谈到："现代的妇女，乃是自由的妇女，她们要从过去的一切压抑中抬头，从过去的一切束缚中解放，从过去的一切支配中独立，他们要有学习的自由，事业的自由，肉体和心灵的自由，做妻和做母的自由"[2]，她们致力于"帮助过去的妇女成为现代的妇女，取得妇女所应有的一切自由"[3]。至此，《时事新报》副刊的排布内容与刊行时间逐渐稳定下来。

《时事新报》对于副刊版面的改革，在形式上更为优化，内容上更为丰富多样化。报馆在历次改革中始终保留了具有休闲娱乐性质的文艺副刊，但对登载的文章进行了更为严格的把控，精选更为优质的稿件以愉悦大众。编者优化文艺副刊的内容，除了迎合市民阶层的阅读喜好外，也可与《学灯》等偏学理式的文字形成平衡，以消遣小说、戏曲、民谣、滑稽画、摄影等活泼有趣的文字或图片消解其他版面的沉闷感，带给读者更舒服的阅读体验。1918—1921年间，《时事新报》针对消闲性质的文艺副刊进行了多次改革，逮创立《青光》后，这一版块基本趋于稳定，编者对副刊的改革由注重休闲娱乐，逐渐转变为侧重革新社会，其间《学灯》所起到的示范作用不可忽视。其一，《学灯》是《时事新报》改革报纸副刊的试水性成果。此前新闻纸中的副刊多为文艺副刊，注重娱乐大众、消遣解闷，其主要目的是迎合读者的阅读喜好以增加订阅量，侧重于经济收益。而《学灯》的创立则说明报纸副刊不仅可以迎合大众，还可以成为社会思潮的引领者和传播者，报纸副刊不再只是新闻纸中的点缀物，而是寄予编者改造社会、革新思想的期望，承担社会功用的重要载体。自《学灯》创立后，其他报纸也纷纷

---

[1] 《本刊启事》，《时事新报·经济旬刊》1922年3月20日，第1期第1版。

[2] 《发刊词》，《时事新报·现代妇女》1922年9月6日，第1期第1版。

[3] 同上。

进行了副刊改革,《学灯》开风气之先,《时事新报》其后增设的《文学旬刊》、《合作》等副刊在版面设计与体例安排上均有借鉴《学灯》之处。其二,《学灯》与《时事新报》所刊载的其他副刊在内容上互为补充、各有侧重。《学灯》初期侧重教育改革,在五四新文化运动时期则大量输入西方新思潮,译介西方学术著作,为读者解决知识上的饥荒。《文学旬刊》侧重以更为通俗化的文学发出改革社会的心声,其对俄国小说戏剧的译介也是广大文学青年认识和了解俄国社会的重要渠道,他们借小说、诗歌抒发心中对旧社会的不满,其中一部分人也因此走上了革命的道路。《合作》与《经济旬刊》侧重从经济角度改革社会,其对劳工与实业问题的关注,也切合了张东荪等人注重发展实业的救国理念。《现代妇女》则侧重妇女解放,唤起广大妇女自我意识的觉醒。与上述的其他副刊相比,在改造社会、革新思想方面,《学灯》所引入的新思潮更多,所谈到的社会问题更广泛更全面,涉及政治、经济、文化等诸多领域,学界同仁以其为平台围绕以何种方式改造社会展开了激烈的争论,在思想界引起巨大震动。因此,在《时事新报》诸多关注社会改造的副刊中,《学灯》充当着领导者的角色,其在舆论界的影响力也是其他副刊所无法替代的。

《时事新报》通过副刊改革也扩大了报纸的受众群体,其在五四新文化运动时期对新思潮、新文化的宣扬,对学生爱国运动的关注,吸引了大批知识分子与青年学生。其对金融商情讯息的整理与汇编有利于吸引商人群体的关注,对工商业界职工问题的关注亦有利于博得劳工群体的好感。其后增开的文学刊物与妇女刊物亦有利于吸引文学青年以及广大女性读者。虽然不同的受众群体各有自己的阅读喜好,有些读者也仅对其中的部分专栏感兴趣,但《时事新报》采取的是捆绑式销售方法,像《学灯》及旬刊《社会主义研究》、《文学旬刊》此类副刊是随报附送的,不另收费亦不单卖。编辑曾对写信求购此类副刊的读者回复道:"《文学旬刊》是本报附送的,是非卖品"[1],"若要以后的

---

[1]《西谛致王警涛先生》,《时事新报·学灯》1921年11月15日,第4张第2版。

《文学旬刊》，请购每月一号、十一号、二十一号三天的《时事新报》就可以有了"[1]。《学灯》及《社会主义旬刊》亦不单独订阅，"因单独订阅，手续极为烦杂也"[2]。直到 1922 年 2 月《学灯》才推出单行本，装订成册"每册售价小洋三角，外埠寄邮票三十五分"[3]。像《合作》此类副刊除附《时事新报》分送外，也加印一部分另售，"零售每张铜元一枚全年大洋五角"[4]。当没有单行本时，为了免于遗漏，且补寄报纸手续繁琐有时也未必有存货，为方便起见读者有时还是会选择订阅全年或整月的《时事新报》，如此捆绑式销售便有利于提高《时事新报》整体的销售量。《时事新报》馆与其他团体、组织合作，承办发行其机关刊物并附在《时事新报》的附页中，亦有利于扩大《时事新报》在报界的知名度与影响力，可谓名利双收。

副刊的衍生产品亦能成为报馆的赠品，随报附送用以扩大销量。如《时事新报》曾发布启事，"本馆自直接定报赠送《黑幕汇编》以来，凡向各分馆购阅本报者均不赠送。不免向隅，现已续出再版仍前赠送，凡向各分馆及各代派处间接定报预付半年报费以上者（半年大洋五元，全年大洋九元五角），一律赠送《黑幕汇编》一部"[5]。梁启超作为思想界知名人士，其讲坛文稿深受青年学子的追捧，其欧游著述也深受读者关注。《时事新报》背靠研究系资源，在发表梁氏著述方面享有首发优势，《时事新报》还刊发广告，高调宣传即将登载梁氏著作的消息"本报承梁任公先生允，将此次欧游中一切撰述，寄由本报代为披露，其同行之张君劢、蒋百里、徐振飞诸君均允随时寄稿，特此预告"[6]。此外，他们还将梁氏讲坛文稿与欧游著述装订成册随报附赠，"梁任公先生新著《讲坛》第一

［1］《西谛致一方》，《时事新报·学灯》1921 年 11 月 27 日，第 4 张第 2 版。

［2］《编者致马汉声》，《时事新报·学灯》1921 年 12 月 31 日，第 3 张第 4 版。

［3］《本报启事》，《时事新报》1922 年 3 月 8 日，封面。

［4］《本刊启事》，《时事新报·合作》1922 年 3 月 20 日，第 3 号中缝。

［5］《本馆特别启事》，《时事新报》1918 年 1 月 5 日，第 1 张第 1 版。

［6］《本报特别启事》，《时事新报》1919 年 1 月 3 日，第 1 张第 2 版。

集现已出版，自四月一号起凡定报半年以上送赠一部，订阅全年者加赠《上海乙编黑幕》一部"[1]。按订购时限随报附赠热门书籍，既能借助平台优势为《时事新报》副刊的热门文章、专栏宣传造势，又能增加报纸的订阅量，可谓一举两得。《时事新报》对其副刊的改革卓有成效，成功增加了报纸的发行量，在实现经济效益的同时，亦通过推出王牌副刊《学灯》实现了以文化建设革新社会的政治期望。

(二)《学灯》的发展沿革

1918 年 1 月 16 日，《时事新报》在当日报纸的头版头条刊登广告"本报特设学灯一栏预告"，"本报同人慨夫社会之销沉，青年之堕落，以为根本之救治之策，唯教育事业是赖。爰将原有教育界为之扩张，更名曰《学灯》"[2]。从宣传词中可知，《学灯》的前身是《时事新报》中的"教育界"栏，其办刊缘起是以教育救国，革新社会风气。在经历一个多月的宣传预热后，《时事新报》于 1918 年 3 月 4 日正式创刊《学灯》，由主笔张东荪担任《学灯》的首任编辑。张东荪在创刊号中发表宣言重申办刊缘由，"方今社会为嫖赌之风所掩，政治为私欲之毒所中，吾侪几无一席之地可以容身"[3]，政治角逐的失意使其不愿再涉党争，宁愿自辟天地，遂创立《学灯》。

《学灯》的创办主旨有三，其一为"促进教育，灌输文化"，其二为"屏门户之见，广商权之资"，其三"非为本报同人撰论之用，乃为社会学子立说之地"[4]。这三大主旨基本奠定了《学灯》的发展基调，即《学灯》要促进教育改革，灌输新文化，鼓励不同思想学说自由争论，其办刊的主要受众群体是广大学

[1]《本报特别启事》，《时事新报》1919 年 3 月 28 日，封面。

[2]《本报特设学灯一栏预告》，《时事新报》1918 年 2 月 4 日，第 1 张第 4 版。

[3] 张东荪：《学灯宣言》，《时事新报·学灯》1918 年 3 月 4 日，第 3 张第 1 版。

[4] 同上。

子，要为社会学子开辟一个发表言论、交流思想的公共舆论平台。其后《学灯》虽更换了几任编辑，不同的编辑在办刊的过程中各有喜好与倾向，但办刊的主旨与方针一直未变，即注重思想言论的自由，注重新思潮新文化的传播。

自1918年3月创刊后，《学灯》的版面及刊行时间几经变化。从版面大小来看，《学灯》最初刊登在《时事新报》的第三张第一版，创刊号的《学灯》仅占半页版面，下版为"新闻屑"，其后的版次中《学灯》均为一页版面。1919年2月4日起，《学灯》扩充为两页版面，将活泼有趣的小说琐闻移入《泼克》，将新闻栏中的"教育新闻"移入《学灯》[1]，扩充教育讯息。自1922年1月2日起，《学灯》改为4开4版。从文字的排布情况来看，原为竖排，自1922年7月2日起改为横排，每版分为三栏。从刊行时间来看，自1918年3月起，《学灯》"每逢星期一揭载"[2]。因创刊后收稿甚多，遂于5月起"每星期刊行二次"[3]，每逢星期一、星期四发刊，11月16日起改为星期二、星期六发刊[4]，11月25日起，改为每星期发刊三次，"每星期一、三、五刊布"[5]。同年12月8日起，改为"除礼拜日外，每日刊行"[6]。自1919年11月23日起逐日刊行。1921年《时事新报》增开《文学旬刊》与《社会主义研究》旬刊，次年增开《现代妇女》旬刊，每逢这些旬刊刊布时，《学灯》即停刊一次。

1918—1922年间，《学灯》共更换了8位编辑，分别为张东荪、匡僧[7]、俞颂华、郭虞裳、宗白华、李石岑、郑振铎、郭一岑。其衍生旬刊《社会主义研究》已知有3位编辑，分别为郭梦良、徐六几、胡善恒。笔者将上述编辑的个人信息整理成表，如下所示。

---

[1]《本栏之大扩充》，《时事新报·学灯》1919年2月4日，第3张第3版。

[2]《本馆启事》，《时事新报》1918年2月27日，第1张第2版。

[3]《本栏特别启事》，《时事新报·学灯》1918年4月1日，第3张第1版。

[4]《本报特别启事》，《时事新报》1918年11月12日，第1张第2版。

[5] 同上。

[6]《本报特别启事》，《时事新报》1918年12月8日，第1张第2版。

[7] 笔者注：匡僧资料不详，故未在表格中列出详细的个人信息。

表 2 《学灯》及《社会主义研究》编辑的个人信息表

姓 名	生卒年	籍 贯	个人主要经历	编辑时限
张东荪	1886—1973	浙江杭州钱塘县人	原名万田，字东荪。1905—1911年留学日本，入东京帝国大学哲学科学习，发起组织爱智会，创办《教育》杂志。1912年，参加南京临时政府并任内务部秘书。离职后曾任《大共和日报》编辑，为《庸言》撰稿。1914年创办《正谊》《中华杂志》。护国战争爆发后，主持《中华新报》。1917年担任《时事新报》主笔，次年创办《学灯》副刊。1919年9月，创办《解放与改造》杂志。1924年春，辞去《时事新报》主笔，主持中国公学[1]。	1918.3.4— 1919.2.3
匡僧	？	？	？	1919.2.4— 1919.4.23
俞颂华	1893—1947	江苏太仓人	幼名庆尧，后改名垚，号颂华，笔名"谵庐"。1905年入上海健行公学学习。1909年考入北京清华学堂，后转入复旦公学。1914年毕业于政治经济系。1915年赴日本留学，就读于东京法政大学，攻读社会学专业。1919年任《学灯》主编，参与编辑《解放与改造》。1920年以《时事新报》《晨报》特派记者名义赴苏俄采访，改任两报驻德特派记者。1924年回沪，担任中国公学教务长，教授[2]。	1919.4.24— 1919.7.25
郭虞裳	1891—1971	江苏上海人	原名传治，后以字行，早年在上海南洋中学及唐山路矿冶学校学习。1914年考入东京私立政学校，攻读政治经济学。1917年回国，后出任《学灯》主编。1921年作为报社特约通讯员赴英国，同年8月转学至柏林。1924年回国，担任吴淞中国公学大学部教授兼学长秘书等职[3]。	1919.7.26— 1919.11.16

[1] 左玉河：《张东荪年谱》，北京：群言出版社2014年版，第8—19页。
[2] 莽萍：《俞颂华》，北京：人民日报出版社，1997年，第5页。
[3] 秦志次：《徐志摩生平事考订》，《新文学史料》2008年第2期，第105—106页。

姓名	生卒年	籍贯	个人主要经历	编辑时限
宗白华	1897—1986	江苏常熟人	原名之櫆，字伯华，以白华为名。中学就读于南京金陵中学，后入青岛大学中学部修习德文。1914年到上海同济医工学堂中学部学习德文，在同济医工学堂工学部语言科毕业。同年秋升入同济大学预科同济医工学堂工学医。1920年5月赴德国留学，在法兰克福大学哲学系学习。1925年从柏林回国，后历任东南大学、南京大学等校教授[1]。	1919.11.17—1920.4.30
李石岑	1892—1934	湖南醴陵人	原名邦藩，字石岑。早年就读于湖南优级师范学校理化科。1912年留学日本东京高等师范学校，其间参与筹备了《民铎》杂志。1916年参与组织"丙辰学社"，在东京发起组织"华瀛通讯社"。1919年辍学课回国。次年任商务印书馆编辑。1922年主编《教育杂志》。其间兼教于江苏省立一中、中国民立大学、上海大学等校，讲授哲学、心理学等课程[2]。	1920.5.1—1921.7.16
郑振铎	1898—1958	福建福州长乐县人	笔名"西谛"、"CT"、"振铎"等。生于浙江永嘉，1917年夏考入铁路管理学校。1919年在温州，参与发起了"救国讲演周报社"和"永嘉新学会"，回京后创办《新社会》旬刊、《人道》月刊。1920年11月，与沈雁冰等发起成立"文学研究会"。1921年入商务印书馆编译所工作，后任《学灯》编辑。1923年1月起，主编《小说月报》[3]。	1921.7.17—1922.1.31
郗一岑	1894—1977	江西万载人	笔名柯一岑。1916年毕业于北京汇文大学。1922年赴德国留学。大学攻读心理学，1928年获哲学博士学位。回国后历任中央大学、暨南大学等校教授，任《东方杂志》教育栏主编[4]。	1922.2.1—1923.8

[1] 林同华：《宗白华生平及著述年表》，收录宗白华：《宗白华全集》，合肥：安徽教育出版社，2008年，第686—688页。

[2] 陈先初：《湘潭近现代文化名人·哲学卷》，长沙：湖南大学出版社，2011年，第347—348页。

[3] 陈福康：《郑振铎年谱》，北京：书目文献出版社，1988年版，第12、47页。

[4] 周川主编：《中国近现代高等教育人物辞典》，福州：福建教育出版社，2018年，第544页。

姓　名	生卒年	籍　贯	个人主要经历	编辑时限
郭梦良	1898—1925	福建福州闽侯县郭宅乡人	名郁藩，字梦良。1914年入全闽大学堂学习。1917年考入北京大学法科哲学部。曾在闽籍学生北京联合会担任职务，在北京福州会馆组建福州同乡会。1921年，与郑振铎等参加文学研究会。1925年，赴上海任政治大学总务长。	
徐其湘	1898—1925	福建福州连江蓼岩人	字可园，自号六儿。先入福建省立第一中学，1917年考入国立北京大学法科门科。北大毕业后，即被上海《时事新报》聘为编辑主任。后相继担任上海专门学校教务长。北京春明学校教务长[2]。	
胡善恒	1897—1964	湖南常德县人	字铁崖，1911年进入常德中学就读，其间参与辛亥革命常德光复活动。次年转往长沙湖南高等师范附属中学念书。先后进入上海复旦公学、上海南洋公学，1917年7月中学毕业。是年暑假后，进入上东吴大学应文大学理财科。1921年入日本庆应大学理财科。1920年8月入北京大学经济系，1922年7月毕业。不久回到湖南，在长沙湖南群治法政专门学校任讲师半年。1924年5月，入上海自治学院。1924年8月，赴英国伦敦大学研究生攻财政学[3]。	

如上表所示，《学灯》的首任编辑张东荪是浙江杭州人。他在少年时期因读得佛书《大乘起信论》与《楞严经》，逐渐对哲学产生了兴趣，萌发了"窥探宇宙的秘密，万物的根由"的"妄想"[4]。1905年，他与同乡好友蓝公武、冯世德一起

[1] 庐隐：《悼郭梦良——郭君梦良行状》，收入庐隐著，文明国编：《庐隐自述》，合肥：安徽文艺出版社，2014年，第146页。
[2] 张天禄主编，福州市地方志编纂委员会编：《福州人名志》，福州：海潮摄影艺术出版社，2007年，第384页。
[3] 资料参见：湖南省地方志编纂委员会编：《湖南省志》第30卷《人物志》，长沙：湖南出版社，1995年，第471页。陈元芳：《中国会计名家传略》。上海：立信会计出版社，2013年，第107页。网络资源：胡庆超：《忆父亲胡善恒先生[EB]》。
[4] 左玉河：《张东荪年谱》，北京：群言出版社，2014年，第8—9页。

留学日本，入东京帝国大学哲学科学习，经蓝公武介绍结识了张君劢、梁启超等人。留日期间，他阅读了许多欧洲启蒙思想家的著作，对近代西方政治学与法学著作也有涉猎。回国后，他曾在《大共和日报》《正谊》《中华杂志》《中华新报》等报纸杂志社任职，为《东方杂志》《庸言》等撰稿，以评议政治的方式活跃于民初的政治舞台，在舆论界颇具影响力。他在担任《时事新报》主笔期间又创办了《学灯》副刊，于任期内从诸多高校中提拔了一批有为青年担任《学灯》编辑。1919年2月由匡僧接任《学灯》编辑一职，因其个人资料较少，故笔者仅对其后的9位编辑做具体分析。

自俞颂华至胡善恒，从籍贯上来看，以江苏籍、福建籍所占人数最多，编辑们虽原籍分布各有不同，但因求学、求职等缘故，其活动范围多集中在京沪两地。京、沪高校云集，人才汇聚，且研究系的两大机关报《晨报》与《时事新报》总馆也设在这两地，受地缘、学缘等因素的影响，主笔张东荪所选编辑也大多出自京、沪两地高校。从年龄分布来看，以其接任《学灯》编辑时的年龄计算，《学灯》的6位编辑平均年龄在26岁左右，旬刊《社会主义研究》的3位编辑平均年龄在23岁左右。从教育经历来看，他们幼时虽在私塾读过书，但随着科举制的废除，其后少年时期多在新式学堂读书，接受新式教育，中学毕业后进入大学深造。其受旧学的影响较小，又接受过高等教育，有较好的知识素养，年纪轻，又多是在京沪等经济发达、思想较开化的文化交流中心地求学，因而他们更易于接受新思潮、新文化的洗礼，从心理上也更愿意拥抱新潮流。且其中一部分人还有留日经历，民国初年中国知识分子所接触到的西学许多都来自日本，比起国内学子，这些留日学生更易于接触到西方的新思潮新学说，特别是在国内被严禁的革命学说，他们眼界宽见识广，因而在归国后更易主动加入传播新思潮的队伍中，成为传播西学的中坚力量。从他们的职业履历来看，他们大多是在大学毕业后即进入时事新报馆担任《学灯》编辑，或是在读书期间为《学灯》编辑旬刊。其大学时所学专业大多是法律、政治经济学、哲学等人文学科，本业并非新闻学。据时人所说，1901年"新闻学"一词才首见于中文报章[1]，国人对是否有"新闻学"抱有怀疑，认为报社就是新闻人才的培养之所，直至 1912 年上海报业俱进会为培养专门人才，才着手组织报业学堂[2]。据此可知，《学灯》的这些青年编辑其编辑经验大多来自新闻实践，他们在入职前虽没有受过系统的新闻学教育，但在读书期间大多组织创办过社团杂志、学报、地方小报等，或是在一些著名报社撰写过文章，积累了一定的办报与编辑经验。其中的许多人还参与过爱国运动，组织过社团等，如郑振铎曾组织过文学研究会，创办《新社会》《人道》等刊物，在北京读书期间结识了张东荪，张对其大为赏识，在《学灯》上曾刊登过《新社会》的广告和创刊宣言等为其宣传造势。借助这些办刊、组织社团、为报章杂志社撰稿的经历，这些青年编辑形成了各自的人脉圈，这为他们撰稿、约稿也提供了诸多便利。一方面他们可以为友人提供平台刊登文章，另一方面人脉圈的重合交错也利于进一步拓宽编辑们的社交网络，由此进一步带动《学灯》在思想界、文化界的影响力。如宗白华曾参与组织过少年中国学会，在其担任《学灯》的编辑期间，刊登了大量少年中国学会会员的文章，经其慧眼识人发掘出了郭沫若这样的文坛新秀，郭因新诗在《学灯》大放异彩，如此也提升了《学灯》在文艺界的影响力，吸引更多的知识青年踊跃投稿。《学灯》虽以鼓吹新思潮著称，但其政治色彩比较淡，对于不同的政治主张、思想言论都能以开放的心态接纳之，加之报馆身处租界有相对自由的舆论环境，因而《学灯》成为诸多"主义"学说公开讨论、自由论辩的重要舆论平台。《学灯》的青年编辑们心怀报国之志，其学识与见闻使他们能够以开放包容的心态拥抱新思潮，成为西学输入的重要推手。作为国家的栋梁之材，他们亦有锐意革新的魄力与眼光，群策群力，继承主编张东荪所确立的主旨与办报精神，使《学灯》在报界的影响力得以进一步扩大。

---

[1] 梁启超：《本馆第一百册祝辞并论报馆之责任及本馆之经历》，《清议报》1901 年 12 月 21 日第 100 期，第 2 页。

[2] 黄天鹏：《中国新闻事业》，北京：中国传媒大学出版社，2018 年，第 2 页。

从栏目设置与征稿情况来看，首任编辑张东荪在任职期间，创立了讲坛、教育小言、思潮、译述名著、青年俱乐部、学校指南、佛门汇载、科学丛谈、新文艺、新著批评、来函等栏。其中，"学校指南"主要"揭载教育法令、学校章程、视学报告等以为办学者及求学者之南针"[1]，"教育小言"用以"焕发学会，辅助修养"[2]，"青年俱乐部"专为"各校教员及学生诸君之投稿"[3]，"讲坛"记载名人著述。凡是有益于青年身心的文章均欢迎投稿。在其后具体的征稿启事中，编者提出《学灯》栏征求学艺、教育上的意见，征求对全国各学校的批评以及教育讽刺画，征求对最近出版物的批评，征求关于学生修养的实验[4]。文章不拘长短，一经刊载均有稿酬，其中"甲等每篇酬现金五元至十元，乙等二元至四元，丙等二角至一元"[5]。征稿所涉多为学校教育问题。在本栏之提倡中，张东荪鼓励学界同人揭露教育弊端，揭露教员堕落之风，"改造活泼朴实之学风，反对现在萎靡不振之学风"[6]，于教育主义而言提倡"道德感化之人格主义，以职业教育之实用主义之辅助"[7]，反对抄袭和固执僵化的教育制度，要尊重原有文化，以科学与哲学调和一并输入西方文化。从征稿启事与提倡中可知，《学灯》在初创阶段，主要关注教育现状与教育弊病，以学生及教员等学界人士为主要受众群体，期望广纳良言改革教育之风气。在 1918 年末，张东荪对栏目进行了大幅扩充，增设新栏，如"小言"记述记者的感想，"科学丛谈"以通俗有趣的文风揭露科学常识与新发明，"佛学丛载"搜罗佛教遗著，"译述"登载移译名著，"思潮"披露学术社会革新的意见，"新文艺"刊载新体诗文，"西国掌故"讲述名人轶事朝野风俗，结合时事热点增设"欧战丛谈"欢迎读者投稿撰写欧战之各种轶

---

[1]《本报特设学灯一栏预告》，《时事新报》1918 年 2 月 4 日，第 1 张第 4 版。

[2] 同上。

[3] 同上。

[4]《本报学灯栏六大征求》，《时事新报》1918 年 3 月 5 日，第 1 张第 2 版。

[5] 同上。

[6]《本栏之提倡》，《时事新报·学灯》1918 年 9 月 30 日，第 3 张第 1 版。

[7] 同上。

事琐闻等[1]。自匡僧继任编辑后,《学灯》的版面扩充为两页,在征文要求、办刊主旨、栏目设置方面大体沿用张东荪时期所立的各项要求及专栏,只是在教育领域增开了许多新的专栏,如"教育界消息"、"教育纪事"、"教育法令"、"教育研究"、"教育行政界消息"、"海外教育近况"等,这些专栏大多反映各地各校的教育现状与教育问题,内容上与前任编辑无太大区别,只是从栏目设置上对上述问题进行了更为细致的划分,总体上仍延续张东荪所立教育救国、改革教育的办刊方针。1919年4月25日,因匡僧患有脑病离职,俞颂华接任编辑一职。俞颂华在接办《学灯》的第四天,即刊布征文启事,以"社会主义"为题,征集相关稿件,可反对亦可赞成,投稿也可为译述,"总以朴实说理为限,但本报认为有碍治安者不为接载"[2]。半个月后,俞颂华裁撤"佛门丛载"一栏[3],而后取消"小言"代之以"提倡"与"评论"两栏,前者登载一切主张,后者登载一切时评[4]。五四运动爆发后,《时事新报》快速做出反应,在报纸的新闻专电栏内刊文披露五四事件,《学灯》主编俞颂华撰写大量时评响应学生的爱国运动,在教育专栏等登载江浙学生的示威游行活动,针对学生罢课的行为刊登征文启事寻求"解决罢课问题之方法"[5]。此外,俞颂华对《学灯》的栏目进行了调整,新设"妇女问题"、"劳动问题"、"青年修养谈"等栏目,征集相关著作与译稿,将具体的社会问题作为专栏标题进行集中讨论。他认为革新家需在言论上负两种责任,其一是批评旧习惯和旧制度的责任,其二是创造新的责任,因此,言论自由不但可以防遏社会变态的发生,并且能促社会循进化的常轨发达[6]。在他任期内,在《学灯》上发表文章的人数明显增加了,且文章内容也更为广泛,言论虽围绕

[1]《本栏特别征文》,《时事新报·学灯》1919年1月9日,第3张第1版。《本栏之大扩充》,《时事新报·学灯》1919年2月4日,第3张第3版。

[2]《本栏征文》,《时事新报·学灯》1919年4月28日,第3张第3版。

[3]《本栏特别启事》,《时事新报·学灯》1919年5月16日,第3张第3版。

[4]《本栏特别启事》,《时事新报·学灯》1919年5月23日,第3张第3版。

[5]《本栏征文》,《时事新报·学灯》1919年5月27日,第3张第3版。

[6] 俞颂华:《言论终不能自由吗?》,《时事新报·学灯》1919年7月1日,第3张第3版。

共同的话题，但意见却多种多样[1]。同年 7 月，因其被岳父推荐给北洋政府派驻海参崴的特使李家鏊充任日文秘书，只好交卸《学灯》编务，后在张东荪的推荐下，协同张东荪一同主编《解放与改造》半月刊。

1919 年 7 月 26 日，郭虞裳接任《学灯》编务，在其主持期间，对"青年俱乐部"、"新文艺"两门所收稿件的稿费问题进行了调整，原来以现金相酬，自其任编务后改为赠送本报，"惟'新文艺'门长篇译作，仍照著述稿例奉酬"[2]。同年 11 月 17 日，郭虞裳的助手宗白华接任《学灯》编务，在其任期内大力发展新文艺，将本栏今后的主义与理想概括为"从学术的根本研究，建中国的未来文化"[3]，将学灯栏定性为"学术界的出版品"[4]，其主要责任是从事学术的根本研究。宗白华认为，学术的实际是经验与思想并重，因此本刊主义是尊重有思想组织的经验学术和不背实际的哲学理论，所推崇的学术方法是实验的、归纳的科学方法[5]。他认为《学灯》栏中所设门类不能有绝对的固定，"须跟着学术的新思潮和社会的新问题随时移动"[6]，但评论、讲坛、研究、译述、学术丛谈、文化、社会问题、读者问答、青年俱乐部、通讯以上十门应作为常设栏目。宗白华对《学灯》的贡献主要体现在他对新文艺的发展上，但其宣扬的以学术为指导明灯的办报理念对其后几任编辑影响很大。如接替他的李石岑就将学术传播作为主要办报宗旨。李石岑认为新文化运动所得最重要的成绩就是"换国人之头脑，转移国人之视线"[7]，由此"而自动之精神出焉，而组织之能力启焉，而营团体生活之兴趣浓焉，而求新知识之欲望富焉"[8]，但与此同时亦随附发生一种现象即思想的浅薄，其矫正之法为督促人们注重学问的生活，以及联络富有学识之人共营编译之事业。

---

[1] 莽萍：《俞颂华》，北京：人民日报出版社，1997 年，第 11 页。

[2] 《本栏启事》，《时事新报·学灯》1919 年 11 月 10 日，第 3 张第 4 版。

[3] 《〈学灯〉栏宣言》，《时事新报·学灯》1920 年 1 月 1 日，第 4 张第 1 版。

[4] 同上。

[5] 同上。

[6] 同上。

[7] 李石岑：《学灯之光》，《时事新报·学灯》1920 年 5 月 22 日，第 4 张第 1 版。

[8] 同上。

在李石岑任期内，他大量引入西方各种思潮学说，鼓励学子从事西方哲学研究，并推出《学灯》专号如"家庭研究号"、"杜威讲演号"、"乡村教育号"、"国语研究号"、"远东运动会号"等，就社会热点问题、著名演说做专门集中化的讨论。

1921 年，郑振铎接替李石岑，任《学灯》编辑，郑沿袭了李石岑所设的专栏及专号，并在此基础上增设"儿童文学"一门，鼓励来稿者搜集本地歌谣等民间文学，撰写读书录且"以有关于社会主义，文学，教育及社会问题的为限"[1]。在接手《学灯》半个月后，郑振铎发表宣言《今后的学灯》，决定在旧有门类的基础上增设"现代学术界"、"俄国研究"、"社会主义研究"、"社会运动家"等栏，提出今后要着重研究到自由之路的方法，以及介绍关于哲学、文学、社会科学、自然科学各方面的知识[2]。《学灯》要着力报告现代世界与中国的学术界的消息，介绍最新出版的书籍内容，要将《学灯》打造成为一个流通学术界消息的机关[3]。针对必须要特别讨论的问题或学说，要随时推出一种特刊，将之进行系统的介绍、研究与讨论，在郑任期内，《学灯》于 1921 年 9 月 16 日推出《社会主义研究》旬刊，专门集中讨论基尔特社会主义学说。对于稿费问题，郑振铎将原有稿例调整为："以后除了长篇的著作以外，所有不满二千字的稿子，拟都不给酬"，并于 1922 年正月起"《学灯》上的稿件，除有特约及特别说明者外，其余概无稿费"[4]。

1922 年 2 月 1 日，郑振铎辞去《学灯》编务，由柯一岑接任主编。柯继任《学灯》编辑后，沿用前任编辑所设栏目，又推出"戏剧专号"、"歌德纪念号"、"节育运动号"等专号。此外将《学灯》每月所发文章装订成册，推出单行本，与海内出版界互换刊物，针对所刊文字说理太多且太深奥的情况倡导投稿文章尽量通俗、短小[5]。原设之"通讯栏"以往仅登载编辑者与外界往来之函件，此后放开限制，凡有关讨论学术或问题的函件都予以公开发表。自 1922 年 7 月

---

[1]《启事》，《时事新报·学灯》1921 年 7 月 26 日，第 4 张第 1 版。

[2] 郑振铎:《今后的学灯》，《时事新报·学灯》1921 年 8 月 1 日，第 4 张第 1 版。

[3] 同上。

[4]《本栏启事》，《时事新报·学灯》1921 年 12 月 31 日，第 3 张第 4 版。

[5]《本刊启事》，《时事新报·学灯》1922 年 2 月 7 日，第 2 张与第 3 张中缝。

起，柯一岑对栏目设置做了调整，除保留"读者论坛"、"编辑室"、"专件"等门外，其他栏目标识全部取消，扩充版面容量以专载文章。如上所述，《学灯》在初创阶段主要集中讨论教育问题，继张东荪之后的几位主编先后对版面、栏目设置等进行了调整与扩充，由专注教育逐渐转变为专注学术，在继承的基础上又有创新，推出专号、特刊着力讨论和研究社会问题，在其共同努力下将《学灯》打造成为学术传播的前沿阵地。《学灯》在报界声名鹊起，成为五四新文化运动时期新思潮的重要宣传平台。

二、社会主义思潮文本的书写与呈现（1919—1922）

20世纪初，国际局势风云变幻，处于新旧社会转型期的近代中国深受世界环境的影响。随着五四新文化运动的发展，各种各样的"主义"纷纷涌入中国，竞相在中国传播，如无政府主义、科学社会主义、新村主义、基尔特社会主义等，它们作为一种信仰的力量与中国的国情以及知识青年的救国需求相糅合，由此引发了一系列的思想变革与社会运动。在诸多"主义"学说中，尤以无政府主义和社会主义深受思想界推崇。俄国十月革命的成功为处于迷惘彷徨中的知识青年提供了一条可供借鉴的道路，也推动了社会主义在中国的传播。《时事新报·学灯》作为五四时期的一大副刊，在引领社会主义思潮方面发挥了重要作用。

（一）基于文本内容的分析

《学灯》在创刊之初即确立了教育救国的方针，因此1918年期间《学灯》上刊登的文章以讨论教育问题的居多，涉及政治问题的讨论相对较少。自1919年3月起，《学灯》上逐渐出现了一些关于"社会主义"的介绍类文章。社会主义思潮在中国传播的初期阶段，其学说的内容以及派别之分是混沌不清的，其与当时思想界的另一大显学无政府主义思想在很多地方亦有相似之处。受制于传播的渠道、知识的储备、思想的复杂性等诸多因素的影响，当时在报纸杂志上刊文译介社会主义思想的知识青年，其对社会主义的理解也存在迷惑不解之处，对于思潮下各种冠以"社会主义"的学说也有分辨不清楚的地方。笔者无意对这些文章进行派别上的清晰划分，只对与社会主义思潮的传播有关的文本进行梳理，以此探究这一阶段思潮传播存在哪些特征，这些文本的书写者又与《学灯》的编辑群体存在怎样的联系。

《学灯》的编辑群体在社会主义思潮的传播过程中，随着思想的分化，其愈发倾心于基尔特社会主义，遂在1921年创办《社会主义旬刊》，以此为舆论阵地公开与科学社会主义展开了一场思想的论争。基于此，笔者在文本刊登时间的选择上，限定于1922年即旬刊的停刊年份。如下所示，即为1919—1922年期间《学灯》关于社会主义思潮的文章。

表3　1919—1922《学灯》关于社会主义思潮的文章统计表

篇　名	署　名	栏　目	时　间	版面[1]
《托罗斯基自述》Leon Trotsky		近代名人	1919.3.31；4.1	第四版上
《社会主义与中国》	一岑	思潮	1919.4.1，2	第三版上
《〈克鲁泡特金死耗之噩传〉进化杂志社特别报告》	进化杂志社	要闻	1919.4.1	第四版上
《德过激派首领李卜勒德》		近代名人	1919.4.9	第四版上
《俄过激派首领列宁》		近代名人	1919.4.10	第四版上
《俄国青年的独立生活》P.Kropotkin 述（录少年中国学会会务报告）	愚生　译	青年俱乐部	1919.4.15	第四版上
《近世社会主义鼻祖马克思之奋斗生涯》（录晨报）	渊泉	近代名人	1919.5.6，7	第四版上

---

[1]　版面统计说明：以文章在《学灯》上首发时所在位置为计。《学灯》在版面上一般为两版，1919.3.31—12.25期间《时事新报》共三张，第三版即指《时事新报》第三张第三版，按照《学灯》每版可大致分为六个区间，为方便统计展示，划分为"上、中、下"三个区域，第三版上即为该页报纸头版。1920.1.8—1921.11.5期间《时事新报》共四张，第一版即指《时事新报》第四张第一版。1921.12.8—12.28期间《时事新报》共四张，第三版即指《时事新报》第三张第三版。1922.2.25—12.8期间《时事新报》共四张，《学灯》版面扩充为四版。

篇　　名	署　名	栏　目	时　间	版　面
《社会党泰斗马格斯 Marx 之学说》	刘南陔	名著	1919.5.12—14	第三版上
《俄国问题》Nicholas Lenine 著，Robert Crozier Lorg 译	金侣琴 重译	译述	1919.5.15，16，19	第三版下
《马克思的唯物史观》河上肇原著	渊泉 译	名著	1919.5.19—21，26，27	第三版上
《社会主义之进化》译日本法学博士河上肇演说稿	摩汉 译	名著	1919.6.11—16	第三版中
《社会主义两大派之研究》	南陔	思潮	1919.6.23，24，28	第三版上
《社会改良与社会主义》	南陔	思潮	1919.7.7，8	第三版上
《各国社会党之情形及社会主义之概论》Enser 原著	竞仁 译	名著	1919.7.12，15，16，18—23	第三版中
《什么叫做过激派》	张剑光	青年俱乐部	1919.7.12	第三版下
《俄国的婚姻制度》（录每周评论）	慰慈	社会问题	1919.7.19	第三版上
《俄国遗产制度之废止》	慰慈	社会问题	1919.7.25	第三版上
《劳动与资本》Lohnarbeit und Kapital 原名直译《雇佣劳动与资本》，马克思原著，河上肇译	食力 转译	名著	1919.7.25—29，7.31；8.1—4	第三版中
《马克思社会主义之理论的体系》，河上肇著	罗琢章 译	名著	1919.8.5—11，22；9.5—8，12	第三版中
《我国之劳动问题》	黄典元	论坛	1919.8.8，9	第三版中
《最近德俄社会党之情形》安部矶雄著	超然空空 译	译述	1919.8.19，20	第三版上
《西洋之社会运动者——马克思》日本尾崎士郎，茂本久平著	筑山醉翁 译	名人评传	1919.8.30	第三版上
《西洋之社会运动者——黎宁 Lenine》日本尾崎士郎，茂本久平著	筑山醉翁 译	名人评传	1919.9.1	第三版上
《马克思社会主义之理论的体系》（续）河上肇著（章节：经济论）	籍碧 译	名著	1919.10.28；11.1，4，12，13	第三版中
《配恩蒂之组合社会主义论》	迻蒂	译述	1919.11.25；12.4，5，17—19	第三版中
《在俄五年之自记》H.U.Kelinge 著	瞿宣颖 译	笔记	1919.11.27—30；12.1，2，4—7，9—12，15，17—19，21	第四版上

篇　　名	署　名	栏　目	时　间	版　面
《河上肇博士关于马可思之唯物史观的一考察》	安体诚　译	名著	1919.12.6—9	第三版中
《利己主义与利他主义》河上肇著	东里　译	名著	1919.12.9	第三版上
《马克思社会主义之理论的系统（续）》河上肇著		名著	1919.12.23，24	第三版上
《思索之必要与研究之态度》河上肇著		名著	1919.12.25	第三版上
《社会主义者所见的大战真因》Boudin 著 Socialism and War，译名《社会主义与战争》，河上肇译	李培天　笔述	名著	1920.1.8—13	第一版上
《社会主义之沿革》	徐松石	研究	1920.1.14—21	第一版中
《科学艺术与社会主义》小泉信三著	刘步青　译	名著	1920.2.5—7	第一版上
《法国社会主义之经验》（译自 French and German Socialism）爱立（Ely）原著	陈开懋　译	译述	1920.2.8—9	第一版中
《社会主义与法律》Hillgunt's Socialism in Theory and Practice	钱翼民　译	译述	1920.2.10—13	第一版中
《社会主义和政治改造运动》Hillgunt's Socialism in Theory and Practice	钱翼民　译	译述	1920.3.22—25	第一版中
《社会主义的面面观》英国 Kirkup 著	凯谋　译	译述	1920.3.31，4.1—4	第一版中
《柯尔氏之大劳动组合论》河田嗣郎著	刘步青　译	劳动问题	1920.3.26—30	第一版中
《社会主义和行政改造运动》Socialism in Theory and Practice by Hillgunt	钱翼民　译	译述	1920.4.7—12	第一版中
《述色乃斯氏论社会主义的大意》，原著 Thenext Stepin Democraey 美国哲学博士色乃斯 R.W.Sellaro 著	冯巽	读书录	1920.4.20—25	第一版中
《社会主义与社会改造》，Socialism and Social Reform. 美国 Richard Ely 著	何飞雄　译	译著	1920.5.12，13，16，17，21，24，28	第一版中
《马克思剩余价值论》，节译自《近世经济思想史论》，河上肇著	邝摩汉	马克思研究	1920.6.27，29，30；7.2，3，5，6	第一版上
《资本家思想底一例》河上肇博士原著	黄七五　译	译著	1920.7.7	第一版上
《国家的基尔特之建设》室伏高信著	邹敬芳　译	译著	1920.7.10，12，14	第一版上
《基督教社会主义之研究》	陈开懋	研究	1920.8.9，10	第一版中
《社会主义与个人主义》	明权　译	译述	1920.8.16	第一版上

篇　　名	署　名	栏　目	时　间	版　面
《社会主义之进化谈》河上肇著	黄七五　译	译述	1920.9.2—6	第一版上
《Syndicalism＝工团主义》室伏高信著	李培天　译	译述	1920.10.1—7	第一版上
《我的双十节庆祝观——革命的精神》	郭绍虞	双十节增刊	1920.10.10	第1张
《旧式革命和新式革命》	刘叔雅	双十节增刊	1920.10.10	第1张
《纪念与创造》	周佛海	双十节增刊	1920.10.10	第2张
《王在那里呢》	杨端六	双十节增刊	1920.10.10	第2张
《反对统一》	毛泽东	双十节增刊	1920.10.10	第3张
《革命的价值》	恽代英	双十节增刊	1920.10.10	第3张
《社会的根本改造运动》	周长宪	双十节增刊	1920.10.10	第10张
《国家基特主义者之新社会组织观》北泽新次郎著	毅民　译	译述	1920.10.13	第一版上
《布尔扎维克与世界政治》	李济民、杨文冕　记	罗素讲演	1920.11.3，4，6，11，13	第一版上
《俄国教育之改革》Therosa Baoh 著	郑德馨、余凯庸　译	译述	1920.11.8，11—14，16—21	第一版中
《柯尔氏社会学说之根本思想》田边忠男著	明权　译	译论	1920.11.17—22	第一版中
《与罗素的谈话》	杨端六　讲，夏大纶　记	讲演录	1920.11.29	第一版下
《布尔塞维克的思想》罗素讲	廷谦　记	罗素讲演	1920.12.1	第一版上
《农业与社会主义》	江亢虎	讲演录	1920.12.30	第一版中
《社会主义批评》室伏高信著	李培天　译	译述	1921.1.6—18，20—22	第一版下
《经济状况与政治思想——一个"社会改造原理"的引子》勃拉克女士讲演	伏庐　记	讲坛	1921.1.29—31	第二版上
《社会主义》罗素讲	铁岩　记	讲坛	1921.2.21，22	第一版上
《社会构造学》罗素讲	赵元任　译，陈顾远、罗敦伟　记	讲坛	1921.2.26，27；3.2，3，14	第一版上
《劳农露国代表的三妇人》（译自"社会主义研究"）山川菊农著	徐逸樵　译	新妇女	1921.3.2	第一版上
《经济状况与政治思想》勃拉克女士讲演	小峰　记	讲坛	1921.3.6—12；4.24；5.22	第一版上

篇　　名	署　名	栏目	时　间	版　面
《马克思主义之复活》英国 I.Shie'd Nicholson 著	华生　译	译著	1921.4.22，23，25—30；5.2—7，9，11—14，16—19，21，22	第一版上
《劳农俄国的妇女解放》山川菊农著	徐增明　译	新妇女	1921.5.26—28；6.6，7	第一版中
《中国人到自由之路》罗素讲演		讲坛	1921.7.12，13	第一版上
《贫 乏 乎? 奴 隶 乎?》Poverty is the Symptom：Slvaery is the disease. G.D.H.Cole 著	六几　译	评论	1921.8.1，2	第一版中
《心 理 学 家 之 社 会 主 义 评 判》An Introduction to the Psychological Problems of Industry.（工业心理问题导论）Frank Watts 著，1921 年出版	东荪　译	读书录	1921.8.1	第一版下
《研究劳农俄国的参考书》	西	研究资料	1921.8.5—9，11，12	第二版上
《苏维埃法庭》The Soviet Courts.	建民　译	俄国研究	1921.8.5，6	第二版上
《中国人的传染病》	春华	杂感	1921.8.8	第二版上
《苏维埃俄国底新农制度》(录《国民》二卷四号) 译自《社会主义研究》第二卷第九号	陈国榘	选录	1921.8.19，21—24，27—29	第二版上
《基尔特社会主义者之唯物史观批评》Penty 著	建民　译	社会主义研究	1921.8.22，23	第一版中
《同盟罢工的原 因》柯尔（G.D.H.Cole）著	佛亢节　译	劳动问题	1921.8.25—28	第一版上
《莫斯科之耶稣复活节及五一节》	瞿秋白	俄国研究	1921.9.1	第一版上
《基尔特的意义》The Guild Idea	黄勤、黄英　同译	社会主义研究	1921.9.6	第一版上
《评山川均"从科学的社会主义到行动的社会主义"》	六几	评论	1921.9.7	第一版上
《中等社会与国民基尔特》Reckitt and Bechhofer，the meaning of National Guilds，chop.III	黄勤、黄英　同译	社会主义研究	1921.9.12—15，17，18	第一版上
《俄罗斯及巴尔干诸邦的妇女运动》山川菊荣著	黄芬　译	妇女问题	1921.11.3，4	第一版中

篇　　名	署　名	栏　目	时　间	版　面
《李宁的宣言》	C	俄国研究	1921.11.5	第一版上正中央
《俄国革命和农民》河田嗣郎著	吴荣堂　译	俄国研究	1921.12.8，9	第三版中
《俄国农人之新生活》	龚钺　译	俄国研究	1921.12.17	第三版下
《马克思底阶级斗争主义》	费觉天　译	社会主义研究	1921.12.24—27	第三版上
《近世经济制度和社会主义之根源》德国莱比锡大学国民经济学教授Dr.L.Nohle 著	梁纶才　译	社会主义研究	1921.12.28	第三版上
《马克思经济学说》（在北大马克思研究会）李守常演讲	罗敦伟　记	讲演	1922.2.25	第一版上
《马克司底"经济定命论"在近代心理学里的见解》Charles A.Ellwood 著	王平陵　译	译述	1922.6.27—29	第三版上
《无产阶级运动中之妇女》	瞿秋白		1922.7.2-4	第三版右
《论阶级自觉》	沈肜君		1922.7.2	第四版右
《联省自治与国家社会主义》（通信）	张东荪，陈独秀		1922.9.17	第一版右
《过渡时代之俄罗斯》江亢虎讲	王亢顺　记		1922.9.30	第二版左
《政治运动与社会运动》	郭梦良		1922.10.11	第一版左
《第三国际述评》	C.C.S.		1922.10.22—24	第一版左
《俄国之十一月革命酝酿成熟期中的概况》M.P.Price 著	C.C.S.　译		1922.10.23	第三版中
《唯物史观与无治共产主义》	陈德容		1922.10.27—29	第一版左
《俄国之十一月社会革命——联合政府之推翻全权归苏维埃》M.Plilips Price 著	C.C.S.　译		1922.10.29，30	第三版中
《再论社会主义的条件》（质周佛海先生）	勉人		1922.11.2	第一版左
《劳农政府之文化政策》	季达　译		1922.11.2—7	第三版中
《社会问题》第二次江亢虎先生讲演	胡昌才、顾克彬　记		1922.11.22，25；12.3，12，13，31	第一版左
《江亢虎新民主主义与社会主义之评论》杨杏佛演讲	曹刍、侯曜　笔记		1922.11.15，17	第三版中
《基尔特的国家》英国泰罗（Tylor）原著，沈泽民译	黄卓		1922.11.18—20	第四版左
《俄国苏维埃思潮进化之历程》	C.C.S.　译		1922.12.7，8	第三版中

表 4　1921—1922 年《社会主义研究》旬刊关于社会主义思潮的文章统计表

作者	篇　　名	日　期	栏　目
张东荪	《我们所能做的》	1921.9.16	
	《对于一个批评的答复二点》	1921.11.26	杂感
	《社会改造与政治的势力》(答新凯君)	1922.1.5	(该期首篇)
	《我也批评一批评》	1922.2.6	
郭梦良	《劳动者的人格》柯尔著，梦良译	1921.10.6	
	《基尔特社会主义方法浅说》	1922.2.16	(该期首篇)
	《对于罢工劳动者的一个建议》	1922.2.26	(该期首篇)
	《共产主义与基尔特社会主义略谈》	1922.2.26	
	《社会改良与社会改造》柯尔著，梦良译	1922.3.16	译论
	《基尔特社会主义的国家观》	1922.3.26	研究 (该期首篇)
	《中等阶级与劳动运动》柯尔著，梦良译	1922.4.16	研究（该期 首篇）
	《主义与态度》	1922.5.16	(该期首篇)
	《我所最怕的劳农专政》	1922.5.16	
	《产业制度》柯尔著，郭梦良译	1922.5.16; 5.26	
	《基尔特社会主义与教育独立》(与李石岑君商榷)	1922.5.26	(该期首篇)
徐六几	《金融界的危机与国家经营》	1921.11.26	(该期首篇)
	《基尔特社会主义之历史的基础》(转录《东方杂志》 十八卷第二十号)	1921.11.26	
	《基尔特社会主义原理》	1921.12.16	
	《告共产主义者》	1922.1.5	
	《布尔札维克主义失败之真因》	1922.1.15	(该期首篇)
	《盲而聋的主义者》	1922.2.6	(该期首篇)
	《国民的基尔特——赁银制度及其废止的研究》原名： National Guilds：an Inquiry into the Wage System and Way Out 著者霍培逊 Hobson 出版年月一九一四年	1922.3.6	名著介绍 (该期首篇)
	《基尔特社会主义的秘密——资本主义的总鉴定》	1922.3.16	评论 (该期首篇)
	《生产者与消费者》	1922.3.16	浅说
	"国民的基尔特"	1922.4.16	释名
	《地方的基尔特社会主义》	1922.6.6	(该期首篇)

作者	篇　名	日　期	栏　目
胡善恒	《产业管理问题的杂评》	1921.10.26；12.6，16	（该期首篇）
	《〈劳动之世界〉译成后杂谭》	1921.12.26	（该期首篇）
	《社会改造前途之社会应如何？》	1922.6.26	（该期首篇）
黄卓	《我们所需要的社会学说》潘悌著，黄卓译	1922.3.26	评论
	《潘悌的〈基尔特社会主义与农业的复兴〉(1921)》	1922.4.6；4.16	读书录（该期首篇）
	《理想中的基尔特公司》	1922.5.16	
建民	《苏维埃法庭》建民译	1921.11.7	
	《到基尔特之路》潘悌著，建民译	1921.12.6	（该期首篇）
GM	《批评陈独秀对于基尔特社会主义的批评》	1921.11.16	（该期首篇）
	《世界和平之铃》	1921.12.16	断片（该期首篇）
铁岩	《希望与恐怖》柯尔著，铁岩译	1921.12.26	
	《劳动组合的构造》柯尔著，铁岩译	1922.1.15；2.6，16，26；3.6	研究
寿凡	《基尔特社会主义与共产主义》柯尔著，寿凡译	1921.9.16	
陈与漪	《布尔札维克主义与阶级斗争》派悌（Penty）著，陈与漪译	1921.9.26；10.6；10.16	
黄英	《布尔札维克主义与基尔特原理》Reckitt and Bechhofer 共著，黄英译　译自《国民基尔特之意义》	1921.9.26	（该期首篇）
黄勤	《奴隶乎？自由乎？》Reckitt and Bechhofer 共著，黄勤译	1921.10.16；10.26；11.7	
佛航	《国家的职能》潘悌著，佛航译	1921.10.16	（该期首篇）
S	《思想的分野》	1921.10.16	杂感
未署名	《反响》，原文为摩汉：《评社会主义研究宣言》	1921.10.26	
罗敦伟	《国家之性质》敦伟　节译自 Cole 著 Self-Government in Industry	1921.10.26；11.16	
未署名	《答反响》	1921.11.7	
未署名	《劳动者的抬头》	1921.11.16	杂感
伟	《打虎式的批评》	1921.11.16	杂感
谦之	《到光明的两条路》	1921.12.16	断片

作者	篇　　名	日　期	栏　目
伯隽	《由经济的权力到政治的权力》G.D.H.Cole 著，伯隽译	1922.2.16	
灵鱼	《主义者的态度》	1922.4.6	是非之林
同人	《宣言》	1921.9.16	该期首篇
未署名	《今人会规约》	1921.11.7	（该期首篇）
未署名	《今人会消息》	1921.11.26；12.6	
未署名	"小引——基尔特"	1922.3.6	释名

从文章的内容和行文的风格来看，以上文章大致可分为四种类型。其一，是对有关马克思、列宁等领袖人物的生平介绍、传记、自述，或是对过激派、社会党等党派的介绍说明。这些文字大多浅显易懂，可读性强，虽然多是以一些笼统的人物经历介绍，但辅之以煽动性的文字，以及对人物内心情感世界的描画，很容易使读者感同身受，有强烈的代入感，继而易引起读者"研究社会主义之兴味"[1]。例如托洛斯基在自述中讲到自己在中学读书时，爱读禁书，"秘密结社，以研究改革事业，或则挟册走乡间，向农夫劳动者以传播吾人危险之主义，再进则身亲实行，运动大举，或舍身暗杀，此皆吾俄少年所乐于从事者也"[2]。不同的人在介绍领袖人物时，常带有自己的主观倾向，评价大有不同。在"近代名人"栏中，作者认为列宁"一面为权谋术数之策士，一面又为真挚笃厚之学者"，"志行愈坚，思想愈激，卒有今日之成功"[3]。而在进化杂志社的报道中，对克鲁泡特金评价颇高，认为克氏虽为亲王，却能"倡互助进化论，愤强权之专横，哀平民之无告"，"以实验科学，阐明无政府之学理，鼓吹平民革命"[4]。控诉俄国过激党

---

[1] 渊泉：《近世社会主义鼻祖马克思之奋斗生涯》，《时事新报》1919 年 5 月 6 日、7 日，第 3 张第 4 版。

[2] Leon Trotzry：《托罗斯基自述》，《时事新报》1919 年 3 月 31 日、4 月 1 日，第 3 张第 4 版。

[3] 《俄过激派首领列宁》，《时事新报》1919 年 4 月 10 日，第 3 张第 4 版。

[4] 《〈克鲁泡特金死耗之噩传〉进化杂志社特别报告》，《时事新报》1919 年 4 月 1 日，第 3 张第 4 版。案：彼得·克鲁泡特金实于 1921 年 2 月 8 日逝世，《时事新报》此篇新闻内容是谣传，但报纸其后并未对此进行澄清。

的凶暴，认为列宁政府只顾巩固军权，大肆掠夺迫压，钳制自由思潮，"其暴乱较旧日俄皇专制主义为尤甚"[1]。此外，对于"社会主义"内涵的认知有时也模糊不清，署名"一岑"的作者认为社会主义"就是民治主义，无阶级主义，无资产主义，劳工主义"，"铲除各种阶级"，"人民都要自治，甚至于不要政府"[2]。而在另一篇讲述过激派的文章中，作者认为社会主义"就是马格斯 Ma（r）x 辈所主张的国家社会主义"，"互助的无政府主义与国家社会主义对于政治（即组织问题）的意见，是根本上完全不相同的"，"所生产的享乐物品，则前者主张公有，后者主张私有，这是二派不同的地方"[3]。

其二是对俄国社会的介绍，包含对俄国革命进程、战后俄国的社会情状的报道，阐释俄国婚姻制度、土地制度等政策的实行情况，谈及俄国青年的教育问题、生活状况，以及俄国的妇女解放等问题。十月革命的成功使得国内越来越多的人开始关注俄国，期望了解俄国战后国家的发展状况，因之两国相邻甚近，国情上亦有诸多相似之处，或许可从俄国的发展经验中获得借鉴之处，进而运用到中国的社会改造运动之中。受限于战争的阻隔，交通的不便，国内许多有识青年对俄国的社会状况深感好奇却少有渠道了解，是以报刊成为他们了解革命进程与苏俄社会改造状况的一个重要途径。例如"慰慈"即在文中指出俄国的结婚法与离婚法都是在列宁政府成立之后才宣布的，外面传说的俄国妇女国有制度完全是无稽之谈[4]。在1921年间，《学灯》上刊登了大量关于苏俄妇女解放运动的报道，并开辟"新妇女"专栏进行集中的报道与讨论，赞扬苏俄妇女积极参与同盟罢工与革命运动中，勇于反抗压迫，将社会主义思想付诸实践，这些新闻报道或在一定程度上能给传统婚姻制度笼罩下苦闷的中国青年带来一些精神上的鼓舞。除了这些国人已有的研究成果与新闻稿，《学灯》还在1921年8月的"俄国研究"

［1］《〈克鲁泡特金死耗之噩传〉进化杂志社特别报告》，《时事新报》1919年4月1日，第3张第4版。

［2］一岑：《社会主义与中国》，《时事新报》1919年4月1日，第3张第3版。

［3］《什么叫做过激派》，《时事新报》1919年7月12日，第3张第3—4版。

［4］慰慈：《俄国的婚姻制度》（录每周评论），《时事新报》1919年7月19日，第3张第3版。

专栏上连载七期，列举出 73 种研究劳农俄国的外文参考书，这些书大多出版于 1900—1919 年间，对于有一定的外文基础又欲对俄国有很深入了解的读者来说，无疑具有很好的参考价值。

其三是对社会主义经典原典、外文演说与杂志刊文的翻译。这一部分内容在《学灯》关于社会主义的报道中占绝大比重。从译本的选择上，关于马克思学说的翻译与解读主要根据日文转译的版本，且主要是河上肇的译本或研究书籍，通过转译的方式介绍和解读马克思主义中的唯物史观、剩余价值理论、阶级斗争说。关于基尔特社会主义学说的介绍则以原典直译为主，多选用柯尔、潘蒂的版本，日本版则多选用室伏高信的著述。从译文的行文风格来说，以学理式的阐释为主，但也有不少文章对原典内容进行整合，以较为通俗易懂的方式对易混淆的概念等进行梳理说明。关于原典的翻译，以节译为主，选取其中涉及政治、经济板块中有关社会改造的内容进行翻译，这也是当时知识分子最为重要的关切，即从社会主义原典中寻求救国之道。

其四是围绕社会主义学说进行讨论与诠释，以基尔特社会主义论战最为著名。《学灯》上关于社会主义思想的报道起初多是比较浅显简短的解读，或是对原典的转译，相关的讨论性文章较少。且在同时期内，《学灯》中有大量文章是讨论无政府主义，抑或是新村运动，建设工读互助团，有诸多来稿描绘他们对于新生活的美好构想，但这场带有乌托邦幻想的工读互助实践最后归于失败。其后，关于基尔特社会主义的译述文章愈发增多，社会主义思潮内部逐渐出现了分化。基尔特社会主义在 20 世纪 20 年代初传入中国，其与马克思主义初期传播几乎同步，但在如何使中国进入世界潮流的道路上彼此对立。这一时期，马克思主义在经历"问题与主义"的论战后得到了更为广泛的传播，报刊上宣传和讨论社会主义的文章日益增多，一些马克思主义的经典著作如《共产党宣言》等也都翻译出版。各地共产主义者已开始在工人群众中进行宣传和组织工作，开始着手成立共产党早期组织，组建工人阶级政党。《时事新报》主编张东荪在五四新文化运动中曾热烈鼓吹社会主义，虽然他接触过马克思主义，也在其主编的《时事新报》副刊《学灯》、《解放与改造》上介绍过马克思主义，但是他反对激进的社会主义（即科学社会主义），主张改良的社会主义，即基尔特社会主义。1920 年 9 月，罗素应梁启超之邀来华讲学。他在演讲中，攻击苏俄的社会主义，认为中国经济、文化太落后，改造中国只能从开发财源、兴办教育入手，否认中国有阶级差别和阶级斗争，反对进行革命。罗素的观点得到了张东荪、梁启超等人的积极响应和赞赏。张东荪于 1920 年 11 月 6 日在《时事新报》上发表了一篇《由内地旅行而得之又一教训》，认为"救中国只有一条路，就是增加富力。而增加富力就是开发实业"[1]。该文发表后，立即遭到诸多马克思主义者的攻击。陈望道、李达、邵力子等人纷纷撰文批驳张文。陈独秀把双方的代表性言论编辑在一起，题名为《社会主义讨论》，发表在 12 月 1 日的《新青年》八卷四号上，以引起更广泛的讨论。12 月 15 日，张东荪发表《现在和将来》一文，回应马克思主义者对他的批评，系统地阐释了他的社会主义理论。他的观点得到了梁启超、蒋百里、蓝公武等人的支持。1921 年 9 月 16 日，《学灯》开辟了《社会主义研究》旬刊，作为基尔特社会主义的宣传阵地，公开向科学社会主义挑战。

表 5 所示是对社会主义思潮文本数量的统计，笔者认为这一时期所刊布的文章呈现以下三种特征：其一，在 1919—1921 年中，《学灯》中刊登的译稿所占比重逐年增多，1921 年译稿占全年总文章数的 74%，但在 1922 年该比重显著下降，对学说的讨论与诠释性文章显著增多，体现了对思想的接收与传播总需要经历一定的过程，由懵懂接受、照搬原典的言论，到内化吸收，并与自身实践与观察相结合，基于中国国情和个人认知进行再诠释，从众多学说中选择其所认同的社会改造方式。而就《社会主义研究》旬刊中刊布的文章来看，译稿的比重均未过半，而在前述讨论中，《学灯》中关于马克思主义的翻译并未发现对原典进行直译，多是由河上肇的译本或研究著作进行转译，即基于河上肇对马克思主义的理解和诠释进而了解该学说。而基尔特社会主义的翻译则以原典直译为主，且诠释

---

［1］ 东荪：《由内地旅行而得之又一教训》，《时事新报》1920 年 11 月 6 日，第 2 张第 1 版。

和解读基尔特学说的文章远多于译稿，这或许与两种学说的理解难度、学术深度有关。罗琢章在译稿中也曾提到这一点，他认为研究社会主义者，必要从研究马克思的学说开始做起，"然马氏所著书言简意奥，虽欧美学者尚苦难解，至于吾国，更无论矣"[1]。

表5　1919—1922年《学灯》关于社会主义思潮的文章统计表

年＼月	1月	2月	3月	4月	5月	6月	7月	8月	9月	10月	11月	12月	总计篇数（年）	译稿篇数（占全年比重）
1919	0	0	1	6	4	2	6	5	1	1	3	6	28	16（57%）
1920	2	3	3	3	1	1	3	2	1	9	4	2	32	23（72%）
1921	1	2	3	2	3	1	1	8	4	0	1	4	27	20（74%）
旬刊									5	8	13	8	28	10（36%）
1921年总篇数													54[2]	29（54%）
1922	0	1	0	0	0	1	2	0	2	5	5	2	17	3（18%）
旬刊	4	7	8	4	5	2							28	8（29%）
1922年总篇数													45	11（24%）

　　其二，文章分布较为零散，特别是一些译稿，连载数日，抑或隔天隔月连载，这样的文章在译稿中占较大比重。一方面可能受制于副刊版面有限，各个栏目所发文章数量都有一定限制，不同栏目常有其各自的阅读受众，因而栏目内刊印文章比例要有所考量，且还要为广告栏空出一定空间，因而长篇文章不宜一次性刊印在报纸上，《学灯》编辑在选稿征稿的过程中，也常强调要限制稿件的字数篇幅。另一方面，从时效性与译稿的难易程度来说，许多译稿并非一次全部交付编辑，而是分次投寄，有时还需编辑催交续稿，且译稿所译内容多从原典中节选而来，有时同一本书由不同的人翻译，投寄时间也不一致。当时许多青年是通过报纸上刊发的文章来认识和了解社会主义学说，这样零碎地刊布文章，于读者

---

[1]《马克思社会主义之理论的体系》，河上肇著，罗琢章译，1919年8月5日，第3张第3版。
[2]　其中译稿《苏维埃法庭》在《学灯》与同年的《社会主义研究》旬刊上都有发表，故在总数统计上算作一篇。

而言不易形成其对学说系统完整的认识。其三，从刊发文章的数量上，自《社会主义研究》旬刊创办后，《学灯》上关于社会主义学说的报道渐集中在旬刊中，原来的版面上刊发文章的频次有较大减少。这或许与主编及编辑群体的政治倾向有关。张东荪在创办《解放与改造》(后更名为《改造》)后，其政论性的文章多刊布在《改造》中，而在基尔特社会主义论战中，他倾心于基尔特社会主义学说，并与同人一同创办《社会主义研究》旬刊，以此为舆论平台与科学社会主义学说争论。这种思想的倾向势必会影响到稿件的选录，而旬刊的创建也在一定程度上会分流原版的稿源。随着基尔特社会主义在中国的没落，其对社会主义思潮的报道也势必会造成较大的影响。

(二) 文本的呈现——基于办报策略的分析

报刊作为近代中国思想传播的一种重要媒介，有着广泛的阅读受众，如何从诸多来稿中挑选文章刊印在报纸上，这些文字又以何种方式呈现在读者面前，是讨论社会主义思潮的传播方式时需要关注的问题。从某种程度上来说，报刊在思想的传播过程中，既是时代风气的顺应者，紧跟时事热点与读者们的现实关切，同时也充当着思想潮流的引导者。从关于社会主义思潮的文本的呈现方式上来看，《学灯》的编辑们从栏目的设计、版面的布局、讲坛译稿的出稿与刊布时间上都有一定的安排，据此可以大致推断出编辑在选稿、排版上的倾向性，以及他们如何借助《学灯》这一舆论平台进行思想的传播，同时扩展平台在思想界的影响力。

从栏目的设置上来看，《学灯》上有关社会主义思潮的文章主要是被刊登在"名著"、"译述"、"思潮"、"近代名人"、"名人评传"、"研究"栏目中，其中以"名著"和"译述"栏刊布的文章最多，这也与社会主义思潮的文本以译稿居多的情况相吻合。这些栏目的标题都是一些比较笼统的词语，仅从标题来看很难看出思想的倾向性，而《学灯》在传播社会主义思潮的初期阶段，也确实没有明确标榜过本报倾向于具体哪种"主义"，各种"主义"的学说与社会主义思潮混杂在一起，被一同编排在"名著""译述"栏目中。虽然无政府主义思潮曾是当时的一大显学，但《学灯》也并未另开新的栏目对其进行集中报道。但在1920年6月，《学灯》在原定的栏目之外，另辟"马克思研究"栏目，在次年又开辟了"俄国研究""社会主义研究"等新栏目，对社会主义思想进行专题式的报道，在"妇女问题"与"新妇女"栏目中也多有对苏俄妇女解放问题的报道，将之视为社会主义思潮影响俄国民众的一种具体表现。对于那些对社会主义思潮并不太了解，对报纸上混杂的各种学说流派分辨得不甚清楚的读者来说，《学灯》编辑在栏目上的这种划分一定程度上也会影响到读者对社会主义思想的认知和理解。

从版面的设计与布局来说，若以文章在报纸上首次刊登所在的版面来计算，在1919—1922年间社会主义思潮的相关文章中，出现在学灯首版版面的篇数依次为21、27、23、7篇，所占比例依次为75%、84%、85%、41%[1]。可见《学灯》在1919—1921年间首次刊布有关社会主义的文章时，常将其放置在报纸的第一版面中，在1922年则多放置在其他版面中，但这并不代表其对社会主义思潮不再过多关注。这一时期《学灯》另开辟了旬刊，作为基尔特社会主义思想的主要宣发地，旬刊在版面上分为四个板块，脱离了原来《学灯》受制于其他栏目和广告栏的限制，版面的扩大更有利于对基尔特社会主义思想进行集中报道和系统阐释，言论的讨论空间也被大大拓展。

在这些刊布在首版的文章中，有一些是作为《学灯》该期的首篇文章刊登出来的，大致可类比于今日报纸上的头版头条。从文章的排版顺序来说，放置在报纸头版，且作为首篇文章刊登出来的文章，大多是当日文章中编辑们认为最具热点、最应引起关注的话题。在纷繁复杂的"主义"思潮中，选择哪种主义的文章并将之作为报纸的头版头条，某种程度上可以体现编辑们的思想倾向，或在一定程度上奠定了他们选文刊文的主旨基调。因而笔者试从《学灯》中有关社会主义思潮的文章中摘出其中被刊登在报纸首版头条位置的文章标题，将其列举如下，

---

[1] 笔者注：这部分统计不含《社会主义旬刊》中的文章。

并借此分析编辑群体在刊文时的思想倾向，以及他们如何利用时事热点刊文。

表 6 《学灯》关于社会主义思潮的文章统计附表 [1] (头版首篇)

	文 章 标 题	栏目	时 间
1	《利己主义与利他主义》河上肇著	名著	1919.12.9
2	《思索之必要与研究之态度》河上肇著	名著	1919.12.25
3	《社会主义者所见的大战真因》河上肇译	名著	1920.1.8
4	《科学艺术与社会主义》小泉信三著	名著	1920.2.5
5	《马克思剩余价值论》，河上肇著	马克思研究	1920.6.27
6	《资本家思想底一例》河上肇博士原著	译著	1920.7.7
7	《国家的基尔特之建设》室伏高信著	译著	1920.7.10
8	《社会主义之进化谈》河上肇著	译述	1920.9.2
9	《Syndicalism=工团主义》室伏高信著	译述	1920.10.1
10	《我的双十节庆祝观——革命的精神》	双十节增刊	1920.10.10
11	《国家基特主义者之新社会组织观》北泽新次郎著	译述	1920.10.13
12	《布尔扎维克与世界政治》	罗素讲演	1920.11.3
13	《布尔塞维克的思想》罗素讲	罗素讲演	1920.12.1
14	《社会主义》罗素讲	讲坛	1921.2.21
15	《社会构造学》罗素讲	讲坛	1921.2.26
16	《劳农露国代表的三妇人》(译自"社会主义研究")山川菊农著	新妇女	1921.3.2
17	《中国人到自由之路》罗素讲演	讲坛	1921.7.12
18	《同盟罢工的原因》柯尔（G.D.H.Cole）著	劳动问题	1921.8.25
19	《评山川均"从科学的社会主义到行动的社会主义"》	评论	1921.9.7
20	《中等社会与国民基尔特》	社会主义研究	1921.9.12
21	《近世经济制度和社会主义之根源》德国莱比锡大学国民经济学教授 Dr.L.Nohle 著	社会主义研究	1921.12.28
22	《马克思经济学说》(在北大马克思研究会) 李守常演讲	讲演	1922.2.25
23	《政治运动与社会运动》		1922.10.11
24	《第三国际述评》		1922.10.22
25	《唯物史观与无治共产主义》		1922.10.27
26	《再论社会主义的条件》(质周佛海先生)		1922.11.2
27	《社会问题》第二次江亢虎先生讲演		1922.11.22

---

[1] 不含《社会主义研究》旬刊中的文章。

由表 6 所示，从数量上看，1919—1922 年间，居于头版首篇位置的社会主义文章总共 27 篇，按年份分布依次为 2、11、8、6 篇，以 1920 年每月登载最为频繁。从文章标题来看，对题目中所含关键词统计，其中"主义"13 次、"社会"13 次、"社会主义"8 次、"基尔特"3 次、"基特"1 次、"马克思"2 次、"科学"2 次、"自由"1 次、"革命"1 次、"唯物史观"1 次。从标题旁边标注的原著作者来看，"河上肇"6 次、"罗素"4 次、"室伏高信"1 次、"北泽新次郎"1 次、"小泉信三"1 次、"山川菊农"1 次、"柯尔"1 次、"李守常"1 次、"江亢虎"1 次。其中日本学者的姓名在标注中所占的比例大致为 41%。据此观之，当时思想界中弥漫着一股"主义"的潮流，其作为一种信仰的力量与各种学说、组织、社团联系在一起。对烦闷的青年来说，"主义"的思想某种程度上为其提供了一种思想的指引，为其内心的烦闷与彷徨找到了一种排解的方式。而这种内心的苦闷既有对自身恋爱与婚姻、求学与工作等问题的愤懑与不满，对未来前途的迷茫，对旧式家庭生活的逃离等等，亦有更重要的，也是青年们更关切的，即如何改造这个破旧的令人压抑的旧社会，如何挽救国家的危局，因而"主义"、"社会"、"社会主义"等词更易刺激到读者们的阅读神经。而在文章标题旁边标注的原著作者名中，又以日本学者出现的频次最高，当时社会主义思潮涌入中国时，日本国内流传的社会主义学说与对原典的阐释译著是当时国人了解社会主义的一大重要渠道。河上肇又是研究社会主义思想的日本学者中，备受中国知识青年推崇的学界大佬，由他译制的书籍、发表的言论在青年中更具权威性。在社会主义思潮的传播过程中，诸如河上肇、李大钊等学界明星级人物，其在广大青年学子中居于领袖般的地位，而思潮的传播也往往是经由这些知识精英阶层渐渐下渗到中下阶层中去。

此外还需注意到的是重大事件在思想传播中所发挥的作用，例如俄国的十月革命、五四运动，在通信技术不发达，交通不便的地方，人们获取相关信息主要依赖报纸杂志上发布的各种消息。在诸多报刊中，谁能最快发布消息使读者最快了解到事件的发展情况，谁就更能获得读者的青睐，在某种程度上更易成为读者买报阅报的首选，因此文章发布的时效性就显得格外重要。

在社会主义思潮在中国的初期传播过程中，罗素访华是其中不可忽略的一大事件。罗素在访华的九个月间，足迹遍及上海、杭州、南京、长沙、北京等地，发表了近二十场主题演讲。其演说对当时的社会风气与舆论环境都带来了极大影响，一时间形成了颇具声势的"罗素热"。罗素对中国国情的认识和分析，对布尔什维克思想与世界政治局势的看法，也影响了诸多国人对社会主义思潮的理解和认知。张东荪即在"时评"中谈及这种风气对思想界的影响，"杜威先生来华，一时的空气为实验主义所充满。罗素先生来华，一时的空气便是罗素式的社会主义"[1]。1920 年 10 月 12 日罗素等人抵达上海，其后江苏教育总会、中国公学、时事新报、申报等七个团体在大东旅社为其举行了欢迎晚会。《申报》刊文记录了晚会盛况，并冠以"罗博士言中国宜保存固有国粹"[2] 的标题，这种言论随即在舆论界引起极大争论。刊文次日，时事新报馆即发表了张崧年的来函，张作为晚宴的与会人，指出罗素的演说本意实与我们一种的新精神，即"勉励我们去创造的精神"，"于已有的道路以外另开一条新的精神，而勿瞎眼的、不管好坏的、抄袭人家的"[3]，"保存国粹"一说实在是溢出了罗素的原意。这篇来函及时纠正了《申报》对罗素演说的曲解。其后，罗素在吴淞中国公学发表了题为《社会改造原理》的演说，第二日《时事新报》即在"本埠时事"头版头条中刊布了演说内容，并同时刊布了次日罗素在江苏省教育会的演说预告及杭州行程。而同属研究系旗下的北京《晨报》则是在两天后才发布了这篇演说稿，可见《时事新报》在演说播报上刊文之快，提前一步抢占了先机。此外，时事新报馆还对罗素访华行程与演说做了各种预热，例如在报纸的第一张头版头条的位置上，大量刊载罗素的译稿，如在 10 月 19 日登载《罗素论唯物史观》译稿，译自 16 日发表在英文《沪报》上的罗素讲稿，11 月 7 日连续五日刊载罗素在伦敦国家基尔特同盟中

[1] 张东荪：《非革去两种毛病不可》，《时事新报》1920 年 10 月 18 日，第 1 张第 1 版。

[2] 《各团体欢迎罗素博士纪》，《申报》1920 年 10 月 14 日，第 3 张第 10 版。

[3] 张崧年：《来函》，《时事新报》1920 年 10 月 15 日，第 3 张第 2 版。

发表的演说稿译文《社会主义与革进之理想》。罗素赴京讲学后，《时事新报》又在第二张头版刊文《北京讲学社欢迎罗素》阐述讲学社邀请罗素访华之要求，于读者中进一步固化了《时事新报》作为罗素访华讲演的主要宣发地的印象。同时期京沪各大报纸都纷纷报道罗素访华和讲学要闻，那么作为《时事新报》的副刊《学灯》在其间又充当着怎样的角色呢？下文以《学灯》、《晨报》、《觉悟》这三大副刊为样本，将其对罗素讲学内容的报道时间进行梳理，试图对前述问题进行解答。时间列表如下所示。

表 7 罗素访华行程及讲演的副刊播报时间列表 [1]

罗素来华行程及讲演题目		《学灯》	《晨报》	《觉悟》
1920.10.12 晨 9 时来到上海				
1920.10.13 上海七团体欢迎会答辞				
1920.10.14 上海吴淞中国公学：《社会改造原理》		1920.10.15	1920.10.17	
1920.10.16 上海江苏省教育会：《教育之效用》		1920.10.17	1920.10.24	1920.10.17
1920.10.19 杭州：《教育问题》				
1920.10.20 上海一品香饭店：《江苏省教育会宴会上讲演》			1920.10.24	
1920.10.21 南京中国科学社：《爱恩斯坦引力新说》		1920.10.27	1920.10.31	
1920.10.26—27 长沙湖南省教育会：《布尔塞维克与世界政治》	第一讲	1920.11.3，4	1920.11.2	1920.11.3
	第二讲	1920.11.6	1920.11.3	1920.11.7
	第三讲	1920.11.11	1920.11.9，10	1920.11.8
	第四讲	1920.11.13，16	1920.11.14，17	1920.11.9
1920.11.9 北京：讲学社欢迎会答辞		1920.11.12		
1920.11.7—1921.1 北京大学：《哲学问题》	第一讲	1920.11.12—14	1920.11.8	1920.11.11—14
	第二讲	1920.11.19—21	1920.11.16—18	1920.11.22
	第三讲	1920.11.29	1920.11.23—25	1920.11.28

[1] 罗素访华行程参见：袁刚、孙家祥、任丙强编：《中国到自由之路：罗素在华讲演集》，北京：北京大学出版社，2004 年，第 308—309 页。报纸资料整理自《时事新报》《晨报》《民国日报》1920 年 10 月—1921 年 7 月。

罗素来华行程及讲演题目		《学灯》	《晨报》	《觉悟》
1920.11.7—1921.1 北京大学:《哲学问题》	第四讲	1920.12.8	1920.11.29、30；12.2	1920.12.5
	第五讲	1920.12.13	1920.12.6、8、9	1920.12.12
	第六讲	1920.12.21	1920.12.14、16、17	1920.12.22
	第七讲	1921.1.22—24	1920.12.20、21、23、24	1920.12.28
	第八讲	1921.1.24、25	1921.1.10、13、14、15、17	1921.1.24、25
	第九讲	1921.2.1—3	1921.1.19、21、22	1921.2.1
	第十讲	1921.2.14	1921.1.26—28	1921.2.2
	第十一讲	1921.3.20	1921.2.1—3	1921.2.11、13
1920.11.10—1921.2 北京大学:《心的分析》	第一讲	1920.11.16—18	1920.11.12—15	1920.11.18
	第二讲	1920.11.22—24	1920.11.19、20	1920.11.25
	第三讲	1920.12.3	1920.11.26、27、29、30	1920.12.2
	第四讲	1920.12.16	1920.12.7、8、10	1920.12.13
	第五讲	1920.12.26	1920.12.27—29	1920.12.14
	第六讲	1920.12.27、28		1920.12.23
	第七讲	1921.1.30、31		1920.12.29
	第八讲	1921.2.1、3	1921.1.19—21、24	1921.1.20、21
	第九讲	1921.3.20	1921.2.1、2	1921.1.27
	第十讲	1921.3.27	1921.2.3、5	1921.2.3
	第十一讲	1921.4.3	1921.2.15、17	1921.2.21
	第十二讲	1921.5.1	1921.2.24、26、27	1922.3.1
	第十三讲	1921.5.8	1921.2.24、26、27	1922.3.8
	第十四讲	1921.5.8、15		1921.3.14
	第十五讲	1921.5.15		1921.3.24
1920.11.19 北京女子高等师范: 《布尔塞维克的思想》		1920.12.1	1920.11.26、27	1920.11.29
1920.12.21—1921.3 北京大学:《物的分析》	第一讲	1921.1.17—19	1921.1.27—30	
	第二讲	1921.2.12	1921.2.4、6	

罗素来华行程及讲演题目		《学灯》	《晨报》	《觉悟》
1920.12.21—1921.3 北京大学:《物的分析》	第三讲	1921.2.20	1921.3.11—15	
	第四讲	1921.2.23—25	1921.3.28—31; 4.4	
	第五讲	1921.3.1	1921.6.3—8	
	第六讲	1921.3.27	1921.6.9, 10, 12—16	
1920.12.23 始，勃拉克女士:《经济状况与政治思想》	第一讲	1921.1.29—31	1921.1.22, 23	1921.1.26
	第二讲	1921.3.6, 7	1921.1.31	1921.1.30
	第三讲	1921.3.8, 9	1921.5.15—17	1921.2.22
	第四讲	1921.3.10, 11	1921.5.18—21	1921.2.25
	第五讲	1921.3.12	1921.5.22—25	1921.3.7
	第六讲	1921.4.24	1921.5.26—29	1921.3.15
	第七讲	1921.5.22	1921.5.30, 31; 6.1, 2	1921.4.7
1921.1.6 北京哲学研究社:《宗教之信仰》		1921.1.14, 15	1921.1.9—10	1921.1.19
1921.2—3 月北京教育部会场:《社会结构学》	第一讲	1921.2.26	1921.2.21, 25	1921.3.2
	第二讲	1921.2.27	1921.2.28; 3.3, 4	1921.3.9
	第三讲	1921.3.2, 3, 14	1921.3.16—18	1921.3.25
	第四讲	1921.4.3; 6.12	1921.3.21—25	1921.4.5, 6
1921.7.6 北京教育部会场	罗素《中国到自由之路》	1921.7.12, 13	1921.7.14—17, 20	1921.7.11
	勃拉克女士《少年中国之男女》	1921.7.15—17	1921.7.9—13	7.13—15
1921.7.11 离京				
	首发篇数	11	29	17

如上表所示，总体观之，若从文章刊布的时间来看，《晨报》在讲坛文章的刊布时间上更快，时效性更强，这应与罗素讲学地点多选在北京高校有关，《晨报》在收稿刊文方面更为便利。若分阶段来看的话，罗素在江浙一带活动时，《时事新报》更具时效性，但在北京的讲坛文章刊布上，《学灯》与《晨报》、《觉

悟》副刊相比，稍显滞后。

从文章刊布的内容来看，《学灯》与《晨报》比之《觉悟》，内容更为丰富全面，两报在本报的首页与新闻栏等头版位置经常为罗素讲坛投放预告宣传，发布"讲学社启事"与讲坛时间、主题、地点。《晨报》在预告宣传方面相较《时事新报》方法更多样些，所投放的位置也更为显眼，例如在报头旁边的报眼位置投放大写加粗的宣传语"愿听罗素讲演者注意！"，注明"无论何人，均可听讲，不要听讲券"[1]；或是讲座预告的一侧，用特别的书法体标注"罗素来了，大家赶快来购他的名著《社会改造原理》"，告诉读者"要听他的讲演，非先知道他的思想不可。要知道他的思想，非读《社会改造原理》不可"，该译本"由余家菊先生翻译"，"与寻常译本不同"[2]。用语活泼，呈现的形式也更醒目。《时事新报》关于罗素的讲座预告等多投放在"本埠时事"等新闻、快件等栏中，将罗素的著述宣传多投放在《学灯》的广告栏里，重在宣传著述的内容，用语则更为书面化。

若仅从时间、广告宣传等方面来看，似乎《晨报》更具优势。但《学灯》在讲坛内容的呈现上，有《晨报》所不能比拟的版面优势，即《学灯》的版面更大，有两版可供刊文。《学灯》的编辑群体们在文章排版上，更是对罗素讲坛、罗素译著等给予特别待遇常将之放置在该期的头版位置，有时更是不吝将整期版面（除广告栏外）全部用来刊登罗素讲演的内容。罗素在北京的五大主题演讲多是分期进行的，因而一周内多有几个主题讲演，讲稿常交错刊登，于读者而言则不易收集整理。《学灯》一期刊登罗素多篇稿件，对于阅者来说，则省去了其间收集汇总的麻烦。且因为版面够大，《学灯》在刊文时，有时即不需要将长篇讲稿分次刊登，一期即可整篇刊登，读者可以享受一次即可通篇读完本次讲演全部内容的畅快感，因而《学灯》有时在刊文时效上稍显滞后，但在内容呈现的完整度上，则省去了读者来回翻找的麻烦。在这一方面，《晨报》则较受版面的限制，其对讲坛内容的刊布一般在第三版，有时也出现在第六版，后期则主要集中刊布

---

[1]《晨报》1920 年 11 月 16 日，第 1 版。

[2]《晨报》1920 年 10 月 19 日，第 1 版。

在《晨报副刊》即第七版上。由于版面位置有限，《晨报副刊》刊文篇幅更为短小，又有其他栏目的限制，因而副刊一次至多只能刊登罗素的一个主题的讲稿，其他讲稿则多分散在《晨报》其他版面上，位置不定，查找起来也较为不便，有时其他报社已经刊印完全文了，《晨报》还积余较多讲稿未登载完。

《民国日报》的副刊《觉悟》在版面上与《学灯》相似，版面位置较大，且分为四版，刊登罗素讲稿时分期分次刊登的较少，往往一次即登完全稿。但在文章的版面排版上，多被刊登在副刊的第二、三版。例如1920年10月罗素在长沙发表了题为《布尔塞维克与世界政治》的演说，其对中国国情的分析，对马克思思想原理的解说以及对中国能否实行共产主义的论断，在当时的思想界内引起极大的震动，毛泽东、蔡和森当时身处湖南，罗素的论断一定程度上也影响了他们改造社会的理念和方法。前述的三家报社中，数《觉悟》最先发布讲稿的完整版，但是被放置在第二版的下栏"讲演栏"中，该期的头版头条是中华民国学生联合会总会发布的启事——《全国学生会反对"读经案"底表示》，其后罗素在中国的告别演说《中国到自由之路》亦是被放置在第二版中，而这两篇文章都是作为《学灯》当期的头版头条刊布的。《学灯》的编辑还为罗素讲学演说的内容特辟专栏"罗素讲演"，如金牌栏目般常常登载于副刊的头版位置，这样的特殊待遇与其他两家相比则更显独特。如此布局排版也便于读者加深印象，即若要全面获知罗素访华、讲学的讯息，了解其学说的内涵与相关的译著，《学灯》便是其中最优先的选项。

(三) 文本的书写者——基于作者群的分析

《时事新报》作为研究系的机关报，其背后的群体是以梁启超为核心的研究系知识分子，首任主编张东荪即是研究系的核心成员。作为该报主笔，张东荪综揽言论和编辑大权，因而关于主编的人员选定，张起决定作用。文章的登载与选择既与编辑的个人政治倾向有关，同时也与编辑、作者之间的交际圈有所关联。

编辑借助自己的人脉网络拓宽稿源，知识青年则借助平台刊文的方式扩展自己的交际圈与舆论影响力。以下试图通过梳理社会主义思潮文本书写者的个人背景，即对作者群的人缘、地缘、学缘关系进行分析，讨论这些在报纸上刊文鼓吹新思潮的人是如何接触到社会主义思想的，其对社会主义思潮的理解与认识又是如何形成的。因部分作者背景资料未能找到，故仅对有资料可寻的作者进行梳理，并列表如下：

表 8 《学灯》关于社会主义思潮的作者信息表

姓名	生卒年	籍贯	个 人 主 要 经 历
陈独秀	1879—1942	安徽怀宁人	原名庆同，字仲甫。1901 年赴日入东京高等师范学校速成科学习。1903 年被遣返回国，在上海协助章士钊主编《民国日日报》。1907 年，入东京正则英语学校，后转入早稻田大学。1915 年创办《青年杂志》，1917 年任北京大学文科学长。1918 年与李大钊等创办《每周评论》。1920 年在上海发起组织中国共产党早期组织，是中共早期主要领导人[1]。
江亢虎	1883—1954	江西弋阳人	原名绍铨，1901 年赴日本考察政治，回国后任北洋编译局总办，次年留学日本。1904 年任京师大学堂日文教习。1910 年赴欧游学，次年归国发起社会主义研究会。1913 年赴加利福尼亚大学，任中国文化课讲师。1921 年赴莫斯科参加共产国际第三次代表大会[2]。
邝振翎	1884—1932	江西寻乌县留车乡人	字摩汉，高小毕业，进南昌宪兵学校读书。1918 年，赴日本东京帝国大学研究社会经济，留日期间致力于翻译日文版的马列学说著作。1921 年返国后，在国立北京政法大学担任教授[3]。1922 年秋加入中国共产党。
杨端六	1885—1966	原籍江苏苏州人	原名杨勉，小名"端六"。1903 年毕业于湖南省师范学堂。1908 年考入东京正则英语学校，后转入东京第一高等学校、岗山第六高等学校。留日期间加入中国同盟会。1912 年任《汉口民国日报》总经理，同年入伦敦大学政治经济学院攻读货币银行专业。1920 年回国，在中国公学兼任经济学、会计学教授，同年夏陪同杜威、罗素在中国的巡回演讲[4]。

[1] 《陈独秀年谱简编》，贾钢涛：《陈独秀思想研究新论》，北京：光明日报出版社，2014 年，第143—144 页。

[2] 周川主编：《中国近现代高等教育人物辞典》，福州：福建教育出版社，2018 年，第 167 页。

[3] 刘国铭主编：《中国国民党百年人物全书》上册，北京：团结出版社，2005 年，第 306 页。

[4] 湖南省地方志编纂委员会编：《湖南省志·第 30 卷·人物志》下册，长沙：湖南出版社，1995

姓名	生卒年	籍贯	个 人 主 要 经 历
张东荪	1886—1973	浙江杭州钱塘县人	略
李大钊	1889—1927	河北乐亭人	学名耆年，字寿昌，后改名为李大钊，字守常。1905 年入永平府中学堂学习。1907 年夏投考北洋法政专门学堂，后加入中国社会党。1913 年东渡日本，后考入私立早稻田大学政治经济学科本科学习。1916 年回国创办《晨钟报》(后易名《晨报》)，任编辑部主任。1920 年，被聘请为北京大学教授，担任北大校长室秘书、北大学生事业委员会委员长。与陈独秀相约筹建中国共产党。在北京大学发起成立马克思学说研究会、"北京大学社会主义研究会"[1]。
刘文典	1889—1958	安徽合肥人	原名文聪，字叔雅，笔名天明、天民等。1906 年就读于安徽公学，次年加入同盟会。1909 年留学日本早稻田大学。1913 年加入中华革命党，任孙中山秘书。1916 年任国立北京大学文科教授。五四运动期间，任《新青年》英文编辑，译介西方学说[2]。
刘秉麟	1891—1956	湖南长沙人	字南垓，又名炳麟。曾在上海中国公学中学部就读，1913 年考入北京大学经济系。1918 年到北京大学担任图书馆馆员。1919 年担任中国公学大学部教务长，次年出国留学，先后就读于英国伦敦大学经济学院、德国柏林大学经济系。1924 年回国，任中国公学大学部教授兼出版部主任[3]。
瞿宣颖	1893—1973	湖南长沙人	字兑之，号蜕园。毕业于复旦大学，获文学士学位。民国初期曾任外交委员会秘书长、国史编纂处处长。1921—1927 年在北京国务院秘书厅任职[4]。
陈愚生	？—1923	四川泸州人	早年毕业于前清特别法政英文专科学校。民国初年，赴日本早稻田大学学经济。回国后与李大钊等人发起组织少年中国学会，任执行部主任。1919 年底到重庆，任川东道尹公署秘书长。1921 年在重庆城区组织渝社，发行《渝社旬刊》，后发起创办《新蜀报》。1923 年，支持萧楚女等创办重庆公学[5]。

[1] 朱文通主编：《李大钊年谱长编》，北京：中国社会科学出版社，2009 年，第 58—62 页。

[2] 周川主编：《中国近现代高等教育人物辞典》，福州：福建教育出版社，2018 年，第 147 页。

[3] 秦贤次：《徐志摩生平史事考订》，《新文学史料》2008 年第 2 期，第 106 页。

[4] 长沙市地方志办公室编：《长沙市志》第 16 卷，长沙：湖南人民出版社，2002 年，第 240 页。

[5] 《重庆出版志》编纂委员会编纂：《重庆市志·出版志 1840—1987》，重庆：重庆出版社，2007 年，第 601 页。

姓名	生卒年	籍贯	个 人 主 要 经 历
安体诚	1896—1927	河北丰润人	字存斋，又名存增、笔名存真。1914 年入天津法政专门学校，1918 年赴日本京都帝国大学留学。1921 年回国，在天津法政专门学校任教。1922 年加入社会主义青年团，后成为中共党员。二七罢工失败后，赴杭州法政专门学校政治经济系任教授，并在上海大学兼课，为党中央负责发行《向导》刊物[1]。
王平陵	1898—1964	江苏省溧阳县人	名仰嵩，字平陵。1914—1919 年就读于浙江省立杭州第一师范学校。1920 年任教于沈阳第一师范学校。1921 年任教于江苏溧阳县立同济中学。1922 年任教于南京美术专科学校，进入震旦大学南京分校攻读法文。1924 年任《时事新报》副刊《学灯》主编[2]。
杨杏佛	1893—1933	江西玉山人	名铨，字杏佛，号宏甫。早年肄业于上海中国公学。1911 年考入河北唐山路矿学堂。次年任职南京临时政府总统府处。1913 年留学美国康奈尔大学，学机械工程。1915 年参与发起中国科学社，任编辑部部长，编辑《科学》月刊。1916 年入哈佛大学，学工商管理□□学。1918 年回国，任汉冶萍煤铁公司会计科长。192□□□立南京高等师范学校商科教授[3]。
郭梦良	1898—1925	福建福州人	略
朱谦之	1899—1972	福建福州市人	字情牵。1917 年考入北□□□□学校，后转入北京大学学习哲学。1920 年因为参□□□□团体并散发传单而被捕入狱。1921 年出版《革□□□□29 年赴日本研究哲学，回国后任教于中山大学□□□□
陈溥贤	1891—1957	福建福州闽侯人	字博生，笔名渊泉。19□□□□1913 年考入早稻田大学。1915 年担任日本□□□委员会编辑委员，中国经济财政学会责任会□□□与编辑《晨钟报》。1918 年作为《晨报》的□□□积极介绍日本的社会主义思潮和马克□□报》驻英国特派员[5]。

[1] 中共上海市委党史研究室编纂：《中共上海党史大典》，□□□□273 页。

[2] 王晶：《文艺月刊 1930—1941 研究》，广州：暨南□□□□□□年，第 142—143 页。

[3] 周川主编：《中国近现代高等教育人物辞典》□□□□出版社，2018 年，第 246 页。

[4] 刘绍唐主编：《民国人物小传》第 11 册□□□□2016 年，第 43—49 页。

[5] 王洁主编，北京李大钊故居研□□□□交往篇》，北京：中央编译出版社，2010 年，第 19—20 页。

姓名	生卒年	籍　贯	个 人 主 要 经 历
金侣琴	1894—1963	江苏吴江同里人	本名金国宝，字侣琴。曾在江苏省立第一师范学校就读，因在"二次革命"时组织学生运动而被开除，后考入复旦公学攻读经济，毕业后到吴江中学任英文教师。后赴美国哥伦比业大学，专攻统计学[1]。
张慰慈	1893—1976	江苏苏州吴江人	字祖训，早年就读于上海澄衷学堂、复旦公学。1912年赴美国爱荷华大学留学。1917年毕业，获政治学博士学位。同年任国立北京大学、国立北京法政大学、东吴大学法学院、中国公学教授，讲授政治学等课程。1921年任交通部铁路技术委员会英文秘书，次年至京汉铁路局任英文秘书[2]。
胡善恒	1897—1964	湖南常德人	略
黄英	1898—1934	福建省闽侯县南岭乡人	原名黄淑仪，又名黄英，笔名庐隐。1912年考入北京女子师范学校预科，毕业后在北京、安徽、河南等地执教。1919年秋考入北京高等女子师范学校国文系。1921年加入文学研究会。1923年与郭梦良结婚，1925年出版小说集《海滨故人》[3]。
徐其湘	1898—1925	福建福州人	略
李培天	1895—1975	云南宾川人	字子厚。曾就读于云南省立第一中学，后考入日本早稻田大学政治经济系。回国后任教于北京政法大学。1921年任昆明市政督办公署任教育科长，并兼任省立一中、私立成德中学教师[4]。
罗敦伟	1897—1964	湖南湘潭人	曾任《京报》副刊主编、国民政府行政院秘书、《和平日报》社社长[5]。
胡昌才	1899—1971	江苏苏州昆山蓬阆人	字叔异。毕业于苏州江苏省立第一师范学校。1919年考入南京师范学校教育专修科（后改东南大学教育科）。1921年任中华心理学会干事。1924年毕业，获教育学学士学位[6]。

［1］ 柳浪：《中译列子著第一人——复旦校董金国宝》，《复旦学报》(社会科学版)，2006年第2期第141页。

［2］ 《苏州通史》编纂委员会编、李峰主编：《苏州通史·人物卷》下册，苏州：苏州大学出版社，2019年，第186页。

［3］ 曾江：《庐隐祖居》，福州市政协文史资料委员会、福州市文物管理局编：《福州文史资料选辑·第23辑·福州名人故居》，北京：中国社会出版社，2004年，第308—309页。

［4］ 云南省宾川县志编纂委员会编纂：《宾川县志》，昆明：云南人民出版社，1997年，第865页。

［5］ 寻霖、龚笃清编著：《湘人著述表》，长沙：岳麓书社，2010年，第711页。

［6］ 《苏州通史》编纂委员会编、李峰主编：《苏州通史·人物卷》下册，苏州：苏州大学出版社，2019年，第258—259页。

姓名	生卒年	籍 贯	个 人 主 要 经 历
费觉天	？		1920 年时为北京大学政治学系学生。在北京创刊《评论之评论》，任主编。1920 年与李大钊等人发起成立北京大学社会主义研究会[1]。
孙伏园	1894—1966	浙江绍兴人	笔名伏庐、松年、柏生。1913 年入浙江省立第五中学读书。1918 年到国立北京大学国文系旁听，次年考取文科正科生，后成为北大文学团体"新潮社"成员。1920 年任《晨报》副刊主编，参与发起文学研究会[2]。
章廷谦	1901—1981	浙江绍兴人	字矛尘，笔名川岛。1915 年入太原第一中学读书，同年考入山西大学预科。1918 年入江西大学哲学系学习，1919 年 10 月转入北京大学哲学系学习。1922 年北大毕业后，留校任校长室秘书兼哲学系助教[3]。
黄七五	？	？	1904 年赴日本留学，研究医科，在孙中山的介绍下加入中国同盟会。
徐松石	1900—1999	广西容县人	幼年时曾在家乡广西容县及香港读书。1916 年考入沪江大学预科，1918 年升入沪江大学本科，就读于社会教育系。1922 年毕业后，曾担任美华浸信会印书局上海编辑部主任[4]。
钱翼民	1891—1981	？	名吉昌，曾任上海威林登中学、镇区新市中学的校长[5]。
梁纶才	1899—1975	湖南涟源人	曾就读于北京大学，后参加北伐战争，1926 年加入国民党。后在武汉加入中国共产党。
陈顾远	1894—1981	陕西咸阳三原县人	字晴皋，1911 年加入中国同盟会。1916 年考入北京大学法学预科，1919 年升入北大政治系本科。1920 年，参与编辑《奋斗》。1922 年加入中国国民党。1923 年毕业，留校政治系任助教[6]。
夏石泉	1895—1969	湖南省武冈人	又名夏大纶。肄业于湖南省立第一师，参加新民学会，曾任湖南省学生联合会秘书。1920 加入中国社会主义青年团。1925 年加入中国共产党。

[1] 王洁主编，北京李大钊故居研究室编著：《李大钊北京十年：交往篇》，北京：中央编译出版社，2010 年，第 48 页。

[2] 沈健乐编著：《绍兴历史名人》第 2 册，银川：宁夏人民出版社，2010 年，第 289—290 页。

[3] 沈健乐编著：《绍兴历史名人》第 2 册，银川：宁夏人民出版社，2010 年，第 351 页。

[4]《教师·牧师·学者徐松石》，黄铮：《黄铮集》，北京：线装书局，2011 年，第 116—167 页。

[5] 新市镇志编纂委员会编：《新市镇新志》下册，新市镇志编纂委员会出版，2013 年，第 619 页。

[6]《陈顾远先生学术年表》，陈顾远：《中国婚姻史》，北京：商务印书馆，2017 年，第 192—193 页。

姓名	生卒年	籍贯	个人主要经历
邹敬芳	1895—?	湖南临澧人	字兰圃。毕业于湖南高等工业学校，后赴日留学，获早稻田大学政治经济学学士学位[1]。
徐逸樵	1898—1989	浙江绍兴诸暨人	原名颂薪，曾就读于诸暨县中学堂。1918年赴日留学，就读于东京东亚预备学校，次年考取东京高等师范官费生，主修教育、英语。1924年毕业归国[2]。
郭绍虞	1893—1984	江苏苏州吴县人	原名希汾，字绍虞。曾任苏州《苏报》义务记者，任教于太平桥小学、上海新民女校、商务印书馆附设尚公学校、启秀女中等校。1919年秋，为北京大学哲学系注册旁听生，任北京《晨报》副刊特约撰稿人，次年加入北大新潮社。1921年参与发起成立文学研究会。1921年任山东第一师范学校国文教员。后被聘为福建协和大学国文系教授、系主任[3]。
周佛海	1897—1948	湖南沅陵县人	字子美，笔名无懈。肄业于沅陵第八联合中学。1917年留学日本，考入东京第一高等学校，后就读于鹿儿岛第七高等学校。1922年考入京都帝国大学经济系[4]。
赵元任	1892—1982	江苏常州人	字宣仲，又字宣重。曾就读于南京江南高等学堂预科。1910年，考取清华学校庚子赔款留学美国官费生，入康奈尔大学主修数学。毕业后在康大修读哲学，后转读哈佛大学哲学系。1918年，获哈佛大学哲学博士学位。1919年任康乃尔大学物理系教授。次年在清华大学教授物理、数学和心理学课程，担任罗素访华讲学时的翻译[5]。
毛泽东	1893—1976	湖南湘潭人	字润之。1914年就读于湖南第一师范学校。后与蔡和森等组织新民学会。1920年在长沙组建共产党早期组织，次年出席中国共产党第一次全国代表大会。
恽代英	1895—1931	江苏武进人	字子毅，1915—1918年就学于中华大学文科中国哲学门。1920年创办利群书社、共存社，任安徽省立第四师范学校教务主任。次年加入中国共产党，任教于四川泸州川南师范学校。1923年任教于成都高等师范学校、上海大学，参与创办《中国青年》[6]。

[1] 林煌天主编：《中国翻译词典》，武汉：湖北教育出版社，1997年，第992页。

[2] 沈健乐编著：《绍兴历史名人》第2册，银川：宁夏人民出版社，2010年，第378页。

[3]《苏州通史》编纂委员会编，李峰主编：《苏州通史·人物卷》下册，苏州：苏州大学出版社，2019年，第192—193页。

[4] 李蓉、张延忠主编：《中国共产党第一至第六次全国代表大会代表名录》(增订本)，北京：中共党史出版社，2014年，第265—266页。

[5] 关志昌：《赵元任小传》，赵元任：《赵元任早年自传》，长沙：岳麓书社，2017年，第159—160页。

[6] 周川主编：《中国近现代高等教育人物辞典》，福州：福建教育出版社，2018年，第492页。

姓名	生卒年	籍　贯	个　人　主　要　经　历
瞿秋白	1899—1935	江苏常州人	本名双,后改爽、霜,由霜衍为秋白。早年就学于常州府中学堂。1916年考入武昌外国语文学校。次年到北京大学旁听,后考入俄文专修馆。1919年参与发起社会实进社,创办《新社会》。次年加入北京大学马克思学说研究会,后任《晨报》记者赴苏联采访。1922年加入中国共产党,任教于莫斯科东方劳动大学。

　　上表所示共有41名作者,笔者试从籍贯、年龄、教育背景与社会经历三个方面进行分析。从地域分布来看,江苏籍9人,湖南籍9人,福建籍5人,浙江籍4人,江西籍3人,河北籍2人,安徽籍2人,四川籍1人,云南籍1人,广西籍1人,陕西籍1人。总体观之,主要集中在江浙、福建这些沿海地带,特别是苏州、杭州、绍兴、福州四地所占人数最多。其他地方虽然分布较为零散,但随着赴京、沪两地求学、任职等因素的影响,也逐渐集中在这两大城市中。从年龄的构成来看,出生在19世纪90年代的人数最多,共29人,占总人数的71%。80年代的有6人,70年代的有1人,20世纪初出生的有2人。若以作者1919年的年龄来计算,在90年代出生的人中,年龄处在20—25岁之间的占比69%。可见《学灯》上发布的社会主义文章主要是由青年学生撰写的,这些人中有许多还在大学读书,或是刚毕业工作没多久,对改造旧社会、发扬新思潮极富热情和冲劲。从教育程度上来看,有相当一部分学生都受过高等教育,其中有11人曾就读于北京大学。还有一大批人赴外留学,以留日学生居多,有16人,其中又以在东京早稻田大学留学的最多,赴德国、美国、法国等地留学的共有5人。这批有留洋经历的人占总人数的51%。从这些受过高等教育的知识青年所学专业来看,又以政治经济学、哲学以及其他工科专业的居多。这或许与当时许多青年学生认为改造中国应先积极学习西方的政治经济学,从中能够寻求救国的良方有关,而工科专业在现实生活与求职中应用更多,对于许多家贫的学子来说,读工科相对更易找到工作,可以解决他们在经济上的困难,是其在现实考量下更为实惠的选择。民初在广大青年中弥漫着一股虚无避世的风气,许多青年出于对现实

的苦闷，以及内心精神世界的混乱与迷茫，因之对老庄哲学、佛学等非常着迷。那么这些来自不同地域、所受教育亦有不同的知识青年是如何接触到社会主义学说的，他们彼此之间又是如何相识，成为宣传新思潮的重要力量的呢？笔者以为大致有以下几种方式。

其一，是地缘因素影响下的人员的聚合。以福建籍的知识青年为例，这其中的郭梦良、黄庐隐、徐六几都是《社会主义研究》旬刊中宣传基尔特的得力干将，郑振铎曾在《学灯》担任过一段时间的编辑，深受张东荪的赏识。他们都是福州人，郭梦良与黄庐隐是同乡。1919年秋，黄庐隐以旁听生的资格考入北京高等女子师范学校国文系，郭梦良比她高两个年级，在北京大学法科哲学部读书。郑振铎在北京铁路管理学校读书，郑、郭二人一同组织了福州同乡会。"闽案"爆发后，消息传到北京，在京读书的福建籍学生组建了福建学生联合会，创办《闽潮周刊》杂志，郭担任编辑主任，黄担任编辑员，两人因此相熟。"闽案"了结后，同乡会内部出现了分化，其中十几个福建学生在北京组织了一个 S.R. 学会（Social Reformation，意即社会改革），郑振铎、郭梦良、徐六几和郑天挺，清华大学的王世圻，女高师的黄庐隐、王世瑛等，以及高师、师大附中、汇文中学等十四名福建籍学生都加入了该组织[1]。这个秘密组织是自发组建的，也没有什么组建的章程，多是一些对社会改革颇感兴趣的福建同乡，一起相约读一些新思潮的书。当时黄庐隐看的社会科学的书比较少，大家聚在一起讨论的时候总说不了太多，同伴们就会送她一些社会主义的书籍，与她通信交流体会。这个小团体虽然很快解散了，但其中的一些人又一起组建成立了文学研究会。他们虽来自不同的学校，所学专业、所从事的职业亦有不同，但借由地缘这一天然的纽带，这些在外求学的福建学生彼此间建立了较为深厚的联系，在求知、求学、求职的过程中，亦得到了像福建同乡高梦旦这样的新闻界知名人士的帮扶。

其二，是学缘因素影响下的人员的聚合。特别是以北大为代表的高校学子，

---

[1] 郑天挺：《郑天挺自传》，摘自冯尔康，郑克晟编：《郑天挺学记》，北京：三联书店，1991年，第375—376页。

还有赴日留学的知识青年。如李大钊在早稻田大学求学期间，通过给《甲寅》投稿，得以结识当时正在东京办刊的章士钊、陈独秀等人，成为挚友。他在日本修读政治经济学科，当时日本著名的社会主义者安部矶雄曾在早稻田大学讲授"都市问题"和"社会政策"等课程，李深受其经济学说的影响。研究系的重要成员陈溥贤是李大钊在日本求学时的同窗好友，两人回国后一起负责过《晨钟报》的笔政。后李大钊因与研究系的办报理念不一而辞职，经章士钊的推荐入北京大学担任图书馆主任。在北大自由开放的校园氛围里，李结识了一大批进步青年和知识界精英人物。章士钊曾评论："守常一入北京大学"，"自后凡全国趋向民主之一举一动，从五四说起，几无不唯守常之马首是瞻"[1]。当时李大钊在北大开设了诸多课程，如"唯物史观研究"、"社会主义与社会运动"等，讲授过"马克思的经济学说"、"工人的国际运动与社会主义的将来"、"马克思的历史哲学"等讲座。在这些课程与讲座中，他系统介绍了马克思主义的主要著作。郭梦良、胡善恒、徐六几等许多北大的学生都是因为听他的课而对社会主义有所了解的，并在他的指导下加入了马克思学说研究会和社会主义研究会。此外，李还兼任北京女高师、中国大学等校的任课教师，参与组织和指导了诸多学生社团，因而许多外校的学生也深受其思想的影响，他在女高师课堂上大谈女权运动，给当时刚从压抑封闭的旧家庭中逃出来求学的黄庐隐留下了极为深刻的印象。学校的聚合作用与学生爱国运动的开展，以及诸如李大钊、陈独秀这般思想界领袖级人物的引导，使得社会主义思潮在青年学子间形成一股蔓延之势。

十月革命的成功为中国带来了马克思主义，也使愈来愈多的人关注苏俄，想要了解战后俄国的发展状况，俄国的民众生活怎样，不知这布尔什维克主义能否为中国带来一丝光明。当时中国还没有外派记者的做法，国际新闻播报为西方所垄断。当时任《学灯》编辑的是俞颂华，他在日本留学期间"就倾心向往社会主

---

[1] 章士钊：《我所知道的守常》，载中国革命博物馆编《回忆李大钊》，北京：人民出版社，1980年，第145页。

义"[1]，早就希望能以自由来访的记者身份去国外考察。入时事新报馆任职后，他便向好友张东荪提议，希望报馆能派其出访苏俄、欧洲。他期望能借此了解世界上第一个社会主义国家的发展情况，从中国新闻人的视角向国人报道俄国国情与战后欧洲的情况。张东荪对其提议非常赞同，但仅以一家报社的经济实力是很难实现的，便推荐他与梁启超商议此事。在梁启超、陈博生等研究系核心成员的支持下，由《时事新报》与《晨报》两家报社共派"国外特派员"，并在 11 月正式刊布"共同启事"，宣布特派员去往欧美的情况：陈筑山派往美国，俞颂华派往俄国，陈溥贤、刘秉麟派往英国，刘延陵派往法国，吴统续派往德国。各国特约通讯员有：《晨报》：美国为罗家伦，法国为张若茗、张崧年；《时事新报》：英国为郭虞裳，法国为周太玄，德国为王若愚、格司德夫人。这也是我国派出的首批驻外记者，为国人了解国际新闻，获知第一手的国际资讯等提供了诸多便利。俞颂华与随同的翻译瞿秋白在苏俄访问期间，对苏俄的领导人进行了多次采访，实地观察了战后俄国的发展状况，以通讯稿的方式对十月革命后的苏俄进行了如实的报道。对于身处国内的中国青年来说，驻派记者如同一个通向世界的窗口，于著述、译稿和各种讲坛学说之外，了解苏俄真正的面貌是如何，布尔什维克主义下的俄国社会到底发展怎样，以此为借鉴为内外交困的中国谋求一个通向自由与光明的道路。

三、读者的思想世界与改造探索

在五四新文化运动时期，社会主义思潮之所以能在思想界得到迅速的传播，一定程度上得益于社会主义学说本身的魅力，这有赖传播者如何输入学说并介绍给大众，世界局势的变化又为其传播送来了东风。在思潮传播的初期阶段，"社会主义"学说主要影响的是受过高等教育的知识青年，特别是一些在思想界颇具

---

[1] 钱梅先：《纪念颂华》，收入葛思恩、俞湘文编：《俞颂华文集》，北京：商务印书馆，1991 年，第 8 页。

影响力的知识精英，他们译介社会主义思潮的相关书籍，积极地从事宣传活动。但这种宣传所影响的圈层毕竟有限，若要扩大思潮的影响力就必须将"社会主义"学说与广大读者的思想需求联系起来，形成思想的共鸣与心灵的共振，如此才能吸引更多阶层的人加入社会主义思潮的洪流中来。

正如俞平伯所说，"大凡感受新思潮需有两个条件：第一，要懂得新主义、新问题的真意义。第二，要对于现在生活环境觉得有深切痛苦"[1]。想要了解《学灯》的读者们的精神世界，了解他们对于生活的切实感受是怎样的，以及他们是如何认识和了解社会主义的，就需要从《学灯》所设的"通讯"、"读者论坛"等栏寻找答案。这些专栏是《学灯》编辑所专设的，用于方便读者与编辑互动交流，或是将读者的问题和困惑展示于论坛中，以便引起广泛的关注与讨论。基于对这些栏目相关材料的梳理，笔者试对读者们的思想世界进行分析，探究他们是如何摸索改造社会之路的，由此分析他们对社会主义思潮的认知是如何形成的。

（一）烦闷的青年：困于艰难的现实生活

新旧社会转型期间，随着儒家传统秩序的崩溃，青年们的人生观、价值观等传统思想观念也随之崩塌。成为一个什么样的人，如何成为一个新"人"，成为困扰青年的一大问题，以前不成问题的如今也成了需要重新思考、重新评价的问题，由此带来的是青年们思想世界的混乱、失序与迷茫。《学灯》编辑宗白华曾感叹现下中国的许多青年，"对于旧学术、旧思想、旧信条都已失了信仰"，然而又没能获着新学术、新思想、新信条，因此心中便生出空虚之感，"思想情绪没有着落，行为举措没有标准，搔首踟蹰不知怎样才好"，这便是青年的烦闷[2]。这种烦闷的状态以及由此产生的现象是，对一切抱有怀疑、力求破坏，而另一面又报以武断的态度、急求建设，"思想没有定着，感情易于摇动"，遂在青年间出

---

[1] 俞平伯：《一星期在上海的感想》，《新潮》第 2 卷第 3 号（1920 年 2 月）。

[2] 白华：《青年烦闷的解救法》，《时事新报·学灯》1920 年 1 月 30 日，第 4 张第 1 版。

现了许多自杀逃走的事件[1]。而对军阀统治的愤懑与不满又加重了青年们对现实生活的厌倦，徐君在信中曾谈到，"方今之世，人心浇薄，军政为万恶之薮，商学是两歧之途，即一二辈兢兢于国事者，然一入其圈，无不与曹陆为友，倪张为伍"，"弟今看破红尘，目睹黑幕"，"愿作东离之客，勉为羲皇上人"[2]，言语中充满消极厌世的情绪。罗家伦在给张东荪的信中也谈到，现下学生失踪的很多，据他猜测这些学生大概是因为婚姻问题，受旧家庭的压迫，因而自己去创造新生活去了[3]。他感佩于青年学生们的敢于挣脱家庭枷锁的勇气，只是没有社会作为后盾，这种家庭革命是很难成功的。

在"通讯栏"中，有大量的读者来信是向编者倾诉生活的烦闷的，烦闷主要来自求学的艰难，家庭的束缚，婚姻与爱情的不幸，以及求职的迷茫。青年学生侯可久曾致信编辑郭虞裳，倾诉自己求学艰难，他认为"中国旧家庭里的家长，不晓得他们的天职，一味的顽固，不许子弟去求学"，他的很多朋友也是如此，"都是受这样的痛苦，不能如愿以偿，有些自己有能力的，便自己去筹集款子，但照这样办法，不过支付一年半年，无济于事，所以我们各人谈起身世来，都是十分伤心"[4]。北京大学学生何梦雄[5]谈及，青年受了新思潮的影响，"于今人生观改变，思想自由，生活不能独立，唯有抱着'牺牲''奋斗'，而无我们的大本营，怎样跳，怎样舞，仍不能出现在的万恶社会，脱现在万恶不赦的家庭"[6]，如此又怎能实现将来改造之事业呢。他的几个朋友都是因为脱离家庭，反抗包办婚姻失败后自尽，因而他迫切希望能够解决生活问题，脱离万恶的家庭羁绊，完成个人的自由。

---

[1] 白华：《青年烦闷的解救法》，《时事新报·学灯》1920年1月30日，第4张第1版。

[2] 安剑平：《改造人心问题》，《时事新报·学灯》1919年10月25日，第3张第4版。

[3] 《罗家伦致东荪》，《时事新报·学灯》1919年11月25日，第3张第4版。

[4] 《侯可久致虞裳》，《时事新报·学灯》1919年10月31日，第3张第4版。

[5] 何孟雄（1898—1931），湖南省酃县人，又名何梦雄。1919年3月到北京大学政治系当了旁听生，五四之后参加北京工读互助团，1920年3月，参与发起北京大学"马克思学说研究会"，1921年加入中国共产党。曹仲彬：《何孟雄传》，长春：吉林大学出版社，1990年，第13、28页。

[6] 《何梦雄致东荪先生》，《时事新报·学灯》1919年11月29日，第3张第3版。

青年学生金洪钧也曾致信东荪，向其倾诉生活的痛苦，"我现在天天在那困苦中求生活，天天与那个困苦奋斗！然我总是要战胜他才好，我并盼望我最亲爱的青年中，有与我同困苦者，须一致制敌"[1]。他希望张东荪能将他的信件发表出来，以引起大家的共鸣，一起商量对策，战胜这内心的痛苦。在给友人的致信中，他谈到最让他感到痛苦的，是升学问题、经济问题、婚姻问题、"孝"字问题。他想要到南京高师深造，但南高师对英文要求很高，而他所在的学校英文课几乎为零，他只能埋头自学，所得自然很有限。加之家境贫寒，难以支撑他升学深造，种种升学的阻碍把他"弄到个精神幻忽，身心麻木的境界"[2]。他想到平日所抱的社会主义 Socialism、平民主义、过激主义等，"若是一个无术的人，怎么能改造那恶劣社会，机械社会；怎么能救济中国人，个个都得平等，都得自由；至于过激主义，更要有高深的专门学术，才不至于到那'假其名以行罪恶的分子'，来扰乱国家，阻碍社会进化，破坏人类的有理性"[3]。也正因如此，他才迫切想要升学，"若是不能够升学，就不是我的主义，被他打销了吗"[4]，他"可以一日有学术而死，不可以一日无学术而生"，"可以一日抱定主义而死，不可以一日无定主义而生"[5]。他打定主意先完成学业再完婚，但家中父亲却一直催他赶紧与所定的未婚妻成婚，不然就是大不孝，这让他痛苦不已。类似这样的信件还有很多，青年们纷纷致信张东荪求解生活之迷茫，张东荪疲于应对，只得回复道："我近年以来，屡屡接到青年的来信，不是问如何求学问，就是问如何得职业，我本无法答复，然仍勉强答复他们"[6]，"奈近来投函更多，有的问到婚事与职业，实在是无法解答，日昨又接到许多信是问里昂大学内容的，我既未口闻其事，如何能知道其好坏，所以我现在决定从此以后所有问函一概不复"[7]。编者所能提供

[1]《金洪钧致东荪》，《时事新报·学灯》1920 年 6 月 12 日，第 4 张第 2 版。

[2]同上。

[3]同上。

[4]同上。

[5]同上。

[6]《东荪启事》，《时事新报·学灯》1921 年 8 月 13 日，第 4 张第 2 版。

[7]同上。

的帮助毕竟有限，若要获得心灵的解脱，寻得解决烦闷的良方，还是要求助于自己。青年生活的烦闷来源虽然不一，但归根结底还是来自这旧社会所带来的种种束缚与压迫，因而正如宗白华所说，青年们若要解决烦闷，需得主动对这烦闷做根本的研究。有识青年业已觉醒，那么去往何方，如何来改造社会，如何拥抱主义来解决社会问题，这答案则需要青年们自己去寻找。

（二）觉悟的青年：探索改造社会的道路

五四时期爱国运动进行得如火如荼，群众们纷纷投身于罢工、罢市、罢课的热潮中，举行各种示威游行、请愿等活动，这其间确有许多人是出于爱国热情，但也有一些人可能并不了解所谓的"爱国"是何意，只是趋大流加入其中。署名"愿学"的作者曾谈到，"现在一班群众，不是却说爱国吗？但是你去寻一个人问问他什么叫爱国？什么叫做爱国？为什么应当爱国？如何方是爱国？包管十个有九个莫名其妙"。这些劳动界的人因为缺乏知识，所以"有的以打草帽为爱国，有的甚至于以骂日本人为乌龟为爱国，误入歧途"，这种观念上的不明了都是因为平素没有受过常识的训育，因而"不知道国家是什么东西，不知道人格是什么东西，不知道我对于国家与社会有何等的责任与义务"[1]。劳动界如此，而那些受过教育的青年读书人，他们虽积极地参与爱国运动，却也有不少人完全出于无意识的盲从，或是出于浅狭的国家主义，并不了解"爱国"的真谛是何意。例如 1919 年同济大学《自觉》周刊曾刊出一个问题征求答案，讨论"为什么要爱国？"。问题征出许久，也不见有几人作答。同济大学教员黄胜白[2]在征稿中谈到，他曾研究这个问题多年却未能有一个答案，他也问过许多人，这些人中"或

[1] 愿学：《对于工商界义务学校之意见》，《时事新报·学灯》1919 年 8 月 2 日，第 3 张第 3 版。
[2] 黄胜白（1889—1982），江苏扬州人，原名黄鸣鹄，1914 年毕业于同济大学医科，1918 年在同济大学先后担任管理员、校医，同济《医学杂志》总编辑，同济大学附属上海宝隆医院院监等，并创办上海同德医学专门学校。摘自：喻大翔、王蔚秋主编：《同济百年诗选》，上海：同济大学出版社，2008 年，第 98 页。

是摇头，或是笑着不愿意答，但终归也是答不出，就是有答的，也说不明白，说不透彻"[1]。对此，编辑宗白华提出了他的论见："我们因为有创造新中国的责任，所以要爱国"，"我们创造新中国是为着世界的进化，为着人类的幸福，不是浅狭窄陋的国家主义，也不是空荡无着的世界主义，是怀抱世界主义的一个切近有效的下手办法"[2]。他认为：爱国是为求国家之进步，是为尽我们一部分发展世界事业的责任，是"真诚热挚世界主义下的爱国心与爱国运动"[3]，只有当我们了解到这层原因，我们的爱国才有价值。

寻求国家的进步是爱国的表现，也是国民应尽的责任，它所寻求的不仅仅是个人自由与解放，而是整个社会的发展与解放。张东荪在给北大学生康白情[4]的信中，曾谈到中国社会之所以麻木，在于各个人心中的社会意识非常淡薄，"所以中国的社会不是正真的社会，乃是 Groups Families"[5]。中国没有公共的社交，有的只是家属亲戚的关系，因此他认为"对于家庭应主张分化，对于社会应主张集化，不打破家庭的 Control 决不能养成社会的 Control"，"对于家庭应当主张个人自由，必定个人有了自由方能生出社会的 Solidarity 来呢"[6]。那么如何来改造社会，促进社会的发展呢？俞颂华认为，"社会是依社会的分化与集化两方面的扩大才能发展；文明的进化是从利他主义渐渐扩张，制胜利己主义，才能得到"[7]。改造社会需要分工与协作，"为社会而牺牲自己，为将来而牺牲现在是创造社会幸福不可缺的要件"，这分工注重个性的发展，是分化的作用，而协作则

---

[1] 白华：《为什么要爱国？》，《时事新报·学灯》1919 年 10 月 23 日，第 3 张第 3 版。

[2] 同上。

[3] 同上。

[4] 康白情（1896—1959），字洪章，四川省安岳县人，1916 年考进北京大学哲学系。1918 年与罗家伦、傅斯年等人组织"新潮社"，创办《新潮》月刊。1918 年加入少年中国学会。1920 年从北大毕业后，赴美留学。摘自：舒兰：《五四时代的新诗作家和作品》，台湾：成文出版社，1980 年，第 197 页。

[5] 《东荪致白情》，《时事新报·学灯》1919 年 11 月 5 日，第 3 张第 3 版。

[6] 同上。

[7] 俞颂华：《从个人本位到社会本位，从利己主义到利他主义》，《时事新报·学灯》1919 年 10 月 21 日，第 3 张第 3 版。

是群性的发展，是集化的作用[1]。他认为"今后的趋势，个人与社会的关系，国家与世界的关系，是从个人本位到社会本位，从利己主义到利他主义"，中国的建设之所以无从下手，其最大的原因就是"个人本位和利己主义的旧观念旧习惯没有解放"[2]。人性的改造是国家和世界改造的根本问题，需要解放个人本位的思想，同时创造献身的新道德，且这改造是具有普遍性的，并不局限于智识阶级。

然而正如思潮的传播具有渐进性，其所影响的群体也常常从个别阶层扩展到其他的阶层。社会主义思潮最先唤起的是智识阶层的觉醒，由知识精英渐次影响到广大爱国青年。早在20世纪初，梁启超曾宣言："今日之责任，不在他人，而全在我少年"，"少年独立则国独立，少年自由则国自由，少年进步则国进步"[3]。在五四风潮中，青年学生广泛参与到了这场爱国运动中，更是向国民彰显了学生群体的力量。青年应担负起改造社会的重任，陆友白曾谈到，他认为现社会上的重要分子，总是三十岁以上的人，但这些人百分之九十九靠不住[4]。他们中有许多人视"新"如仇敌，即使是那些自命为"新人"者，也总是"半明不白，彻而不底"[5]。例如上海自命为"新人"的某教育家，"会说西洋东洋的文明，也会讲罗骚杜威的学说，但他在学潮后对人说：'以后的教育，不好办了'"[6]，陆认为这样的人是不能肩负改造运动的重任的。但是三十岁以下的青年呢？也有一半以上是靠不住的，因其没有改造社会的决心与韧性。改造社会只能寄希望于"百分之一的壮年，和半数以下的青年"[7]，这些人可为改造运动的中坚分子，改造的第一步即是要去唤醒半数以上的青年，因其暮气未消，故而容易自己改造。

在青年们给《学灯》编辑的致信中，谈及生活的烦闷，其中所涉最多的话题

---

[1] 俞颂华：《从个人本位到社会本位，从利己主义到利他主义》，《时事新报·学灯》1919年10月21日，第3张第3版。

[2] 同上。

[3] 梁启超：《少年中国说》，《清议报》第35期（1900年2月10日），第2255—2256页。

[4] 陆友白：《改造与青年》，《时事新报·学灯》1919年10月3日，第3张第4版。

[5] 同上。

[6] 同上。

[7] 同上。

即是婚姻与爱情。1919年奋我君在《学灯》上刊文提问："现在的青年对于他们的父母从前代他们聘定的未婚妻，应当表示怎么样的态度？[1]"这"一个问题"一经提出，即引起广泛的关注和讨论。是否承认家长代聘的未婚妻，其所牵涉的是婚姻与爱情问题。自新文化运动以来，自由民主之风便随着改革的风潮吹入青年的心中，青年们要求社交公开、自由恋爱，反对包办婚姻，挣脱家庭的束缚，以实现个人的独立与自由。于女性青年而言，是反抗传统伦理纲常的束缚与压迫，质疑贤妻良母式的道德训育，期望获得社会的尊重，实现自我解放。"一个问题"之所以在读者间引起共鸣，正在于在新思潮的影响下，女性地位逐渐上升，对女性人格的尊重和寻求个人恋爱婚姻自由的矛盾冲突，成为困扰广大有识青年的共同问题。安徽芜湖省立五中学监高语罕[2]曾致信说，"要想根本的改造中国的社会，必先改造中国的家庭；要想改造中国的家庭，必先释放中国的女子"[3]。因而改造社会需要唤起女性群体自我意识的觉醒，推动妇女解放，在俄国革命的宣传文章中，亦有谈及俄国女性追求自我解放加入革命队伍中的事例。那么如何来解放妇女呢？南京高等师范学生邰爽秋[4]认为妇女革命主要是因为束缚、不自由、不平等，在现下人道公理大张的时代，妇女应当追求解放，这解放的利器便是"自觉、

[1] 虞：《一个问题》，《时事新报·学灯》1919年10月28日，第3张第3版。

[2] 高语罕（1887—1948），原名高超，安徽寿县人。早年就读于日本早稻田大学，1907年毕业回国。1911年任安徽青年军秘书长，结识陈独秀。1915年在上海参加新文化运动，是《新青年》主要撰稿人之一。1916年秋，在芜湖省立五中任学监并教英文，编写《白话书信》，同年在芜湖与蒋光慈等组织无政府主义团体安社。五四时期倡议成立芜湖学生联合会。1920年夏，参加社会主义青年团，经李大钊介绍加入中国共产党。资料来源：《安徽历史名人词典》编辑委员会编：《安徽历史名人词典》下册，合肥：安徽教育出版社，2008年，第1013页。程庸祺编：《亚东图书馆历史追踪》，合肥：安徽教育出版社，2016年，第50页。

[3] 《高语罕致东荪》，《时事新报·学灯》1919年12月16日，第3张第4版。

[4] 邰爽秋（1897—1976），江苏东台人，曾就读于扬州省立第五师范学堂、南京高等师范学校（后改为国立东南大学），1923年毕业于国立东南大学，同年赴美国芝加哥大学留学。张玉春主编：《百年暨南人物志》，广州：广州暨南大学出版社，2006年，第324页。

自立、自尊、自治、女界联合会、女子演说会、新妇女杂志"[1]。"鸽庐"指出妇女问题中最紧要的第一步，是男女社交公开，五四运动虽然促进了国民的觉醒，但是在妇女问题上还存在一些限制。比如在一些社交机关、组织中，男女总是分开的，上海的中国青年会分为男女两会，但是女青年会的设备远没有男青年会的规模宏大。各会社、新思想的杂志报社等也应开放女子社员，"现在统计全国新思潮的日报、周刊、半月刊、月刊等，已是不少，其中可说大多数是赞成女子解放的了。但是他的撰述员、编辑员，大半皆是男子越俎代庖，不如开放女子社员，讨论这个问题，可以免些隔膜"[2]。一些新思潮的出版物虽业已出版，但受家庭环境的限制不易到达她们手中，因而应借助报纸的力量，"报纸的销路狠广，识字的人，总要去看看，报上时常载些妇女问题的材料，最好刊在第三四张，要取讨论态度，又要讨论实行的方法"[3]，对于那些未受教育的女子，要提倡根本的教育。

　　社会改造有赖民众的觉醒，不仅要唤起女性的独立意识，更要唤起在国民中所占比重最大的中下层阶级的自我意识的觉醒。只有团结各阶层的力量进行社会变革，社会才能实现真正的进步。正如张东荪回复张玉麟的信中所说，他认为要救国，要进行社会改造，应由士阶层向下去刺激农商阶层的人，唤醒下层阶级的人。在他看来，"中国好像一碗水，有油浮在面上，也有泥沉在底下，浮在面上的就是'士'的阶级，沉在底下的就是'农'、'工'的阶级，在中间的便是商人。现在这里活动的只有浮在面上的人和中间的一小部分人，那中间的大部分和在底下的乃是沉睡不动，所以国民没有能力就是如此"[4]。当下层民众得以唤醒，于是合各阶层的力量抟成一体，更有利于对军阀官僚施行总攻击。青年毛泽东在《民众大联合》一文中也提出要联合被强权压迫的各阶层人民，以争取自身的利益。所谓的"群"和"社会"就是其所说的"联合"，要团结农夫、学生、女子、

[1]　邰爽秋：《妇女革命论》，《时事新报·学灯》1919年10月20日，第3张第4版。
[2]　鸽庐：《男女社交公开问题》，《时事新报·学灯》1919年11月12日，第3张第4版。
[3]　同上。
[4]　《张玉麟致东荪先生》，《时事新报·学灯》1919年11月15日，第3张第4版。

小学教师、警察、车夫等，他们有着共同的哀苦，因而要结成切于他们利害的小联合。比如西洋各国的工人都有他们的小联合会，他主张民众要仿效西洋的做法，必须先从小联合入手，"由许多大的联合，进为一个最大的联合，于是什么'协会'，什么'同盟'，接踵而起"[1]，通过团结各方的利益，进而改造社会。

在民初社会中，报章杂志是宣传新思潮的重要载体，因而要唤醒民众就须重视书报的作用。郑振铎认为，当下的社会改造运动仍旧是阶级的，大家忽视一般平民的革新运动，"你看现在新出版物这样多，有那一种曾经劳动阶级或一般平民过目。北京出版的《新生活》虽说是编给平民商工界看，但我没有看见有一个工人商人看这本报的！小学生看的倒不少，一来因为价目似乎太贵，二来材料还不能完全从中国社会的一般平民的身上打算。所以我谈现在的文化运动仍旧是不出于一知识阶级，其余一概没有影响！也没有人想到"[2]。张东荪则认为"在初期劳动阶级决不能自做文化运动，只有受纳知识阶级的文化运动，所以我们在初期不必希望他种阶级有文化运动，只希望他们能承受这文化运动罢了"[3]。上海爱国女子学校校长季通[4]也认同张东荪的看法，"现在改造运动，所以未能兼顾到智识阶级外去，实在由于社会上澈底觉悟的人太少，力量太单薄，先将智识阶级改造过来，合全阶级的力量，去改造他阶级，收效一定很大"[5]。智识阶级可以利用自己的学识发动对中下层民众的教育，以教育开发民智，借书报普及教育。署名"社会改造赞成人之一"的作者曾致信东荪，他认为"欲传播社会主义第一步须从中下级社会入手"[6]。在他看来，现在传播这种主义的报纸杂志很多，但是据其观察得见这种报纸杂志的不外两种，"一种是有钱的富翁，一种就是青年的学

[1] 毛泽东：《民众的大联合》，《时事新报·学灯》1919年8月13日，第3张第3版。

[2] 《郑振铎致东荪》，《时事新报·学灯》1919年12月8日，第3张第4版。

[3] 同上。

[4] 季通（1877—1932），江苏常熟人，曾留学日本，学习实用科学。回国后，曾两次被推选为江苏省议会议员。1919年新文化运动后，致力于教育事业，任上海爱国女子学校校长十年，创办私立虞山中学及乡村小学。摘自：陶行知：《陶行知全集》第9卷，成都：四川教育出版社，2005年，第637页。

[5] 《季通致东荪先生》，《时事新报·学灯》1919年12月14日，第3张第3版。

[6] 《社会改造赞成人之一致东荪》，《时事新报·学灯》1919年11月13日，第3张第4版。

子，但那些富翁听了什么解放改造是要头大的不但不相信，还要想许多法子来阻止咧。至于青年学子又居全国的少数。若说大多数的劳动平民因没有闲钱买报纸杂志看，所以还是睡在梦里，别人在那里闹得天翻地覆数百万人大罢工与那作恶的资本家宣战，他还只晓得每日里啼饥号寒怨天怨命不知来这上面谋幸福"[1]。作者认为，这些生活在贫困家庭中的人饱尝现实生活的痛苦，因而他们对改造社会这几个字是极赞成的，但是却不知如何改造，"欲多购这种报纸杂志以资研究又困于经济"[2]，在他的朋友中，很多都面临着这一问题，因此他提议筹设阅书室，搜集社会主义的书报存列其中，随人观览。张东荪则认为"贯输新知识于下级社会，不能专靠书报的力量，因为他们识字的究居少数，所以非组织"贫民讲演"，推广"注音字母"不可，再加上通俗的小册子白送给他们，一定有效果的了"[3]。

唤醒民众不仅需要依靠书报宣传，还需要广大青年组织讲演团、工农俱乐部等普及教育常识。江苏常熟人曾文虞[4]认为五四运动促进了学界的觉悟，六五运动促进了工商界的觉悟，而劳农却还在睡梦中，因而青年应承担起唤醒劳农的责任，从普及教育入手，提倡义务学校，组织劳农俱乐部。这俱乐部的宗旨就是要灌输常识，改良社会。设演讲科，其学习的材料取诸日报、杂志，以说明本国现状及世界趋势为主。此外还要向劳农教授文字，在图书馆中备改良社会的书报，授予劳农以国民常识和国民应有之智识[5]。署名"愿学"的作者也提出要重视平民教育，创办义务学校，但对于劳工施行教育在形式方法上都要与学生有所不同。他认为这些失学的劳工最要学的不是算术、图画手工等技能，而是"明白真切的人生观，是环境的现象与应付环境的方法"，"是自身之地位与对于社会之职责，

---

[1]《社会改造赞成人之一致东荪》，《时事新报·学灯》1919年11月13日，第3张第4版。

[2] 同上。

[3]《东荪回复社会改造赞成人之一》，《时事新报·学灯》1919年11月13日，第3张第4版。

[4] 曾文虞：江苏常熟人，1926年任上海中华公学中学老师。李鸿模：《忆昔见闻和老师的教育》，收录于中国人民政治协商会议福建省长汀县委员会文史资料编辑室：《长汀文史资料》第8辑，1985年，第38页。章士钊：《章士钊全集》第6卷，上海：文汇出版社，2000年，第152—153页。

[5] 曾文虞：《劳农俱乐部》，《时事新报·学灯》1919年9月11日，第3张第4版。

是世界与国内的大势"，"义务学校重在讲演的教育而不重在书本的教育，重在知识的教育而不重在技能的教育"[1]。吴县小学教员叶圣陶也很赞同"愿学"的说法，他认为义务学校应该让来学的人认识到真实的人生观，而不是只知读书，忘却人生，在上课的形式上也不必有所拘束，"形式上是智识的授受，精神上却是认识到真实的人生观的结合"[2]。在开办义务教育的过程中，学生群体可以充分发挥自己的学业优势，走出校园融入社会，为社会改造尽一份力。如"绍先"认为，欲改造中国，可在学生联合会里组织讲演团，并将之作为永久的机关。由讲演团"灌输普通智识，到一般人民的脑中"[3]，学生也可借此与社会接触，学校与社会也能融合起来了。讲演的材料，"将来还可加添国民常识，时事要闻等，为避去单调，引诱听的人起见，拿国耻的事情，编成新剧，每逢星期日开演，现身说法，有声有色，感动人的力量，必定狠大的"[4]。以中国现在的实情，拿钱去办社会教育很是艰难，若是把学生讲演团设为永久的机关，就可以不费一文去普及教育了。

一些民众在寻找中国社会落后的原因时，将其归咎于人口压力过大因而国家贫困积弱，因此他们主张应当节育制欲。灵芬女士认为中国的穷人自己的生活就已经很艰难，却还总想添孩子，越穷越生，生了又难以教养，没受过教育只能成为劣种人。而那些富人家有了儿女，大多非但不好好地教养他们，反而养成他们奢华懒惰的恶性。在她看来，正是因为这个原因，中国人多国弱，日本人口少国家却很强大。她根据经济学家马尔萨斯的研究，从学理的角度去估算人口，推之若人口繁殖不加以阻碍，则"到二百年后，人口就增到二百五十六倍，食物只能增到九倍"[5]。在缺乏足够的食物供给下，如此只能造成人患问题，劣种人愈来愈多，国家更趋贫弱。因而人们应当有觉悟去节育制欲。俞颂华则认为马尔萨斯的

[1] 愿学：《对于工商界义务学校之意见》，《时事新报·学灯》1919年8月2日，第3张第3版。
[2] 叶圣陶：《敬告创办义务学校诸君》，《时事新报·学灯》1919年8月6日，第3张第3版。
[3] 绍先：《学生讲演团当成为永久的机关》，《时事新报·学灯》1919年6月10日，第3张第4版。
[4] 同上。
[5] 灵芬女士：《人口问题之研究》，《时事新报·学灯》1919年5月14日，第3张第4版。

推算是"按着静的社会讲的,至于时时进步的社会,那就恐不大正确了"[1],且人口、食物问题非常复杂,不能仅以此下此论断。当时女界中极少有研究社会问题的,因而这篇文章一经发表则引来许多女性读者的关注。家宜女士就指出这种以减少生育来抑制劣种人繁殖的方法可能难以收效,"只恐怕劣种人仍旧繁殖,因为他们不懂什么道理,而优种的人因为知道减少生育的好处,就实在制欲起来,反而优少劣多",如此更有害于社会。因而她主张"要防劣种人的繁殖,在乎教育","要防食物缺少的问题,那更在乎教育和实业"[2]。要救中国,还是应从提倡贫民教育、职业教育,注重科学教育,振兴国内实业等方面入手,"不必去在人口的多少上预先打算"[3],且以中国的情形来看,也不必对人口问题如此悲观。灵芬女士则认为振兴实业固然是个救济的法子,"但是实业振兴以后,国富民舒,那人口的增加率,就要比前更强了"[4]。她进一步申明制欲节育可以改良人种[5]。"漪霞"对灵芬的制欲说则颇有质疑,到底应采取是极端的制欲还是相对的制欲呢?且优种、劣种都有减少,不过使社会不至于人满为患,但优种和劣种的比例始终如此,以此节育是难以改良人种的[6]。针对此说,她更提倡优生、择种留良的办法。前述讨论多从生育的角度来寻求解决人患的方法,张玉麟则指出"人口增加所以生出社会上的危险,并不是因为人满为患,实在由于财的分配不均"[7],也不必对人口增加的倾向如此悲观,只要从教育入手加以救济便还是件乐观的事情[8]。

关于节育的讨论在1921年冬美国的山额夫人来华后,在舆论界掀起了一股热潮,这其中就有部分人将山额夫人的产儿制限运动说是社会主义的,也有说是

[1] 灵芬女士:《人口问题之研究》,《时事新报·学灯》1919年5月14日,第3张第4版。
[2] 家宜女士:《关于人口问题之意见》,《时事新报·学灯》1919年5月21日,第3张第4版。
[3] 同上。
[4] 灵芬女士:《论制欲免人患答家宜女士和漪霞君》,《时事新报·学灯》1919年6月18日,第3张第4版。
[5] 灵芬女士:《再论人口问题》,《时事新报·学灯》1919年5月22日,第3张第4版。
[6] 漪霞:《制欲……减少生育……改良人种》,《时事新报·学灯》1919年6月4日,第3张第4版。
[7] 张玉麟:《对于人口问题之商榷》,《时事新报·学灯》1919年7月1日,第3张第4版。
[8] 同上。

反社会主义的。据"紫瑚"的分析，他认为将之视为社会主义运动的，"大约是因为山额夫人一派多同情贫民阶级，且他们制限产儿，有减少劳动后备队使资本家不能用失业恐慌操纵劳动市场的意思"[1]。在他看来，此种看法实为对社会主义的误读，"社会主义的根本主张，在推倒现在资本主义的经济组织，改造社会主义的经济组织"，而产儿制限运动只是"在现代经济制度下面，谋减少无产阶级因过度生育而起的生活难"，并无改造经济制度的根本主张[2]。至于"反社会主义"的论说，则大概是因为这种运动是从新马尔塞斯主义出发，该主义"信奉马尔塞斯'人口有增加于生活资料，以上的恒常倾向'的原理，与社会主义者所谓现代的贫乏，由于资本阶级掠夺劳动阶级而起的分配不均，完全相反。所以认为产儿制限运动，是一种缓和阶级斗争的运动，并且以为他们主张视经济力的高低定产儿的多寡，有奖励资本家多产劝导劳动者少产的意义，所以很有许多社会主义者，因此反对产儿制限运动"[3]。然而此论说亦是一种谬误，作者指出，山额夫人一派主张量度经济能力而决定产儿数，主要是为了贫民阶级的经济能力考虑，生育过多恐不利于子女教养，所以通过节育的手段来救济贫民的困苦。且战争频繁、失业众多也是由于人口过剩所致，从某种程度上来说，产儿制限不失为对抗军国主义和资本主义的一种方法，因而更不能将之说成是反社会主义者[4]。

如前所述，读者群体们所寻找的社会改造之法，大多是通过教育救国，即实行妇女教育、平民教育，以开办义务学校、工农俱乐部、学生讲演团等方式唤起中下层民众的觉醒，进而团结各阶层的力量实现社会变革。于读者自身烦闷的生活来说，家境贫寒难以支撑升学所需费用，在情感世界希望寻找精神相合的伴侣，自由恋爱，挣脱旧式包办婚姻的枷锁。当家庭不能成为依靠反而成为个人追求自由与解放的牢笼，青年们就会想方设法地逃离原来的家庭，融入社会寻求有相似境遇的朋

---

[1] 紫瑚:《山额夫人与社会主义》,《时事新报·学灯》1922 年 4 月 30 日，增刊"节育运动号"第 5 版。

[2] 同上。

[3] 同上。

[4] 同上。

友互帮互助，或勤工俭学，或组织团体，于"团体"、"组织"中寻找自我认同。

这些救国理念与自我救赎之法，反映在实践上的一个典型例子便是以无政府主义引导下的新村运动与工读互助团运动。五四新文化运动时期，无政府主义与社会主义是思想界的两大显学，但是令广大青年投入巨大热情的新村运动、工读互助运动最终都以失败告终，社会主义学说遂逐渐在青年群体中赢得更多的拥护与支持。科学社会主义中的唯物论学说揭露了社会发展的一般规律，可以为青年们解惑中国落后的根源在哪里，其剩余价值学说揭示了资本家是如何剥削和压榨劳工群体的，其以阶级斗争、暴力革命建立无产阶级政权的主张也为青年指引了具体的救国道路。科学社会主义以其系统、整全的学说魅力，为处在各种"主义"裹挟下、精神世界茫然无措的广大青年提供了精神上与行动上的指引，并许以光明的未来，俄国苏维埃政权的建立亦为其学说提供了印证。然而社会主义思潮中裹挟着不同派别的社会主义学说，他们都有对劳工等中下层阶级的关怀，亦有对妇女解放运动的支持，但在温和改良、发展实业救国与暴力革命、发动阶级斗争的具体方式上存在巨大分歧，基尔特社会主义论战即是一次重大的思想交锋。

对于普通读者来说，阅报、读杂志便是他们了解社会主义学说的重要途径，受所在地区文化的开放程度、个人的教育程度等因素的影响，不同读者对社会主义思潮的认知总有不同。社会主义学说就如同一个百宝箱，读者们因其个人需要从中挑选，并将其作为自己的理论依据从事改造活动。或是以自己在报纸杂志上读来的只言片语来认识和理解社会主义。例如前述节育运动中的部分人，通过套用社会主义学说所谈到的资本家与劳动阶级之间的关系，将之与节育运动的主要观点相对比，由此产生了节育运动是社会主义运动（或反社会主义运动）的误读。在社会主义思潮传播的初期阶段，多种学说混杂在一起处于一片混沌的状态，在报章杂志上刊文宣传社会主义的作者有时也未必能分得清楚社会主义不同派别之间的区别，其对社会主义的论见是全盘接受还是有所保留，有时其态度也不甚明朗。读者们读了他们的文章因而有时也会有所困惑。丁亥生曾致信张东荪，询问集产与共产的定义是什么，张东荪则回复他关于这两者的定义散见于

《解放与改造》、《新青年》等杂志[1]，让他自己翻阅杂志寻找答案。鲁贽也曾致信张东荪，询问"马克思主义为共产主义乎？抑集产乎？"[2]关于马克思的著述，张东荪坦言自己"仅得见《共产党宣言》与《资本论》二著"[3]，他引用罗塞尔和斯巴果（Spargo）的言论为之解惑。罗塞尔在 Roads to Freedom 中曾言马氏的集产主义与国家社会主义实有不同，而斯巴果在 Bolshevism 中也畅言俄国所实行的无产者专制大背于马氏之说。集产主义并非国家专制，"集产为 Collectivism 而共产为 Communism"，起初因欧洲人大都乱用，不设分别，"故有止主张生产机关归公亦自称为共产者。此马克思所以有共产党宣言也"[4]。余昂霄曾投稿《学灯》，他认为阶级斗争就是社会主义，张东荪觉得他将两者混为一谈实为不妥，故并未登载他的稿件。在张东荪看来，"阶级斗争乃达到社会主义之途径，而非即社会主义也，社会主义为一种建设的方案，并非破坏的手段"[5]。余昂霄与其意见不同，张东荪再次致信谈及阶级斗争一事，在他看来，"以平等思想输到劳动阶级，势必演成阶级斗争，盖仅仅自卫的能力仍不足使特权阶级与劳动阶级相剂于平，则破坏必终不免，可见鼓吹平等乃速其破坏，决非预消破坏"[6]。

除了读者们对"社会主义"的定义与内涵理解不同，其对"社会主义"所持的态度也各有不同。《时事新报》有部分读者旅居国外，内地读者常来信询问海外的情形，因而这些海外读者有时也会撰文向国内青年反馈国外社会主义的传播状况。青年学生常策欧[7]曾赴英留学，他到伦敦两个月后即致信张东荪，谈及他

---

[1]《东荪复丁亥生》，《时事新报·学灯》1920 年 6 月 20 日，第 4 张第 2 版。

[2]《东荪致鲁贽》，《时事新报·学灯》1920 年 5 月 1 日，第 4 张第 2 版。

[3] 同上。

[4] 同上。

[5]《东荪致余昂霄》，《时事新报·学灯》1919 年 12 月 7 日，第 3 张第 4 版。

[6]《东荪致余昂霄》，《时事新报·学灯》1919 年 12 月 10 日，第 3 张第 4 版。

[7] 常策欧（1898—1953），唐山市开平镇耿家营村人。1913 年就读于天津南开学校，与周恩来为同窗。1914 年，与周恩来等人成立敬业乐群会，编辑《敬业》刊物。1919 年赴英国留学，后获博士学位，回国后曾任天津大学教授。刘向权主编：《滦河流域历代名人》，北京：中国工商出版社，2009 年，第 263 页。

在英国的见闻，他说英国虽然是君主制，但人民却能享受自由，伦敦各公园常有社会党人聚众演说，反对资本主义，却无巡警干涉，反观宣扬共和的民国政府却对青年种种限制。且他还注意到在伦敦大学的经济科有一个社会主义的藏书室，学校的教员曾在讲堂中大谈反对资本主义，"我们中国的大阔老们一听到鲍而雪维克就几乎魂飞天外"[1]，相形之下中英两国在言论风气上差别之大。梁绍文[2]途经新加坡时，发现当地布满了中国人，但这些土生的中国人受英国殖民者影响很大，英殖民者在教科书中极端丑化诋毁中国，他们受了这样的教育便成了不英不华，"这里实业家最厌闻的就是社会主义，若有人提起，比杀父之仇还要利害，从前许多人被逐出境的尽是为此"[3]。署名"述尧"的读者在给张东荪的信中，谈及俄美两国现在都大肆鼓吹社会主义，他认为中国也应当鼓吹社会主义，且他对此很有信心，认为"中国社会主义，不出十年，必达目的，盖中国民主凋敝急求出险故也"[4]。

关于如何利用社会主义学说来改造中国，读者间也各有不同看法。在谈到"问题与主义"之争时，少年中国学会会员王光祈[5]主张"总解决中的零碎解决"，所谓的主义就是我们理想的目的，即总解决，我们需要寻求下手的地方，这便是零碎的解决。按照他的方法，即先建立一个计划，按此计划逐一解决问题，与其根本计划无关的就可不过问。他以现下讲社会主义的人为例，"社会主义的组织，便是他们的理想目的。激烈者出于'暗杀''同盟罢工'的手段，反对

[1]《常策欧致东荪》，《时事新报·学灯》1920年4月17日，第4张第2版。

[2] 梁绍文：生卒籍贯不详。1920年春由汉口经上海赴南洋考察华侨教育及实习情况，于1924年出版了《南洋旅行漫记》。周月峰：《新青年通信集》，福州：福建教育出版社2016年版，第582页。

[3]《梁绍文致东荪》，《时事新报·学灯》1920年6月21日，第4张第2版。

[4]《述尧致东荪》，《时事新报·学灯》1920年3月26日，第4张第2版。

[5] 王光祈（1892—1936），笔名若愚，四川温江人。1914年考入中国大学法律系，先后担任成都《四川群报》驻京记者和北京《京华日报》编辑。1918年与李大钊、周太玄等人筹建少年中国学会。1919年12月，在蔡元培、李大钊等人的支持下，发起成立"工读互助团"。1920年以北京《晨报》、上海《申报》、《时事新报》特约通讯记者的身份赴欧。刘绍唐主编：《民国人物小传》第1册，上海：上海三联书店，2014年，第13页。

资本家，铲除强权。温和者出于'新村''工场工人自治制'的手段，试验学理、讨论方法，便是他们的下手地方。即对于与社会主义有关的各问题，皆要逐件解决"[1]。因此王光祈对于现在一般"纸上的社会主义"很抱有不安，认为他"只有理想目的，而无下手方法"[2]。

江苏昆山人陶乐勤[3]也曾致信张东荪，谈及他对当下主义学说的看法，他认为"社会主义在中国今日尚在鼓吹的时代，先将现社会的制度，批评他的好坏。并想出建设和改良的方法，将来行一个总解决，那么可没有牵制，而不至于失败了"[4]。他对大家非常崇拜的新村运动抱有怀疑，认为其受经济能力所限容易失败，他更为推崇的是协社、合作社和工团这种组织方式。对于张东荪与李汉俊之间的争论，他认为两人跑在一条路上，只是跑法不同，所谓异趋同归。在他看来，社会主义者因所提出的方法各有不同遂成派别，"况且马克思也不说未来底计划如何，所以我说随时设施的主张"[5]。两人关于工人运动如何进行的争论，"一则说他的因，一则说他的果"[6]，张东荪认为工人已经站在资本家的对立面，所以可通过自修和互助来御外患。李汉俊认为工人还未觉醒，应唤起他们对资本家的敌对心。陶乐勤则认为"工人已经觉得和资本家立于反抗地位，并且也开火数次，尚然没有团结力，和长久的互助，仍是自讨苦吃"[7]。陶乐勤看到的两方争执点在于如何推进工人运动，他并未明确表达支持哪一方的主张，只是觉得两方既然走的是同一条道路，就无须过多争执，他们只需在具体的实行上，各自抱定目的，向前走就可以。

无政府主义的支持者郭增凯认为国内思想界关于社会主义的分野，在他看来

---

[1] 若愚：《总解决与零碎解决》，《时事新报·学灯》1919 年 10 月 4 日，第 3 张第 3—4 版。

[2] 若愚：《总解决与零碎解决》，《时事新报·学灯》1919 年 10 月 4 日，第 3 张第 4 版。

[3] 陶乐勤：江苏昆山人，曾标点校改过《花月痕》《桃花扇》等作品。鲁迅：《热风》，北京：人民文学出版社，1978 年，第 154 页。

[4] 《陶乐勤致东荪先生》，《时事新报·学灯》1919 年 12 月 21 日，第 3 张第 4 版。

[5] 《乐勤致东荪汉俊》，《时事新报·学灯》1920 年 5 月 19 日，第 4 张第 2 版。

[6] 同上。

[7] 同上。

主要是布尔什维克主义、基尔特社会主义和无政府主义之间的争论。据他观察，唯一传播布尔什维克主义的中国报刊是《共产党》月刊，他们认为无政府主义好虽好只是虚玄。罗素是基尔特社会主义者，罗赞成无政府主义但是觉得这种主义没方法可以达到。因此在他看来，布尔什维克主义与基尔特社会主义这两派"并没大声疾呼的说无政府主义的'不好'，只说'不能'，在认识真理上，最要的是'该不该'"[1]。他认为这两派的区别在于前者是自动的，后者是他动的，就性质来看，前者是慢性的，后者是急性的。这些派别在目标上没有多少差别，所不同的焦点在于社会究竟怎样改造，是以慢性还是以急性的方式改造社会。

在基尔特社会主义之争中，北京盐务学校的学生李鼎年公开支持张东荪。他说他在看到张与陈独秀的争论后，认为张所主张的长期忍耐、普及教育才是救济伪农革命的良药。首先他指出中俄两国的历史条件和当下国情不同。俄国革命之所以成功，与其长期以来即建立专门组织负责宣传和联络分不开，即"革命的现象虽发生于今日，而革命的精神早畜养于先年"。[2]而中国社会缺乏动员革命的组织，劳农阶级尚未真正"觉悟"，全国人民更是如散沙一般。在这样的条件下，应该先从引导劳农做起，"要讲劳农主义，便该以身作则，去当劳工，与农为伍，不但人人应当劳农，就是对于蛮横无礼的军队，也当身入地狱，去与他们为友。即在地狱之中，引起他们的觉悟"。其次，李鼎年反对将劳农神圣化，这容易导致偶像崇拜。他认为中国劳农普遍没有接受教育，缺少真正的人生观，如果实现教育普及，"不患劳农阶级没有觉悟，他们能够觉悟，自然会了解外来的各种主义，构成'中国式'的社会主义，不愁真的社会革命不发生"。人人都接受教育，则人人都能觉悟，中国的革命才有可能生发，这就是李鼎年认为中国革命可能的道路。

青年朱谦之当时也对布尔什维克主义中的暴力革命持保留意见。他认为手段不过是达到目的的过程，其本身并不具有决定性，"真正的社会改造家都不应该

---

[1]《郭增凯致东荪》，《时事新报·学灯》1921年12月7日，第3张第4版。

[2] 本段所述均出自：《李鼎年致东荪》，《时事新报·学灯》1920年12月27日，第4张第2版。

把手段看作第一义"。他本身并不反对革命，反而说"我两年前在学校提倡革命的时候，眼见一般青年都是何等的高尚纯洁"！但他认为暴力革命"万要不得"[1]这朱谦之不满于布尔什维克主义的重要原因。署名"冰然"的读者则对当时舆论极力鼓吹"牺牲"、"奋斗"提出反思。他认为主导社会舆论的"这班人把主义看得太神圣，把未来看得太乐观，把现在看得太不值钱，害得一般活泼泼的青年，在刀兵底下做主义的'发火柴'。不管理由如何，总觉是一件忍心的事啊！"[2]"冰然"对革命的警醒，恰提示着当时知识青年被笼罩在主义的大风之下。由主义之风鼓噪而起的知识青年，尽管此时面对纷繁杂芜的种种主义难免"乱花渐欲迷人眼"，但他们通过对报章杂志的阅读、与书报编辑的书信往来、与三五友朋的辩难，以及将纸上知识与社会实践互相联系，他们终究会在大浪淘沙的历史进程中发现革命的道路。社会主义思潮激扬之际，各种主义和学说之间彼此竞逐，相互比较，马克思主义就在这个过程中逐渐脱颖而出。

如上所述，在社会主义思潮传播的初期阶段，青年们对社会主义抱有很大的好奇，期望了解它的内涵与具体主张，它与其他主义学说有何分别。但在主义学说混沌一片的状态下，一些社会主义学说的传播者们，他们对社会主义思潮内部不同派别之间的区别也不甚明了，其了解社会主义知识的途径也比较有限。当读者们以报章杂志上的文本作为了解社会主义学说的重要途径时，便容易受到这些文本书写者的影响，其介绍社会主义学说时的个人倾向会影响到读者们奉何种主义为指导思想，若是作者对社会主义的认知本身就存在偏差，同样也会引起读者对该学说的误读。社会主义学说与其他主义学说在基本理念上的相似之处，有时也会影响到读者们的认知和判断，特别是当时思想界的两大思潮之一；无政府主义，读者们常将其与社会主义学说混为一谈。加之新闻媒体对过激党暗杀行为、同盟罢工等事件的大肆渲染，这些与激烈的反抗、血腥行为相关的字眼极易触动读者的敏感神经，由此在一定程度上也会形成读者们

---

[1]《朱谦之致东荪》，《时事新报·学灯》1921年12月27日，第3张第4版。
[2]《冰然致东荪》，《时事新报·学灯》1920年5月4日，第3张第4版。

对社会主义特别是布尔什维克主义的固有印象。此外，在社会主义学说传播的初期阶段，因报章杂志的版面限制，有关译介社会主义学说的文本大多是零散的、碎片化的文字，所译文字多是对原著的选译、节译或转译，抑或是二次加工后的作者所解读出的社会主义，如此不利于形成读者们对社会主义学说较为完整、系统的认知。各报编辑部人员有限，有时也分不出专人来负责把关译稿，因而这些质量参差不齐的译稿便流入市场，成为读者们了解社会主义学说的主要知识资源。无论是问题与主义之争，抑或是基尔特社会主义之争，所争论的焦点都在于以何种方式来改造社会。青年们既然以"主义"奉为行动的指导方针，那么在选择何种社会主义学说来改造社会前，有必要先解决理论准备上的问题，即应对社会主义学说做更为系统、全面的了解和学习，丰富其获取新知的途径，不再只做被施与知识的一方，而是可以主动创造知识资源，通过学习外语、阅读西文原本等方式了解社会主义学说。

（三）获取新知的途径：求书单、译书热

青年欲排解心中的烦闷，寻求社会问题与个人问题的解决，抑或是出于想了解新思潮、各种"主义"学说的意图等等，都需要从外界获取知识，以弥补智识上的不足。在新式传媒的影响下，在书籍之外，阅读报纸、杂志也成为了许多青年了解时事新闻、获取新知的重要渠道。但在民国初年，因受交通条件、通信渠道、地理位置等因素的影响，许多地方获取新知识存在种种阻碍。广大青年自身经济能力有限，很难大量购阅书籍报刊，他们一方面受到新文化大潮的触动，却又饱受知识的饥荒所带来的困扰。

面对知识资源匮乏的问题，当青年无法以一己之力解决时，便往往会求助于社会，例如试图建立一些公共阅览设施，如图书馆、阅报室等等。但这种期望又常常被现实所打败，且不论这些公共设施是否有设立，所藏书籍又有多少，仅以青年的阅读需求而言，处在新旧社会转型期内的思想界，各种新学说、新思想

层出不穷，与之相关的书籍、报章杂志更是不胜枚举，思想的更新换代如此之快，哪些书可称得上青年们眼中的新书呢？哪些书籍报刊才是青年们最想要阅读的呢？王瑞志认为所谓的"新书"，指的就是"有新思想的书籍期刊报章"，"新思想不过是利他的进步思想罢了"[1]，他引用张东荪的说法，认为这新思想"是属于集合、牺牲、平等、劳动、世界和理想六主义的"[2]，是人类要求于将来世界的一种共同趋向。而在一些地方，图书馆中所藏书籍却多是一些老古董式的书。以南京为例，《时事新报》在新闻栏中曾刊出《南京学界请愿改良图书馆》一文，文中提到，南京作为省城，却仅有一个省立图书馆，所藏书籍"偏于旧的太多，地址又僻在西城，离繁盛的地方太远，所以每天去看书的人很少，直是同虚设的一样"[3]。其后虽然又办了复成桥通俗教育馆，馆内也添置了些新书，设立了图书部，但里面"所有的各种科学书，还是民国初年出版的"，"虽然有三个阅书室，但是阅书的人，却寥寥无几，这是因为经济不足，无力办那一般人民同学生需要的书籍。所以人不愿去看"[4]。少年中国学会成员左学训[5]也说"居宁两年，第一感受痛苦事即为无一完善之图书馆"，他"曾经参观两次，每次均闭门不纳，其办事者且以有无省长之公文见询，又闻有许多孤本精本之宋版书已为某某绅借去，大有久假不归之势"[6]。此种读书困境，可见一斑。观此困境，当时江苏教育界的一些有识之士便决意向省议会请愿改良图书馆，那么在他们看来理想的图书馆应该是怎样的呢？首先在经费上，地方政府要重视图书馆的问题，从教育经费中拨出一部分用于改良图书馆的设备与图书资源。郭虞裳认为此举非常重要，"图书馆是文

［1］ 王瑞志：《怎样去读新书》，《时事新报·学灯》1919 年 10 月 6 日，第 3 张第 4 版。

［2］ 同上。

［3］ 《南京学界请愿改良图书馆》，《时事新报》1919 年 10 月 17 日，第 2 张第 2 版。

［4］ 同上。

［5］ 左舜生（1893—1969），名学训，湖南长沙人。1914 年入上海震旦大学专修法语。1919 年加入少年中国学会，次年担任中华书局编译所新书部主任，编辑《少年中国》刊物。湖南省地方志编纂委员会编：《湖南省志》第 30 卷《人物志》下，长沙：湖南出版社，1995 年，第 321 页。

［6］ 左学训：《论改良南京图书馆事致江苏学界诸君子书》，《时事新报·学灯》1919 年 10 月 20 日，第 3 张第 4 版。

化运动的大本营"[1]，在各省的通都大邑开办图书馆要比办几个破碎不全的学校，利益还要大些。其二在用人上，要选在教育上有经验的人担任馆长，那些老科甲"脑筋太旧，眼光太短，但知道抱残守缺，世界的潮流，是一些不懂的，要叫他拿钱办那最新最适的书报，来把人看，是万万不肯的"[2]。其三在选址上，要设在适中的地方，以便各界进去看。其四要将经费中的一部分拿去存储生息，以预备随时添购新书新报。"因为现在无论物质的理想的书籍，总是日新月异，馆里总要能随时添置"[3]，如若不能便不过是一个旧书库罢了。此外馆中有时"还要把他国最近出版，为社会所需要的书籍，多多的译出来，供人的研究"[4]。

除了求助于社会所提供的公共设施，解决知识资源匮乏的困境还可以诉诸于团体、组织的力量，发挥互助的精神，求同志之联合，如组织读书会等。刘昆在提倡读书会的发言中，曾谈及设立的初衷，在于希望借此可使书友间互相研究，互相策动，同时互相借阅书籍也能节省成本，缓解经济上的购书压力。就具体的组织方式上来说，将会员分为若干组，如心理哲学组、文学组等。此外还要组织"新出版"组，该组分为中文、英文、他国文三系，会员都须纳费，以购备新思想的杂志报纸和书籍。若是会员中有想研究某种学科的，可写告白贴在该组织的书室内，由会员帮其尽力借出[5]。此外，该读书会还特意强调女子也可入会。从提倡书中，大致可以看出该读书会的开放程度较高，对新出版物仅以语言的不同进行分类，以阅读分享为主，从分组上也看不出怎样的思想倾向或研究兴趣。

对于那些有一定经济余力可购书籍报刊的人来说，若是身居内陆，或是一些比较偏远的地区，交通不便，通信不畅纵使闻得新书新报，也常常苦恼不知从何处可购以接受新文化新思潮的熏陶。于是一些学生群体便自发组织贩卖部、派报处等组织以利学子。如四川省立第一师范学校的学生就认为，要建设新社会、新

[1] 虞:《图书馆问题》,《时事新报·学灯》1919 年 10 月 20 日, 第 3 张第 3 版。

[2]《南京学界请愿改良图书馆》,《时事新报》1919 年 10 月 17 日, 第 2 张第 2 版。

[3] 同上。

[4] 同上。

[5] 刘昆:《组织"读书会"的提倡》,《时事新报·学灯》1919 年 12 月 12 日, 第 3 张第 3 版。

中国，就要"将关于新文化，新建设的出版物，供给我们的青年同志，使大家富有新知识的时候，才好共同促进社会"[1]。青年学生们有感于社会风气的变化，"现在的 Bolshevists 和 Democracy 一天高似一天，那 Science 的发达又日胜一日，几乎把整个世界充满了"[2]。此时中国的南北各省也在逐渐发展起来，可四川因地处蔽塞，学生们苦于没有什么渠道可购得新出版物，思想的闭塞自然也将不利于社会的改造。于是师范学校的一些学生便决意自发组织小团体的贩卖部，"凡有价值的新文化出版物，来托本部代售，本部非常欢迎，并当极力推广"，"凡购定本部书报者，省内邮费概依原定，外县照原邮加一倍"[3]。

青年学生们渴望了解新知，欲接受新思潮、新文化的洗礼，在这样的消费需求的带动下，各种宣传新文化，鼓吹自由与平等、民主与科学，提倡解放与改造的出版物，或是以宣扬新思潮为噱头的报章杂志层出不穷。当知识资源贫乏的时候，抑或是缺乏获得阅读资源的渠道时，青年们自然会困扰于无书可读，欲购买、订阅新书新报却又无门路可行。可当出版业迅速扩张，各种打着响应新思潮旗号的报章杂志如雪花般奔涌而来时，其间有真材实学者有之，滥竽充数者有之，鱼目混珠，当可供阅读的选择太多，出版的书籍报刊种类太多时，也会带来各种新的问题。

其一，新式出版物太多，内容却大同小异，因而应对这些出版物进行内容的整合。吴熙绩曾谈到沪上现行的小报纸非常多，"外面的市街上，有许多戴白帽的男女学生，拿了各种的报纸，如《学生联合会日刊》啊，《新国民》啊，《民权报》啊，《女子爱国报》啊，《强国日报》啊，五花八门，名目繁多，记也记不清楚，这种报纸的生产力，一天比一天多"[4]。青年踊跃办报，这自然是个好征兆。但是

---

[1]《四川省立第一师范学校学生贩卖部宣言》，《时事新报·学灯》1920年2月26日，第4张第2版。

[2] 同上。

[3] 同上。

[4] 吴熙绩：《我对于沪上现行的小报纸的意见》，《时事新报·学灯》1919年7月24日，第3张第4版。

作者也注意到这些报纸在内容上有许多相似之处，他将这些报纸分为三类，关于救国思想的言论、记录国家的重要事情和团体的事情以及调查日货和国货的记录。他主张将各小报进行整合，合并成规模较大的报纸。从经济成本上来看，这样一方面利于报纸的扩张，另一方面也可节省经费用于其他社会事业。从精神上来说，利于形成更大的团体，便于更好地解决问题，也无损于唤醒国民、力图救国的宗旨。对于阅报的人来说，也可解决报纸过多而易于顾此失彼的弊端。整合沪上小报的资源，更利于智识的增进、救国思想的传播。宗白华也指出现在市面上所出的新杂志过多，但这不是量的问题，而是质的问题，内容太过雷同一律，体裁也很相似，"很难寻着一种特殊的精神，特殊的目的，发挥一种专科的学术或研究一种特殊的主义，解决一种单个的问题，对于社会有一种特别的贡献的"[1]。看杂志的人也是大为苦恼，"买了他嫌他雷同，不买他又觉缺憾"[2]。因此他希望以后的新出版品，"每一种就有特别的目的，特别的范围"，"最好是认定一种学术或问题，作专门的研究，专门的介绍"，如专门研究哲学问题、妇女问题的杂志，"专门发挥马格司主义的，就出本'马格司研究'"[3]。杂志有所分工，参与其中的编辑们便易于组合成一种"学术、问题、或主义的专门研究的团体"[4]，由团体渐成学社，形成有组织有力量的文化运动的机关，如此即对社会有实际的益处，也便于读者有更好的阅读体验。此外，宗白华还主张青年应分工做各种文化事业，不要将过多的精力集中在办杂志上，还可翻译书籍、介绍名著，从事译述等活动，如此对文化事业才更有推进作用。

其二是内容与宣传常常并不匹配。浙江省立第一师范学生施存统[5]曾致信张

---

[1] 白华：《我对于新杂志界的希望》，《时事新报·学灯》1920年1月22日，第4张第1版。

[2] 同上。

[3] 同上。

[4] 同上。

[5] 施存统（1899—1970），浙江诸暨人（一作金华）人。1919年就读于杭州浙江省立第一师范学校，因在《浙江新潮》发表《非孝》一文，为浙江省当局下令开除学籍，后北上在北京参加留法勤工俭学班。1920年与陈独秀等人在上海组织马克思主义研究会，后在杭州成立"浙江社会主义青年团"。刘绍唐主编：《民国人物小传》第6册，上海：上海三联书店，2015年，第157页。

东荪,"现在的新出版物,确是不少,但是真正好的,却不多见,无论什么日刊、周刊、月刊,他们的介绍说话,都是非常之好,但是他的内容,却少有和介绍说话一样"[1]。出版业若只有赞许之声,便不易于新出版物的进步,于读者而言也容易造成误导。因此他主张设专栏供读者对新出版物发表评论的意见,如此也便于还新出版物以真面目。没有批评就没有进步,有了这样的互动,作者与读者间也便于交流、增进趣味,促进出版界实际之进步。

其三是报章杂志更新迭代太快,不易于对其中的优质之作进行保存。南京河海工程专门学校学生沈泽民[2]曾致信宗白华,他谈到,"文化运动的潮流动了以后,我们中国的青年就乱哄哄的你办一份杂志,我出一份报纸;你们译的某书,我们讨论的某问题;热闹是热闹的很,只是有一个缺点,就是好的著作随便发表了,过后便没人整理,随他散失"[3]。因此他提倡整理之前杂志发表过的文字,重印单行本。但白华也指出此举虽好,但在具体的实行过程中亦有难题,比如缺乏整理的人才,如何处理著作家的版权,刊行的经费从哪里出。这其中,又以版权问题最难处理,他认为"若果有书局出来办这事,那时著作者和书局可以共同为着新文化运动起见,自定一个办法,著作者索微薄的报酬,书局出版丛书定极廉的价目"[4],此法若能可行,必要得书局的支持。"现在上海的书局中最有觉悟,真心来帮助新文化运动的要算亚东和群益,中华、商务听说也有些觉悟了,究竟是否彻底的觉悟,还不能晓得"[5],若是有书局愿意牵头主动办理此事,那么重印

[1]《施存统致东荪先生函》,《时事新报·学灯》1919 年 11 月 14 日,第 3 张第 4 版。

[2] 沈泽民(1900—1933),浙江桐乡青镇(今乌镇)人。沈雁冰胞弟。1917 年从湖州省立第三中学毕业,考入南京河海工程专门学校。五四运动时期,与同学张闻天创办《南京学生联合会日刊》,11 月在南京与杨贤江等人成立少年中国学会南京分会。1920 年 7 月到日本东京帝国大学半工半读。1921 年回国,加入"文学研究会",上海成立的共产党早期组织成员,参与筹建上海平民女校,曾任上海大学社会系教授。浙江省桐乡市乌镇志编纂委员会编:《乌镇志》,北京:方志出版社,2017 年,第 276—277 页。

[3]《沈泽民致白华》,《时事新报·学灯》1920 年 1 月 19 日,第 4 张第 2 版。

[4]《白华回复沈泽民》,《时事新报·学灯》1920 年 1 月 19 日,第 4 张第 2 版。

[5] 同上。

单行本一事便不难推行了。

除了出版物存在上述种种问题外，读者阅书时也存在追赶时髦、急于求成等浮躁心态。如王瑞志曾谈到，如今读新书的人很多，但"有些人因为人家读了，他们不读，似乎要落后的，有些人却是无论新的旧的都要浏览浏览，贪着个博览群书的牌子"[1]，因此他们读新书的目的是应酬和出风头，而非出于研究新思想的目的。在对新书的阅读上，他也曾走过弯路，"从前的时候，新思想的书籍渐渐发现了，我很喜欢看，拼命的买着借着，不管三七二十一，是新书总要看的，并且把新书里所说的，都认做尽善尽美的"[2]。如此一来，便将自己困于"新"字，被新书所绊，迷失了自己的判断。因此他主张读新书，不要沉迷于追求"新"，而要认真辨析其内容，要学会辨别它是否是新思想，其言论是否有益于推进世界的进步，是否阐扬真理矫正谬误，其主张是否过于高远，在他看来，像建设新村、推广拼音文字这样的主张都是不易推行的。沈泽民的同学张闻天[3]也曾致信张东荪，谈及现在青年普遍的心理比较浮躁，盲目逐新，"他们自己没有对于各种学问做根本的研究，人家要研究问题，他也加入研究，拿他的直觉写出来，写出直觉还不要紧，而心目中另抱出风头的目的"[4]。在思想改造的时代，青年们受了新思潮的激荡，急于追赶潮流，因此出现这样的现象也是在所难免。但若是纵容此风滋长，长此以往无益于思想的革新。因此他主张对青年不应一味姑息慈爱，而是要一面竭力地攻击，一面予以尽力指导，使其不至于误入歧途，知不足知所误，而后才能更好地精进自我，踏踏实实做好根本之研究。

青年如何阅读新书、如何从事专门的研究都需要有识之士的引导，那么当他们面对一种新学说、新思想，想要了解却又不知从何处入手、如何入门时，同样

---

[1] 王瑞志:《怎样去读新书》,《时事新报·学灯》1919年10月6日,第3张第4版。

[2] 同上。

[3] 张闻天（1900—1976），上海南汇县人，1917年考入南京河海工程专门学校。五四运动时期，参与南京学生运动，创办《南京学生联合会日刊》。中国中共党史人物研究会编:《中共党史人物传·精选本10·政治经济建设卷》上册，北京:中共党史出版社，2010年，第691—692页。

[4]《闻天致东荪先生》,《时事新报·学灯》1919年12月12日,第3张第4版。

也需要加以指导。当社会主义思潮逐渐成为一股大风时，青年们或许曾在报章杂志中读过一些相关的译著或介绍性的文字，但"主义"学说如此之多，有关"社会主义"的学说亦有派别之分，如何将所学应用于具体的社会改造中，该选择何种学说、何种主义，要解决这些问题，仅靠阅读报刊上的文章是不够的，盲目听信他人的言说则容易失去自我的判断。因而，在社会主义思潮还处在混沌一片的状态时，许多有志青年便已主动在报刊之外开拓其他的途径来了解社会主义，并将之作为一门专门的学问做深入的学习和研究。

青年们主动了解社会主义学说的其中一个表现就是"求书单"。大多是征询哲学、社会经济学、政治学、心理学等书单，若要对社会主义学说有真正的了解，则需要从这些领域的书籍读起。1919年，在工读主义思潮的影响下，张闻天曾投考了上海留法勤工俭学预备科，期望出国留学以获取新知，但奈何经济能力有限，只能受困于国内。张东荪劝导他道："多读书未尝不胜似出洋，特惜在国内得新书不易耳，将来新书能源源而来，固不必尽人皆出洋也"[1]。而后张闻天便离开了留法预备班，"法国吾是要去的，但是不应该现在去，吾们在必要的时候，要进大研究室，方才到外国去"[2]。随后他便潜心读书，专注于研究学问。他所读的新书大多都是哲学方面的书，在他看来"要读社会主义，不能不看哲学、心理学等"[3]。江苏丹阳县青年徐元善[4]也曾致信张东荪，求其开列有关社会学、经济学、哲学、心理学的外文书单。张东荪推荐给他的大多是英文书，张东荪坦陈自己"法文书看不懂，德文书自从欧战以来也未有买得一本，现在只能英文书与日文书来充饥"[5]，所挑选的书目都是针对初学入门者而开列的，如经济学推荐的是 Taussig. Principles of Economics，哲学推荐的是

[1]《东荪致闻天君》，《时事新报·学灯》1919年12月1日，第3张第4版。

[2]《闻天致东荪先生》，《时事新报·学灯》1919年12月12日，第3张第4版。

[3] 同上。

[4] 徐元善：江苏丹阳县人，江苏省立第一师范学校本科第八届毕业生，曾任职于苏州女中实验小学。李景文、马小泉主编：《民国教育史料丛刊·1040 师范教育》，郑州：大象出版社，2015年，第104页。

[5]《东荪复徐元善先生》，《时事新报·学灯》1920年6月1日，第4张第2版。

Paulsen Introduction to Philosophy，社会学推荐的是 Dealey and ward.Text-book of Sociology，心理学推荐的是 James.Text-book of Psychology。张东荪还告知他其中所列的哲学入门书商务印书馆已经在译。图书的译介需要一定的时间，经由书局等出版机构刊印出版并流通于市场仍需一定周折。在 1920 年 5 月的一封书信中，青年张霞飞曾询问张东荪是否知道哪里有马克思、托尔斯泰与克鲁泡特金所出之书的中译本，张东荪回复道"三人之书中文皆无译本，所有者唯托氏小说一二种耳"[1]。待到 1921 年，陕西城固县教员熊文涛[2]与余海丰一同致信，谈及自己读书的困境"我们现在很想研究经济学，但是关于这种研究的书籍，我们知道的却是很少，并且也不知道那一种有价值，那一种无价值"[3]，因而期望得到张东荪的指导。张东荪便推荐他们去阅读由 Gide 所著的英文经济学书 Political Economy。此外，熊文涛等人还询问上海社会经济丛书中的《资本论解释》、《社会主义伦理学》，以及《男女争斗史》、《社会经济的基础》不知是否出版了。然而，熊文涛信中所提的《资本论解释》此时已更名为《马克思经济学说》，且早已由商务印书馆刊印出版，可见不同地域间图书讯息流传差别之大。有的青年在询问马克思的相关著作时，是与其他主义学说一同询问的。例如陈熙君曾致信张东荪，询问关于"马克思及工团主义、广义主义、三 W 主义之批评叙述书籍"[4]。张东荪开列的书单有 Spargo 所著的 *Syndicalism Industrial Unionism and Socialism* 和 *Karl Marx: His Life and Works*，Postgnte 所著的 *The Theory of Polshevism*，以及 Brooks 所著的 *American Syndicalism*，并推荐他购买共学社出版的《马克思经济思想》一同拿来阅读。在给南京六合县学生沈子

---

[1]《东荪致张霞飞》，《时事新报·学灯》1920 年 5 月 6 日，第 4 张第 2 版。

[2] 熊文涛（1891—1952），陕西城固县人。1915 年毕业于陕西法政专门学校。1916—1920 年，先后在汉中创办书店，传播新文化，在西安、北平等地从事教育工作。1921 年回城固县，同王殿元等创办城固县单级师范讲习所，任所长。郭鹏主编，汉中市人民政府主修，汉中市地方志办公室编纂：《汉中地区志》，西安：三秦出版社，2005 年，第 2016 页。

[3]《余海丰、熊文涛致东荪》，《时事新报·学灯》1921 年 1 月 20 日，第 4 张第 2 版。

[4]《东荪致陈熙君》，《时事新报·学灯》1921 年 5 月 13 日，第 4 张第 2 版。

善[1] 开列的有关 Democracy 的书单中，东荪对 Hyndman 所著的 *Future of Democracy* 一书特意标注了此书即论社会主义[2]。C.C.C. 君在给张东荪的致信中，他误将德谟克拉西当作一人名，张东荪便介绍他阅读 Hobson 所著的 Democracy after the War 和 Leoky 所著的 Democracy and Liborty，前书记述德谟克拉西的思想，后者介绍该思想之由来。至于 C.C.C. 君所求的马克思所著书目，张东荪推荐他阅读英译本的 Capital 以及 Manifesto of Communist Party[3]。有时张东荪在开列书单时，还会说明具体的译本。比如谢超、王自强、刘文炳、孙之英、陈道炎、江汉六人曾一起致信张东荪，询问日文社会主义书目，张东荪认为研究社会主义必要先在经济学原理和社会学原理上打好基础才可，因而他给他们所开具的书单是："《资本论》（有生田长江与高昌素之二种译本。均可买）、《经济学根本概念》（河上肇）、《社会静学》（建部遯吾）、《社会动学》（同上）、《社会主义研究》（山川均）（此乃杂志）"[4]。

有了书单，又从哪里可以买到呢？当时日本有关社会主义的外文书籍很多，比如张东荪在给谢超六开具的书单中，还附带说明所列的书"均可托日本东京神田区一桥通有斐阁书店代买"[5]。李石岑在给浙江湖州青年陈玄冲[6]的回信中，具体说明了在日本购书的方法，"可先由日本邮局买汇票，径寄书店，日本新书，近均照价无折无扣，书籍较备者为东京神田东京堂、有斐阁、中西书店及东京日本桥丸善书局数家，而丸善与中西书店尤多西籍"[7]。且向日本购西书，不必委托

---

[1] 沈子善（1899—1969），江苏南京六合人，1921 年就学于国立南京高等师范学校文科，1925 年毕业于国立东南大学教育科，后任教于江苏省立第四师范学校等校。周川主编：《中国近现代高等教育人物辞典》，福州：福建教育出版社，2018 年，第 303 页。

[2] 《东荪致沈子善》，《时事新报·学灯》1920 年 5 月 1 日，第 4 张第 2 版。

[3] 《东荪复 C.C.C. 君》，《时事新报·学灯》1920 年 6 月 11 日，第 4 张第 2 版。

[4] 《东荪致谢超六君》，《时事新报·学灯》1920 年 4 月 18 日，第 4 张第 2 版。

[5] 同上。

[6] 陈玄冲：浙江湖州人。籍贯参见陈玄冲致《哲学》季刊函与傅铜复函，1921 年 9 月 26 日。高平叔编：《蔡元培全集》第 4 卷（1921—1924），北京：中华书局，1984 年，第 136 页。

[7] 《石岑复陈玄冲》，《时事新报·学灯》1920 年 9 月 30 日，第 4 张第 2 版。

沪店代为汇款，可直接由中国邮局寄去即可[1]。但若是所求之书为法文书，张东荪则不建议去日本买，因日本书店所存法文书不多，与其向日本购买倒不如托在法友人代为购买[2]。然而西书价格大多较为昂贵，对于青年学生来说购买西书则是一笔很大的开销。金森堡、徐涛就注意到西书书价变化所带来的诸多不便。他们谈到，"我国旧有书籍，不足供今日之需求，已毫无疑义，故不得不借重西籍，因国内研究西籍者素少，日本已再译屡译之书，我国尚无一译本，西籍原本，实为今日过渡时代所必需"[3]，国内贩运西籍者为伊文思及商务印书馆数家。能购买西书的书店仅这数家，书肆利心过重，便利用读者们购书心切就坐地起价：

今者金价低廉，美金与华金相差无几，而各书肆垄断营业，不将价目与金磅核实计算。如 Tod-Theories of Social Progress，伊文思书馆定价每部华币 $5.63，而日本丸善株式会社定价每部华币 $2.20。Miller-Education for the Needs of Lifo，伊文思书馆定价每部华币 $3.50，丸善株式会社定价每部华币 $1.20。又 Rogers-History of Philosophy，伊文思书馆定价每部华币 $3.00，丸善株式会社定价每部华币 $2.20。兹特举此三种，作一例证，至其他价目大相悬殊者，尤不可胜数。致有多数购书者，转向东瀛购买，以求价目之低廉，言之实堪痛心。为今之计，惟有求本国购运西籍各书肆，将书价照美金核实计算，不可任意浮开，庶可推广销路，文化前途，受惠匪浅，且不至于为渊敲鱼为丛敲爵，使于抵制期中，而东邻又多大宗书籍交易也。[4]

对此，上海的伊文思图书公司亦有回应。他们指出金森堡等人所列丸善之价

[1]《东荪致秋孙》，《时事新报·学灯》1920 年 11 月 30 日，第 4 张第 2 版。

[2]《东荪致朱寿桐》，《时事新报·学灯》1920 年 7 月 10 日，第 4 张第 2 版。

[3]《金森堡、徐涛致东荪》，《时事新报·学灯》1920 年 1 月 12 日，第 4 张第 2 版。

[4] 同上。

是实价，而伊文思所列为码价，以码价销售还有折扣可用。伊文思按墨洋定价而不按美金定价，主要针对的是普通购书者，以便于其付款购书。如果是大量购办或特别订购，则以金价计算。公司所列书目定价很高，主要是因为"金价时市高低无常，而敝公司目录印定之价则不能常常随之而更改，是以目录内之价宁按金价高时而定。若遇金价跌落，则可于定价内减除折扣，如此办法乃于买卖上及算账手续均得利便"[1]。

青年们通过阅读和购买西书来了解新思潮，学习社会主义思想，但是对于那些没有外文功底的读书人来说，要想读懂书中内容，首先要攻克语言的难关。比如戚焕壎曾致信李石岑，询问若是想研究哲学，修德文与英文哪个更方便呢？李石岑认为"欲修哲学，英德文两不可缺，如精力不及，可选欲攻究某家哲学（或某派哲学）之该国语言精习之"[2]。具体而言，如果是研究 Enoken 所著《新理想主义之哲学》，Kant 所著的《批判哲学》，以及 Sohopsnhewer 所著的《意志哲学》，若是研究这三部著作，则必要精修德语。如果是研究 Bames、Sohiller、Gowey 等之《实用主义之哲学》，则必要精修英语。若要研究 Bergson 所著《直觉主义之哲学》，则要精修法语。除了要针对不同的书籍、不同派别的哲学学说有针对性的选择精修外文外，对他国的语言也要有常识的程度，最小限度也要学会检查字典，否则遇到一些学术上的名词，便很难辨别出来。李石岑的方法固然很好，但外文学习对于诸多青年而言，很是不易，从学习语言到读懂书中文字，再到理解书中所蕴含的思想学说内涵，其间所耗费时日良久。虽是踏实做研究的正途，却也不是条快捷方便之途，对于那些急切想要快速了解学说思想，并将之付诸于社会改革的青年学生而言，实在是等不及的。在诸多外文中，日语相对好学一些。且日本与中国临近，来往方便，许多有关社会主义的书籍都有日译版本，因而许多青年会优先选择学日文以了解新思潮。吴嗣筠就曾致信李石岑，询

[1]《来函：上海伊文思图书公司致时事新报编辑》，《时事新报·学灯》1920 年 1 月 19 日，第 4 张第 2 版。
[2]《石岑致戚焕壎》，《时事新报·学灯》1920 年 7 月 10 日，第 4 张第 2 版。

问上海何处可学日语。李石岑便推荐他到全国学生会之理事李达兼课的日语班学习。李达曾留日八年,不仅精通日本语言文字,而且对日本的国情也非常熟悉,于是同人便邀请他在办公之余,兼授日文,李石岑在回函中还为李达的日文课打了个小广告,"时间每晚七时至九时,学费每月两元,六个月毕业,教授处在本埠打铁浜白尔路三百八十九号,预定满二十人后始行开课,有志学日本文者曷速报名"[1]。

如上所述,青年为解决知识的饥荒,向编辑求开书单、询问购西书的途径,学习外语以便读懂西书原文,这样的阅读需求与求知欲也给商家带来了商机。读者辨不清楚哪些是社会主义的书籍,书商便把"社会主义"放在书目的宣传词中以醒目的文字框、大字体标注之,读者欲快速掌握一门外语以便研读西书,各语言速成班便纷纷投广告于"学灯栏"以应其所需。如此一来,社会主义思潮不仅在知识青年中引起广泛的求知欲,也在商界引起一股销售热潮,与"社会主义"相关的书籍、外语培训班等一时间成为诸多商家的致富利器。

青年们主动了解社会主义学说的另一个突出表现是"译书热"。在新思潮的涌动下,翻译西书首先利于译者认识和了解社会主义学说,从原典研读少了其中文字的转译与再创造,如此更能精准地明晓学说的原意,且译书若能投放市场也能给译者带来经济收益。于广大读者群体而言,翻译西书更是利于解决知识的饥荒,使那些不懂外文、教育程度有限的读者们也能了解新思潮的内容。译介西书的确是利于国计民生的好事,但由于读者群体的知识程度、教育水平各有不同,所译学说、著作的理解难易程度也有不同,因而关于新思潮的译介也需要讲究方法和策略,如此才能更好地发挥译书对新思潮的推动作用。

译书首先要了解读者们的阅读需求和接受程度,在此基础上制定译介的办法。蒋大椿极为热衷新思潮,"除日报看《时事新报》外,杂志已经定了《解放与改造》和《新中国》,其余各种或向朋友们借看,或到图书馆里去看"[2]。在他

---

[1]《石岑复吴嗣筠》,《时事新报·学灯》1920 年 9 月 30 日,第 4 张第 2 版。

[2] 蒋大椿:《我所要求于介绍新思潮者》,《时事新报·学灯》1919 年 10 月 17 日,第 3 张第 4 版。

看来，中国因为缺乏新思潮，所以"现在社会上人，不要说那一部分是不愿意接受新思潮的人，就是极欢迎新思潮的人，程度恐怕还不见得十分高到那里"[1]。因此在介绍新思潮时，要抱着"行远自迩高登自卑"的宗旨，由浅入深，"给他知道新思潮，到底是怎么东西"[2]。如此在译书的时候，要先译那些浅近有统系的著作，而后再逐渐上升难度去介绍那些高而难解的学说论著。其次，从读者的阅读需求来看，读者阅读西书大多是为着救国、改造社会的期望，因而要多去介绍那些能纠正现在中国腐败社会情形的新思潮，优先选择那些论社会实况的著作，如此亦能多感动些人，社会也能快些求得解放与改造。再者，译者在译书中最好对外国人名或书名，以及涉及文意的核心外文名词都标注好中文解释。比如 The Crow 不注明为"群众"二字，那些不识外文的人便不懂词义，对文意的理解也会大打折扣[3]。

杭州第一师范的学生王平陵则注意到国内关于新思潮的译介多是零碎地发表、零碎地介绍，如此只会扰乱青年的脑筋。他认为国人最喜欢赶"轻而易举"的事情，在这方面日本做得就很好，他们对于新思潮有很强的求知欲，且愿意花力气做专门的译著，"若是西洋出了一种新的书，他们不到几日，便转译过来了"[4]。自五四以来，新出版物如雪片似的飞来，国内青年学子对新思潮也极为欢迎，但是青年常受这些零零碎碎的刺激，容易激起他们的名誉欲，在知识的学习上急于求成，不能切切实实做好研究，如此求知只能是欲速而不达，最后"至多不过'模糊笼统'记着几个新名词，对于根本的科学常识，'捕风捉影'简直'摸门无路'，后来觉悟了，才晓得非补修根本的科学不可，可怜虽有这样的心，没有这样的力了"[5]。因此他希望中国的学者不要急于求成忙于发表零碎的出版物，而是踏实地去从事译著，将西洋有价值的名著，有关科学、哲学的论著一部

---

[1] 蒋大椿：《我所要求于介绍新思潮者》，《时事新报·学灯》1919 年 10 月 17 日，第 3 张第 4 版。
[2] 同上。
[3] 同上。
[4] 《平陵致东荪》，《时事新报·学灯》1920 年 1 月 14 日，第 4 张第 2 版。
[5] 同上。

部地转译过来，以饷国人。

北京大学学生邰光典也注意到了这一现象，他认为五四以来的新出版物很多，但缺点是"所介绍的知识，多是片段的，东鳞西爪，竹头木屑，既没有统系，又没有相互的关系，这类材料，大半是由西文书中抽译出来，什么前因后果，译者慨不负责任"[1]，这种情形只会使得一般青年生成急进求知的现象。要解决这种弊端，就应大批地输入西洋文化，介绍有统系的学理大著作和译书，如此才能更好地发挥新思潮的作用。在选译书籍时，要看这本书是否有价值，在同类中是否算作最好，是否值得翻译，还需替读者设身处地地着想，"译了这部书之后，大众是否看的懂？大众读了这部书，将生何样效果？"[2]。从具体的介绍方法来说，他很赞同宗白华所主张的译书标准，即"横的方面，各种新学说根本观念的解说；纵的方面，各种新学说流源历史的介绍"[3]，先追溯该学说的来源和变迁的历史，梳理清楚它的根本观念，然后再进而讲到高深的理论。他建议译书应用白话文，以直译的笔法译介。有的书不必全译，以提要的方法来介绍，比如可以参照《解放与改造》中的"读书录"的办法，如此介绍可以在短时间中多多贩运，读者也能事半功倍多得些智识。张东荪也认为译书要有所选择，比如"罗塞尔的《政治理想》是非译不可的，如斯巴果的《社会主义》便只须撮要介绍也就够了"[4]。此外，以郭梦良、徐六几为代表的社会主义研究会成员以丛书的方式来译介书籍，将关于基尔特社会主义的书分成三期来介绍。第一期介绍关于基尔特社会主义根本原理的书，对该学说的原理、主要派别、基本主张进行阐述。第二期介绍能代表基尔特社会主义者对于特殊问题意见的书，第三期介绍代表基尔特社会主义中各分派的书[5]。张东荪则以为应以横分，对于那些在欧洲视为普遍而与中国国情不相涉的书，可以暂时搁置不

[1]《邰光典致东荪》，《时事新报·学灯》1920年6月5日，第4张第2版。

[2] 同上。

[3] 同上。

[4]《东荪致潘光亶》，《时事新报·学灯》1920年7月10日，第4张第2版。

[5]《郭梦良、徐六几致东荪》，《时事新报·学灯》1921年3月21日，第4张第2版。

译[1]。译书时可以将与之相关的书籍都买来看，但却不必全都译出来，要有所挑选，带有一定的目的性去译书。

从译书的人员上来看，邰光典认为现在译书的人，大多是报馆记者以及学校中的教授和学生，专门译书的很少，这些人中有一定的职业，受工作影响并不能在著述上切实尽力，"偶有余暇，可以略译一点，事务一多，就要干不来"[2]，因此他建议最好有专门从事著述的译者。此外他还注意到社会上有人以为译书是一种时髦，又有商机可寻，便将之看成投机的事业，"只是自己懂不得什么，于是请了一部字典先生做他的顾问，'驴唇不对马嘴'的胡乱把西洋名著来翻译，一方面藉博社会盲目的荣誉，一方扩大自己活动的范围"[3]。因此译书中亦有一些滥竽充数、只为赚快钱的读物，读者们要有所分辨。郭梦良等人还指出丛书的译介出版，最好组织委员会来专门负责审查工作，或是委托翻译者经友人来校对，以保证译书的质量。张东荪以为对译书进行审查确实非常必要，共学社之前就因不设审查，所办的世界丛书之 *Ardistocratio* 就出了问题，但是以他阅稿的经验来看，"译稿大体都下得去，独有二三的地方却非改动不可"，这种情形在译稿中所占比重很大，因此他不主张专设审查委员，而是以轮流阅看的方式来解决，"每一种译稿至少须经两次阅看，看有不妥之处注明而仍交译者自己酌改"[4]。

在译书热潮下，除了所译书籍的选择、译书的方式方法，以及译稿的质量审查等问题，还会涉及重译的问题。在通讯条件有限的情况下，译者为了防止与他人所译之书重复，便会在报纸上刊登启事或致信告知读者此书正在翻译。有共学社等机构诚邀翻译的译者，可以利用平台优势在《时事新报》封面及其他广告栏里刊登启事，但是大部分译者是致信给《学灯》编辑，希望将其译书的消息刊登在"通讯"栏里，自 1920 年 7 月起，"通讯栏"中此类书信愈来愈多。这既与知识青年欲以译

[1]《徐六几、郭梦良致东荪》，《时事新报·学灯》1921 年 3 月 29 日，第 4 张第 2 版。

[2]《邰光典致东荪》，《时事新报·学灯》1920 年 6 月 5 日，第 4 张第 2 版。

[3] 同上。

[4]《徐六几、郭梦良致东荪》，《时事新报·学灯》1921 年 3 月 29 日，第 4 张第 2 版。

书了解西学的求知欲有关，也于《学灯》编者的倡导有关系。1920 年 5 月，李石岑接任《学灯》主编，在该月 22 日《学灯》头版刊登的《学灯之光》一文中，他倡导有识之士应共营编译事业，矫正浅薄之思想。在他看来，自五四以后，各地学生驱于各种救国运动以至于荒废学业，对学问亦是浅尝辄止，拾取时贤的一二言论化为己用，自行解释将之演绎成长文，以邀社会一时盲目之荣誉，进而扩大自己活动的范围。前者是荒废时间无暇研究学问，后者则是不愿下力气专注于研究学问，正因如此，文化运动才收效日微[1]。因此他提倡青年们应注重学问的生活，同时联络有学识的人从事译介活动。有编者倡议，青年们自是深受鼓舞，但是所涉重译问题在读者间也引起了广泛的讨论，是否可以重译，哪些书可以重译呢？

北京大学学生郭梦良等人曾谈及《工业自治》一书，该书在《新青年》上已经登出出版预告，但后来《新青年》被封禁，像这种情况这本书是否还有再译的必要？从他们给张东荪的信中来看，他们还是认为像这种非常重要的书籍，不能因为别人译过就不再译了[2]。上海圣约翰大学学生邹恩润[3]认为"正当知识饥荒的时代，能把有价值的著作译饷国人，愈多愈妙，应当分途并进，不宜彼此重复"[4]，解决此类问题可以留意杂志上或出版物内是否有此译述，以此可避免重译问题。随后万春渠致信李石岑，他与邹恩润意见不同，他认为在当前智识饥荒的时代应多多介绍西洋学说，"近来从事译述者虽渐多，然外国有价值之著作，译成中文者，实不多观也"[5]，且译者智力不同，译笔风格亦有直译、意译之分，因此他认为西洋名著不妨有数种译本，使读者可以互相参证，获益较多。"静溪"指出重译还会导致版权之争，他谈及各学社学会的翻译书籍有许多的重复，比如共

［1］ 李石岑：《学灯之光》，《时事新报·学灯》1920 年 5 月 22 日，第 4 张第 1 版。

［2］《郭梦良、徐六几致东荪》，《时事新报·学灯》1921 年 3 月 21 日，第 4 张第 2 版。

［3］ 邹韬奋（1895—1944），名恩润，生于福建永安。1917 年秋升入南洋公学上院（大学）电机工程科。1919 年参加《学生联合会日刊》的编辑工作，9 月考入圣约翰大学文科三年级，主修西洋文学，辅修教育。1921 年毕业，次年担任中华职业教育社编辑股主任。《邹韬奋年表》，沈谦芳：《邹韬奋传》，北京：生活·读书·新知三联书店，2016 年，第 480—482 页。

［4］《邹恩润致石岑》，《时事新报·学灯》1920 年 6 月 4 日，第 4 张第 2 版。

［5］《万春渠致石岑》，《时事新报·学灯》1920 年 6 月 12 日，第 4 张第 2 版。

学社所出的广告中有河上肇所著的《近世经济思想史论》，这本书已经有学术研究会李培天的译本，大半的文稿也已登载在报刊上[1]。涉及马克思学说的译文还有留日经济研究学社唐廷怀所译的《马克思呢？康德呢》，戴天仇所译的《马克思资本论解说》已登载于《建设》杂志，其间翻译书籍的人多是有名学者或有名学生，"静溪"以为若要避免这些译者因为翻译书籍生出无益竞争，可以对各学社翻译的书籍进行通告，未经通告的，可以出版的先后为标准[2]。

罗素来华，引起许多青年的关注，有关罗素演说的译文译书更是颇为畅销。如"明心"所说，"罗素先生此次来华是我们莫大的幸福，这机会的重要我们自己都已觉到了，所以对于罗素先生的著作都格外的注意，看不懂英文的都赶着买译本看，罗素先生的著作能有人把他一一译出是最有益的"[3]。但是译文很多，选择何种译本便成了问题，如张九如曾致信张东荪，"罗素著的《社会改造原理》已由岫庐、余家菊两君各译一部，那一部译得最好"[4]，希望得到张东荪的指点，免得瞎买瞎看，他还建议以后对那些有许多版本的，最好能把各人所译的优点短处比较一下，如此阅者也能有所取舍。张东荪未对两个译本的内容作评价，只说两个译本中，岫庐是文言译本，余家菊是白话译本，读者都可买来一读。但"明心"认为王岫庐的译本内容很有问题，仅第一页就出现了诸多译文错误。在他看来，译书应先了解其人的主张，特别是译现代的书，要先了解现代的时代精神，不能盲译。他认为岫庐的译本之所以出现这么多问题，在于他译得太快，"王岫庐先生一时间公布了三四十种名篇巨著，我又看他所定的期是每日译一本至两三本，这样译法仙家也做不到的"[5]，如此译书质量自然得不到保障，因此他赞同重译，这样如果译本有问题还有其他译文可作参考。关于重译的争论直到1921年8月暂告一段落，《学灯》新任主编郑振铎在《今后的学灯》中宣明，此后读者

---

[1] 《静溪致东荪》，《时事新报·学灯》1920年6月24日，第4张第2版。

[2] 同上。

[3] 《明心致主笔先生》，《时事新报·学灯》1920年11月3日，第4张第3—4版。

[4] 《张九如致东荪》，《时事新报·学灯》1920年10月15日，第4张第2版。

[5] 《明心致主笔先生》，《时事新报·学灯》1920年11月3日，第4张第3—4版。

来信有关求书单、何处购书的问题不再答复，因编者自己还没有研究好，不敢妄为他人指点迷津[1]。关于来信申明已译或在译的信件也不再披露，在他看来，一本书有多种译本未尝不可，在译的稿件也未必能得到确切的出版，因此综合考虑下，编者不再刊登此类声明。

四、"社会主义"的生意

自 1918 年至 1922 年，《时事新报》的编辑群体们通过拓宽销售渠道、改革报纸副刊等方式，大大增加了报纸的发行量。由其打造的学术交流平台——《学灯》副刊，成为五四新文化运动期间宣扬"社会主义"思潮的重要旗手，也为处于迷茫困顿中的青年带来思想上的指路明灯。随着关注度与知名度的提升，《时事新报》不仅在报界打开了销路，也吸引了诸多商界人士前来投放广告。广告在《时事新报》的众多版面中所占比例甚大，且商界投放广告又往往受社会风潮、民众消费需求的影响，因而在考察报纸对"社会主义"思潮的传播作用时不可忽视广告页的存在。

基于此，笔者试对《时事新报》特别是《学灯》上所投放的广告进行分析，进而讨论当"社会主义"思潮成为一种时下的阅读需求，书商将如何迎合、操纵这种需求来拓展生意？其广告宣传会对民众认知社会主义带来哪些影响？其间《时事新报》及《学灯》又为其提供了怎样的平台？

（一）不断扩张的商业版图——《时事新报·学灯》的广告页

如前所述，在报馆运营之初，《时事新报》因广告尚不可观，只能致力于编辑以求增加报纸的发行量。当其在报界的影响力愈发增大，诸多商家纷纷联系报馆

---

[1] 郑振铎：《今后的学灯》，《时事新报·学灯》1921 年 8 月 1 日，第 4 张第 1 版。

投放广告，刊登广告也逐渐成为报馆的一大收入来源。自 1918 年起，五年间《时事新报》所登广告数量剧增，种类愈发丰富多样，广告所占版面不断扩张。

与之相伴的是投放广告费用的增长，以《时事新报》的广告刊例为据。1918 年年初，报馆在报头刊登告白，所登广告"长行三行起码，第一日每行大洋四角，第二日至第七日每行大洋二角五分，第八日以后每行大洋二角。新闻中缝教育界加半，封面加倍。两行起码，短行五十字起码，第一日每字大洋五厘，第二日至第七日每字大洋四厘，第八日以后每字大洋二厘五毫，多则以十字递加"[1]。广告刊登时限愈长优惠愈大，所占版面以封面广告价格最高。而到了 1919 年年中，封面广告仍二行起码，但广告费已涨至"第一天每行一元，第二天起每行六角五分"，后幅广告三行起码，广告费则涨至"第一天每行四角五分，第二天起每行三角正"[2]。至 1921 年，《时事新报》的广告数量与日俱增，有时封面已无法承载，报馆则扩充广告页的版面。例如 1921 年 6 月刊载的一则通知，"今日本报因头等告白拥挤，新闻地位不敷，后幅长行广告移登第四张"[3]。在同年 7 月 17 日的报纸上，广告占据了整张报纸一半以上的版面，封面与第一张作为报纸最显眼的版面全部用于登载广告。翻开报纸，整页整页的广告让人目不暇接，许多同类型的广告往往被编排在一起，因此如何争夺最有利的版面登载自家广告，如何打造宣传语使自家产品脱颖而出，成为商家们投放广告时必须要考虑的因素。广告剧增，广告费也随之水涨船高。同年 7 月，时事新报馆改订了广告刊例，"本报近因销数激增，纸亏日钜，不得不提高广告费以维血本"[4]，遂从 8 月 1 日起改订刊例，"封面每行每天大洋一元，后幅每行每天大洋四角，后幅短行每字大洋六厘"[5]。在次年 2 月的一则通知里，报馆对广告所占版面的大小亦有报价，"方

---

[1]《本馆告白刊例》，《时事新报》1918 年 1 月 3 日，第 1 张中缝。

[2]《广告刊例》，《时事新报》1919 年 7 月 3 日，封面。

[3]《启事》，《时事新报》1921 年 6 月 25 日，封面。

[4]《改订广告刊例预告》，《时事新报》1921 年 7 月 3 日，封面。

[5] 同上。

寸三方寸起码,每天每方寸三角"[1]。广告费的增长,以及广告版面的扩张,都在一定程度上体现了《时事新报》广告业务的兴隆。据报馆启事所述,收受各处送登广告的告白应以"每日以下午七时为限,逾时隔日刊登"[2]。时事新报报馆本部有专门的广告部负责收受登载广告的业务,各地分馆、代派处亦有专人负责与各界接洽广告事务。据前所述,报馆自1919年起不断在江浙两地以及中部地区增设分馆、代派处、分销处等,销售版图的扩张既利于扩大报纸的发行量,又便于在各地吸纳更多商机,吸引更多商家在《时事新报》上投放广告等。那么《时事新报》广告页上有哪些商家在投放广告呢?自1918年起,这些广告商又发生了哪些变化?《时事新报》报馆在登载广告时是否亦有自己的考量和筛选机制?

笔者试以1918年《时事新报》上的广告为例。从广告投放的版面、时限、数量上来看,制药公司、烟草公司、商务印书馆可谓广告商中的三巨头。具体而言,药业有五洲大药房、中法大药房、中英大药房、科发药房、东亚公司、兜安氏西药公司、严大生制药公司、崔氏瓣香炉、太和大药房、韦廉士医生药局等。烟草公司有南洋兄弟烟草公司、英美烟公司、中华第一纸烟厂、振胜烟厂、英美烟公司等。上述药商、烟草商大多来自上海本地,投放广告的频率极高,且所占版面极大,有时甚至包下报纸整页版面用以投放广告,广告宣传语更是花样繁多,极易引起读者注意。就出版业而言,1918年间在《时事新报》上投放报章杂志广告的商家有上海交通图书馆、亚东书局、中华书局、上海文明书局、尚志学社等,其中上海的《银行周报》社常年投放广告在报纸的封面页。但若总体观之,从全年广告投放的位置、数量、所占版面的大小来看,商务印书馆在诸多出版业广告主中独占鳌头。其广告往往占据封面甚至是临近报头的绝佳位置,广告类型也多种多样,除了教科书、讲义辞典等书籍,还有玩具、明信片、时计等小物件广告,以及函授英文科的招生广告等。若仅从1918年《时事新报》广告页的投放情况来看,凭借与《时事新报》报馆的紧密合作,以及产品、业务的多元

[1]《广告刊例》,《时事新报》1922年2月3日,封面。
[2]《本馆启事》,《时事新报》1920年3月10日,封面。

化，商务印书馆在诸多书商中拥有着压倒性的优势。除上述三种类型的广告外，江浙地区的银行广告在《时事新报》的广告页中也占据着很大比重，如浙江地方实业银行、浙江兴业银行、上海永亨银行、中国通商银行、中孚银行、中国银行、新华银行、盐业银行等，此类广告往往刊登在报纸的封面或第一张等醒目位置，或是投放在报纸副刊的中缝位置里。在1918年《时事新报》的诸多封面广告中，以上述四种广告最具代表性，其他日用百货的广告数量相对较少。

自1919年起，报馆广告页投放广告的类型更趋多样化，其中一个突出的变化即是封面页中的学校、社团类广告愈发增多，如京沪两地的知名院校北大、复旦，诸如南京高师、南洋商业专门学校、中国公学、澄衷中学等江浙两地的许多中学、职业学校、高等院校纷纷在《时事新报》上投放各类招生信息、社团活动等。亚东、群益、中华书局等出版发行机构所投放的广告也愈发增多，其与商务印书馆之间的广告竞争也愈发激烈。

《学灯》作为《时事新报》的副刊，其广告的投放情况在五年间变化更大。如果说《时事新报》的广告投放愈发趋向多而杂，《学灯》版面的广告则逐渐趋向少而简，且日渐集中于投放书报广告。当《学灯》只有两页版面时，广告多分布在第二版的下方，临近"介绍新刊"与"通信"栏，版面之间的中缝位置亦用来投放广告。自1922年1月《学灯》改为4开4版后，广告与文稿登载位置分离开来，主版面用于刊登文章，广告则投放在版面中缝位置，广告投放的数量与频次大为减少。从广告投放的内容来看，1918—1919年《学灯》上所登广告与《时事新报》其他版面所投广告的类型较为相似，数量多且杂，以制药公司、烟草商、百货商店、银行等所投广告居多。书报广告也占据了较大比重，但发行商并不局限于商务印书馆，广文书局、崇文书局、大东书局等上海本土书店也纷纷在《学灯》上投放广告，所投内容又大多是通俗读物和京沪两地发行的杂志报刊。自1920年起，除少量的学校招生、语言培训班的广告外，《学灯》所登广告的种类愈发集中在书报广告，类型趋向单一化，且广告商中又以中华书局、商务印书馆、泰东图书局、群益书社、伊文思图书公司等知名书商登载广告的频次最多，有关学术文化、新思潮的书报广告愈发增多。

《学灯》所登广告数量及类型的变化，与其自身定位愈发趋向于学术阵地很有关系。李石岑担任《学灯》主编时，曾在给读者回信中指出"学灯广告，日见增加，以后当慎选有关学术、价值较高者"[1]，在改革副刊时他也指出《学灯》"每因广告过多篇幅减少，此后限制广告，多载活泼有趣之文字"[2]，此时主要是对广告数量有所限制。至柯一岑接任主编后，《学灯》推出单行本，通过装订成册按月发行，鼓励广告商投放长期广告，其公告中对广告内容有明确限制，"有关于学术文化之书籍杂志文具等为限，其余恕不照登"[3]。《学灯》主编们对登载广告的筛选、考量愈发趋向学术化，这与《学灯》在《时事新报》中的发展趋向甚为相似。起初《学灯》在《时事新报》中的独特地位并未显现，其广告的选择也与报纸的其他版面并无二致。然而随着《学灯》在传播新思潮新文化方面的功用愈发凸显，成为《时事新报》中传播学术文化的重要阵地，《学灯》在广告的选择上也愈显独特性。从多种类型的商业广告混杂在一起，到逐渐转向专登书报广告。其书报广告从追求消闲娱乐化，到逐渐转向学术化。《学灯》在报纸副刊界声名鹊起，知名度的提升也增加了其对广告商的吸引力，许多书商因看中《学灯》的影响力而纷纷在其版面上投放广告，由此也为《学灯》的发展延续提供了资金的支持。例如主编张东荪曾致信读者，谈及"《学灯》所以不能仿《文学旬刊》式者，因广告无法安置，而各书店登广告多指定在《学灯》后。以近来纸价太贵，又不能不于广告上谋取偿"[4]。由此可见，《学灯》广告内容的投放其实也是编辑与广告商之间的双向选择。

在社会主义思潮的传播过程中，报刊上所登文稿无疑是青年学子求学问道、探索新知的重要渠道，而与之一同登载在《学灯》版面上的书报广告，无疑给学

[1]《石岑复魏以新》，《时事新报·学灯》1920年8月1日，第4张第2版。

[2]《本报启事》，《时事新报》1921年3月29日，第1张第1版。

[3]《本栏招登广告》，《时事新报·学灯》1922年2月2日，中缝。

[4]《东荪致朱君》，《时事新报·学灯》1921年5月11日，第4张第2版。

子们了解社会主义开辟出了一条新的通道。那些报刊要目、书报宣传语给迷茫中的青年指明了求索的方向和探究的路径，开拓了他们的阅读视野，同时也将报刊上碎片化的阅读延伸为更为系统全面的深度阅读。

（二）要目导引之"介绍新刊"

在《学灯》诸多栏目中，"介绍新刊"是其中较为重要的栏目，承担着介绍新书报、刊物的功用。1919—1920 年间是其发展较兴盛的年段，自 1921 年后随着《学灯》副刊改革以及丛书时代的到来，其介绍功用愈发减弱，并逐渐退出《学灯》版面。"介绍新刊"这一栏目常登载在《学灯》的第二版面，以介绍刊物居多，主要是列出刊物要目、每册定价、总发行处和各地的代派处。《学灯》在首次介绍刊物时还会附上杂志报刊的宗旨、发刊词等，或由编辑撰写宣传语以推荐给读者。在形式多样的书报广告充溢于《学灯》前，"介绍新刊"承担着重要的广告宣传作用。其简洁的要目展示，为读者选购刊物提供了诸多便利。

"介绍新刊"并非《学灯》独有，当时流行的书报杂志多设有这一栏目，报刊之间彼此交换广告，既拓展了宣传平台又利于扩大刊物的影响力，某种程度上来看也能节省一部分刊物的宣传开支。从刊物的宣传词中，也能看出报刊的自我定位。例如《新青年》曾登载过《时事新报》、《民国日报》的广告。《民国日报》打出的宣传语是"奋斗的精神，革新的主张"，称其是"专为拥护共和，发扬民治，要唤起国民奋斗的精神"，报纸的内容"时时革新，专求适应时势的要求，什么消息灵通内容丰富的话，本报同人不敢自夸，读报诸君是自能辨别的。本报设有觉悟一栏，提倡世界新思潮"[1]。与之相比，《时事新报》的广告则简洁许多，只在报纸名字的上方打出"风行全国学界之日刊"，两侧打出"学界消息详见本报学灯栏，工商界消息详见本报工商之友"[2]的字样。从宣传语来看，《时事新

---

[1]《民国日报》广告，《新青年》第 8 卷第 2 号（1920 年 10 月 1 日）。
[2]《时事新报》广告，《新青年》第 8 卷第 2 号（1920 年 10 月 1 日）。

报》认为其优势在于对于学界的影响力。从《学灯》"介绍新刊"栏目中登载的书报广告来看，这样的优势确为学界共识。

以1919—1920年"介绍新刊"所涉刊物为例，起初以商务印书馆发行出版的刊物居多，而后发行商愈发增多，泰东、亚东、群益等知名出版机构也加入其中。

此外，京沪两地的学生自办刊物、江浙两省学校刊物等纷纷在《学灯》"介绍新刊"栏中投放广告，而后又遍及湖南、四川、广东等省份。如表格9所示，两年间仅在《学灯》"介绍新刊"栏目中登载的刊物就有一百多种，刊物数量多、登载的频次高也反映了当时学界掀起了一股办刊热潮，各式各样的刊物如雨后春笋般涌现出来。《学灯》在其间承担着媒介的作用，为诸多外埠书刊提供了一个展示的平台。

例如《学灯》的编辑曾推荐过唐山工业专门学校救国团创办的《救国》周报，说他们"对于平民教育尽力得狠多，在唐山那边办了七处注音字母学校"[1]，《救国》第九期即为注音字母的纪念号。《学灯》在介绍刊物内容的同时，也将唐山当地的教育动向展示给读者。此外，《学灯》对湖南最新出版的传播新思潮的刊物也有推荐。如湖南教育界人士创办的《湖南教育月刊》，其宗旨是"介绍世界的教育思潮，商榷新教育的建设，批评旧教育的弊端"[2]，该刊物在长沙、上海的群益图书公司均有出售。《时事新报》与《国民公报》、《晨报》曾共同登载过一篇社会调查，文中谈到湖南的新文化运动时，曾盛赞黄醒创办的《体育周报》。黄醒本为楚怡小学的体操教员，因看到新思潮的到来，意识到体育教育也要追随世界潮流的变迁，遂创办该周报，并在该杂志社做了一个代派处，"专门代卖海内'新思潮'的杂志，借此介绍新思潮到湖南"[3]。前文所述的《湖南教育月刊》在该代派处即设有销售点。刊物的介绍有时也受地域交通因素的影响，同是湖南

---

[1]《救国》，《时事新报·学灯》1919年7月26日，第3张第4版。

[2]《湖南教育月刊》，《时事新报·学灯》1919年11月11日，第3张第4版。

[3]《长沙社会面面观》，《新青年》第7卷第1号（1919年12月1日），第103页。

新发行的刊物，《岳云》周刊前三号因没有寄到报馆的缘故，直到发行到第四号才在《学灯》上得以介绍[1]。湖南当时推出的刊物虽多，但最出名的要数《湘江评论》。《湘江评论》于 1919 年 7 月 14 日创刊，同月 30 日《学灯》即介绍了该刊物，说它是湖南学生联合会发行的一个"狠有精神的周刊"，其性质是"纯粹学理的研究社会的批评，丝毫不涉及实际政治"，其中记载了许多湖南健学会的消息，"健学会也是有志青年的一个学术团体，以输入世界新思潮共同研究择要传布为主义，我们是狠应得注意的"[2]。

除了对湖南的文化运动有所介绍，《学灯》与各地刊物的联系还泛及四川。比如四川成都新近出版的周刊《星期日》，谈其式样与《每周评论》差不多，《学灯》将其宣言摘出以便读者了解[3]。《每周评论》在引介《星期日》时，则将它与《湘江评论》一同类比，认为这两个周刊在形式和精神上，"都是同《每周评论》和上海的《星期评论》最接近的，《星期日》的长处是在文艺的一方面，《湘江评论》的长处是在议论的一方面"[4]。《学灯》则是将其与《新空气》周刊一同类比，称赞《新空气》的出现可以替"沉闷的四川造一种新鲜的空气"，"诸君若要留心川中新思想界的内容，不可不看四川的《新空气》"[5]。《学灯》的编辑在推荐《新空气》与《星期日》时，说它们两个是"四川新空气中的两点明星，欲知道四川文化运动的历程的不可不看"[6]。对于常熟创刊的《一九周刊》，《学灯》评论它是"是常熟新文化运动中的出版品，欲知道常熟新思潮底发展的不可不看"[7]。山东的尚学会出版过一部《文化新介绍"文学号"》很受各省欢迎，不到一个月时间即已售罄，"各省很有些买不到的也是一件憾事"，因此当其新出一部

[1]《岳云周刊》，《时事新报·学灯》1919 年 11 月 18 日，第 3 张第 4 版。

[2]《湘江评论》，《时事新报·学灯》1919 年 7 月 30 日，第 3 张第 4 版。

[3]《星期日》，《时事新报·学灯》1919 年 8 月 19 日，第 3 张第 4 版。

[4]《介绍新出版物》，《每周评论》1919 年 8 月 24 日，第 36 期第 4 版。

[5]《新空气》，《时事新报·学灯》1919 年 12 月 19 日，第 3 张第 4 版。

[6]《〈新空气〉和〈星期日〉》，《时事新报·学灯》1920 年 1 月 26 日，第 4 张第 2 版。

[7]《一九周刊》，《时事新报·学灯》1920 年 2 月 5 日，第 4 张第 1 版。

"教育号"后,《学灯》则很快撰文加以推荐。称其"凡关于教育本义和欧美教育学说现状,及我国新教育一切办法,无不具备。教育界同人,快来买罢,晚了就怕买不到了。再文化新介绍'哲学'号,已经付印,也快出版了,请大家注意些!",除标注定价外,编者还特意标注"凡各处教育机关和教员学生直接向本会订购的格外优待"[1]。可以说"介绍新刊"为《学灯》拓展上海与其他地方的文化交流提供了一个窗口,借助新闻媒介的优势打破了地域间的阻隔,将新思潮的传播泛及到全国,也让广大青年学子了解到除京沪两地外其他地方上文化运动的发展成果。

刊物的发行和更新常紧随社会风气的演变。1919年初,无政府主义是当时思想界中的一大主流,《学灯》在"介绍新刊"栏中曾推荐过克鲁泡特金所著的《近世科学与无政府主义》,将其视为"研究社会主义之良书籍",谈及"无政府主义近来喧传于大地,有人说他是改造大同社会的福音,有人说他是扰乱社会秩序的怪物。究竟谁是谁非,吾人不可不加以研究"[2]。编者认为这本书以科学的眼光证明无政府主义之真理,"无论赞成反对均宜人手一编,以知近世最新之学说"[3]。一些刊物在介绍办刊宗旨时,有时会特意指出党派问题,例如《留美学生季报》称其"专以输入欧美各项新知识新学术启迪国人为宗旨,不宗党派"[4]。当学潮愈演愈烈之时,其介绍刊物则应运而生,如在《学生潮》的介绍语中曾指出这本书极其详尽地分述了各地学潮之原委,"凡欲知学潮之经过与学潮运动有密切关系者均宜人手一编也"[5]。在各地杂志多提倡"新生活运动"时,有些杂志则另辟蹊径指出这些刊物多讲的新生活"大半是都市的生活,很少是乡村的"[6],如

[1]《文化新介绍教育出版广告》,《时事新报·学灯》1920年5月9日,第4张第2版。

[2]《研究社会主义之良书籍〈近世科学与无政府主义〉》,《时事新报·学灯》1919年5月16日,第3张第4版。

[3] 同上。

[4]《留美学生季报》,《时事新报·学灯》1919年4月17日,第3张第4版。

[5]《学生潮》,《时事新报·学灯》1919年6月30日,第3张第4版。

[6]《〈光明〉两星期刊》,《时事新报·学灯》1919年12月19日,第3张第4版。

北京的《光明》半月刊即自称是在弥补这一缺点。随着社会主义思潮的传播，俄国问题愈发引起国人的关注，《学灯》即在"介绍新刊"栏中引介邵飘萍所著的《新俄国研究》，称赞这本书"对于现在俄劳农政府之成立及过去与将来皆详加研究，并纪述列宁及谢米诺夫之历史甚详"[1]。从介绍的内容来看，虽然名为"介绍新刊"，《学灯》的编辑却并未拘泥于只介绍刊物，凡是与时下社会风气相适应者，凡是对传播新思潮有助益者，无论刊物抑或书籍、调查报告等，《学灯》都乐于介绍。

与《时事新报》其他版面的书报广告相比，"介绍新刊"的宣传形式相对较为单一，以介绍刊物居多，且绝大多数都是只列出该期要目、订阅价格和销售处，《学灯》只在一小部分的书报介绍中会撰写宣传语。但对于广大青年而言，当办刊成为热潮，在探索新知的驱动下他们渴望了解新思潮、新文化，那些层出不穷的刊物既是一片广阔的知识的海洋，同时也意味着从中选择何种刊物订购、阅读也成为了一种负担，特别是在经济上的负担。因此列出书目以供读者选购，其实是一种相对经济实惠的方法，读者可根据该期内容选购报刊。对于创办刊物的学校、社团来说，《学灯》为其提供了一个相对廉价甚至免费的平台，通过寄送刊物的方式就有可能在上海知名副刊上寻得一个露脸的机会，这对于这些新近创办的刊物来说，无疑省下了一大笔宣传费。商业广告虽然形式多样也更易博人眼球，但报纸版面寸土寸金，好的版面和更精心的宣传文案也往往意味着更多的资金投入，这对于许多靠多方筹资才得以创刊的学生社团来说则是一项沉重的经济负担，更多的是唯有以内容取胜以赢得"介绍"的机会。并且纵使有知名出版社、发行社作支持，但要出版发行的刊物如此之多，这些知名书商大多都有自己主推的书籍、刊物，在宣传经费有限的情况下，出版商大多会选取知名度高的、发展较为成熟的，有一定读者基础的刊物进行宣传。而那些新近创办的、知名度不高的刊物或地方小报想要从激烈的书报竞争中脱颖而出，从而获得更丰富多样

---

[1]《新俄国研究》，《时事新报·学灯》1920年7月19日，第4张第2版。

的广告宣传是相对较难的。

借助《学灯》所设的"介绍新刊"栏目，诸多学校社团、组织创办的刊物得到了宣传的机会，例如澄衷校友会创办的《澄衷学报》、南洋公学学生分会所办的《南洋周刊》、桐乡青镇青年创办的《新乡人》、江苏如皋县教育会创办的《新心》、上海第二师范新学社所办的《平民导报》、太仓旅沪学生会办的《新太仓报》、武昌中华大学所办的《教育改进》、温州永嘉新学会所办《新学报》、苏州同里镇创刊的《妇女评论》、扬州第五师范附属小学所办《童报》等等。在这些刊物的介绍词中，多附有出版方、发行商、销售点、代派处，《学灯》在引介这些刊物的同时，也将其报纸的影响力渗透到更多的学校和地区中。沿着这些刊物所搭建起来的销售网络，既可显现各地宣传新思潮、新文化的传播脉络，同时《学灯》也在其间构建起了自己的杂志联盟，以交换广告、介绍新刊的方式加强了其在学界的影响力。

兴办刊物固然能成为一时的热潮，但当越来越多的刊物涌入市场，人们也逐渐开始反思刊物在传播新思潮中所发挥的实际效用。报刊定期出版有时效性的优点，但受版面等因素的影响所登载的多是碎片化的文字，质量也参差不齐。以这样的方式获取新知在很大程度上来说，很难帮助读者系统、深入的了解社会主义，特别是在社会主义思潮发展的初期阶段也容易造成读者对社会主义的误读。因此，刊物流入市场前应当有一定的筛选，这既是读者的选择，也需要出版社、发行方有所审核，精选较为权威、有影响力的刊物介绍给读者。办刊热潮下所推出的一系列好文章也应当有所整合，以免它们淹没于如浩海般的书报中。从书报市场来看，更为系统、全面的丛书开始不断涌现，成为读者了解社会主义思潮的重要渠道。对于《学灯》的编辑而言，"介绍新刊"中所涉刊物与其版面上登载的书报广告在内容上愈发重复，改革势在必行。自1921年起，"介绍新刊"登载刊物要目的次数愈来愈少，并渐渐退出了《学灯》的舞台，其宣传作用已逐渐被更具影响力、商业效益更高的商业广告所取代。

五、趋向学术化的书报广告

《学灯》上所登载的商业广告特别是书报广告，大多来自新青年社、中华书局、泰东图书局、商务印书馆等几家知名出版发行机构。即使是新办刊物频出的时代，每家出版社或发行机构都有自家主推的明星期刊，比起"介绍新刊"里简洁的要目展示，商业广告则形式更多样，在宣传用语上则更为精心、突出其独特性。

泰东图书局选择的书籍、刊物大多紧跟时事新闻，利用民众对热点新闻的关注进行宣传。例如以设问的方式吸引读者的注意力，高呼"国民！国民！现在我们所应当注重的在什么地方呢"，以此引出当期主推书籍《战后太平洋问题》，以手势符号标注之，着意放大的书名一下子就能引人关注，"欲知战后世界之大势者不可不读，欲知战后太平洋关系者不可不读，欲知中日美三国情事者不可不读"[1]这本书。同期主推的还有《青岛潮》，泰东将青年的爱国热情从"三罢"运动引向对五四事件的反思，"激发青年爱国热之原动力，导引商工大罢市之触电机，输入中国新思潮之媒介物，惊动世界群注目之大问题，预伏东亚大战乱之导火线，吾爱国同胞因上列种种关系，必生种种感想"[2]，如果想要寻求正当解决的方法，不可不熟读此书。此外泰东还以问题的方式串联起其下发行的各类书籍，"同胞，同胞，亦知日本之虚心积虑，久思吞并吾国乎？"，请读《大亚细亚主义论》、《战后太平洋问题》，"亦知国亡后所受种种之痛苦乎？请读《韩国痛史》、《亡国鉴》、《世界亡国惨史》"；"亦知我国百年割地赔款拍卖种种利权之经过乎？请读《中国近时外交史》、《青岛潮》、《外交新纪元》"；"亦思及我四万万同胞，今后如何方能生存于世界乎？请读《富强工艺全书》、《商业政策》、傅克思《经济学》、《支那货币论》"[3]。泰东的广告词直击读者的亡国之忧，"青岛之劫夺，吞并我国之先

---

[1]《战后太平洋问题》广告，《时事新报·学灯》1919年11月28日，第3张第4版。

[2]《青岛潮》广告，《时事新报·学灯》1919年11月28日，第3张第4版。

[3] 泰东图书局广告，《时事新报·学灯》1919年12月12日，第3张第4版。

声，福州之枪杀，亡国忍痛之先兆。若再不急起直追，研究吾族生存之道，其痛苦不止于亡国，恐吾族类将为人宰杀净尽矣"[1]。亡国之忧迫在眉睫，但泰东的广告词并非一味地制造恐慌，而是引导读者以阅读书籍的方式了解当下的国际局势、中国利权丧失的缘由，以及未来该何去何从，从哪里寻找救国良方。

亚东图书馆则多选取学生社团刊物、党组织所办机关刊物，且多由知名院校、社团的学生编辑出版，内容精良。如北京大学学生所办的《新潮》杂志，称其是"学生之自动刊物"，"今日国人所宜最先知者有四事：第一、今日世界文化至于若何阶级？第二、现代思潮本何趋向而行？第三、中国情状去现代思潮辽阔之度如何？第四、以何方术纳中国于思潮之轨？"[2] 若想了解这四件事，需从阅读《新潮》中寻找答案。此外其下还有诸多"文化运动的健将"，《建设》月刊以"从精神上、物质上，谋国家社会之革新"，中国公学出版的《新群》则以"研究现时中国社会问题及灌输新学说为主旨"，少年中国学会出版的《少年世界》以期"作社会的实际调查，谋世界的根本改造"[3]。亚东在宣传其下主推的刊物时，主要侧重于宣扬它们在新文化运动中的显要地位，鼓吹其在传播新思潮中所发挥的重要作用。

追赶新思潮是时下的风尚，上海美华图书公司也在《时事新报》封面上版面的中央位置打出广告，要在次年一月出版刊物《新思潮》，并发表宣言"今天的中国，大家都在闹着'新思潮'了，这'新思潮'究竟是怎样的呢？一个时代的社会政治学术，便是一个时代思潮的表示。我们现在的社会政治学术，总望不上欧美各国，但是我们的思潮，却一步步接近了。这是我们自己可以承认的，我们现在一方批评我们的社会政治学术，一方介绍欧美的社会政治学术，将来把东西洋的文明集合了，一同引进二十世纪的新潮流去，这便是我们的主义"[4]。从美华

[1] 泰东图书局广告，《时事新报·学灯》1919年12月12日，第3张第4版。

[2] 《新潮》广告，《时事新报·学灯》1920年3月18日，第4张第2版。

[3] 亚东图书馆广告，《时事新报·学灯》1920年2月29日，第4张第2版。

[4] 《新思潮》广告，《时事新报·学灯》1919年12月10日，封面。

的广告来看，新思潮即体现在社会政治学术上，融合中西方的社会政治学术成果进而形成我们的"主义"。

书报广告中宣扬传播新思潮的刊物虽然有很多，但若论后续的影响力之大还要数《新青年》。《新青年》不仅与《时事新报》等诸多书报杂志有交换广告的合作，其商业广告也常常在其他书刊上占据极佳的版面。"新思想的源泉，可以不读吗？青年诸君要求进步吗？请看最有进步的新青年杂志！"《新青年》是"极黑暗时代创刊的杂志，是与恶潮流奋斗出来的杂志，是有一定主张的杂志，是极新颖又极正当的杂志，是改造中国现在社会最适应的杂志，是材料丰富极有趣味的杂志，是研究现社会实际问题最多的杂志，质而言之，就是中国一种极好而极有力的杂志"[1]。假若读者有一点要向上，要懂得世界新潮流的心思，就不能不看《新青年》。为了扩大销量，《新青年》社还指出"印送样本，没有看过新青年的，可以写信来要"，前五卷已经出版的再版后以特价售卖，甚至打出"仿佛是一部极便宜的新思潮丛书"[2]的旗号。到了 1920 年，借助研究系的平台优势，上海新学会推出《解放与改造》。在广告宣传中着意宣扬其最大的特色在于："（一）有主义有主张富于研究批判的精神（二）每号读书录介绍极新颖或极切要的名著而有明晰的叙述（三）从一九二零年起又添加许多社员永久担任撰译决没有无聊的文字滥充篇幅（四）因为是公开的言论机关所以差不多每期载有极有价值的投稿（五）自一九一九年九月创刊号出版以来每号按期出版从未延期并且现在再设法要于出版的日期使得在交通便利的远地的读者都可同日得阅本刊"[3]。新学会在宣扬该半月刊时，将宣传重点放在文稿的高质量、高时效上，以此与那些求量不求质的刊物区别开来，按期出版也可使读者安心订阅。

若仅从《学灯》所刊载的商业广告来看，自 1920 年起书报杂志愈发趋向学术化，特别是宣扬社会主义思潮的书籍、丛书愈来愈多。杂志的推新速度渐趋减

---

[1]《新青年》广告，《时事新报·学灯》1920 年 1 月 1 日，第 1 张第 2 版。

[2]《新青年》广告，《时事新报·学灯》1920 年 3 月 21 日，第 4 张第 2 版。

[3]《解放与改造》广告，《时事新报·学灯》1920 年 3 月 7 日，第 4 张第 2 版。

慢，反而是各家出版社纷纷筹划推出各类丛书以传播新思潮、新文化，书报领域也进入到"丛书时代"。正如"社会经济丛书"的出版预告中所说，"经济组织底改造，是社会改造底基础。自去年以来，中国思想界，应着全世界改造底潮流，激动起来。由空泛的文化运动，向着经济组织改造运动进行，这是中国人觉醒的好现象，我们同人，在这一年当中，作了多少研究，对于中国人知识上底要求，也供给了若干材料。近来觉得断片的批评，于今后思想界没有多大的贡献，所以决意把现在定期刊行的事业，暂行中止。一面静心从事于系统的研究，一面把一年来的旧稿，努力增削，同时致力于翻译和著述"[1]。书报领域逐渐走向系统化，也进一步推进了新思潮的传播。而在这股传播新思潮的热潮中，发生在 1920 年年末的罗素访华事件在其间起到了极大的推动作用。如前所述，罗素访华对时人认知社会主义带来了极大影响，这样一场重要的文化交流活动自然也使得诸多商家嗅到商机，一时间在书报界也掀起了一股"罗素热"。

从《时事新报》上所推的广告来看，几大出版社中最早宣传罗素著作的当属中华书局。1920 年 6 月 3 日，中华书局在《学灯》第二版面下方推出"新文化丛书"，当期主推的是冯飞所著的《女性论》。罗素的《政治理想》作为丛书中的第二种，以列出名目的方式与其他十几本书籍一同排布在《女性论》的推荐语后面，且名目位列第一位，可见出版社对这部著作的重视。同期与其一起推出的还有高畠素之的《社会主义》、《劳动组合》、《社会政策》与《妇人问题》，以及麦克唐纳的《社会主义运动》等书籍，从丛书选录的书籍和排布顺序来看，出版社是将罗素的思想主张归类为社会主义思潮中的重要一脉引荐给读者的。一个月后中华书局宣传这本书时，称罗素"是代表新思潮最有力量的一个"[2]。中华书局请了刘衡如、吴蔚人担任翻译，为了方便读者大致了解书中内容，感知译笔文风，书局特从该书的五个章节中各摘出一些供读者参考。如罗素在"第一章里说：政治理想必定根据于个人生活的理想，政治目的当在力谋个人生活之良好。第二章

---

［1］《社会经济丛书第一期出版豫告》，《时事新报》1920 年 6 月 6 日，封面。

［2］ 中华书局广告，《时事新报》1920 年 7 月 9 日，第 4 张第 2 版。

上说：资本主义和工银制度须废止，因为他们是一对吃尽世界上生命的怪物。第三章上说：国家社会主义就在有政治的德谟克拉西形式的民族内，也不是真正德谟克拉西的制度。第四章上说，习惯的本能，不定的恐怖和法定的利益，是反对接受新思想的武器；而且想起新思想比教人承认他还难，有许多人终身反想，而无什么真正的创见。第五章上说，人愿替他本国所求的事，不能再是那些必定要牺牲别人而得来的事，而是那一国的优势能有利于全世界的事"[1]。可以说中华书局在字句的摘取上充分迎合了时人谋求个人自由、期望改造社会的心声，以此吸引读者订购。

时至 9 月，随着罗素即将来华访问、进行讲演的消息在学界传开，书商们纷纷将其作品作为当月主推的书籍大加宣传。群益书社与伊文思图书公司进行合作，主推罗素的《社会改造原理》，由岫庐担任翻译，"诸君要想知道罗素批评社会全体打破一切旧信仰的大著作，不可不读《社会改造原理》"，"这本书以浅近的文言译高深的理论，译者煞费苦心，务求无一语之罣漏，无片言之费解"[2]。此外还打出价格优势，"洋装一巨册售价八角，现因欢迎罗素起见，在阳历九月内减收特价每册洋四角，现已印成装订准于阳历九月五日发行，第一版千册以需要者多恐即售罄"[3]。两天后，北京《晨报》社发布特别启事，声明其出版丛书现托上海《新青年》杂志发行部为上海总代售处，本社正在付印中的图书为罗素所著《社会改造原理》[4]，读者可以大洋三角先行预约。共学社紧随其后，推出广告"罗素丛书"，声称"其已经有人担任翻译诸书如下《哲学中之科学方法》《政治理想》《向自由之路》《数学的哲学绪论》《社会改造原理》《哲学问题》，以上五书三月内出版"[5]。市面上关于罗素的书籍愈来愈多，《晨报》社便着重强调其译笔"非常简明流畅，与寻常译本不同"，由余家菊担任翻译，"我们要听罗素第讲

---

[1]《政治理想》广告，《时事新报·学灯》1920 年 7 月 15 日，第 4 张第 2 版。

[2]《社会改造原理》广告，《时事新报·学灯》1920 年 9 月 1 日，第 4 张第 2 版。

[3] 同上。

[4]《北京晨报特别启事》，《时事新报·学灯》1920 年 9 月 3 日，第 4 张第 2 版。

[5]《共学社出版预告》，《时事新报》1920 年 9 月 7 日第 1 张第 1 版。

演，非先知道罗素底思想不可，要知道罗素底思想，非读《社会改造原理》一书不可"[1]。报社在北京、上海各设有发行处，书籍已出版，定价大洋五角，邮税五分。群益书社与伊文思在销售上占据先机，"初版千册不上一个月就售罄了"[2]，很快即推出再版，并再次打出价格优势，"原价八角，特价四角，外埠另加邮费三分，各省大书坊均有代售"[3]。

当罗素已然抵达中国开始讲学之旅，各书商便着力推出讲演内容。如商务印书馆《东方杂志》社在《时事新报》封面登载特别通告，"英国大哲学家罗素现已来华讲学，本志从第十七卷第十八号起将罗氏之哲学及社会学说用极明晰之文字择要介绍，务希读者诸君注意要目列下：《社会主义与自由主义》、《罗素的新俄观》、《罗素之哲学研究法》、《罗素论哲学问题》、《欲望之解剖》其他要目随时宣布"[4]。《新青年》社则推出"新青年丛书"，将罗素的《哲学问题》列为第三种，定价四角，由黄凌霜翻译，"此书为罗素先生叙述其哲学分析的思想最为简明最有系统的著作，此时在北京所讲哲学讲演，即以此书为教本"。将《到自由之路》列为第五种，定价五角，由李季、沈雁冰、凌霜翻译，"此书是罗素先生在前年四月入狱前几天出版的，共分八章，前三章，详叙社会主义无政府主义及工团主义底学说，后四章比较各派学说加以批评，最后一章，宣布他自己关于的改造社会主张，算是罗素先生关于社会问题最近的最具体的著作"[5]。讲学社则在次年推出《罗素月刊》，此次罗素访华即是受讲学社的邀请，为便利读者特指出此次讲学讲题分三种，即《哲学问题》、《心之分析》、《社会改造原理》，这些"均为先生最新之主张，本刊由讲学社编辑，汇集此三种演讲笔记及关于先生之各种著述，月出一册，凡欲知罗素哲学者不可不读"[6]。

---

[1]《社会改造原理》广告，《时事新报》1920年10月6日，第4张第2版。

[2]《〈社会改造原理〉再版了》，《时事新报》1920年10月7日，第4张第2版。

[3]《社会改造原理》广告，《时事新报》1920年10月20日，封面。

[4]《东方杂志社特别通告》，《时事新报》1920年10月20日，封面。

[5]《新青年丛书》广告，《时事新报》1920年12月18日，第4张第2版。

[6]《罗素月刊》广告，《时事新报》1921年2月13日，第1张第1版。

罗素访华期间，其讲演内容在诸多报刊上多有转载，其著述一时间也成为广大青年了解社会主义的重要渠道。除此之外，各家出版社为系统介绍新思潮，也逐渐翻译出版、印行一些西方讨论经济问题、社会问题、妇女问题等方面的著作。如群益书社曾再版日本津村秀松所著的《国民经济学原理》，这本书由马凌甫译介，在其广告词中曾谈到"经济学本复奥难读，要求合于现在我国人读的经济书更不容易，因为繁简深浅很难如法"，但群益印行的这部书"编法非常完密，凡世界各种经济学说，不论同异，都罗列比较得非常详备。统系次序非常清楚，文字尤其浅显明白，尽管不经人指示，看起来绝无滞碍，在日本经济书中要算便于初学的第一善本。日本的经济学者虽多，著述虽多，总是就自己所长说到一偏去的，或者说得狠深奥的，所以这部书一出版，销得异常之多、异常之快"，马君译本堪称第一善本，"是教员、学生、新闻记者、官吏、实业家、资本家，都应当各人拿一本看看！因为这部书，既然浅显明白，又完密不偏重一方，实是最容易看而最应当看的"[1]。

中华书局在推荐《女性论》时，则着重放在宣传其书中对婚姻、恋爱、教育、经济独立等问题都有详明的论断，读过这本书可以"晓得妇女问题所包含的意义；可以晓得世界妇女问题解决的方法；可以晓得解决中国妇女问题应采的步骤；在中国系统的研究妇女问题的书这还是头一本，所以人人有看的必要"[2]。《新青年》社在推出的第八种书籍中，主推柯祖基所著、恽代英翻译的《阶级争斗》，称"'阶级争斗'是社会主义始祖马克思所发见的重要学理，也就是现今俄国、法国、美国，以及其余进步国的人们会运动底基调，凡要澈底瞭解近代各国社会思想，须得先澈底明白'阶级争斗'是甚么？这书原本是马克思派著名人柯祖基做的，对于'阶级争斗'说很是详尽，在外国也算是一部名著。在我们这智识荒的中国，更不消多说，要算是重要的粮食了"[3]。

［１］《国民经济学原理》广告，《时事新报·学灯》1920 年 3 月 18 日，第 4 张第 2 版。

［２］《新文化丛书〈女性论〉出版》，《时事新报·学灯》1920 年 6 月 3 日，第 4 张第 2 版。

［３］《阶级争斗》广告，《时事新报·学灯》1921 年 2 月 2 日，第 4 张第 2 版。

有些书籍从广告语中很难看出其与社会主义的关联，但却是青年了解社会主义思潮的重要渠道。如高语罕所著《白话书信》，这本书是高语罕在芜湖办平民教育和商业学校时编写的教材，在1921年由上海亚东图书馆出版发行。这本书当时与《独秀文存》、《尝试集》并称为三大畅销书，《白话书信》公开宣传马克思主义和十月革命，高语罕也成为安徽地区系统宣传社会主义的第一人[1]。但在亚东的广告词中，说它是"不但教授一般书信的知识，并启发青年文学的兴趣，引导他们顺应时代的思潮"[2]，这本书主要适用于中学一二年级、高小三年级的学生，从内容上来看，主要分为家庭书信、社交书信、工商书信、论学书信等六个部分。

与研究社会主义思潮相对应的还有语言的学习，例如许多的语言培训班广告也常常登载在书报广告一侧以便吸引读者关注。如上海太平洋学社推出的日文函授部广告，"我们学日本文，不是预备做他的奴隶，是要从研究他的文字着手，再渐次研究解放他种种问题，我国一般青年，心里不佩服他，就不屑去研究，这样那有根本解决的日子？我们函授日文，是要多得个研究日本的同志，不是贸利的性质"[3]。泰东图书局发行的《俄语自通》，"俄国自建设劳农政府以来种种设施皆足以震骇全世界之耳，自近来我国赴俄游历及求学者络绎于途，可见俄语之需要尤不亚于英语，本书为中韩人研究俄语特纂，极切实用，习此一篇，即可畅游莫斯科，与俄人交际往来毫无障碍，故本书允为研究俄语之良友"[4]。

仅有语言的学习还是不够的，因为对于读者来说，在社会主义思潮传播的初期阶段，许多青年还很难分辨清楚哪些可以称得上社会主义，如何从众多研究社会主义的书籍中选出其中最具代表性的著作是一件难事，因而丛书从某种程度上为这种书籍的筛选提供了便利。例如共学社曾指出"马克思的学说，在近代思想界占很重要的位置，现在更是他发展的时代，凡是留心世界思潮的人，都应该研

［1］程庸祺：《亚东图书馆历史追踪》，合肥：安徽教育出版社，2016年，第50页。

［2］《白话书信》广告，《时事新报·学灯》1921年3月28日，第4张第2版。

［3］《组织日文函授部预告》，《时事新报》1919年9月1日，封面。

［4］《俄语自通》，《时事新报·学灯》1922年2月14日，第3版中缝。

究的，但是此项材料，我国尚少输入"，基于此，共学社特地选择各种研究马克思的重要著作译成丛书，即"马克思研究丛书"以飨读者。其选录的书籍有："渊泉译注：（一)《资本论解说》柯祖基著（二)《文化史上底马克思》柯祖基著（三)《唯物史观解说》郭泰著；一湖译注：（一)《马克思派的社会主义》纳肯著（二)《空想的与科学的社会主义》燕格士著；西溪译注：（一)《马克思社会主义理论的体系》河上肇著（二)《马克思传附燕格士传》堺利彦山川均著；品今译注：（一)《马克思呢？康德呢?》格华尼芝著（二)《修正派社会主义》柏伦修泰因著"[1]。东京的中华留日经济研究学社则从东西名著中，择取最合我国的思想书籍加以翻译，以此作为读者寻求改良社会方法的参考资料，他们选取的书籍有"《社会主义社会学》亚沙·留以斯著，李春涛译；《马克新欤康德欤》Marx Oder Kant？修尔叶·克乌利士著，唐廷燿译；《过激派的本领》得依铁·加次哈著，唐廷燿译；木山熊次郎著，秦正树译《社会主义运动史》；克鲁泡特金著，李春涛译《克鲁泡特金的经济学说》"[2]。中华书局出版的"新文化丛书"中曾选录过《欧洲政治思想小史》，由高一涵撰写，全书分为九章，对欧洲政治思想各种派别有系统的叙述。作者在第八章叙述社会主义派的重要人物，如"圣西门、欧文、福利埃，布朗·拉塞尔，马克思，柏恩士敦以及工团主义，同业社会主义，布尔扎维主义"。在第九章叙述"无政府主义派的蒲鲁东·斯特拉，巴枯宁·克鲁泡特金，更推阐详尽，占全书篇幅之半，读这本书可窥见各家思想之大凡，以为进一步读各家专书之准备，用这本书代替现在中等学校极无聊的法制经济，可使学生得许多既有价值的知识，看了这本书再去听罗素的讲演，不至茫无把握"[3]。而在日本生田长江、本间久雄所著的《社会改造八大思想家》中，以此列出马克思、克鲁泡特金、罗素、托尔斯泰、马里斯、喀宾脱、易卜生、爱伦凯[4]，将这八人视为社会改造的

---

[1]《马克思研究丛书》，《时事新报》1920年6月12日，第1张第1版。

[2]《中华留日经济研究学社》广告，《时事新报·学灯》1920年6月20日，第4张第2版。

[3]《新文化丛书〈欧洲政治思想小史〉》，《时事新报·学灯》1920年10月18日，第4张第2版。

[4]《社会改造八大思想家》广告，《时事新报·学灯》1920年12月10日，第4张第2版。

重要推手。从某种程度上来说，商业广告中对社会主义流派及其代表人物的划分，也影响了青年学子了解和认知社会主义。因此在关注报纸上登载的有关社会主义思潮的文章时，还应对广告页上的书报广告有所关注。这种广告宣传语虽是一种商业行为，但也在一定程度上形塑了民众对社会主义思潮的认知和理解。

附表9 《时事新报·学灯》1919—1920"介绍新刊"刊物表

期刊、书目	发行处	期刊、书目	发行处
《成功铁证》	商务印书馆附设函授学社英文科	《威尔逊传》	上海民铎杂志社
《日用百科全书》	商务印书馆	《新潮》	北京大学新潮社
《科学杂志》	发行所：上海大同学院内科学社事务所	《新中国》	北京：新中国杂志社
《英语周刊》	商务印书馆	《黑潮月刊》	上海霞飞路太平洋学社黑潮月刊部
《学生杂志》	商务印书馆	《学生潮》	寄售处交通路新民图书馆、四马路泰东图书局
《东方杂志》	商务印书馆		
《少年杂志》	商务印书馆	《澄衷学报》	澄衷校友会发行，代售处上海澄衷中学贩卖处、泰东图书局中华书局
《英文杂志》	商务印书馆		
《教育杂志》	商务印书馆		
《小说月报》	商务印书馆	《海关税务纪要》	总发行所：财政部调查货价处；代发行所：银行周报社上海北京商务印书馆及各大书坊
《妇女杂志》	商务印书馆		
《农学杂志》	商务印书馆	《南洋周刊》	南洋公学学生分会
《中华农学会丛刊》	中华农学会	《救国》（周报）	唐山工业专门学校救国团
《留美学生季报》	商务印书馆	《少年中国月刊》	总发行所：北京东华门宗人府东巷车行蓬庐王润玙；代派处北京国立大学出版部、天津中华书局、上海霞飞路仁和里口救国日报、南京四象桥舒城黄宅、成都指挥街七十二号李劼人、东京小石川竹早町——六中华践实斋沈懋德
《国民杂志》	上海泰东图书局		
《童子军月刊》	上海童子军联合会		
《近世科学与无政府主义》	代售处广州大观书局、上海泰东书局、亚东书局		
《民铎杂志》	上海民铎杂志社	《湘江评论》	湖南长沙落星田湖南学生联合会
《调查周刊》	上海南洋商业专门学校学生分会	《爱我中华》	上海青年会商业夜校学生分会
《银行周报》	上海银行周报社	《新教育》	新教育共进社出版

期刊、书目	发行处	期刊、书目	发行处
《教育丛刊》	北京师范大学编辑，中华书局出版	《湖南教育月刊》	代售处：长沙上海群益图书公司、长沙储英源体育周报社
《建设》	发行所：亚东图书馆	《工学》（月刊）	北京高等师范学校工学会
《解放》	发行所：上海白克路竞雄女学	《通俗医事月刊》	北京：通俗医事月刊社编辑部编辑
《星期日》	四川成都	《人言》（周刊）	亚东泰东诸书局
《唯民周刊》	发行所：广州长堤三马路荣利街五号三楼	《岳云周刊》	湖南
《黑潮》	上海太平洋学社，各省商务印书馆、中华书局均有出售	《新社会》旬刊	总发行所：北京南弓匠营社会实进会，代派处：北京天津中华书局、上海群益书社
《国魂报》	河南路北京路角兄弟国货公司	《曙光》	北京：曙光杂志社
《解放与改造》	经售处：中华书局	《新声》	
《中华痛史》	北四川路中华科学研究会出版	《工读半月刊》	
《教育潮》	浙江省教育会	《工业》	
《浙江青年团五日刊》	浙江：杭县浙江青年团筹备会	《新心》	江苏如皋县教育会
《浙江青年团月刊》	浙江：杭县浙江青年团筹备会	《民心周刊》	
《新青年》	上海：群益书社印行	《少年社会》	南京高等师范学校少年社会杂志社编辑
《新乡人》	桐乡青镇新乡人社	《平民导报》	上海第二师范新学社出版部
《小学校》		《新空气》（周刊）	四川成都商业场内支街大丰隆号
《战后太平洋问题》	姚伯麟著	《北京大学学生周刊》	北京大学学生会
《柏格森创化论》	商务印书馆发售	《学生》	
《一次解剖学名词审定本》	上海方斜路科学名词审查会发行；寄售处上海协和书局等	《国货日华调查录》	新闻中华民国学生联合会总会编辑
《清华学报》	清华大学清华学报社编辑	《上海学生联合会通俗丛刊》	
《学生旬报》	发行处：南通师范附属小学学生旬报社	《政治学报》	政治学报社编辑，中华书局发行
《浙江新潮》	通信地址：杭州贡院旧址第一师范黄宗正	《通俗丛刊》	上海学生联合会出版科编辑
《新生命》（半月刊）	天津真学会	《新妇女》	上海：新妇女杂志社编辑

期刊、书目	发行处	期刊、书目	发行处
《科学通俗谈》		《美术》	（接上）苏州振新书社、绍兴墨润堂、常州新群书局、北京益智书报社及各大书局
《实际教育月刊》	北京高等师范学校实际教育研究社		
《互助》	武昌横街利群书社	《中国小说史大纲》	泰东图书局发行
《新的小说》	四马路泰东图书局	《红叶集》	泰东图书局发行
《童报》	江苏扬州第五师范附属小学校童报社	《白话信范本》	泰东图书局发行
《政治经济学》	Charles Gide 著，陶乐勤译；泰东图书局发行	《新俄国研究》	邵飘萍著，泰东图书局代发行
《实验表情游技》	编者：汪都、王秋如；寄售处安徽省立第二农业学校	《中华教育界》	中华书局发行
		《游泳新术》	体育周报社；代售所：上海群益书社
《美术》	上海西门白云观美术学校美术杂志社；代派处：上海商务印书馆、审美书馆、清华书局、亚东图书馆、锦章图书馆、群学社、文明书局、新民图书馆、启新书局、会文堂、国华书局、朝记书庄、济南教育图书社、日新书局、	《新人》（月刊）	上海：新人月刊社出版
		《中华英文周报》	上海：中华英文周报社编辑，中华书局发行
		《人道月刊》	北京南弓匠营社会实进会
		《北京大学绘学杂志》	北京大学第二院书法研究所

附表 10　1920—1922《时事新报·学灯》书报广告之丛书

丛书名称	拟 出 版 书 目	作 者 译 者
【社会经济丛书】上海：社会经济丛书刊行会	《社会主义伦理学》	考茨基著，李君佩译
	《资本论解说》（附注）附录一：《马克思传》威廉·里布列希（今译威廉·李卜克内西）著 戴季陶译；附录二：《Manifesto of the Communist Party》马克思、恩格尔斯共著，陈望道译；附录三：《Socialism Utopian and Scientific》恩格尔斯著，陈望道译；附录四：《资本论用语释义》戴季陶编。	考茨基著，戴季陶译
	《男女争斗史》	堺利彦著，陈望道译
	《社会底经济的基础》	罗利亚 A.Loria 著，李汉俊译
	《社会学纲要》	Prof. A. Groppasi 著，陈望道译
	《女性中心与同性爱》	E. Carpenter 著，陈望道译
	《社会主义纲要》	戴季陶编

期刊、书目	发行处	期刊、书目	发行处
《秦钟》	秦钟月刊编辑部编辑，旅京陕西学生联合会发行	《金陵光》	
		《上海周刊》	上海南成都路知学会发行
《中华英文周报》	中华英文周报社编辑，中华书局发行	《北京女子高等师范文艺会季刊》	
《少年世界》	少年中国学会		
《一九周刊》	常熟西言子巷	《政衡》	上海美界天潼路三四六号本社
《新太仓报》（半月刊）	太仓旅沪学生会编辑	《闽江新潮半月刊》	旅京福建学生联合会；代售处：北京各校福建同学会上海群益书局、福州城内南街宏文阁、各省大书庄
《世界战争与中国》	上海太平洋学社发行		
《博物杂志》	北京高等师范博物学会出版，经售处北京高等师范工学会书报贩卖部、北京青云阁劝业场、广东高等师范学生贸易部、四川省立第一甲种商业学校张小门、湖北武昌利群书社、上海华强印书局、各省各大书坊	《白话文做法》	上海霞飞路太平洋学社发行
		《觉社新刊》	
		《音乐杂志》	北京大学出版部
		《教育与社会》	北京高等师范
		《新学生杂志》	分销处上海群益书社、亚东图书馆、泰东图书馆、徐家汇苏新书社；总发行处：上海南洋公学太仓新学生社龚鸣
《自觉月刊》	吴淞同济医工专门学校自觉月刊社编辑		
《东游挥汗录》	王拱璧著		
《新群》	上海中国公学杂志部发行	《学艺》	总代售处：上海商务印书馆发行所及各省分馆；编辑事务通信处：上海虬江路馨德坊一号
《新学报》	发行所：温州城内道后永嘉新学会，代售处：北京大学出版部、上海时事新报馆、温州各书坊		
		《文化新介绍教育号》	总发行所：山东济南城内鹊华桥东路北公字第五号尚学会；代售处：济南芙蓉街教育图书社、天地坛齐鲁通信社、上海北京中华书局
《世界改造大地图》	中华书局出版		
《奋斗》（旬刊）	发行所：北京大学第三院奋斗旬刊社，代售处：北京中华书局、天津中华书局、上海群益书局、亚东图书馆	《妇女评论》	苏州同里镇妇女评论社
		《理化杂志》	北京高师理化学会；代售处：（北京）高师国货店、高师工学会书报贩卖部、青云阁富文斋；（上海）泰东图书馆、群益书社、亚东图书馆；（广州）共和书局；（济南）齐鲁通信社；（成都）华洋各报总派处
《教育改进》	武昌中华大学		
《光明》（半月刊）	北京光明杂志社编辑；北京前门外武进夹道一号汪宅、江苏南通城南代师附小，学生旬报社		
		《解放画报》	上海新民图书馆
		《沪江大学月刊（原名天籁）》	上海杨树浦沪江大学月刊社

丛书名称	拟 出 版 书 目	作 者 译 者
【社会经济丛书】 上海：社会经济 丛书刊行会	《经济的伦理观》	胡汉民著
	《布尔色维克底俄国》	Prof. E. Antonneil 著，林云陔译
	《工团主义底研究》	米田庄太郎著，胡汉民译
	《劳动组合主义论》	C.M.Lloyd 著，陈望道译
	《劳动问题底研究》	戴季陶著
	《I. W. W 底研究》	P. F. Brissendon 著，林云陔译
	《社会主义运动史》	李汉俊编
	《进步与贫乏》	Henry George 著，廖仲恺译
	《合作社的研究》	廖仲恺编
【新文化丛书】 中华书局	《女性论》	冯飞著
	《政治理想》Political Ideals	B.Russell 著，刘衡如、吴蔚人译
	《社会问题概观》（社会问题十二讲）	生田长江、本间久雄著， 周佛海译
	《人生之意义与价值》The Meaning and Value of Life	R.Eucken 著，余家菊译
	《社会政策》	高畠素之著，刘正江译
	《社会主义》	高畠素之著，李达译
	《劳动组合》	高畠素之著，正樹译
	《妇人问题》	高畠素之著，正格译
	《现代思想之冲突》The Present Conflict of Ideals	Ralph Barton Perry 著， 王岳庐、查谦译
	《社会主义运动》The Socialist Movement	J.Ramsay MacDonald 著， 沈泽民、沈雁冰译
	《现代思潮与教育之改造》	谷本富著，熊琢如译
	《科学概论》Introduction to Science	Thomson 著，刘英士译
	《社会学概论》	陈希才编著
	《罗素政治理想》	罗素著，刘衡如、吴蔚人译
	《思维术》	杜威著，刘伯明译
	《达自由之路》	罗素著， 刘衡如、冯巽、吴蔚人合译
	《遗产之废除》	H.F.Read 著，潘公展译

丛书名称	拟 出 版 书 目	作 者 译 者
【新文化丛书】中华书局	《欧洲政治思想小史》	高一涵著
	《社会问题总览》	高畠素之著，李达译
	《唯物史观解说》	［荷］Herman Gorter
【马克思研究丛书】共学社编，商务印书馆出版	《资本论解说》	柯祖基著，渊泉译注
	《文化史上底马克思》	柯祖基著，渊泉译注
	《唯物史观解说》	郭泰著，渊泉译注
	《马克思派的社会主义》	纳肯著，一湖译注
	《空想的与科学的社会主义》	燕格士著，一湖译注
	《马克思社会主义理论的体系》	河上肇著，西溪译注
	《马克思传附燕格士传》	堺利彦、山川均著，西溪译注
	《马克思呢? 康德呢?》	格华尼芝著，品今译注
	《修正派社会主义》	柏伦修泰因著，品今译注
	《马克思经济学说》	柯祖基著，陈溥贤译
【共学社时代丛书】	《布尔什维主义底心理》	［美］施罢戈著
【世界丛书】商务印书馆发行	《经济史观》第一种	塞利格曼 Edwin R.A.Seligman，陈石孚译
【共学社丛书】	《进化与人生》	
【中华留日经济研究学社】东京	《社会主义社会学》	亚沙·留以斯著，李春涛译
	《马克新钬康德钬》Marx Oder Kant？	修尔叶·克乌利士著，唐廷燿译
	《过激派的本领》	得依铁·加次哈著，唐廷燿译
	《社会主义运动史》	木山熊次郎著，秦正樹译
	《克鲁泡特金的经济学说》	克鲁泡特金著，李春涛译
【学术研究会丛书】	《近世经济思想史论》丛书第一册	河上肇著，李培天译
【晨报社丛书】	《社会改造原理》第四种	罗素著，余家菊译
【新青年丛书】上海新青年社	《工团主义》第七种	［英］哈列著，李季译
	《阶级争斗》第八种	［德］柯祖基著，恽代英译
【新时代丛书】	第一种《女性中心说》	［美］乌德著，堺利彦编述，李达译
	第二种《社会主义与进化论》	夏丏尊、李继桢合译

丛书名称	拟 出 版 书 目	作 者 译 者
【岫庐公民丛书】 群益书社、伊文 思图书公司	《社会改造原理》	
	《国际联盟讲评》	
	《科学的社会主义》	
	《欧美各国改造问题》	
	《波斯问题》	

结语

　　基于对《时事新报》及其副刊《学灯》的发展概况、社会主义思潮相关材料的梳理与分析，笔者试图回答《时事新报·学灯》为传播社会主义思潮提供了哪些条件，借此思考近代新闻媒体在思想传播的过程中扮演着怎样的角色，又如何发挥其舆论平台的作用。

　　在五四新文化前后的思想界中以梁启超为首的研究系成员着力推进文化建设，将澄清天下的政治理想寄托于文化教育事业之中。上海《时事新报》作为研究系的机关报，与北京的《晨报》遥相呼应，充当着研究系一派思想言论的喉舌。张东荪继任《时事新报》主笔后，对报纸的发行出版与副刊内容等进行了一系列改革。1918 年《时事新报》在全国 21 个省份设有销售点，此后四年间又在各地增设了 13 处分馆及数量不等的代派处、分销处，在保持江浙两地的经销优势的基础上，实现了对中部地区销售版图的扩张。通过革新新闻栏，在国内外增派通讯员、拍电专员、驻外记者等方式，实现新闻讯息传送的快捷灵通。在报界率先举起革新报纸副刊的旗帜，将《学灯》打造成为学术交流的重要平台，并以此为示范推进其他副刊的改革，由注重娱乐消闲逐渐转向注重发挥副刊的社会效用。

　　《学灯》在创立之初便明确了其受众群体主要是青年学子，其办刊主旨是传播新思潮、输入新知识。张东荪起用诸多青年学子担任《学灯》的编辑，这些青年编辑受过高等教育又多有留洋经历，有魄力敢于革新，能以开放的心态接纳各种新思潮。他们在继承前任主编的办刊理念的基础上，以多样变动的栏目设置引导舆论话题，以专号、特刊等形式集中讨论社会问题。《时事新报》通过副刊改革扩大了受众群体，打造出了品牌副刊《学灯》与《文学旬刊》，以捆绑销售的方式扩大了报纸的发行量、影响力，在报界打响了知名度。广告邀约纷至沓来，报纸的广告版面不断拓展，但报馆对《学灯》所登广告的类型、内容与版面大小逐渐缩紧限制，精简栏目以扩充版面容量。由此可见，《时事新报》主编及《学灯》的编辑群体，在谋求报馆经济效益的同时，始终未放弃其以新知启迪社会大众的办刊初衷为《学灯》传播新思潮新文化给予了高度支持。《时事新报》庞大的销售网络，以及《学灯》这一报界知名的学术传播平台，为社会主义思潮的传播创造了诸多有利条件。

自1919年起，《学灯》上刊登的有关社会主义思潮的文章逐渐增多，这些文本大多是对马克思等领袖人物的生平介绍，对十月革命后俄国社会现状的描述，对社会主义相关著作的译介，以及对社会主义思潮内部各派别之间的主义之争。其中以译介文章居多，关于马克思的相关著述大多译介的是河上肇的译本，以转译居多；关于基尔特社会主义的译介大多直译原典，其支持者们以《社会主义研究》旬刊为平台公开宣战科学社会主义。在"主义"引导青年思想的时代，对于各种"主义"学说，以及社会主义思潮内部不同派别的言论之争，《学灯》的编辑们都予以开放的心态接纳之，给予公开发表、自由讨论的舆论空间。罗素访华影响了国内诸多学子对社会主义思潮的看法与态度，对于这一思想界的重大事件，《时事新报》紧追时事热点，注重新闻的时效性，在《学灯》副刊中予以积极宣传和报道。若与《晨报》、《民国日报·觉悟》民国两大副刊相比，比之《晨报》，《学灯》享有版面优势，所刊登的罗素讲坛内容全、讯息广；比之《觉悟》，《学灯》给予罗素相关文章以最优待，以副刊头版刊登之，以"罗素讲演"等专栏标注之。如此宣传与编排，《学灯》将自己打造成为副刊界有关罗素讯息和文稿的最得力的宣传平台。在国外讯息不发达的境遇下，以梁启超为首的研究系成员在报界首开添派驻外记者的先河，从中国新闻人的视角报道国外新闻，依靠《时事新报》、《晨报》两大平台为国人报道十月革命后的俄国国情。

如上所述，《时事新报》及《学灯》的编辑们在传播社会主义思潮的过程中，重视相关讯息的时效性，紧追五四风潮、罗素访华等重要新闻事件，给予各种社会主义流派以自由争论的空间，首派驻外记者以便国人了解俄国苏维埃政权的建设情况。凡此种种，都体现了《时事新报》同人的爱国热忱，愿为迷茫彷徨中的青年寻得指路的明灯，以《学灯》为思想阵地，为内外交困的中国谋求一个通向自由与光明的道路。

新旧社会转型之际，传统的伦理秩序渐趋崩溃，青年们思想无所依，在各种"主义"的裹挟下踌躇徘徊，现实生活的困顿又加重了青年心中的烦闷。广大读者借助《学灯》所设的"通讯"栏与编辑们倾诉心事、寻求解惑，于"读者论坛"中互相讨论社会问题。从读者来信观之，青年的烦闷主要来自读书升学、恋爱与婚姻、求职等方面的诸多不顺。在五四新文化运动的推动下，自由民主之风随着改革的浪潮吹进青年的心中。青年们想要求学深造但碍于家庭的阻挠、经济的困顿，想要公开社交、自由恋爱，寻一精神契合的人生伴侣却要受到旧式包办婚姻的羁绊与困扰，离开了故乡却又难以在十里洋场的大都市觅得合适的工作来谋生。这些生活的种种苦闷归根到底还是来自旧社会、旧的伦理秩序的束缚与压迫，当家庭无所依且成为追求个人自由与解放的牢笼，青年们便会求助于团体、组织等集体性组织，寻求生活与学业上的互助。然而被青年寄予厚望的新村运动、工读互助团均以失败告终，社会主义遂逐渐取代无政府主义成为思想界的显学。

在社会主义思潮传播的初期阶段，广大读者了解社会主义学说主要依赖报章杂志。此时社会主义思潮还处在混沌一片的状态下，其文本的书写者们有时也未必能分辨清楚其内部不同派别的区别，受版面所限报纸上所刊文章多为碎片化的文字，且有许多质量不佳、趋新求利的译稿流入市场，加之新闻媒体对暗杀、罢工等暴力冲突事件的大肆渲染，如此都会引起读者对社会主义学说的误解或偏见。部分青年为追赶时髦而读新书，或是急于求成对学问浅尝辄止，这种浮躁的心态也不利于读者形成对社会主义学说较为客观全面的认知。若要奉社会主义学说为改造社会的明灯，青年们不能仅限于做报刊文字的被动受教方，而应主动拓展了解新知的渠道。在《学灯》编辑们的倡导和帮助下，于青年学子间形成了求书单、购西书、译西书的热潮。商家嗅此商机便趁机推广有关社会主义的书籍、语言速成班等，各种标有"社会主义"字样的广告宣传语在一定程度上也形塑了读者们对社会主义思潮的认知。

于广大读者而言，《学灯》所设的"通讯"、"读者论坛"栏等互动栏目如同公开的邮筒，为其倾诉心中的苦闷提供了渠道。在报纸上那一方小小的版面上，读者们的心声得以被编者听闻，即使只是籍籍无名的乡野学生，也能有机会与报界知名编辑交流所思所想，得其学业与生活上的指点。在"读者论坛"里，那些现实生活中的困顿与烦闷，那些求索路上的困惑与迷茫，都可以在此引起许多人的共鸣，这种精神上的慰藉亦是其他栏目所不能提供的。青年们为思潮所吸引，需要在现实生活中感知到切肤的痛苦，需要对其学说的内容与主张有一定的了解。在社会主义思潮的传播过程中，《学灯》为广大读者群体提供了倾诉现实苦闷的渠道，构建了自由交流的平台，编者们也在倾力为读者们答疑解惑，感知其痛苦，为其主动学习和研究社会主义学说提供方向上的指南。如此一来，《学灯》不再只是新思潮的单向输入者，而是以一个自由开放的空间促进思想的交流与碰撞。编者们重视读者的阅读体验，为其专设言论的空间，如此也更能吸引读者订购报纸关注《学灯》，从而扩大《学灯》在思想界的影响力。

第三章 《东方杂志》与"社会主义"的江南流布 (1919—1922)

五四之后，上海报刊舆论界对社会主义学说有诸多的选译和评论，而《东方杂志》则尤其关注俄国革命形势、阶级斗争、产业所有权等问题。这些思潮不仅盛行于上海，而且通过强大的商业网络辐射到周边的江浙地区。同时，《东方杂志》的周边聚集着众多新文化的倡导者，他们往来于上海和江浙之间，通过建社、创刊、办学等方式，进一步将社会主义思潮引入地方。作为上海社会主义学说的接受端，江浙文人们凭借原有的文化传统，对流入的新学说进行各自的思考和阐释，交汇构筑了江南的大舞台。

五四时期的上海，各种主义形形色色，纷然杂陈，社会主义思潮也一同夹杂于新文化的包裹之中，由各类报纸杂志所介绍宣传。诸多研究者均指出五四之后社会主义的流行，源于欧战的混乱和俄国十月革命的胜利[1]。也有研究者认为，此时宣传和谈论社会主义的人是抱着各种各样的动机和态度，他们笼统地接收过来，只是听说最理想的社会是"各尽所能，各取

---

[1] 田子渝：《马克思主义在中国初期传播史（1918—1922）》，北京：学习出版社，2012 年。

所需"[1]。

对于社会主义的不同理解，也源于新文化中的社会主义包含内容甚广，且其传入只是一个"外来知识"的获得过程[2]，理论学说所涉概念晦涩难懂，且多经由日文翻译而来[3]。在北京、上海等文化中心专门引介新思想的人士，尚能探讨辩驳，于地方读书人而言，他们一方面间接获得了上海等新文化中心的思想辐射，一方面又使得这些"新思想"产生了在地化的新意涵，也由此呈现出"多歧状态"[4]。

关于文化中心和地方的多歧状态，此前学界对社会主义的叙述大多着眼于北京、上海等地，这无疑突出了外来世界性思潮在文化中心发挥的作用，但也淡化了根植在中国各地土壤之中求变求新的动力[5]。叶文心指出，如何将文化中心与地方的互动联系起来可能是一个更为重要的论题，而这不得不关注印刷出版物的迅速发展。印刷物的出现能够迅速将读书人自身与他人关联起来，影响地方读书人的生活形态。上海的新书报搭建了沟通的桥梁，甚至影响江浙社会权势结构的

---

[1] 丁守和、殷叙彝：《从五四启蒙运动到马克思主义的传播》，北京：生活·读书·新知三联书店，1979年。

[2] 如以科学社会主义为例，依日本学者石川祯浩所论，"在中国，对马克思主义的研究，并不是建立在对社会主义充分研究的基础之上，也不是经济学说发展的必然归结，更不是以工人运动的经验为契机的。换句话说，完全是'学习'来的马克思主义"。"实际上，在当时的有关社会主义思想的著作中，考茨基和日本社会主义者所著讲解书的翻译，以及'正统派'马克思主义以外的社会主义书籍，远比马克思、恩格斯、列宁等的经典著作要多。"详见（日）石川祯浩著，袁广泉译：《中国共产党成立史》，北京：中国社会科学出版社，2006年，第3页。

[3] 王奇生：《取径东洋 转道入内——留日学生与马克思主义在中国的传播》，《中共党史研究》1989年第6期，第31—35页。

[4] 关于"文化中心"和"文化辐射区"的讨论，章开沅先生已经提及，在20世纪初年中国已逐步形成了一个"以上海为中心的具有相当规模的信息传播网络"。章开沅：《辛亥革命时期的社会动员——以排满宣传为实例》，《社会科学研究》1996年第5期。罗志田先生进一步关注到了上海和江浙地区"进步知识分子的舆论工作"。详参罗志田：《史学远航中的又一步》，《近代史学刊》2015年第1期，第3—5页。

[5] 叶文心：《保守与激进——试论五四运动在杭州》，载汪熙、魏斐德编：《中国现代化问题——一个多方位的历史探索》，上海：复旦大学出版社，1994年，第200—219页。

变迁[1]。此外，印刷物利用报刊本身的销售网络和辐射范围，去宣扬社会革命的主张，引发了读者"群体的共鸣"[2]。

既有的一些研究均指出读者并非完全被动地处于"失语"状态。相反，读者可能以一种积极的姿态参与到讨论之中，甚至从当地的文化背景出发，进而影响到作为主体的作者和编辑。在这一过程中，又有大大小小的书报贩卖部连接着各大出版单位和广大读者。一方面，读者在贩卖部获得了"新鲜知识"的直接来源；另一方面，通过书报的购销情况，出版单位也可以把握读者的思想状况，并决定针对何种书报做进一步拓展。在这一良性互动中，即使不在文化中心区，其辐射区的范围也能不断扩大[3]。当然，在考察印刷传媒的传播空间时特别值得注目的是，这些书报贩卖部不仅经销杂志，还经销其他城市出版的报纸，而当时的杂志、报纸通常又被反复传阅，所以，其实际影响效力要远远超过其销售的份数。在这整个完整的链条中，或许才是"思潮影响之效力"所在[4]。

观察五四之后的报刊，据周佛海称，"近一年来谈社会主义的杂志很多，虽其中也有短命的，但是都似乎有不谈社会主义则不足以称新文化运动的出版物的气概"[5]。本章着重关注上海的《东方杂志》，试图勾勒其传播线路，并描绘其在

---

[1] 章清：《民初"思想界"探析——报刊媒介与读书人的生活形态》，氏著：《学术与社会——近代中国"社会重心"的转移与读书人新的角色》，上海：上海人民出版社，2012年，第127—168页。瞿骏：《天下为学说裂：清末民初的思想文化与革命运动》，北京：社会科学文献出版社，2017年，第114—145页。

[2] 王飞仙：《期刊、出版与社会文化变迁：五四前后的商务印书馆与〈学生杂志〉》，台湾政治大学，历史学系硕士学位论文，2002年。

[3] 当时在浙江第一师范学校执教的陈望道曾这样回忆书报贩卖部："'五四'后宣传工作一般通过报刊来进行。报刊影响很大，对青年有启发、教育作用。我们一面写文章，一面在许多地方组织书报贩卖部，挨门推销进步书报。通过推销书报，找订阅者谈话，发展组织。书报贩卖部这个方式，在学校里很流行，贩卖书刊的都是较进步的青年。……那时候，介绍朋友，只要说他是搞新文化的，便是自己人。"详见陈望道：《回忆党成立时期的一些情况》，中国社会科学院现代史教研室、中国革命博物馆党史研究室选编：《"一大"前后》（二），北京：人民出版社，1980年，第20页。

[4] 李仁渊对此即有讨论。参见李仁渊：《清的新式传播媒体与知识分子——以报刊出版为中心的讨论》，台北：稻乡出版社，2013年。

[5] 周佛海：《实行社会主义与发展实业》，《新青年》第8卷5号（1921年1月1日），第12—23页。

江浙地区的阅读和接受情况。

作为商务印书馆的老牌杂志,《东方杂志》延续时间长。自 1904 年创刊后,直至 1949 年,其间仅有几次因战间断。就杂志内容而言,经数次改版,篇幅增大,版面详尽,集中讨论政治、思想和学术,是"杂志的杂志",被称为近代史研究的资料库[1]。既有对于《东方杂志》及其对社会主义介绍的研究较多。主要是从以下三个方面切入:一是从新闻出版和传播的角度,考察《东方杂志》在改版和推销方面的经验;二是从杂志内容论述,分析该杂志的编写风格和思想言论,或厘清杜亚泉、胡适等在论战中的人物关系;三是就其中某一主题进行长时段的观察,反映其与当时大环境之间的联系,而将《东方杂志》与社会主义思潮相联系的研究则较少[2]。

王汎森曾提示近代中国的社会主义学说是由各种思想元素附丽、编织而成的,它与许许多多或相关或不如此相关的质素混搭在一起,形成一个元件库,而供人们自由取用并随意混合[3]。众多一线的评介翻译者尚不能完全明晓马克思主义之内涵,遑论需要长时间传播而获得又"译"又"作"间接阅读的其他文人[4]。以 20 世纪初的江浙文人为例,他们既保留了深厚的传统质素,又深受上

[1] 陈江:《〈东方杂志〉——近现代史的资料库》,《商务印书馆一百年》,北京:商务印书馆,1998 年,第 358 页。

[2] 黄良吉:《〈东方杂志〉之刊行及其影响之研究》,台北:商务印书馆,1969 年。洪九来:《宽容与理性——〈东方杂志〉的公共舆论研究(1904—1932)》,上海:上海人民出版社,2006 年。许纪霖:《五四新文化运动中"旧派中的新派"》,《华东师范大学学报(哲学社会科学版)》2019 年第 1 期,第 24—36 页。郭彩琴:《五四时期〈东方杂志〉传播马克思主义评析》,《山西高等学校社会科学学报》2005 年第 5 期,第 24—27 页。鲁法芹:《〈东方杂志〉与社会主义思潮在中国的传播》,济南:山东人民出版社,2014 年。

[3] 王汎森:《时间感、历史感、思想与社会:进化思想在近代中国》,氏著:《思想是生活的一种方式》,北京:北京大学出版社,2018 年,第 220—243 页。

[4] 巴金讲到五四时期年轻的他开始接受新思想,面对着一个崭新的世界之时,其表现是"张皇失措","只要是伸手抓得到的新的东西,我都一下子吞进肚里","我当时的思想的浅薄与混乱不问可知"。巴金:《巴金选集》,北京:人民文学出版社,1980 年,后记第 480—485 页。邓颖超在后来的回忆觉悟社的文章中,也谈及"大家还没有一定的信仰,也不懂得共产主义,只听说最理想的社会是'各尽所能,各取所需',只知道有列宁,苏联十月革命成功了;只知道他们的革命是把多数(转下页)

海"新学"的辐射影响。于这些地方文人而言,他们从各处吸收杂糅混合的"主义",又构成一套他们自成的理解方式,并塑造着他们的生活形态。在这一意义上,纷然杂陈的社会主义学说如何下行渗透到江浙地方? 在当地产生了何种效应? 于江浙文人而言,他们面对这些新思潮又如何进行自我转换,并与相对的"文化中心"进行互动? 这些问题尚有可进一步拓展的余地。基于《东方杂志》完备的数字化资料及丰富的江浙文人材料,本章将以该杂志为主体,分析在五四前后的1919—1922年间其社会主义论述在江浙地区的"在地化"过程及呈现形态,以期对前人研究有所补充。

一、《东方杂志》的办刊取向与"十月革命"的讨论

作为商务印书馆的老牌杂志,《东方杂志》自1904年创刊,便十分注重知识性和时政性,旨在"与社会各界通气"[1]。《东方杂志》历时长,出版期数多达816期,先后在多位编务人员的组织下革新经营。其中尤其具有代表性的,如:徐珂、孟森、杜亚泉、陶惺存、钱智修、胡愈之、王云五等人,他们分别经历了《东方杂志》的初创、改革、成熟和衰退的数十年[2]。在徐珂、孟森主编时期,"新政"的大背景为报纸杂志业提供了大量的传播素材,此时的《东方杂志》是文摘性质的刊物,主要介绍教育、财政、交通等相关法令,为民众了解改革事项提供了渠道。至1909年第6卷第4号,孟森因被选为江苏谘议局议员而离职

(接上页)被压迫者解放了,要实现一个没有阶级的社会,引起了我们的同情和对十月革命的憧憬"。面对着内容庞杂的新思潮,她也因为那时"还得不到这类问题(指关于社会主义)的读物'而颇感遗憾'"。邓颖超:《五四运动的回忆》,张允侯等主编:《五四时期的社团》(二),北京:生活·读书·新知三联书店出版社,1979年,第353页。详见史春风:《商务印书馆与中国近代文化》,北京:北京大学出版社,2006年,第73页。

[1] 张树年、柳和城:《张元济年谱》,北京:商务印书馆,1991年,第47页。

[2] 《东方杂志》历时有四十五年之久,其间经历了1932年"一·二八"事变的大轰炸,被迫停刊八个月,后于1937年迁至湖南长沙,再辗转至香港,直到1943年才在重庆复刊又迁回上海,于1948年12月最终停刊。

主编，主编一职改由原商务理化部部长杜亚泉担任。在杜亚泉任主编的十年间，《东方杂志》改为大本，经历了最重大的改革，参与了各类科学文艺和论说思潮，在内容上有了极大的扩充。胡愈之后来回忆称：

> 当时中国杂志界还是十分幼稚，普通刊物，都以论述政治、法令、兼载文艺、诗词为限。先生主编《东方（杂志）》后，改为大本，增加插图。并从东西文杂志报章，撷取材料。凡世界最新政治、经济、社会变象，学术思想潮流，无不在《东方（杂志）》译述介绍。而对于国际时事，论述更是力求详备。……为当时任何定期刊物所不及。[1]

对于东西文杂志报章的撷取方面，《东方杂志》对《青年进步》转引较多，比如《女子生活问题》一文就引发了大量争议[2]。同时，其转载文章来源较多的还有《农商公报》、《清华学报》和《教育公报》等。西方输入的新学说越来越繁杂，各国各类的思潮盛行其时，《东方杂志》也抓住这一时机，多方延请编辑，依托于商务印书馆自设的编译所，开始选译理论著作，仅作"介绍"，少有评议和判断。在《本社投稿简章》中，就可见：

> 一投寄之稿，不拘门类。自政论时评，学术技艺，以至琐谈笔记、诗歌小说之类，凡有益人知识动人兴趣者，投寄本社无不欢迎。
>
> 一投寄之稿，或自撰述或翻译东西文报章杂志，或辑译东西文而附加意见，总以本人得自有著作权者为限。
>
> ……
>
> 一投寄之稿，揭载与否，敝社不能豫行声明奉复，原稿亦概不检还。
>
> 一投寄之稿经揭载后，本社当酌赠书券以志感谢，约每千字由五元

---

［1］ 胡愈之：《追悼杜亚泉先生》，《东方杂志》1934 年第 31 卷第 1 期，第 303—304 页。

［2］《女子生活问题》，《东方杂志》1919 年第 16 卷第 2 期，第 164—168 页。

至二元，其短篇杂作，亦当以本杂志为酬……[1]

投稿要求"凡有益人知识动人兴趣"，范围扩大。而自第15卷第6期之后，外来投稿明显增多。如时任无锡县立图书馆馆长的钱基博就曾投稿《无锡县新志目说明书》，讲述无锡地方在历史沿革、地理、水利、教育等各方面的书目编修情况[2]。一位署名"林任"的读者也投稿论述中西君主专制和善政主义的区别[3]。来自上海大学的周由廑也投稿《高等师范校长会议及参观南京师范记》[4]和《约翰杜威博士教育事业记》[5]两篇文章。

但是这种"纯粹的介绍"也遭到了北京《新青年》、《新潮》等杂志的凌厉攻击，认为《东方杂志》登文杂乱，"毫无选择，只要是稿子就登"[6]，在这些"新杂志"的攻击下，《东方杂志》的发行量急剧下降[7]。为此商务印书馆负责人张元济决定对《东方杂志》进行变革改良，由陶惺存接任杂志主编：

> 本杂志创刊十六年，向以介绍新智识，汇记国内外大事为重要职志。其间亦尝应时势之需要，叠经变更体例。今者世界智识日益进步，本杂志自亦不得不益自策励，以求完善。因自九年十七卷第一号起，将门类酌加增减，虽宗旨无甚改变，而供献读者，自谓颇多便利，并世贤达，尚祈进而教之。今将更易各门类列后。

---

[1] 《本社投稿简章》，《东方杂志》1918年第15卷第5期，第30页。

[2] 《无锡县新志目说明书》，《东方杂志》1918年第15卷第9期，第191—195页。

[3] 林任：《开明专制主义之失败》，《东方杂志》1919年第16卷第1期，第33—38页。

[4] 周由廑：《高等师范校长会议及参观南京师范记》，《东方杂志》1918年第15卷第9期，第59—64页。

[5] 周由廑：《约翰杜威博士教育事业记》，《东方杂志》1919年第16卷第6期，第40—44页。

[6] 罗家伦：《今日中国之杂志界》，《新潮》1919年第1卷第4号，第72—81页。

[7] 如时居湖北的恽代英对《东方杂志》的态度就有明显转变："午后渡江，阅《时事新报》，亦复如《申报》，此真进步也，均超迈《时报》。香浦谓中国人守旧。旧日以为《时报》与《东方杂志》最好，现在仍作此语，有耳无目，可怜哉。"参见恽代英：《恽代英日记》，1918年6月25日，北京：中共中央党校出版社，1981年，第568页。

一评论。……今以短篇评论居首，论题必择其要，文字力求其浅近，务使读者开卷了然，不费脑力，且间用夹叙夹议之法，以期世界重要各问题，读者得因此以知其真相。

二专论……

三世界新潮……

四学识……

五科学杂俎……

六读者论坛。此栏专收读本志者所发表之意见。近来新思潮勃兴，苟有特识，虽持论互殊，正不妨兼收并蓄，以为切磋之助。[1]

自 1920 年起，《东方杂志》由月刊改为半月刊，开始更多关注《新青年》、《时事新报》、《妇女杂志》等杂志，着力于对社会问题的讨论和研究。虽有对于质问的部分回应而增设栏目，如"评论"、"世界新潮"等，但对今后杂志界之职务，仍于自身有"杂货店"之定位：

夫辩论之间固不能词涉含混，且措词之或激或随，亦因各人之气质而定，应直言者，自不必过为含蓄，致使人不感痛痒。惟过度之激刺，题外之浮词，则自以愈少为愈妙，此又为杂志界职务中之一方法也。[2]

不同于某种主张或派系的专刊，《东方杂志》"不偏于政论之一方"，也无意"操枋秉政"，而认为应当有"社会自觉"，所以有时甚至会"故列两派相反之学说以资比较"，而"冀读者诸君，对于学术社会诸问题各抒其所见"[3]。

这种被视为"保守"的办刊风格，自然和编辑人员有很大关系。在 1918 年至 1923 年间，《东方杂志》编辑阵容十分强大，人员也很稳定。除杜亚泉（笔名

---

［1］《东方杂志变更体例豫告》，《东方杂志》1919 年第 16 卷第 12 期。

［2］景藏：《今后杂志界之职务》，《东方杂志》1919 年第 16 卷第 7 期，第 1—7 页。

［3］坚瓠：《本志之希望》，《东方杂志》1920 年第 17 卷第 1 期，第 1—5 页。

伧父、高劳）外，还有之后接任主编的陶惺存（笔名景藏）、钱智修（笔名坚瓠）等人。作为上海吴淞复旦公学的高材生，主编钱智修"造诣深湛"，"他主编《东方杂志》时，该志内容日新月异，销数日广，后来增加图片及画报，更由月刊改为半月刊，取材异常丰富而谨严[1]。"与此后从新文化中浸润成长起来的新青年不同，他们大多接受的是传统教育，面对五四以后的各类新文化，虽不至于对传统文化死板恪守，但也少不了坚守持重的一面，所以当时的论说总有浓厚的调和色彩。主编的更替，自然会影响杂志整体的风格，而聚集在其周边的作者群体也各有不同，包括当时归国享有盛名的各类人物，还有很多新闻活动家，如黄远生、邵飘萍、马星野等。

在杜亚泉主编的后期，适逢一战的结束和俄国革命的胜利，所以《东方杂志》上关于社会主义的讨论便有很多。自 1918 年至 1923 年，马克思主义、基尔特社会主义以及被当时人所认为是社会主义其中一种的无政府主义，都在《东方杂志》有过系列介绍。经整理，如下表所示：

表1　1918—1923 年间《东方杂志》对社会主义介绍的数量统计[2]

内　容 ＼ 年　份	1918	1919	1920	1921	1922	1923
俄国近状及过激派	5	6	8	2	/	2
劳工运动	4	1	6	3	/	/
人物纪念	1	1	/	/	/	/
其余国家劳动党	1	1	2	2	2	1
理论阐述	1	7	12	9	5	6
其他	2	5	12	6	3	7
共计	14	21	40	22	10	16

[1]　俞颂华：《悲忆钱经宇（智修）先生》，《东方杂志》1947 年第 43 卷第 8 期，第 56—58 页。

[2]　该表统计是指对有关社会主义较为详细的介绍，还有相当部分的文章对社会主义仅有提及，暂且不计入表格。详参三联书店编辑部：《东方杂志总目》，北京：生活·读书·新知三联书店，1957 年。

由上表可见，五四之后《东方杂志》对社会主义的介绍逐步增多，至1920年达到最高。其内容主要集中于对俄国近状的介绍、劳工运动、社会劳动党人物纪念以及专门的理论阐述，这些内容部分来自美国、英国、日本以及俄国的外文选译，还有部分是作者的评论，从中也可见其对社会主义的认识和讨论。

1917年，俄国十月革命成功，《东方杂志》也对俄国的革命形势持续关注，包括革命发生的原因、过程、特点，以及俄国所预想的世界革命之可能性。1918年初，杜亚泉发文评议俄国近状，对俄国革命并不看好。尤其认为过激派当政以后，"铲除阶级"、"废除死刑"之事，导致军纪不稳；而对于农奴制的改革，又太冒进。若想实行"极端之均富主义"，"凡欧美民权发达之国所不能骤致之"，实在不是"一蹴所能及"。对于其宣传的共和主义说，杜亚泉也认为这是在"煽动民众"[1]。

一位署名为"君实"的译者比杜亚泉更持保留态度。"君实"曾多次选译日本专著。针对"过激思想"在国内广泛传播的现象，他从学理上仔细辨析了过激主义与社会主义、共产主义、民主主义、无政府主义的区别，进而主张应对"过激主义"进行否定和抵制。一年之后，君实的态度似有缓和：

> 现在之俄国极为混沌。所谓过激派政府究为如何之政府，其真相殆莫能了解。从前克伦斯基之政府曾以得国民之信仰闻，联合各国亦加以多少之援助，然犹且不数月而灭。今以李宁脱洛斯基为中心之过激派政府，乃能支持至二年之久而尤未仆……若如世人之所揣度，过激派之政治思想皆为破坏的危险的，则俄国国民虽愚，何以二年之久屈于其政府之下而仍得生活乎……故俄国今日之秩序紊乱，亦为事实之当然，不能即以此归咎于过激政府也。[2]

---

[1] 高劳：《续记俄国之近状》，《东方杂志》1918年第15卷第1期，第37—42页。

[2] 君实：《欧美各国之改造问题》，《东方杂志》1920年第17卷第4期，第11—26页。

虽然不知道俄国革命之后的走向将会如何，但君实对"过激派"这一称号也有了些怀疑，"其真相殆莫能了解"。但"能支持至两年之久"，也可见其自有内部力量的支撑。

另有一派则对俄国革命乃至世界革命都持乐观态度，认为俄国国内现在的混乱状态只是暂时，终究可以成功。胡愈之就在译介英国名著时，解释"过激派"之名号只是因为鲍尔希维克之政治理想比较激烈，以劳动阶级完全掌握政权革命之目的，而反对机会主义之革命。他对俄国革命的前景十分看好：

> 吾尝考察此次革命事件，益觉其为近代之一大事业。此种革命实为未来世界之一大转机。无论如何扰乱，无论如何卤莽灭裂，然终不失为人道之声。[1]

对于"过激派"的领导人列宁，《东方杂志》也转译了日本的一篇文章，对列宁的学识和阅历颇有肯定，"为实行主义起见，无论若何危险，皆不足以使彼屈服"。而对于所谓的过激派之"武力统治"一说，也是由于"俄罗斯人多数为无节度无自制能力之群众"，所以"不能说破政治之原理，惟有不明言其所以然，而用强力使之服从之一法"，这种武力统治是列宁"善用警语"来"投合俄国民众之意气"[2]。

有关于社会主义的讨论，劳资关系也备受重视。对于欧美诸国社会劳动党要求的工作时间及其他权利，《东方杂志》也关注到了资产阶级和无产阶级的对立，"现在欧美劳动界所求者，已非区区之八小时作工制"[3]。但更多的论说是认为，这种属于劳资阶级之间的矛盾，与中国并无多大关系。如陶惺存认为，中国并无所谓的劳资阶级对立：

---

[1]《过激派之理想及其失败》，《东方杂志》1919 年第 16 卷第 5 期，第 29—42 页。

[2] 善斋：《述俄国过激派领袖李宁》，《东方杂志》1918 年第 15 卷第 3 期，第 29—34 页。

[3]《第一次国际劳动大会之经过》，《东方杂志》1920 年第 17 卷第 1 期，第 41—43 页。

马克思共产党宣言开口即谓人类社会之历史，一阶级斗争之历史也，此盖征之西洋历史……反观吾国之历史则又不能吻合。盖吾国秦以前为贵族自相斗争，自秦以后，历代乱事皆与阶级无关，未闻有经几次战乱而划除一种阶级者。故马克思之说于东方可谓无验。然谓吾国竟无阶级，竟无阶级斗争，则又不然。历史上易姓之际，无不由于民变。……故谓吾国之斗争，自古至今皆为官民斗争，亦无不可。[1]

陶惺存承认中国有阶级斗争一说，但马克思所述却"于东方可谓无验"。胡愈之也同样持怀疑态度：

马克思的社会进化思想、劳动阶级勃兴论、贫乏废灭论，现代学者大概都加以承认，只是他的价值法则、唯物的历史观、武力革命的理论、阶级斗争说、无产阶级专政的计划，却还没成为一定不易的理论呢？[2]

胡愈之此时虽然还没有完全接受马克思的理论，但也明白当时的马克思学说已有很大影响，甚至"现代学者大概都加以承认"。他不那么"趋时"，只是在观望着是否一定是"不易的理论"。关于征工制度，卢鸿堉也专门来稿讨论：

阶级战争，则为资本阶级与无产阶级之利害不调和，两方之智识非必相等也，势力非必均齐也，智识势力虽非均齐，然众寡之数远不相侔，百足之虫虽死不僵，此其解决所以较兵争为尤难也。

卢鸿堉认为，中国由于产业不甚发达，所需劳动者不多，所以"劳动者虽处

---

[1] 景藏：《吾国之阶级斗争》，《东方杂志》1920年第17卷第9期，第5—6页。
[2] 化鲁：《马克思主义的最近辩论》，《东方杂志》1921年第18卷第6期，第71—74页。

境不适，亦但安之"。由于新思潮的传播，智识阶级应当注意这一问题，防微杜渐地改善劳动者之境遇，而使劳资两阶级之利害调和，"永无冲突"，甚至应该创设关于处理劳动问题之"常设机关"[1]。陶惺存对此有进一步的说明，他从传统中汲取资源，把"官权"引入了这一矛盾：

> 资本家若不借官权，决不能压制劳工。资本家与官吏分离，即不至于酿成劳资斗争。此吾国历史关系所以与他国不同也。[2]

陶文也承认，在中国或许有资本家压制劳工的情况，但主要矛盾却还是在"资本家和官权的结合"，所以这也不符合马克思学说中强调的劳资关系。

在实现社会主义的过程中，经济问题应该如何解决也为时人所关注。"富之平均"是当时被认为社会主义的目标之一，但实现的方式却是要废除私有财产权。这种可能的变动引起诸多争论。震旦大学的一名学生曾撰文投稿，从产业问题上批驳社会主义，认为对于产业所有权的处理并不可行。若要平等，当是"论其固有之平等耳，非论其偶然之畛域也"；若不承认个人的产业所有权，则易造成"逸堕"之现象。论者肯定了产业所有权的重要，认为这是进化之条件，也是"社会幸福之根本"[3]。一旦改变，表面是要损民而益国，其实可能并非能有益于国。

对于经济不平等的改革，"君实"的译文认为资本主义制度下自然有诸多的不平等，但是完全的自由平等之境也只是谬误的断定。以俄国为例，均分土地之后反而使得农民分得的土地面积过少，导致"农民不能以之为生活之本据"[4]。倘若由国家完全掌管一切，则各种产业的指导能力，"将何自而生何自而起乎"。所以译文认为，"资本主义之横暴，固属可忧，然一律急变为社会主义，则大足阻

[1] 卢鸿埙：《征工制度》，《东方杂志》1920年第17卷第3—5期，第26—32页。

[2] 景藏：《吾国之阶级斗争》，《东方杂志》1920年第17卷第9期，第5—6页。

[3] 宋国枢：《驳产业问题上之社会主义》，《东方杂志》1919年第16卷第2期，第209—211页。

[4] 君实译：《俄国之土地分给问题》，《东方杂志》1918年第15卷第9期，第43—52页。

产业之发达，妨社会之进步，其理又属甚明于此所当深考者，资本家不可不顾，劳动者亦不可不顾，社会主义家尤不可不顾"[1]。对于社会"富之平均"的说法，陶惺存也认为绝对的平均不合理，而是应该：

> 如欲贫富之分配，不至过于偏苛，要当贫富互助，智力相济，尽力开拓生产，不容有不劳坐食之富人，不使有无工可做之贫人，则社会生计自能渐次增高，不至如今日之鸣不平矣。[2]

为了废除私有制，当时也有人提出可以先实现"机会之平等"：

> 使社会一切之人于获得幸福之最初机会可以均等，俾得咸受能使彼等能力自由发达之教育，并设法使其能力发扬之能率得以上升至极度是已。[3]

但君实认为，即使最初有平等的机会，在不同成长的环境中也自然不会有平等的结果，更何况本来就有男女、智商之差别。在《社会主义之真诠》一文中，署名"南陔"的论者说明"社会主义之目的，非以完全破除私产制度为职者也。其所希望归社会公有者，乃特种之资产"[4]。

对于日常生活所及之家庭观念，《东方杂志》讨论也较多，但基本不出于"共产"、"公有"的形式。南陔认为应当是"广男女之交际，主张自由结婚，财产均有，使两方面感情上，受同等之幸福"。对于宗教，也应当是人类互相亲爱，如兄弟一般[5]。在译介俄文专著时，沈雁冰在对未来家庭的描述中，充满了对社

---

[1] 君实译：《社会主义之检讨》，《东方杂志》1919年第16卷第11期，第101—108页。

[2] 景藏：《富之分配》，《东方杂志》1920年第17卷第10期，第4—6页。

[3] 君实译：《社会主义之检讨》，《东方杂志》1919年第16卷第9期，第100—104页。

[4] 南陔：《社会主义之真诠》，《东方杂志》1919年第16卷第7期，第203—210页。

[5] 同上。

会主义的期待：

> 这个新关系，将以所谓自由博爱的幸福给与人类，更益以真正社会
> 平等的幸福。这两种幸福，都不是资本家的营业性社会内所有的。[1]

针对俄国当时婚姻的自由，论者认为妇女的地位已经有了变化。"他们尚不知道妇人们必得养成一种习惯，可以到处找个依托；不是在男人堆中找，却是在一个社会中找，一个国家中找"。在一个变换的时代，"风俗、政治组织和道德"都会变，而家庭组织自然也要变换形式。不同于以前稳固的家庭关系，在资本主义兴起之后，女工逐渐走出家庭，家庭和工作分离，而家庭也从生产者变为了纯粹的消费者。这样的关系逐步演变之后，终将会是共产社会。在共产社会里：

> 一切劳工妇女的生活都有同一的安恬，同一的光明……在共产社会
> 内，无论何人都可以随意走进公共饭店或公厨内吃喝个饱。食是如此
> 了，乃至洗衣等等其他工作，亦莫不然。工作的妇女，可以不再自己做
> 浆洗补缀等之麻烦的事了，只消每一礼拜把污衣送到公共洗濯所，待浆
> 洗好了再去取便是了……

对于孩童的抚养，也从家庭转到了社会里：

> 从前在父母身上的担子，社会要次第接替过去了。在资本家的社会
> 中，训练儿童一事，已非父母的责任，孩子们是在学校内念书的；一到
> 孩子已及学年，父母的担子便可减轻，从此以后，发展孩子们的知识一
> 事，不是父母的责任了……这些事实不是都可以表示孩子现在从家庭禁

---

［1］〔俄〕Kollontay，A. 著，雁冰译：《未来社会之家庭》，《东方杂志》1920 年第 17 卷第 9 期，第
62—74 页。

锢中放出，从父母的肩上移到社会的手内么？

所以在这种共产的社会里，家庭形式也会被完全改变：

> 从前个人的自我的家庭，将来要被劳工的大普遍家庭代替了；在这大
> 家庭内，一切男工女工，都是弟兄们。这便是明白的共产社会内的男女关
> 系了，这个新关系，将以所谓自由恋爱的幸福给与人类，更益以真正社会
> 平等的幸福；这两种幸福，都不是资本家的营业性社会内所有的。[1]

社会主义对未来"各尽所能各取所需"的美好设想，也不免让人觉得太过遥
远，不知到底能否实现以及何时才能实现。施存统就在翻译河上肇的文章中，问
到"是在百年后的未来呢？还是千年后的未来呢？"[2]所以这种对于未来的设想，
似乎只能"暂从割爱，且置缓图"。如陶惺存就认为：

> 俄之共产政府，数年来已经屡变其手段，可见理想与实行，决不能
> 完全一致也。改良社会亦如医药之治病，各人体质既异，受病不同，气
> 候习惯尤多变化，要当细心审查，谨慎下剂。稍有失误，元气已伤，所
> 损实多，补救极难。俄国往辙，岂可轻履耶？[3]

综上，对于这些问题的探讨和论争，终究是围绕"社会主义是否适合于中
国"的问题展开的。于时人而言，"社会主义"本身的定义也并不十分明确，且
仍是"调和"的色彩更多。他们对社会主义大多持怀疑态度，主要基于以下几个

---

[1]《未来社会之家庭》，《东方杂志》1920年第17卷第9期，第62—74页。

[2] 河上肇著，施存统译：《马克思底理想及其实现底过程》，《东方杂志》1922年第19卷第6期，第34—46页。

[3] 景藏：《民主国与社会主义》，《东方杂志》1920年第17卷第12期，第1—3页。

方面的考虑：

其一是以俄国的混乱现状为鉴。君实曾有译文，认为五四之后中国各地受到"俄国过激派过激思想"之影响，北洋政府虽然已有措施，但效果甚微，所以政府方面应加强措施抵制过激思想，一般人民也当有此自觉。而在分析过激派思想何以能够蔓延如此迅速时，译文也认为是"激于现代之物质的不平"，"受劳动者完全之强力的支配"而已。君实也从俄国外交及其影响方面说明了过激派思想之应当注意的地方，甚至认为"过激派之思想，今日正如疫菌之侵袭"，而俄国人民现在只知破坏并不知建设，所以现在国人应当以此为戒，"一面筹备防止此种危险思想之侵入，一面复于内部使有最健全之社会组织"[1]。

其二是"极端平均"之分配方式在他们看来未免太不可信。要求解放劳动阶级自然可以，但进而要求劳动阶级有统治之权，似也不是真正的"民主主义"。而且，劳工大众人数虽多，然而"多数为愚钝而少数为贤明"，民主自然难以实现[2]。对于未来社会的畅想，有说：

> 马克思虽亦尝谓人类对于历史之运动，得为能动的，然大体以为一切之社会关系，皆为生产关系之所产，其根本思想特以人类为受外围操纵之傀儡。

于时人而言，未来可能实现的社会主义若都由生产关系决定，则似乎于人毫无能动性。这种"超越因果律的自由开展"，既会有组织的混乱，也会有伦理的问题，这样的社会只能有"不幸之民众而已矣"[3]。钱智修的论说，或许也可以代表当时部分人的思考方式。他认为，就社会主义本身而言，"立说固高、规模尤伟"，但这更适合于欧美诸邦的工业发达财权集中之社会。反观中国，则是土地

---

[1] 君实译：《俄国过激派统治之内容》，《东方杂志》1919年第16卷第7期，第1—3页。

[2] 君实译：《过激主义与民主主义之对抗》，《东方杂志》1919年第16卷第8期，第105—110页。

[3] 佐野学著，昔尘译：《社会主义之未来国家》，《东方杂志》1920年第17卷第11期，第53—63页。

广大，物价低廉，并无欧洲诸邦之问题，反倒应要"利用天然富源"，"消纳失业之民"，而不必效社会主义之所为[1]。

社会主义所直接带来的"彻底革命"、"劳动阶级霸权"等概念，也让《东方杂志》论者在接受时不免迟疑，于是大多采取了"调和"的方式。杜亚泉就曾认为国家主义和社会主义之间并非完全紧张。他以德国为例，认为德国社会党虽有"惩于资本家之专横"，但在大战时依然可以暂时放弃与资本家的矛盾，共同抵抗外敌，暂置分歧而达成一致，这便已说明二者的矛盾不无调和之可能：

> 社会主义与国家主义本处极端矛盾之地，乃为国际战争所刺激，两矛盾忽然竟至协同以进行。……则固非出此入彼，抛弃其本来主义以屈伏于他主义者之比不谓之调和不可得也。论者或疑该党为软化，或谓慑于政府之威力，非其本心。战事解决以后，仍当再显其头角。俄国数月来之事变，即其朕兆，其言信否姑不论，但过去三年中，双方无内讧之发生，得以专力于前敌，其受矛盾调和之赐固已不少矣。[2]

在这种调和状态下，应该采用"劳动主义"去代替"过激之社会主义"。即便社会主义可以使得"阶级既除，特权自灭"，但其激烈程度实在太过，应该"减少其劳动时间，使之读书报、听演讲、讨论政治、探索哲理。如是调剂，于个人之为益非浅，而社会间之各个人，亦自然渐跻于平等，无大人小人之分别"[3]。之后也有其他人的文章认同这种"劳动主义"，"我所以主张扑灭资本主义，希望由国家采劳动主义"，并对这种"劳动主义"应当如何实行有具体措施的设想[4]。

---

[1] 钱智修：《不求甚解》，《东方杂志》1919年第16卷第3期，第1—5页。

[2] 高劳：《矛盾之调和》，《东方杂志》1918年第15卷第2期，第1—6页。

[3] 伧父：《劳动主义》，《东方杂志》1918年第15卷第8期，第1—3页。

[4] 《中国之经济社会与资本主义》，《东方杂志》1920年第17卷第1期，第129—132页。

在五四之后的几年里，《东方杂志》对于社会主义的讨论从未间断。1924 年，在列宁逝世前后，《东方杂志》载有众多文章介绍他的生平事迹，多是歌颂他的社会主义理论：

> 在全个地球上已播满了火种，有一触即发之势，以平年初头的情势看来，已显而易见。徘徊十字街头的中国人啊，你们的运命应该是在这时候定下了。[1]

瞿秋白等共产党员也在《东方杂志》上发表文章：

> "虽死犹生"与其他英雄伟人绝不相同——他不仅留一个"名"，留一个"人格"，"道德"，"精神"，与后人敬仰；他留下了一个无产阶级的革命党，无产阶级的新国家，无产阶级的国际组织。脑病可以摧残一个李宁，脑病却永世不能摧残几千万有组织的人的革命的社会主义团体！何况脑病——人世间那一种力量是能摧残他的?！[2]

总之，五四之后，关于"什么是社会主义、怎样实现社会主义以及社会主义是否适合于中国"的讨论，《东方杂志》对各派论说都持"有容乃大"的态度，这让众多文人都因在《东方杂志》的发文而享有盛名，赢得了"尊敬与信任"[3]。梁漱溟也曾回忆，"商务印书馆出版的《东方杂志》，那时很有影响，我也常看"[4]。后来他投稿了一篇文章，在《东方杂志》上分三次刊登，之后他引起了学术界的广泛注目，并被北大校长蔡元培聘请到北大任教，"名声大振"。在当时言

---

[1] 化鲁：《李宁和威尔逊》，《东方杂志》1924 年第 21 卷第 3 期，第 1—2 页。

[2] 瞿秋白：《李宁与社会主义》，《东方杂志》1924 年第 21 卷第 6 期，第 27—32 页。

[3] 洪九来：《宽容与理性——〈东方杂志〉的公共舆论研究（1904—1932）》，第 73 页。

[4] 梁漱溟：《我和商务印书馆》，蔡元培等：《商务印书馆九十年——我和商务印书馆（1897—1987）》，北京：商务印书馆，1987 年，第 198—201 页。

论纷说的上海，才20余岁的梁漱溟仅因一篇文章就能有如此影响，这不仅是梁文章本身的出彩，大概也可见时人阅读《东方杂志》之多，才能有如此迅速强大的传播力和影响力。所以，作为一份面向公众的刊物，更重要的是看到《东方杂志》的实际传播情况。这不得不关注到《东方杂志》的发行方——商务印书馆，以及活跃在商务印书馆周围的编者们。在很大程度上，正是他们的种种言论和活动，才为《东方杂志》创造了更大的市场。

二、商务印书馆与《东方杂志》的发行销售

1903年，商务印书馆的营业额为30万元，1931年就升至1200多万元，到1923年，商务印书馆已在全国设立32个分馆，其中包括杭州、南京等地，"支店遍于全国"[1]。不仅如此，商务印书馆还创办教学机构，包括初小、高小和中等三级，除了自编教材的直接供应，学校还有定期刊物的输入，其中便包含了《东方杂志》和《学生杂志》等几种商务之下的大型杂志。《东方杂志》是商务印书馆下的重要杂志，其全部经费均由商务印书馆资助，所以《东方杂志》也无需过于担心经济来源。

正是这种庞大的组织架构，容纳了许多中小知识分子。据胡序文回忆：

> 五四运动中，商务的职工开始组织起来。大革命开始，商务印刷、发行等部门的工人群众就建立了工会，不久商务编译所职工也成立了工会，胡愈之成为编译所工会的代表之一，曾多次代表编译所职工与资方谈判，为职工争得一些福利。[2]

---

[1] 庄俞，贺圣鼐：《最近三十五年之中国教育》，上海：商务印书馆，1931年，第16页。蒋维乔：《夏君瑞芳事略》，蔡元培等：《商务印书馆九十年》，第3—5页。

[2] 胡序文：《胡愈之和商务印书馆》，蔡元培等：《商务印书馆九十年》，第127页。

商务的老职工徐梅坤，1893年出生在浙江萧山县。《东方杂志》刚创办时，他才10岁，那时候他在杭州做印刷工人。在杭州做工人的几年里，因业务需要他从浙江的杭州、绍兴、宁波跑到江苏无锡和上海等城市的印书馆、报社，结识了很多印刷行业的工人，"每天上海报纸一到杭州，工人们就争相传阅。每当车间工人读报时，我就放下工作，专心倾听"[1]。他自述当时已经"自觉或不自觉地接受了无政府主义和工团主义的思想"[2]听说了五四运动的消息后，他联合其他一些工人在杭州发起了浙江印刷公司工作互助会，并任宣传股长，还在浙江一师学生的帮助下，在当地创办了《曲江工潮》，领导工人进行罢工斗争。后来因为在乡的农民运动失败，他便来到了上海。1922年年初，徐梅坤经由陈独秀介绍加入了中国共产党，还奉命担任中共上海地方兼区执行委员会的书记，并负责建立浙江党组织。当时沈雁冰是江苏、浙江党组织的委员，所以徐梅坤经常来商务印书馆找沈雁冰商量发展党员的事宜。后来，徐梅坤在《九旬忆旧》中回忆道：

> 我担任浙江旅沪工人同乡会的理事长，每天晚上都要来会所，通过与大家交谈，互通情报，商讨斗争策略……经常来这里活动的主要是印刷工人，尤其以商务的职工最多。[3]

到商务印书馆以后，他经常到各个工厂去发展党员：

> 一清早，我就在厂门口等候工人上班，上工之前与他们谈心交朋友，约他们下工后到旅沪同乡会进一步详谈，叫他们首先加入同乡会，然后慢慢地介绍他们入团入党。[4]

---

[1] 徐梅坤：《九旬忆旧：徐梅坤生平自述》，北京：光明日报出版社，1985年，第3页。

[2] 徐梅坤：《九旬忆旧：徐梅坤生平自述》，第4页。

[3] 上海市新闻出版局，上海商务印书馆职工运动史编写组编：《上海商务印书馆职工运动史》，北京：中共党史出版社，1991年，第154页。

[4] 徐梅坤：《九旬忆旧：徐梅坤生平自述》，第16页。

据他回忆，在所介绍入党的人中，有宣中华等人，其中"王景云已50多岁了，是商务印书馆的门房。廖陈云、章郁庵、徐新之三人，当时都是商务虹口发行所的营业员"[1]。这里所提的"廖陈云"就是后来成为党和国家领导人的陈云。1905年出生于青浦县的陈云，通过在商务工作的叔父张子宏，在14岁那年便获得了一份在商务做学徒的工作，后来入了党。其实像陈云这样在商务入党的人并不少，而且他们还会充当上海和周边地区的联系人。和陈云一起进馆的黄警顽，也回忆了当时的情况："后来还经常出去调查发行情况，到各级学校里张贴新书广告，联络教师。"[2]

依托于商务印书馆，《东方杂志》有着强大的资源支持，包括雄厚的经济力量和庞大的发行网络。《东方杂志》直接由商务印书馆下的编译所编订，同时发行的还有其他面向相对固定阅读人群的杂志，这些读物每每都会在新书推介或评论里相互推荐，列出具体名目，所以许多读者在阅读时也会连带订阅其他杂志。这些读物的定价都算不得贵，《东方杂志》在1920年从月刊改为半月刊后，定每册于每月十号和二十五号发行，在其启事中即称：

> 本志定价全年二十四册计洋四元。半年十二册二元二角。每册二角。今为便利读者起见。从明年第十八卷第一号起。特将预定半年之价目减为二元。其余仍照囊例。[3]

每册二角，半年十二册二元，全年廿四册仅四元。江苏常熟的徐兆玮似乎就很爱读上海的书报，长期订阅诸如《小说月报》、《妇女杂志》、《教育杂志》以及《东方杂

［1］徐梅坤：《九旬忆旧：徐梅坤生平自述》，第20页。对于宣中华的讨论，参见［美］萧邦奇著，周武彪译：《血路：革命中国中的沈定一（玄庐）传奇》，南京：江苏人民出版社，2010年。上海市新闻出版局，上海商务印书馆职工运动史编写组编：《上海商务印书馆职工运动史》，第154页。

［2］黄警顽：《我在商务印书馆的四十年》，蔡元培等：《商务印书馆九十年》，第88页。

［3］《本社特别启事三》，《东方杂志》1920年第17卷第24期，第3页。

志》等几种商务印书馆的报纸杂志，几乎每天都读，有时还会摘录做些笔记[1]。

此外，《东方杂志》还登载各式广告。1919 年，《东方杂志》广告收入就在当时商务印书馆之下位列第二[2]。其中一种是纯商业性的广告，有对各种国货洋货的宣传，涉及领域十分广泛，大到金融工商，小到火柴香皂，都是一般市民读者的日常生活。还有一种是学术性的文化广告，大部分是对商务教科书的动态介绍。因为《东方杂志》办刊者即指出"现在经营商业，一天难似一天了。因为从前营业的范围小，目前营业的范围大……要登效力确实最能永久的广告，莫如书籍及杂志"[3]。

1921 年之后，《东方杂志》新开图书广告专栏，其中推荐了众多商务出版的有关于社会主义的书籍，如《社会主义与进化论》、《马克思主义和达尔文主义》、《马克思学说概要》等，在当时的销量非常可观。同年 1 月，范寿康也参照河上肇的文章和马克思的原著，介绍了马克思的《政治经济学批判》，之后又和施存统一起译著了《马克思主义与唯物史观》一书[4]。

由于《东方杂志》对世界大势的关注，所以上海的报刊也有很多对《东方杂志》文章的转载。比如《民国日报》的《觉悟》副刊，就曾对《社会主义与人生问题》以及《劳农俄国底婚姻法》进行转载，还作出了系列评论。作为上海的老牌杂志，《东方杂志》还有大量的征文和笔会活动，也拉近了读者与杂志之间的距离。

随着新文化运动的展开，议题也不断转换和更迭，《东方杂志》也在做不断的调整。1920 年，《东方杂志》发布启事称：

> 近代欧美思想解放，创作自由。故思想界文艺界标新领异，日增月盛，吾国新文化方始萌芽。自宜广事采择，藉资磨砺。本志有鉴于此，

---

[1] 徐兆玮著，李向东、包岐峰、苏醒等标点：《徐兆玮日记》第 3 卷，合肥：黄山书社，2013 年，第 2238 页。

[2] 张元济：《张元济日记》，1919 年 1 月 2 日条，北京：商务印书馆，2018 年，第 677 页。

[3] 《论登书籍及杂志广告的利益》，《东方杂志》1920 年第 17 卷第 5 期，第 1—3 页。

[4] 范岱年：《范寿康和商务印书馆》，蔡元培等：《商务印书馆九十年》，第 319 页。

特自明年第一号起，除介绍西洋学术思想之长篇文字外，复增辟"新思想与新文艺"一栏，专载篇幅较短之文字。内容如（一）欧美哲学思想之最近进境；（二）最近之文学创作；（三）艺术上之最近派别；（四）最近出版之名家著述。无不提要撷华，广为绍介。虽仅断片之记述，无统系的研究，然因此可使当代文艺思想之潮流。与吾人稍稍接触，或亦为热心新文化之读者所嘉许也。[1]

栏目的更新和扩张，势必挤压旧有栏目，对于一直都有的"文苑"栏目，《东方杂志》也决定废掉，其称：

……中国人求世界智识的欲望，已经不是直译西报的纪事文所能够满足了；非得中国人自己有系统的叙述不可。本志从去年十七卷起，添辟世界新潮一门，把世界新发生的大事，用最经济的方法，分条记述……中国的旧文学，其势不能够不改革了；所以本志从今年起，决计把文苑废掉，另设新思想与新文艺一栏，当做介绍西洋文学的引子；所有诗古文辞一类的投稿，从此就一概不收。但是这并不是本志鄙夷中国学问的意思；倘然于中国学问真有研究的著作——像从前登过的《宋元戏曲史》、《名学他辨》和《敦煌发见唐朝之通俗诗》及通俗小说等等，仍旧是极端欢迎的……[2]

而后不到半年的时间，栏目又有调整：

本志自改革体例以后，颇蒙读者嘉许，但也有人以为太偏于学理的。自下一号起，拟多载讨论问题及关于世界大势的论著……吾国的出

---

[1]《本社特别启事二》，《东方杂志》1920年第17卷第5期，第5页。
[2]《编辑室杂话》，《东方杂志》1921年第18卷第2期，第8页。

版事业，近来颇为活跃；翻译西洋名著的，也颇不少。但篇辐较长的著作，因为人力与时间的关系，非特一时不易译出，而且普通学者也无暇卒读。本志自下半年起，拟添辟名著研究一门，将欧美最近出版的重要著作，节述大概；并介绍诸家之批评，冀一般读者可藉此知道书中的涯略，并引起读原书的兴味……[1]

从一般的介绍到废除原来的文艺栏目，再到偏于介绍西方新思潮，最后甚至对篇幅有所限制。这个不断调整的过程既可见当时报刊界竞争之剧烈，《东方杂志》诸人为巩固市场，不得不察势观风，捕捉最新趋向，吸引读者。

在读者群方面，从当时的定位来看，《东方杂志》主要以中小知识群体为受众，即"大部分是在校的大学生、中学生、中小学教职员、一部分大学校教职员、军官以及公务员等。总括起来说，不是纯消费的学生，便是收入清廉的教职员、军官及公务员等。也有人认为，《东方杂志》可以被视为是一份在商务支持下面向都市读者的'中层'刊物"[2]。当然不仅是在上海地区，《东方杂志》还有其"周边"，尤其是辐射到周边的江浙地方。

围绕在上海周边的江浙地区（主要指浙东、浙北以及苏南范围），向来有着深厚的学术传统，既重学术又重经世，造就了江浙学术的兴盛，这也离不开上海的文化辐射。从晚清开始，苏州、杭州等地就已经把上海作为"新文化"的主要来源地[3]。但在二十余年之后的五四时期，讯息传递的速度更快。苏州文人柳无忌回忆称"在一九一八年左右，新潮流已自北京、上海滚滚而来，流入了黎里镇的市河内"[4]戊戌前后苏沪交通不便，报纸只能先从信局里寄，一般在第二天才

[1]《编辑室杂话》，《东方杂志》1921年第18卷第12期，第8页。

[2] 马学新、曹均伟等编：《上海文化源流词典》，上海：上海社会科学院出版社，1992年，第199页。

[3] 瞿骏：《小城镇里的"大都市"——清末上海对江浙地方读书人的文化辐射》，《社会科学研究》2016年，第5期，第161页。

[4] 柳无忌：《柳无忌散文选（古稀话旧）》，北京：中国友谊出版公司，1984年，第79页。

能看到头天出的报纸，苏州的包天笑就曾回忆儿时每天下午三四点的时候，就在等着从上海来的头天的报纸。苏沪铁路建成以后，"往来不过两三小时，可云迅速"[1]。后来，江浙各地也纷纷自办报纸杂志，"在苏州，那时城里也有三四家书店"，"可以走进他们的柜台书架傍随意翻书的"。包天笑那时也计划从办小书店开始，做一个推销机关，再到后来的书庄。他后来回忆称：

> 苏州有许多乡镇，文化的发展，并不输于城市。尤其苏州当时是个省城，而交通也甚发达，人文尤为荟萃。即以苏州府的几个县份而言，如常熟、吴江、昆山等县，都是文风极盛的，他们知道苏州有个东来山庄，便都来买书、定杂志，不必到上海去了。

办了书庄以后，他们又在苏州办起了《苏州白话报》，大部分都是撷取世界新闻、中国新闻和本地新闻，将之转述为白话。他称当时"本来不想赚钱，只是想开开风气而已"，又去乡间贴了招纸，在许多市镇的小杂货店里，还可以寄售[2]，而这些新闻大多也是从上海来的。除了报纸杂志之外，宣讲、演说等形式也进一步将新文化下渗到地方社会[3]。

三、《东方杂志》的阅读与"社会主义"的在地化

江浙地区新思潮的传入，不仅因为上海为新文化新思潮的中心，更在于有新文化的传播者。在地的文人们也通过书报、社团和学校等各种方式感知和回应新文化，赋予在地的新解释。同时也与浸润于新文化而成长起来的知识分子有关。

[1] 包天笑：《钏影楼回忆录续编》，太原：三晋出版社，2014 年，第 79 页。
[2] 包天笑：《钏影楼回忆录续编》，第 116 页。
[3] 李孝悌：《清末的下层社会启蒙运动（1901—1911）》，石家庄：河北教育出版社，2001 年，第 270—352 页。

他们大多出生于甲午、戊戌之后，正逢科举改制，阅读新书也自然更多。这一批文人与上海互动频繁，有的在上海开始一番新事业，投入到诸如报刊、电影等文化事业中，如蒋维乔、臧励和、许指严等组成的所谓"常州帮"，就是从常州到上海成为商务印书馆的得力干将。有的则是在上海流转一番再回到家乡，此后不断往来于苏沪、浙沪之间的青年文人。在上海参与到新文化运动以后，他们所看到的是时代的大变动，所感受的是"救国救民"的责任感。当他们回到家乡，所见难免是"落后与陈旧"，于是他们依托着地方的家族和同乡关系，纷纷建社团、办报刊、兴学校，尽其所能用新文化所得来"新"地方，这样的文人并不在少数。

1916 年 8 月，从北大预科毕业进入上海商务印书馆工作的沈雁冰，于 1920 年在李汉俊的介绍下加入了上海共产党早期组织。同年 7 月，中国共产党在上海诞生，他便成为了商务印书馆职工中的第一个中国共产党党员。利用在商务印书馆的编辑职务，他有着对外通信的有利条件，便担任了中共中央的秘密联络员[1]。

他一面在积极学习各种西方学说，另一面也在浙北桐乡老家办起了社团。他和弟弟沈泽民，以及同乡萧觉先、王敏台、卢奉璋、严家淦、杨朗垣、曹辛汉等人发起成立了"桐乡青年社"，并出版不定期刊物《新乡人》。在商务印书馆中，沈雁冰在《学生杂志》《东方杂志》上发表了多篇译文，其中包括了大量的俄国家庭、文学等系列作品，同时又会把这些杂志辗转邮寄到桐乡老家。1922 年，桐乡青年社又吸收了一批新社员，所办刊物也改名《新桐乡》，发行范围扩大到周边各县，社员沈泽民也是中共党员，社员王会悟更是中共一大代表李达的夫人，于是桐乡青年社的革命倾向也日益显现，其宗旨便是"提倡新思想、新文化，反对旧文化、旧道德和地方恶势力"。当然，单凭沈雁冰几人之力难以在地方立足，于是他联系了当时新任植材小学校长的徐仲英。出生于 1886 年的徐仲英，早在弱冠之年便热衷于新学，不遗余力地从事地方教育事业。1919 年，他从植材小学的普通教师升任校长，颇有名望[2]。《新桐乡》徐为干事主任，沈为编辑负责人，所有刊登的稿件全

[1] 茅盾：《茅盾回忆录》(上)，北京：华文出版社，2013 年，第 149 页。
[2] 中国人民政治协商会议浙江省桐乡县委员会编：《桐乡文史资料》(第 4 辑)，1986 年，第 80 页。

部用白话文撰写，颇受青年读者的欢迎。为了扩大发行量，刊物的定价较低，每份铜元 5 枚，在桐乡县城和濮院镇，以及嘉兴新塍镇等地均设立特约代售处。

除了沈雁冰之外，编译所的董亦湘和杨贤江也是共产党员，他们还培养积极分子，到全厂各部门接触工人，熟悉情况，和工人保持联系。不仅是在商务内部，他们还会利用假期到上海周边宣传。1923 年的七八月间，沈雁冰应侯绍裘的邀请，到松江暑期讲习班讲演"什么是文学"；他还应邀到家乡桐乡的几个学校去讲演，宣传新思想；后又应柳亚子的邀请，去江苏黎里讲演[1]。

沈雁冰的好友胡愈之，是旅居沪上的浙江上虞人，他在上海办起了面向家乡的青年报刊。少年时期，他受父亲影响[2]，在阅读了父亲订阅的报刊之后，"便把报刊的文章和消息分门别类地剪贴起来装订成册，当作书籍一样保存起来，而且自己办起了手抄的报刊"[3]。到了上海之后，胡愈之进入商务印书馆的编译所，开始在《东方杂志》上发文。1919 年前后，他就已经注意到了俄国的文学和动态，连续撰文提倡新文化[4]。其浙籍好友章锡琛、杨贤江和沈雁冰等人也都在商务编译所工作，他们一起组织了文学研究会，发表了大量的俄国文学作品。在上海"小有名气"之后，胡愈之深感家乡上虞实在闭塞，有必要将新文化传入。因此他想创办一份面向家乡的报刊，于是便在上海联系了上虞的同乡青年，和胡仲持兄弟一起办了《上虞声》，不仅关注上虞本地的消息，而且也刊登世界大事的时事消息。这是上虞地区的第一份报纸，里面有大量的世界新闻，后来《上虞声》因故停刊，四年之后在《上虞声》的复刊词中，胡愈之写道：

---

[1]　1923 年，侯绍裘与朱季恂、高尔松、姜长林等创办了《松江评论》。

[2]　胡愈之的父亲曾在上虞创办了舜水学堂和舜水女子学堂，这是县里最早的一所女子学堂；后来新学兴起之后，他和县内的一些有名望的人士，又把经正书院改为了上虞县高等小学堂，还为首出资创办了昌明国民校等几所学校。详见胡愈之、曹松境：《故乡情深——胡愈之与上虞》，中国人民政治协商会议浙江省上虞县委员会文史资料委员会编：《上虞文史资料第 6 辑——纪念胡愈之专辑》，1991 年，第 169—171 页。

[3]　于友：《胡愈之》，北京：群言出版社，2008 年，第 11 页。

[4]　朱顺佐、金普森著：《胡愈之传》，杭州：杭州大学出版社，1991 年，第 30 页。

上虞人向来是只扫自家门前雪，不管他人瓦上霜。上虞向来没有一个公开的舆论机关，向来没有人说过一句公道话儿。有之则自《上虞声》始。《上虞声》是上虞人的唯一言论机关。……我们的目的是想把复活的《上虞声》作为地方舆论的向导，青年同志的机关，社会改革的先锋。[1]

不仅办报，他还在上虞支持开办"昌明国民校"，偶尔会去讲学，和夏丏尊、匡互生等教师都有很多联系。他还从上海为家乡的学校提供进步书刊，其中就有很多《东方杂志》上所刊载的俄国文学作品和马克思主义学说，这甚至使得这些学校成为当时上虞地区"一个进步青年的活动中心"[2]。

无论是在当地创刊还是建社，沈雁冰和胡愈之都并未真正长期"回乡"，但这仍然给地方带去了一些"新"的影响，并带动了一批"新"的知识青年，上虞县下管西塘的徐懋庸便是如此。出生于1910年的徐懋庸，后来在回忆到家乡时，就说五四运动之后的下管"既是一个闭塞的社会，又是逐渐开放的社会……共产主义这个名词，曾引起一些人对于改造祭田制度的幻想"[3]。

当时，徐懋庸还在念初小的最后一个学期，但也感知到了来自上海新文化运动的一些具象，比如在同乡师长徐用宾的组织下，阅读着学校油印的报纸《管溪声》，还印刷教材，管理书报等。地方也开始有了图书馆，这些书报部分是小学教员的自家藏书，集中在方山小学的一间屋子里，"并由学校和某些个人订了一批报刊，有《申报》、《时事新报》、《民国日报》，以及《新青年》、《东方杂志》、《小说月报》、《教育杂志》、《妇女杂志》、《少年杂志》、儿童世界》、《小朋友》等等，让人们借阅"[4]。

徐懋庸从学校毕业后为了生计做起了教书先生，但他还是一直订阅商务的

---

[1] 胡愈之：《上虞声复活》，《上虞声》1924 年 10 月第 3 期。转引浙江省上虞市政协文史资料委员会编：《白马湖文集》，1993 年，第 102—103 页。

[2] 于友：《胡愈之》，第 37 页。

[3] 徐懋庸：《徐懋庸选集》，成都：四川人民出版社，1984 年，第 218 页。

[4] 徐懋庸：《徐懋庸选集》，第 236 页。

杂志,《东方杂志》、《教育杂志》等经常都让他颇有心得。他听说了上虞县的白马湖,还知道了经亨颐等人创办的春晖中学,那里有夏丏尊、朱自清等很有名望的老师,而且蔡元培、吴稚晖还曾在那里演讲,徐懋庸便在那里听到了"五花八门"的讲学:

> 他们讲的内容,我都不大理解,只记住了许多新鲜的名词,同时形成一个模糊的概念,觉得中国太弱,社会太黑暗,需要革命或改良,才能救国。救国要有一个主义,而主义却很多,不知哪一个最好。总而言之,这次讲学会,使我的脑子从狭隘的下管社会跳出,初步接触到整个中国的许多问题,从而引起我此后读书看报时对这些问题的注意。而想做一个学者、文人的愿望,也由此加强了。[1]

在白马湖,徐懋庸不仅听到了这些颇有"启发"的学说,还结识了一些共产党员,比如后来成为瞿秋白妻子的杨之华。徐回忆到当时又有了些"微妙的感觉",因为杨之华是他"第一个见到的具体的共产党人"[2]。同时,徐开始在《上虞声》发表文章,参加"青年协进社"的活动,于是自觉"我的政治倾向明确起来,虽然那时还不过是反帝反封建的民主主义性质,却为后来接受共产主义打下基础"[3]。因为在《上虞声》的多次发文,作为《东方杂志》编辑的胡愈之也关注到了徐,并在之后给了他许多帮助,徐懋庸也由此接触了更多《东方杂志》的文章。徐还回忆到,其同乡徐叔侃也曾受到胡愈之的影响,后来在五四运动中也是积极分子。

同样的,嘉兴南湖之畔的新塍镇也是浙江较早宣传社会主义的地方。1921 年 2 月,由沈选千、朱良臣等人发起,联合朱仲虎、竺饮冰、黄驾白等先后创办了

---

[1] 徐懋庸:《徐懋庸选集》,第 242 页。浙江省上虞市政协文史资料委员会编:《白马湖文集》,1993 年,第 214 页。

[2] 徐懋庸:《徐懋庸选集》,第 242 页。

[3] 同上。

《新塍半月刊》和《少年新塍》，每期约发行 500 份，其中 300 份供给本地读者，其余的派送到北京、上海和杭州等地[1]。《少年新塍》还积极宣传马列主义，宣扬社会革命。而在嘉善县各镇也有报刊宣传各种进步思想，有的逢五一节还会出《劳动节专号》[2]。

带进新思潮的不仅是这些新一辈文人，还有一些在地的辛亥老革命党也在宣传上不遗余力。辛亥期间曾在总统府供职的柳亚子，回到家乡黎里后便开始积极宣传孙中山的三民主义。他在苏州吴江创立了新南社，在《新南社成立布告》中说，"新南社的精神是鼓吹三民主义，提倡民众文学，而归结到社会主义的实行"[3]。由于《新黎里》一马当先冲锋陷阵，吴江及邻县也都受到影响，各种"新字号"的报纸不断涌现出来，如《新震泽》、《新盛泽》、《新莘塔》、《新吴江》、《新周庄》等。据柳亚子的记载，从 1921 年到 1923 年间，他所在的黎里百里以内就有近 20 种新报。

表 2 《四年来百里以内定期出版物底年表》[4]

刊物名称	创办时间	创办地	刊物名称	创办时间	创办地
《蚬江声》	1921.9.16	周庄	《红霞》	1923.5.10	吴江
《吴江》	1922.1.1	同里	《春社》	/	盛泽
《芦墟》	1922.10.1	芦墟	《新盛泽》	1923.7.16	盛泽
《新周庄》	1922.10.10	周庄	《盛泾》	1923	盛泽
《盛泽》	1922.10.18	盛泽	《乐趣》	1923	盛泽
《晨光》	1922.10.25	盛泽	《励进》	1923.11.10	吴江
《余光》	1923.1.1	吴江	《大分湖》	1923.11.15	莘塔
《觉社》	1923.2.16	莘塔	《震属市乡公报》	1923.11.26	震泽
《新黎里》	1923.4.1	黎里			

[1] 浙江省新闻志编纂委员会编：《浙江省新闻志》，杭州：浙江人民出版社，2007 年，第 112 页。

[2] 浙江省新闻志编纂委员会编：《浙江省新闻志》，第 112—113 页。

[3] 中国革命博物馆、上海人民出版社编：《磨剑室文录》（上），上海：上海人民出版社，1993 年。

[4] 《四年来百里以内定期出版物底年表》，见中国革命博物馆、上海人民出版社编：《磨剑室文录》（上），第 794—798 页。

在这些竞相涌现的新报中，尤为值得关注的是1923年柳亚子主办的《新黎里》，初期每刊600份，中期达1000份，最多达1120份。创刊初始，《新黎里》气势磅礴，连续推出多种特刊，涉及旅大问题、婚姻问题、劳动纪念等，还提倡新文化，宣传社会主义的劳工思想。后来因为关于劳动纪念的特刊，柳亚子被同乡人指为"过激党"《新黎里》也遭到勒令停刊。后来柳亚子在联名具保之下《新黎里》才得以复刊。他对此颇为在意，后来在宣传苏俄时写道：

> 在一年以前，苏俄是被人家看做洪水猛兽的。讲起列宁先生来，似乎比李自成、张献忠还要凶残嗜杀，是世界上第一个要不得的东西。所以一个"列宁私淑弟子"的头衔，就可以断送一张地方出版物的性命。不料一年以后，苏俄居然会派大使到北方，那中国的反动派首领曹老三，却也居然恭而敬之，亲而热之，和所谓苏俄代表列宁党羽的加拉罕先生拉起手来了。……马克斯的《共产党宣言》书，起码要出一角钱向上海民智书局或是上海书店买来恭读……[1]

当然，在《新黎里》复刊时，也有其他重要杂志互相呼应着：

> 自从《新黎里》报被勒令停版以后，新文化运动，差不多受了一个大打击，一般遗老遗少，都拍手称快，不料《新盛泽》忽地大张旗鼓起来，更不料《新黎里》又不久复活，就和文明先进的《新周庄》，结成三角同盟，真真是吾道不孤了。[2]

---

[1] YT：《苏俄和马克斯》，《盛泽》报第95期1924年8月28日。转引自张明观，黄振业：《柳亚子集外诗文辑存》，上海：上海人民出版社，2011年，第83页。

[2] YT：《四年来百里以内定期出版物底年表》，《新黎里》1924年4月1日。见中国革命博物馆、上海人民出版社编：《磨剑室文录》（上），第797页。

《新黎里》对社会主义的宣传，主要是集中在婚姻问题和劳工问题上：在婚姻观念上，柳亚子主张完全抛弃传统，甚至婚姻本身都可以变换形式。只是现在条件未成熟以前，尚有保存的必要，但至少也要能够做到"自由结婚"：

> 我以为在人类进化，社会主义实现以后，打破财产制度，实行儿童
> 公育，那两性的恋爱，便同寻常交谊一般，夫妇的名义，当然要取消，
> 婚姻两字，决计不成问题。[1]

这种观念不仅作为口号而宣传，而且被他熟练地运用到生活世界里。在友人毛啸岑结婚时，婚礼过程已经去除了很多的"繁文缛节"，他认为这虽是"我邑婚姻史上"的"新纪元"，但也有不甚满意的地方。比如，结婚第一幕的新郎新娘鞠躬行礼完全可以不要，"难道不鞠躬就不成夫妇吗？"也可见这种"推翻一切创造一切"的态度[2]。

《新黎里》的"新"，其中很多内容都是对上海时事的关注，以及对上海报刊的转载。柳亚子等人时时关注着"上海报界"的动态。黎里的地方报对于上海新书报如此关注，以至于有读者在《东方杂志》的"读者论坛"上投稿，认为地方报刊太过关注世界和国家之大事，而没有承担起记述地方事件的责任：

> 今日我国之地方报，大多滥载中央或全国或世界各地之记事，鲜有
> 以地方为本位者。其甚者，剪裁地方人已经阅过之京沪报以充篇幅。[3]

在地方上，有人说《新黎里》存在文字太新、太高调和不切地方色彩的问

---

[1] YT：《对于啸岑、华昇结婚之感想》，《新黎里》1923年12月1日。见中国革命博物馆、上海人民出版社编：《磨剑室文录》（上），第739页。

[2] YT：《对于啸岑、华昇结婚时茶话会上各人演说的批评》，《新黎里》1923年12月1日。见中国革命博物馆、上海人民出版社编：《磨剑室文录》（上），第747—749页。

[3] 任白涛：《地方报之编辑》，《东方杂志》1921年第18卷第17期，第96—100页。

题，但柳亚子却表现出了对世界的想象，认为黎里和上海并无太大的不同，所以他把自身所处的黎里也看作是世界的一个"重要"组成部分，认为"世界各国，终当成一大联邦，世界各民族，终当混合为一大民族"，颇有一种"世界民"的气质：

> 我们生在二十世纪世界上中华民国内的黎里，就应该有三重人格，一重是黎里的市民，一重是中华民国的国民，还有一重是世界的公民，有了这三重人格，方才不做时代的反叛者。[1]

"不做时代的反叛者"，这种世界潮流一往无前的趋势，已经把柳亚子带进了面向未来新世界的希望和憧憬，而对于传统，《新黎里》的态度似乎和《东方杂志》很不一样：

> 我们所崇拜的人，既不是中国的孔、孟、老、庄和周秦诸子，也不是外国的康德、叔本华、托尔斯泰、倭铿、佩克森，我们只崇拜马克斯和列宁，我们只崇拜孙先生，我们要把这一种智识观念，灌输到全黎里或全吴江智识阶级脑子里去。[2]

同时，新思潮中大量的名词和概念也被用到宣传中，联结成一套与传统不同的语言习惯，并进而深深影响人们的思考方式。比如柳亚子已经开始用马克思学说中"阶级"一词来描述社会关系，他认为自己代表"中产阶级"，要和"劳工阶级"走到一起：

---

[1] 《答某君书》，载 1923 年《南社丛刻》第 22 集；YT：《新黎里周年纪念宣言》，《新黎里》1924年 4 月 1 日。见中国革命博物馆、上海人民出版社编：《磨剑室文录》（上），第 760、789 页。
[2] YT：《报纸是给甚么人看的?》，《新黎里》1924 年 8 月 16 日。见中国革命博物馆、上海人民出版社编：《磨剑室文录》（上），第 824—828 页。

现在我们中产阶级和知识阶级，要避免这种惨剧，非去而与劳工为伍不行，倘然像一般糊涂昏愦的老百姓，和荒谬绝伦的官僚、军阀、资本家，他们越是反对革命，越是制造革命，真所谓"扬汤而止沸"，"避影而疾走"呀![1]

同样，江浙各地有很多工厂的工人，也往往运用马克思主义学说中的新名词，自称"劳工阶级"。比如《宁波工厂周刊》的主笔林端甫，曾为同盟会会员，此时开始关注各国工业发展和劳工状况，而《宁波评论》还会与《四明日报》、《时事公报》上的某些文章进行论战。高尔松主持的《松江评论》，也很善于利用各类纪念日发文宣传，比如在推出的《五月纪念》刊号中，就既宣传了五一的劳动纪念日、五四运动，又宣传了马克思的周年纪念日[2]。

对于日常的时事消息，柳亚子也开始用社会主义的视角去认知和描述。在上海的一个丝织厂发生惨剧之后，他所批评的是"资本家"，所同情的是"被资本家剥削的工厂工人"。他评论道，"资本家的万恶，真真到了极点。……这些都是经济逼压的势力罢了"[3]。同时，他还很善于用一些故事性的新闻来宣传，比如在阅读了上海报纸的"五一特刊"之后，柳亚子就赶紧将其转到了《新黎里》上：

> 1891 年法国五一节，青年男女结队游行，时与军警冲突，死伤的青年男女很多。其中有一对引导群众的青年男女：男的年 19 岁，名多德孟季德洛特，手中拿着三色旗；女的年 18 岁，名玛利亚卜伦德，手中拿着一枝白茶花。当军警冲突最烈的时候，两人高唱纪念歌，向前跳

---

[1] YT：《对于啸岑、华昇结婚时茶话会上各人演说的批评》，《新黎里》1923 年 12 月 1 日。见中国革命博物馆、上海人民出版社编：《磨剑室文录》(上)，第 747—749 页。

[2] 王文科，张扣林：《浙江新闻史》，杭州：浙江大学出版社，2010 年，第 126 页。

[3] YT：《祥经丝厂底惨剧》，《新黎里》1924 年 4 月 1 日。见中国革命博物馆、上海人民出版社编：《磨剑室文录》(上)，第 791—793 页。

跃，个把手中的三色旗，用自己的血溅红了，一个把自己的血溅在白茶花的枝上，可怜他们竟做了这次牺牲中的祭品。[1]

1924 年，国民党改组，柳亚子"以同盟会会员资格，重新加入，成立了吴江县党部"[2]。作为国民党在苏州地方的宣传者，他自然也把三民主义与社会主义相联系：

在现世界上，能够了解列宁的意义，继续列宁的事业，有做列宁第二的资格者是谁？说一声老实话，内举不避亲，要推我们创造中华民国的孙先生了。[3]

1925 年，孙中山逝世之后，他还召集了追悼大会，撰挽联云："薄华盛顿而不为，何况明祖。于马克思为后进，庶几列宁"[4]。可见，从五四新文化中所获得的思想资源，在地方又会被运用于各种的党派力量中。

不仅是在江浙地区，山东鲁中诸城的王统照也经常订阅《东方杂志》。在"五四"之后的两天，他写道：

此册之《东方杂志》，陈嘉异君之《东方文化与吾人之大任》登完。此君持中国文化之发扬说甚力，广征博引，期证实其说，固不为无见。然予以为彼究竟亦先有主见，故文中不免夸大其词。东方文化与中国文化固亦有独立之价值，然过于推崇，视西方文化远在东方下则殊非当。

---

[1] YT：《恋爱的模范》，《新黎里》1925 年 5 月 16 日。见张明观，黄振业：《柳亚子集外诗文辑存》，第 85 页。

[2] 柳亚子：《柳亚子年谱》，上海：上海人民出版社，1986 年，第 5—6 页。

[3] YT：《拜孙悼李楼随笔——列宁和孙先生》，《新黎里》1924 年 2 月 16 日。见中国革命博物馆、上海人民出版社编：《磨剑室文录》（上），第 836 页。

[4] 柳亚子：《柳亚子年谱》，第 75 页。

册中有坚瓠君《文化发展之径路》，所批评尚不失为持平之论。[1]

同样的，安徽士人万正夫也曾写信给表弟毅然，询问如何处理家庭关系。毅然在回信中就提到现在世道已变，"财产底私有制度，或者不能即时打破，但你我也要看开一点。鸡已叫了，东方白了，一时红通的太阳就出来了，又何必不见几而作呢"[2]？

关于社会主义的论述，《东方杂志》并没有持续的偏向性报道，这使得地方读书人有了更多理解的可能。在《东方杂志》的介绍中，大多认为中国的资本家应当有所改变，批评他们"丧其独立自营之良习惯，而欲为依附官僚以为重，故中国之资本主义，为一官僚式之资本主义"。这种资本主义，"其为害更烈于欧美之资本主义"[3]。但同时，他们认为马克思的学说不足以解释这种关系，而应该归结于官僚，"彼攻击资本主义制度可已，但因此攻击资本家，则不尽然"[4]。所以他们更多宣扬产业组合、资本组合、工读主义，希望"取资本主义发展生产之利，避资本主义分配不均之弊，才能达到社会主义的理想目标"[5]。

因此，很多读者觉得社会主义太过遥远，可以慢慢从切实改造开始。比如读者朱恒之就很受《东方杂志》的影响，认为应该慢慢改良，使得资本家和劳工的矛盾得以缓和。他在给汉口崔亦新的信里说，"中国各省假使多出一些像这样的资本家、实业家，虽说不到真正德谟克拉西的社会，更谈不到共产主义，但是地方受福一定不在小处"[6]。

江苏常熟士绅徐兆玮也从较早就开始订阅《东方杂志》，但其中也能见一些

［1］ 王统照著，王立诚整理：《民国十年日记》（第一部），转引自《潍坊学院学报》2004 年第 4 卷第 1 期，第 6—7 页。

［2］ 高语罕编：《白话书信》，上海：亚东图书馆，1921 年，第 139—140 页。

［3］ 坚瓠：《中国式之资本主义》，《东方杂志》1921 年第 18 卷第 13 期，第 3—5 页。

［4］ 端六：《论企业阶级》，《东方杂志》1920 年第 17 卷第 16 期，第 9—22 页。

［5］ 洪九来：《宽容与理性——〈东方杂志〉的公共舆论研究（1904—1932）》，第 158 页。

［6］ 高语罕编：《白话书信》，第 314—315 页。

可讨论之处。比如徐兆玮对于《东方杂志》的阅读并非是按照顺序，常常是先读了后面的几期，之后又再读前面的几期。如 1918 年 4 月 21 日阅了《东方杂志》第 15 卷第 3 号，而在 5 月 8 号才读第 15 卷第 1 号，常有顺序颠倒、混杂错位的事情。在购买书报时，很多消息大抵也是零零碎碎得来的。正如王飞仙所分析的，"杂志与报刊不同……杂志的销量却是不确定的，更多的是要看在于它的预设读者群中，是否有优势，具有影响力。更多时候，一个读者可能同时是许多期刊的读者，但在他自己的阅读世界中，也许对于这种期刊有排序，不同的期刊扮演不同的角色"[1]。于徐兆玮而言，《东方杂志》便是一种在上海有广泛的影响力而"所言大多可信"的"获取新知识"的来源。

还有一点，关于《东方杂志》所刊载的大量关于新理论新学说，徐兆玮似乎并不十分关注，每每记下的都是文苑小说之类，或关注于文字典释，这自然与他作为藏书家的身份有关。而对于某些"哲学"的文字，徐兆玮的好友施士则还曾专门来信讨论：

> 得施士则初三日函言：……若国内今日以哲学鸣者，可说大半是伪，正因哲理高玄，漫无界址，得假隐藏，而人莫之测耳。……况新旧本一贯，即中西亦何尝不相通？而今之学者必歧而二之，存见既隘，持论亦肤，不相胜，复不能下。[2]

活跃在苏州的包天笑也曾写道，当朋友问及主张哪一种学说时，他明言"我的看书，是毫无系统的，杂乱无章的，俗语所谓抓到篮里就是菜。而且有许多书看了以后，老实说不求甚解，甚而至于过目即忘"[3]。这种文人接受时的无序和

[1] 王飞仙：《期刊、出版与社会文化变迁：五四前后的商务印书馆与〈学生杂志〉》，台湾"国立"政治大学，硕士学位论文，2002 年，第 50 页。

[2] 徐兆玮：《徐兆玮日记》卷 4，1926 年 1 月 19 日条，第 2761 页。

[3] 包天笑：《钏影楼回忆录续编》，第 118 页。

杂乱，信息获取的片段性，更多的可能是凭借几篇文章的冲击。在同时接收到不同时期的讯息评论时，甚至会有时空错位的朦胧感，进而有了与外面的世界自相"接引"的想象。

但是，在江浙地区，还有众多具有党派色彩的报纸，如《民国日报》《时事新报》等报刊。反观坚守持重的《东方杂志》则的确因为不是那么"趋时"而热销，没有摇旗呐喊的鼓舞人心，不免显得"有些不合时宜"。1924年前后，柳亚子对《东方杂志》的关注明显减少。在宣传青年应当看的杂志报纸中，他提到了"《民国日报》《新青年》《前锋》《新建设》《新民国》《向导》[1]"这些具有明显偏向性的刊物，但并未再提及《东方杂志》。不仅是柳亚子，一位《东方杂志》的读者似乎也颇不满意这种调和的论述风格，认为《东方杂志》的介绍既不新又不清楚，应当介绍西洋最新的学说，因为"学说这样东西是流动的，是随时俱进的，不是固定的"，"欧战以前的西洋学说，是不适合现代的趋向"，他希望《东方杂志》对学说要持批评的态度：

> 譬如讲社会主义，有所谓共产派，有所谓集产派，有所谓田土均产派，三派比较，详下批评，然后才明白何派最优，何派次优，何派为优……不然，是非倒置，清浊莫分，将见社会之不宁，人类之困厄。……我很盼望本志以远大的批评眼光，批评那社会上的是非……[2]

1922年，一位叫做"济澄"的读者在《东方杂志》刊文，表达了对当时思想智识界的不满：

> 思想界之不能独立，依然和旧的一样，只不过略略改变了依傍的方

---

[1] YT：《青年应看的杂志和周刊》，《新黎里》1924年7月1日。见中国革命博物馆、上海人民出版社编：《磨剑室文录》(上)，第815—816页。
[2] 毕立：《我所要求于本志的意思》，《东方杂志》1920年第17卷第11期，第95—97页。

向而已。须知以新态度，新方法去治旧学，是一番改革的事业；若果以旧态度，旧方法去治新学，则新的亦化为旧，于中国学术界，毫无贡献之可言。笼统概括的研究，是历来中国学术界的惯技；而往日拿来对付古学的，今日又拿来对付新学，还会有甚么成就……今日出版界的表面，虽然是轰轰烈烈，很足以壮观瞻，然而一察其内容，殆无处不表示学术界之荒芜零落！已经沈寂的新旧之争，忽然又发作起来，而枯乏无聊之周刊杂志，又有风靡一时的气派，于此可见新的思想界几年来所费的气力，连破坏都没有破坏了甚么，更莫谈建设了。[1]

张元济在日记中，也称《东方杂志》于 1919 年因刊发胡适的文章而遭攻击后，曾一度"外间绝无来稿"[2]。或许针对这种现象，在创刊 20 年之际的 1923 年，《东方杂志》决定"把第一卷到第二十卷的《东方杂志》重新估定，选择其中最有价值最为一般读者所需要的文字，仿业书体例，辑成《东方文库》"[3]。而后在《东方文库》中，诸如《俄国革命之考察》、《社会主义神髓》以及《近代社会主义及其批评》等有关于社会主义介绍的长文都被收录其中，便于读者更系统地了解其中的社会主义思想。当然，读者的各种理解又和自身的诉求相关，不同身份的人对于社会主义都有着不同侧重的阐述。

结语

在 1918 年到 1923 年间，上海的舆论界十分强盛，是五四新文化生产的重地。而《东方杂志》更是聚集了如杜亚泉、钱智修以及胡愈之等一批享有盛名的编辑，他们用着在新文化中所得再去"新"地方，利用江浙尤其是江南与上海的

---

[1] 济澄：《从出版界窥见的智识界》，《东方杂志》1922 年第 19 卷第 9 期，第 2—4 页。
[2] 张元济：《张元济日记》(下)，第 614 页。
[3] 《东方文库出版预告》，《东方杂志》1923 年第 20 卷第 1 期，第 3 页。

地缘和人缘关系，通过建社、创刊、办学等各种方式将新文化带到江浙地方。

相较于北京的《新青年》、《新潮》等杂志，《东方杂志》无意做摇旗呐喊的"操枋者"，只是将世界潮流、各类学说介绍给大众，其中并无明显的偏向。这种"杂志之杂"，一方面给在地的江浙文人留有更多对社会主义思考的路径和阐释的空间，在文人讨论中联结其他杂志的观点引起反响，他们可以在社会主义的庞大体系中，衍生出不同的解释。但另一方面也有一定的局限性。在五四风潮的各类学说中，常常呈现的是激烈的表态和应急的策略，而读者们也更愿意看到这种宣传性鼓动性的话语，他们可以在这种话语中找到自身之定位，寻求下一步应当如何的路径，而《东方杂志》便因其"持重"难免显得有些"不合时宜"。但从长时间来看，《东方杂志》这种平正通达的叙述，其影响力却是持续而深远的。"五卅"运动时，上海各报均不敢据实报道，但《东方杂志》专设增刊，登载了由胡愈之撰写的《五卅事件纪实》，详细说明了运动的起因和发生的过程。《东方杂志》这种理性的调和主义，或许也是其能坚守 40 年之久的重要原因。

上海的新文化向周边拓展，而周边的江浙地区又是上海重要的资源来源地，众多文人都时常活动于上海和地方之间。于江浙而言，也以其本身的文化质素，或是吸收或是被动地回应着上海的新思潮。在由各种新名词编织的网络中，江浙文人们也逐渐改转换新的眼界和新的思考方式，并进一步和生活世界相联系[1]。同时，江浙本身的文化底蕴，亦使得他们能够在新文化下有所坚守，是在道德气骨的精神下有所变化，"在未来面对近代化转型的阵痛之时有了一个坚实的基础"[2]。

作为理论学说的社会主义思潮，终究是要被运用到实践中。进入 20 年代，也就逐步走向了"主义时代"，之后便不得不和政治的党派力量相联系，同时又在后续的革命中开始分化。作为辛亥党人的柳亚子，便把三民主义作为社会主义

---

[1] 王汎森：《五四运动与生活世界的变化》，《二十一世纪》2009 年第 113 期，第 49—50 页。
[2] 叶舟：《吴地近现代文化浅谈：以苏锡常三地为中心》，《"吴文化国际研讨会"论文集》，无锡，2010 年，第 177—182 页。

的继承来大力宣扬，在众多新字号的报刊中颇有影响。而浙江一师风潮中兴起的《浙江新潮》，便是浙江最早宣传社会主义的刊物，从中也走出了如杨贤江、宣中华、俞秀松等一批新兴的革命家。1921年，年仅21岁的曹聚仁从"一师"毕业时，便说"要到社会的大风浪中去搏击"，之后便又辗转到上海开始了新事业[1]。

从空间来看，从上海到江浙的文化辐射是一个"五四运动在地方"的故事。它丰富了五四新文化下行落地的具象，通过报纸杂志的媒介传播、家族同乡的人缘地缘，从理论学说到生活世界，源于上海的新文化已然落地生根，共同构筑了五四之后江南的大舞台。从时间来看，它又是旧学和新学、传统和现代的不断联结，在这个江南舞台上，在1923年之后的不久，在被五四风潮深深浸润过的地方，社会主义也被运用到实践之中。

---

[1] 李伟：《曹聚仁传》，郑州：河南人民出版社，2004年，第39页。

第四章　沈定一、戴季陶与《星期评论》的江南回响（1919—1922）

　　《星期评论》是上海新文化运动的重要阵地，虽然仅仅存在一年，但是在介绍和传播社会主义上可谓是独树一帜。目前，学界对于《星期评论》的研究集中在三个方面：一是围绕《星期评论》的办刊群体探讨这一群体的办刊思想与办刊过程[1]。二是围绕《星期评论》的刊物内容探讨其对社会主义的介绍与传播，以及有关女子解放等新文化运动中的其他议题[2]。三是以《星期评论》为切入点来探讨国民党人在新文化运动中的角色问题。学界对这三个方面的研究几乎是同

---

[1] 既有研究择其要者有李占才：《五四时期的戴季陶》，《黄淮学刊》1992 年第 3 期，第 41—48 页。李占才：《五四时期的〈星期评论〉》，《民国档案》1991 年第 2 期，第 70—78 页。俞慰刚：《孙中山与戴季陶的〈星期评论〉》，《华东理工大学学报》2010 年第 5 期，第 101—106 页。陈红：《沈定一在马克思主义传播中的贡献与局限》，《上海党史与党建》2017 年 8 月号，第 17—20 页。晏东：《浙江籍早期共产主义知识分子群体的形成研究》，武汉大学，博士学位论文，2014 年 5 月。杨宏雨：《〈星期评论〉作者群研究》，《理论学刊》2018 年第 3 期，第 146—155 页。杨宏雨，肖妮：《〈星期评论〉——"五四"时期舆论界的明星》，《同济大学学报》2012 年第 5 期，第 48—57 页。

[2] 肖妮：《〈星期评论〉与五四时期社会改造思潮》，复旦大学，硕士学位论文，2010 年 5 月。邓亦武、魏少伟：《〈星期评论〉与马克思主义在中国的传播》，《湖南工程学院学报》2011 年第 1 期，第 69—73 页。张忠山、费迅：《〈星期评论〉与五四时期的马克思主义传播》，《扬州大学学报》2011 年第 1 期，第 20—25 页。

时展开的[1]。对《星期评论》的讨论，除了上述三个方面外，还应该拓展出第四个方面，即探讨五四运动之际，处在上海的《星期评论》同人是如何参与、观察与回应这场运动的。此点王天根虽已对"问题与主义"之争时"《每周评论》及《星期评论》的遥相呼应"有所讨论，但仍有不少可细致描摹，深入展开的空间[2]。

王汎森在佐藤仁史的《近代中国的乡土意识》一书的序言中指出"我认为近代中国'舆论社会'的形成，产生了一种'合伙人效应'，即订阅或披读新式报刊的人，在仿佛之间往往想象自己在某些地方有一群合伙人。每天送来的报刊也像一位定期来访的合伙人。这些合伙人的数量很大，彼此并不认识，却隐隐然关联在一起，形成一股巨大的力量"[3]。

如果我们将全国的新文化运动看做是一个有层次、有等级、有中心与边缘的复合型过程结构，则王汎森所指的想象的合伙人，还仅仅是指在同一层级的地方社会中，新式报刊的阅读者之间所形成的"合伙人"现象。其实在五四新文化运动中，处在不同层级、不同地方的新文化人，既是阅读者，又是办刊者。中心与中心、中心与边缘之间的新文化同人，他们虽然谋面不多，但因倡导新文化的主张相近，利用书信与刊物往来，逐渐形成一种想象的"合伙人"。譬如沈定一、戴季陶在上海创办《星期评论》的过程中，即与北京的胡适、蔡元培等新文化同人之间互动频繁，还与处在下一层级中的杭州新文化同人联系紧密。杭州一师师生群体往往也要借助京沪新文化同人来创办杂志，传播思想，甚至是与浙江地方

[1]　吕芳上：《革命之再起——中国国民党改组前对新思潮的回应（1914—1924）》，台北："中央研究院"近代史研究所，1989年。刘永明：《国民党人与五四运动》，北京：中国社会科学出版社，1990年。欧阳军喜：《国民党与新文化运动——以〈星期评论〉、〈建设〉为中心》，《南京大学学报》2009年第1期，第72—84页。欧阳军喜对吕芳上等人的观点有所回应，指出"从总体上看，国民党与主流新文化运动有离有合，有同有异，国民党的改组与新文化运动无关"。

[2]　参见王天根：《传媒视域下"问题与主义"论争及南北呼应——以〈星期评论〉〈每周评论〉为中心的考察》，《历史教学》2016年第20期，第36—42页。王天根主要是围绕"问题与主义"之争这一事件来展开讨论，其亦指出"南北舆论呼应由此可见侧影"。

[3]　王汎森：《由"下"看"上"与"合伙人效应"》，《读书》2016年第7期，第128页。

军阀相对抗。这使原本"想象的合伙人"成为真正的"合伙人"[1]。

一、打破"人自为战"：五四政潮中京沪新文化同人的联动

《星期评论》是 1919 年 6 月由沈定一、戴季陶、孙棣三三人主办。在创办《星期评论》之前，沈定一他们在做什么？此问题关系到他们创办《星期评论》的动机。就目前的资料来看，1917 年，沈定一来沪之后对此时的南北政治始终密切关注[2]。1918 年 5 月追随孙中山来沪的戴季陶兴趣较多集中在办报上面。他似乎对具体的政治活动没有沈定一那样感兴趣，但对办报充满了热情。在 1917 年他就有要办一份《新生命杂志》的计划。1919 年初，戴季陶较多参加了由广州报界吴铁臣、汪书城与上海报界联合主导的"全国报界联合会"的活动。[3]

目前对于孙棣三的资料并不多，但是可以看出他与孙中山的关系密切。无论从《星期评论》的撰稿数量还是从沈定一等人的自述来看，整个《星期评论》由他们三人主导应该是确定无疑，而此后孙棣三退出，戴季陶的重心转向《建设》杂志，《星期评论》的主导者只剩下了沈定一[4]。

1919 年 5 月 4 日，北京学生运动爆发。5 月 6 日，就在江苏省教育会紧锣密

[1] 叶文心即认为"杭州之于北京，并不是省会之对中枢、边陲之于核心，杭州新文化运动的内涵，并不为北京五四运动所涵盖。五四运动在杭州，比较之于北京，本身便代表了另一种截然不同的求变的讯息。这个讯息来自中国内地乡镇社会，而不来自通都大邑对外开放的口岸。正因为它源生于对日常现实的不满，而不只是对抽象理想的憧憬，所以表现出来的反传统性尤具激情"。参见叶文心：《保守与激进：试论五四运动在杭州》，载汪熙、魏斐德：《中国现代化问题——一个多方位的历史探索》，上海：复旦大学出版社，1994 年，第 200 页。

[2] ［美］萧邦奇著，周武彪译：《血路：革命中国中的沈定一（玄庐）传奇》，南京：江苏人民出版社，2010 年。1919 年的 3 月中旬时，他曾质询南北议和的南方代表唐绍仪关于和议地点问题以及涉及南方政府的事宜。从信中所针对的事情来看，此封质询信亦有可能是受孙中山嘱托所发。《和议停顿中之消息（十七）》，《申报》1919 年 3 月 18 日，第 10 版。

[3]《粤报界招宴各报代表纪》，《申报》1919 年 4 月 13 日，第 10 版。

[4] 沈定一等人在致江苏督军李纯的信中亦称"《星期评论》是我们三个人，把自己所见，用很负责任的方法发表的作品"。沈定一、孙棣三、戴传贤：《给李纯的信》，《星期评论》第 10 号（1919 年 8 月 10 日），第 4 页。

鼓地组织"国民大会"，动员上海工商学界游行之际，沈定一、戴季陶、孙棣三也致电浙江省议会、教育会、商会，表示"庚日（即8日）上海举行国民大会"，希望浙江方面也能够"一致精进，力救危亡"，以此来促成运动的扩大[1]。5月15日，"全国报界联合会"召开茶话会欢迎从京津南下上海的学生代表。茶话会上南下学生与戴季陶、叶楚伧、邵力子、沈卓吾等上海报人达成了"决心与共进行"的共识[2]。大致在五月中旬的时候，浙江的学生运动也迅速发酵，对此沈定一亦通电支持[3]。

与此同时，沈定一、戴季陶、孙棣三等人开始酝酿出版《星期评论》。虽然沈定一指出《星期评论》的发刊时间是在6月8日，但是在6月4日的《申报》上，已刊登有《星期评论》的广告。在这封广告中，沈定一等人不无欣喜地称：

> 中国人渐渐的觉悟起来了，中国人渐渐知道从国家的组织，政治的内容，社会的里面，思想的根底上去打算了。但是人的究竟，国家的究竟，社会的究竟，文明的究竟，是甚么样？应该怎么样？好像大家还不曾有彻底的思索，明白的理会，切实的主张，我们出版（星期评论）就是把我们所自信的彻底的思索，明白的理会，切实的主张，写了出来，供天下人研究，求天下人批评。[4]

可以说，"中国人渐渐的觉悟起来了，中国人渐渐知道从国家的组织，政治的内容，社会的裏面，思想的根底上去打算了"，这一段话是从5月4日到6月3日近一个月来沈定一等人最深切的感受。也正是在这种感触的激发下，他们才进一步想把"人的究竟，国家的究竟，社会的究竟，文明的究竟"，"彻底的思索，

[1]《国民大会筹备纪事》，《申报》1919年5月7日，第10版。

[2]《报界欢迎学生代表团》，《申报》1919年5月18日，第10版。

[3]《沈定一反对浙议员加费函》，《申报》1919年5月29日，第12版。

[4]《星期评论出版》，《申报》1919年6月4日，第2版。

明白的理会，切实的主张"，以"供天下人研究，求天下人批评"。其中"切实的主张"是沈定一等人最重要的一个方针[1]。

《星期评论》的编者指出此时以徐世昌为首的北京政府，与日本人勾结，在山东问题上丧权辱国，主导"外患"，而以岑春煊为首的西南军政府公然开放赌博，造成"内乱"。因此"南北两政府都不是东西"[2]。对于南北议和，《星期评论》的编者认为虽然"和会关系中国的前途"，但却是一次"秘密的会议"，是"两个小偷儿分赃"，国民"大百姓"却毫不知情，因此也就毫无意义了[3]。

《星期评论》同人在面对五四运动这一"从古未有的'国民运动'时"，他们觉悟到"非国民自己主张、自己选择、自己努力，不能够救国"。但与此同时，《星期评论》同人也意识到"这刚刚觉悟的时期，是一个极重要的时期，也是一个'极危险的时期'"。国民运动不能够仅仅以"黑虎冯河"的勇气来"要求进步要求和平"。而应该对于国家的前途"有一个最合理的主张"。此外，他们也意识到，虽然"种种的新制度新思想，乘着这'思想的震荡'，都萌芽起来"，但是"在目前这个时代，是绝不能照那几种主义去实行的"。《星期评论》的同人希望不要空谈主义，要认定一种方针"去努力进行"。[4]

为此，他们在《星期评论》第二期发表了《关于民国建设方针的主张》一文，该文列举出了"几年以来研究出的民国建设方针"。这些方针一共有七章二十九条，涉及主义、司法行政、如何废除制度、社会经济、外交、宪法及选辑等各方面的主张。这二十九条方针最核心的是主张德谟克拉西，"信奉民主主义"，废除"军国主义"、"阶级主义"以及"中央集权制"。在《星期评论》同人看来，这些主张"没有乌托邦的理论"，完全"能够从脚踏实地的行得

---

［1］ 罗志田：《对问题与主义之争的再认识》，载氏著：《激变时代的文化与政治》，北京：北京大学出版社，2006 年。

［2］《南北两政府都不是东西》，《星期评论》第 1 号（1919 年 6 月 8 日），第 4 页。

［3］《南北和平会议的过去未来》，《星期评论》第 1 号（1919 年 6 月 8 日），第 3 页。

［4］ 均引自：《关于民国建设方针的主张》，《星期评论》第 2 号（1919 年 6 月 15 日），第 1 页。

通"。但是以后见之明来看，其实仍然充满着不少"乌托邦"式的憧憬。这也可以看出五四运动这一"国民自决的风潮"带给《星期评论》同人绝大的希望和幻想[1]。

戴季陶、沈定一酝酿发起《星期评论》是在1919年5月中旬，正式发刊是在6月8日。而在此之前，北大师生已创办有《每周评论》。因此可以说《星期评论》是上海新文化同人对北京新文化同人的一种因应，是对《每周评论》的一种"仿造"。胡适在《每周评论》的二十八期《欢迎我们的兄弟："星期评论"》一文中即指出："他的体裁格式和我们的《每周评论》很相像"。而且他起初也不以为意，故称"《星期评论》的第一期出世时，我们看了虽然喜欢，但觉得这不过是《每周评论第二》罢了"。

但是直到《关于民国建设方针的主张》一文刊布后，才让胡适刮目相看。胡适称"到了《星期评论》第二期出版，我们方才觉得我们这个兄弟是要另眼看待的了！"因为胡适认为《星期评论》的二十九条"建设方针"是以"本社同人"的名义发布的"一致的团体主张"，而且是共同研究的结果。这种"一致的团体主张"正是胡适所希望的。他认为"《每周评论》虽然是有主张的报，但是我们的主张是个人的主张，是几个教书先生忙里偷闲杂凑起来的主张"，这种"人自为战"的个人主张"内部先就不能一致的，所以不但不能收效，反惹起许多无谓的误会"[2]。

对于"人自为战"批评其实朱经农在1919年5月21日致胡适的信中已有提及。他称"前承寄来《新潮》二本，《每周评论》数张，匆匆阅过，觉得北京大学的讲坛已经慢慢的移出中古时代的范围了"。不过他仍然认为"新思潮的潜势力单薄的很，况且所用的战略还是项羽时代'人自为战'的办法，不

[1] 对于"何以中国人到民国的第八年，方才觉悟呢?"他们认为这是由于"'主权者'的国民，大家放弃了自己的任务"，而把希望寄托到革命党、袁世凯、以及"黎元洪、段祺瑞等一般有势力的军人"身上。《关于民国建设方针的主张》，《星期评论》第2号（1919年6月15日），第1—2页。毛泽东的"新民学会"亦有提出七十多条问题以及十余条主义。

[2] 适：《欢迎我们的兄弟："星期评论"》，《每周评论》第28号（1919年6月29日），第1—2版。

免又令我担忧起来。今日世界上的事体如想成功，非'通力合作'、'统系分明'、'首尾相应'、'全体一致'不可"。可以说正是对这种"人自为战"的反思，才促使胡适"表扬《星期评论》"，其中也不无促使京沪新文化同人联合的想法[1]。

《星期评论》的二十九条"建设方针"也说出了胡适想说但还未说出的心声，那就是"少谈些主义，多研究些问题"。胡适称"现在的舆论界的大危险，就是偏向纸上的学说，不去实地考察中国今日的社会需要究竟是什么东西"。但是"现在《星期评论》的建设方针，情愿牺牲一些'乌托邦的理论'，只求'脚踏实地的行得通'，这是极好的方法"[2]。

沈定一、戴季陶和孙棣三等"看见第二十八期《每周评论》"上新文化的领袖胡适"表扬《星期评论》的文章，实在感激的极"。戴季陶称"因为先生这一表扬，我们以后更非十分的努力不可"[3]。7 月 2 日，他们三人联名致信胡适，对陈独秀被捕之事表示极度惋惜和伤感，对于上海舆论界的生存状态亦有同情。此外，他们还希望胡适能够对于《星期评论》"中间的缺点"，"随时指教"，其称"我们比欢迎你的文字还要欢迎"。为了使《星期评论》能够在北京发行，沈定一等人还托胡适为《星期评论》在北京寻求代派所，不过戴季陶并不主张过于注重杂志的利润，"我们苦凑了这个宣传事业，暂时不能够在营业上着想的"，他打算"尽他销行过十期二十期再说"[4]。

---

[1]《朱经农致胡适》（1919 年 5 月 21 日），中国社会科学院近代史研究所、中华民国史研究室编：《胡适来往书信选》（上），北京：社会科学文献出版社，2013 年，第 33 页。大约在半年之后，毛泽东在致易容礼的信中也感到思想界"人自为战"的弊端，他认为这种方法是"用力多而成功少"，是"最不经济"。"要治这种弊，有一个法子，就是'共同的讨论'"。参见《致易礼容信》（1920 年 1 月 13 日），中共中央文献研究室编：《毛泽东早期文稿（1912.6—1920.11）》，长沙：湖南出版社，1990 年，462 页。

[2] 适：《欢迎我们的兄弟："星期评论"》，《每周评论》第 28 号（1919 年 6 月 29 日），第 1—2 版。

[3]《戴传贤致胡适》（1919 年 7 月 2 日），中国社会科学院近代史研究所、中华民国史研究室编：《胡适来往书信选》（上），第 44 页。

[4]《戴传贤等致胡适》（1919 年 7 月 2 日），中国社会科学院近代史研究所、中华民国史研究室编：《胡适来往书信集》（上），第 43—44 页。

也就在这个时候，戴季陶、胡汉民、廖仲恺和朱执信等人开始筹划创办《建设》杂志。《建设》杂志后来也得到胡适等北京新文化同人的支持。可以说，此时因为沈定一、戴季陶、胡汉民、廖仲恺和朱执信等国民党系之人，与北大新文化同人均以倡导新文化相标榜，此时他们远离政治漩涡，气味相投，彼此之间互动频繁，保持着良好的关系。此后南北新文化的这两批同人经常书信往来，关注五四运动的走向，探讨文化运动的对策。

如在议题的设置上，在 7 月中下旬，《星期评论》的同人想探讨"女子解放从那里做起"的问题。这一议题的设置是延续着《星期评论》同人此前主张对一些"实在问题"切切实实研究的方针。为了"征集许多意见，陆续登出，供大家研究"，沈定一亦请胡适为此议题提供一些意见。在该刊的第 8 期，"女子解放从那里做起"征集到了胡适、刘大白、胡汉民、廖仲恺、戴季陶对于该问题的意见，这些作者大多是上海新文化同人[1]。沈定一似乎更想征集到北京新文化同人对此问题的看法，7 月 24 日他致信胡适称：

> 你那篇《女子解放从那里做起》已经收到拜读过了。应征这问题意见的人，还不到十分之三，想来太炎、观堂那几位老先生，是不肯轻意[易]发表意见！或者经过多少时期，也许给我们一个答案，否则，就批评人家所发表的，也未可知？但是子民、守常、梦麟他们，总应该给个回答。《星期评论》原来计划把这个问题发第一次附录，如今既不能依限寄到，只得陆续发表。杜威夫人听说还在北京，你如得到机会，请你征求征求他的意见，多少写给我们一点。其他对于这个问题有研究的人，也请你随机会征求征求。

从此封信中可以看出沈定一对于讨论"女子解放"这一议题的热切期待。萧

---

[1] 胡适：《女子解放从那里做起·其一》，《星期评论》第 8 期（1919 年 7 月 27 日），第 1 页。

邦奇已指出，对此议题沈定一"似乎颇为谨慎并带有尝试性"，但他并未注意到胡适与沈定一在此问题中的互动[1]。从信中"但是子民、守常、梦麟他们，总应该给个回答"一句可以看出，此时沈定一的心中，蔡元培、李大钊、蒋梦麟与上海《星期评论》同人属于同一战壕中人。

除与胡适等北大新文化诸人讨论杂志的文化运动之外，与此同时，沈定一、戴季陶等人还与胡适密切交流五四运动中北京的政治走向。在上述这份信的末尾，沈定一还称"梦麟大约已经到京了，北大的新风潮，我很盼望他到京后平了下去。'高明之家，鬼瞰其室'，黑暗里奋斗，处处要留全神。我很祝赞诸位和平胜利"[2]。蒋梦麟此前在上海、江浙等地，与黄炎培等江苏省教育会中人一直在处理上海学生罢课风潮的事宜。7月21日，他受蔡元培之托入京代理北大校长。从这一时间沈定一的文章中似可管窥出，蒋梦麟在上海期间与沈定一之间多有往来，而且关系极密[3]。

蒋梦麟代理蔡元培掌校不过月余，已然难以应付左支右绌的北大情形。此时，蔡元培即已经准备北上返校，复任北大校长。当蔡元培抵达北京后，北大的情形稍靖。故在9月22日，沈定一、戴季陶致胡适的信中称"我们替你和北大捏了一把汗过日子，这一两天从各方面来的消息中间，总算把胸中这大块石头放下！季陶疲劳得发神精病，玄庐也大发疟疾"[4]。沈定一之所以称"替你和北大捏了一把汗过日子"是指自蒋梦麟北上代理蔡元培掌校后，一开始较为顺利，蔡元培的"军师"汤尔和称"（北京）大学自蒋博士来后，各方面均有宁息之象"。但

---

[1]［美］萧邦奇著，周武彪译：《血路：革命中国中的沈定一（玄庐）传奇》，第67页。"对于胡适我们如果深信女子解放，应该从实行解放做起"的这一主张，沈定一似乎多少有些不太满意。因此在8月3日第九期的《星期评论》中，他亦以《女子解放从那里做起》为题，举出了两条措施。这两条措施应该是对胡适主张女子教育的深化。

[2]《沈定一致胡适》（1919年7月24日），中国社会科学院近代史研究所，中华民国史研究室编：《胡适来往书信选》（上），第46页。

[3] 沈定一在《星期评论》的第七期《就是自然》一文中，对"蔡子民先生和几位大学教授"颇有赞誉，而对于"我一位朋友蒋梦麟先生"亦有提及。

[4]《戴传贤、沈定一致胡适》（1919年9月22日），中国社会科学院近代史研究所，中华民国史研究室编：《胡适来往书信选》（上），第51页。

是到 8 月份之后，"安福系对于蔡先生决定复职，极为愤恨"，因此频频出招[1]。而教育次长傅增湘亦指责蒋梦麟"放纵学生"，致使其极为棘手[2]。这些情形在上海的沈定一等人亦极为关注，甚至从"季陶疲劳得发神精病，玄庐也大发疟疾"一句可以管窥出沈定一他们应有一系列援应蒋梦麟、胡适、蔡元培等北大新文化同人的举措，只就目前的史料似并不能将其完全揭示。不过从阻止蒋智由出任北大校长一事，可以窥探出沈定一等人的协助。

蔡元培弃职南下之后，虽然在各方舆论压力下，府院多次挽留蔡元培，但均"不过表面文章，聊以敷衍学生，盖恐其再有风潮发生也"[3]。实际上北京府院此时一直在谋划新的北大校长人选。于是此时在报章上频频发声的蒋智由成为了府院对北大校长的人选[4]。蒋智由（1865—1929），浙江诸暨人，浙江都督蒋尊簋的父亲，早年曾参加过梁启超所办的政闻社。章乃羹在他的碑传中称，民国后"徐世昌任大总统，欲用为教育总长"，因此可知其与徐世昌关系较好[5]。蒋智由出任北京大学校长的风说在 9 月 3 日前后由上海的报纸传出[6]。消息甫一揭布，蔡元培即以退为进，致信蒋智由，表示"如公肯接办，以赎弟数年来溺职之咎，在弟实为深幸"[7]。虽然蒋智由复函坚辞，但京沪各地支持蔡元培掌校的各方势力仍然担心蒋智由会和安福系合作，出任北大校长，因此全力谋划阻止蒋智由掌校。沈定一等人亦是其中一方。9 月 11 日，沈定一公开致信蒋智由，向公众暗示"蒋智由长校一说"是政府已先征得其同意之后的结果。为使当时的历史情境较多呈现，此处略加摘引其信：

［1］《胡适手抄汤尔和日记和跋》(1935 年 12 月 19 日)，中国社会科学院近代史研究所，中华民国史研究室编：《胡适来往书信选》(中)，第 603 页。
［2］《本社专电》，《民国日报》1919 年 9 月 3 日，第 1 张第 3 版。
［3］静观：《北京通信》，《申报》1919 年 9 月 21 日，第 6 版。
［4］蒋智由：《不签字后直进即行之办法》，《申报》1919 年 7 月 2 日，第 11 版。
［5］章乃羹：《蒋观云先生传》，载卞孝萱、唐文权编著：《民国人物碑传集》，南京：凤凰出版社，2011 年，第 680 页。
［6］《蒋智由不就北大校长》，《申报》1919 年 9 月 3 日，第 10 版。
［7］引自：《北大校长问题蔡蒋之通函》，《时事新报》1919 年 9 月 4 日，第 9 版。

观云先生：前星期为《新闻报》载北京国务院电招先生入京的消息，就恐怕有摇动北大的事，所以特地拜访，承先生不弃，把子民先生的来信和先生的覆信都给我看了，而且很感激先生，以"北京政府将假先生为楔子戏出北大校长来"的话为不错，足见先生也把他们这些把戏看得洞洞穿了，先生既以肺腑相示，当时便斗胆请先生将关于此事来往函电给我看看，并承允许我抄录和蔡先生来往的信，继后先生说"北京来电是很含混的，与蔡往来的信总得发表，无须乎抄，等我交人印好送来就是"。别后先生那一片光明犹时时藏在我脑部里快活，并且时时祝先生的幸福和这点光明时刻扩大……

　　只是子民先生信里，我记得还有"何以教育部未得先生同意……"几句话，那天寄来曹慕管所印送的两封信，我因为已经看见过原信了，所以不再细看，今天寄到的《国民公报》，所载子民先生的信并没有这层说话，我就从新校勘曹慕管所印送的印刷品的确漏掉了这层说话……所以我很愿意先生将北京政府请先生任北大校长的原电和报载子民先生信漏掉的话一一昭揭出来，使天下人大家知道黑幕里的毒手，正在那里攫取我们民国前途的命脉，大家也好计画一个对付的方法。[1]

　　沈定一此封信主要是指出报章上所公开的蔡元培致蒋智由的信，被蒋智由故意让曹慕管漏印了"何以教育部未得先生同意……"几句话。而这句话的前后语境是蔡元培指责蒋智由早已沟通安福系，"以先得同意"出任北大校长，而后才有龚心湛及国务院的邀请函电。故此间涉及的第三人曹慕管即指出沈定一此信主要是"欲证实蒋与安福勾串作祟也"。但从蒋智由与曹慕管在次日报章中的复信以及蔡元培的处境来看，此举应该是沈定一无中生有的权宜之计，其目的是为了

---

[1]《沈定一与蒋智由书》，《申报》1919年9月11日，第11版。

使蒋智由背负勾结安福系的恶名，断绝其出任北大校长的可能。因此曹慕管亦称"安福联蒋欲以阻蔡显系实情，若谓蒋与勾串诬蔑莫甚焉"。此后蒋智由掌校之说渐消弭。为了阻止北京府院再以"大学开校，校长未定，蔡孑民君未能北上"为由，推出新的校长人选，9月12日蔡元培遂复职。

除阻止蒋智由长校外，沈定一等在沪新文化之人与北京新文化同人联手参与五四政潮的痕迹在当年12月沈定一复胡适的一份信中亦可见。这封信称：

> 接你信。你所要知道的事，早想写信给你。吴稚辉先生曾对孙先生说："你要做政治家，就得做藏垢纳污的政治家。"我很不愿意报告这种消息，所以没有给你信。现在你来问这里的情形，我可以举我所知道的告诉你。
>
> 王揖唐的代表未发表以先，许世英代表徐、段到上海见孙先生。
>
> 由焦易堂、谢良牧、田桐、光云锦这一班先生们牵线。孙先生一见着许世英，就说起你和独秀被捕的话。当时正《每周》被封，上海方面大传你也被捕的话；所以孙先生对许说："独秀我没见过，适之身体薄弱点，你们做得好事，很足以使国民相信我反对你们是不错的证据。但是你们也不敢把来杀死；身体不好的，或许弄出点病来，只是他们这些人，死了一个，就会加五十、一百。你们尽做着吧！"许听了这番话，口口声声的"不该，不该，我就打电报去"。没有几天，我们就听到独秀出狱的消息。当时很赞同孙先生的话说的好。事前也有人再四要求孙先生打电营救你两位，孙先生不答应，说"你们要我发电给谁？"来信所传孙先生发电的事，是没有的。
>
> 焦、谢……做这票投机生意，戴、胡、廖、朱很反对的，其中以朱执信反对最烈。《星期评论》二十六号两首诗，中间都有所指。但是孙先生认为一种政策。王揖唐到上海以后，孙先生就把一班做投机生意的撇开，另外找了居×和许××，代表他往来做电话机。执信那首诗便是

讽居的，其实也不为居 × 而发。

季陶对于这件事，根本的反对，但是他和孙先生有口头契约："背后不反对他；不用文字反对他。"所以季陶不下什么批评。据他对我说："将来或许以很尊敬孙先生的态度，批评孙先生"；这"将来"两字，或许被这些事造成。总之，孙＋段＝"叚"，"系"和"肀"是万万合不拢的。就形势上看，如果"叚"成功了，"系"一派必定与手无寸铁的新思想界融洽；此外南北各派的变动，也可推想而知。但是不在我们眼睛里面留什么影子的。[1]

这封复信是回答胡适"所要知道的事"。从全信来看，胡适是想向沈定一求证陈独秀被捕后，孙中山发电报营救陈独秀的传言是否属实。对于胡适而言，此事关涉到北京新文化同人对孙中山等国民党人的观感问题。如果孙中山确实发电营救陈独秀，则可以看出孙中山对北京新文化同人的重视与支持。此时"外传孙（中山）段（祺瑞）联合之说蕴酿已久"[2]。这一说法大致起于1919年的5月底，此说传出之后遭到了"小孙"孙洪伊的否认，但在10月间仍不绝如缕[3]。胡适正是在这种"孙段联合"的风说之中又听到孙中山发电报营救陈独秀的传言。因此难以判断这两个完全矛盾的说法哪一个是真，哪一个是孙中山真实的政治态度。胡适对此应该疑惑很久，直到12月才询问沈定一。

沈定一回信指出："来信所传孙先生发电的事，是没有的"，但是陈独秀释放，孙中山亦间接地予以助力。极为吊诡的是，沈定一所述的孙中山暗中助力陈

---

[1] 信中所述的许世英，安徽人，曾在1916年担任过段内阁的交通总长，早年又与国民党人徐谦有过交丛。牵线人"焦昀堂、谢良牧、田桐、光云锦"中，光云锦为安福系的核心人物。因此才有《星期评论》中朱执信的讽刺诗。信中"居××"与"许××"具体指何人，待考。参见：《沈定一致胡适》（1919年12月16日），中国社会科学院近代史研究所，中华民国史研究室编：《胡适来往书信选》（上），第55页。

[2]《关于和议之消息》，《申报》1919年6月1日，第12版。

[3]《西报之南北和议消息》，《申报》1919年10月22日，第10版。

独秀则是在与安福系之人许世英商谈"孙段联合"的过程中。沈定一向胡适透露出孙段联合的策略遭到了国民党内部如戴季陶、胡汉民、廖仲恺和朱执信的反对。从沈定一所述与当时的报道结合来看,"孙段联合"确有其事。而且沈定一认为即使孙中山与段祺瑞达成了合作,戴季陶、胡汉民、廖仲恺及朱执信等国民党人也断难与段祺瑞合作。就形势上看,如果孙段合作实现了"系"一派必定与手无寸铁的新思想界融洽。这里的"系"应该是指戴季陶、朱执信、胡汉民、廖仲恺等[1]。故沈定一认为"孙段联合"极有可能,而且如此则自己所属的孙"系""必定与手无寸铁的新思想界融洽"。这大致是沈定一这封信中所述的内容[2]。

只是,孙中山是否如沈定一所言,暗中助力陈独秀则似乎还不能确定,甚至不排除孙中山从未说过此话,不过是沈定一为了维护南北新文化同人合作的一种策略,顺水作舟编造出来的话而已。而结合全信来看,后者的可能性更大。信中一开头即借用吴稚晖之语,表明孙中山采取"孙段联合"策略的不得已,为孙中山开脱,其后又解释与此时与胡适关系较好的戴季陶为何不反对的缘由,最后强调"你的信,季陶还没有看到",这些铺陈都似是为了减少"孙段联合"这一确息对胡适的冲击。

二、平和互助:戴季陶对五四运动的观察与反应

对于骤然扩张的五四运动,戴季陶敏锐地指出:"从前的风潮都是由南向北,由地方向中央,并且屡次潮流的力量都只能卷到长江一带,便渐渐的退潮了,这次却是完全不同。潮流的发动地点不是在广东,不是在上海,不是在武汉,偏偏在六百四十年来被'皇帝'、'贵族'、'官僚'的思想笼照遍了的北京。"戴季陶

---

[1]《关于和议之消息》,《申报》1919年6月1日,第12版。

[2] 对此信的解读亦可参见桑兵:《陈炯明事变前后的胡适与孙中山》,《近代史研究》2001年第3期,第73—103页。

认为"这是'科学'战胜'迷信'的表现,这是'科学万能'的证据。一定要有科学智识,方才晓得爱国。由科学智识发生出的爱国心,方才有真价值。北京大学学生的'决心'、'觉悟'比旁的学校学生强,就在这里。各省府县学生比各界都强,就在这里"[1]。

戴季陶认为比起从前的"抵制美货""屡次抵制日货""满清末年争路风潮",这一次国民自决的风潮(戴季陶还未将其称之为五四运动)"有许多的进步,有许多深刻的意思,有许多彻底的觉悟。决不和从前一样单是靠着一点单纯的感情,随波逐流的去到那里是那里。"在戴季陶看来,"凡是那有集团的社会,没有一处不受这电流的触动,而且没有一处的被感发动不带有自动的性质。"尤其令戴季陶感到欣喜的是商界在五四运动中的组织能力:

> 他们怀疑的程度比学生差得多,所以他们理解的力量也比学生差得多。但是他们这一次排斥日货的行动,比起从前来大大不同。一帮有一帮的联络,一业有一业的预备,一处有一处的计画,合了这各帮各业各处,再做成一种极周密极有条理的系统。这种有意识的合理行为,也是显明出他们是有组织能力的证据。只可惜他们智识不够,思索的能力薄弱,所以不会怀疑,不会理解,于是乎便没有见义即为的勇气。不过仅仅叫我们这些文明的批评家赞他们一声道:中国的商人,比起从前也有进步了。

戴季陶由此看出此时民众"组织能力"的增强。他认为组织能力"是一切物、一切生物、一切人类、一切社会、一切国家的生成原起的大力量。如果没有这组织能力,便不能成一个东西,不但是不能够救国,不但是不能够做人。"因此他非常希望这种"组织能力"能够不断持续下去,能够"扩充到国民的大集团

---

[1] 季陶:《潮流发动地点的变动》,《星期评论》第 1 号(1919 年 6 月 8 日),第 1 页。戴季陶在 1919 年的时候就主张要把"工商界合学术界,用有力量有系统的组织打成一片",发展工商业,实行国民自给。参见《国民自决和国民自给》,《星期评论》第 1 号(1919 年 6 月 8 日),第 1 页。

社会"[1]。

　　面对各地"无组织无教育无训练又没有准备"的罢课罢工浪潮风涌而起，戴季陶认为这"是一个极大的危险"。他已经预感到五四运动使"工人直接参加政治社会运动的事已经开了幕"。因此，"如果有智识有学问的人"再不从"思想上知识上来领导他们"，将来则会渐渐地"趋向到不合理不合时的一方面去"，故戴季陶主张要"用温和的社会思想来指导社会上的多数人"，而在他看来，这"是一桩很要紧的事"[2]。因此，他才着力提倡"工人教育"的问题。可以说，戴季陶是担心如果再不实行工人教育，则"那些毫无知识的工人倘然有一天闹起'无意识的暴动'来，真所谓'盲人骗瞎马，夜半临深池'"[3]。

　　戴季陶对于激烈的劳工革命是极为恐惧的。他认为"这几年来在捣乱中国的"，是"士农工商而外的一个无业阶级的游民"。这些游民时兵时匪，亦兵亦匪。就全国而言，"这样没有正当的职业、固定的生活的人，总要上千万"。戴季陶担心"过激主义"的"布尔色维克的思想侵到了"中国"无业阶级的游民"之中，因此他主张"要除去政治上社会上种种不合理是［的］压力、不合理的组织，使中华民国成一个真正'德谟克拉西的国家'，使中国的社会成一个真正'德谟克拉西的社会'，使中国的人，人人都有很安全很正当很自由的生活，人人都能够得到极巩固的生活保障"。戴季陶所要构想的是一个各阶级"互助"而非各阶级斗争的"平和国家"。之所以有此种思考，当然一方面是担心"外国人的势力""乘势侵进

[1] 季陶：《中国人的（组织能力）》，《星期评论》第 1 号（1919 年 6 月 8 日），第 2 页。沈定一也注意到连上海的青红帮以及流氓"那些扰害治安的人，忽然都晓得维持秩序"，这使沈定一十分惊喜，也引发了对工人罢工与结社的"忠告"。参见玄庐：《上海罢工的将来》，《星期评论》第 2 号（1919 年 6 月 15 日），第 4 页。

[2] 孙中山主张"我们如果要指导多数人，是先要把自己的知识学问收藏起来，处处去顺他的性来诱起他的自觉。然后得来的结果方能够圆满，然后我们指导社会的目的方能够达到"。季陶：《访孙先生的谈话：社会教育应该怎么做？》，《星期评论》第 3 号（1919 年 6 月 22 日），第 3—4 页。

[3] 他认为"牵驴过板桥"，我们已经被"世界"这个大力无边的东西，把我们牵到板桥上来了。要过去自然会过去，不过去却也由不得你。《工人教育问题》，《星期评论》第 3 号（1919 年 6 月 22 日），第 2—3 页。

来"，另一方面，也有为"商人""教育家""绅士"立言的潜意识在其中[1]。

在《星期评论》第四期的《社会民主化的英国政治》一文中，戴季陶再次表达了对俄国"阶级斗争"的不赞同，而对彼时英国"阶级互让"式政治的钦慕。他称：

> 单就今年英国煤矿工人罢工的事件看来，就可以看得出英国工人在社会运动上虽有狠大的势力，但是一点不滥用他的势力。英国的政治家能够把政策的根据放在民众的意思、工人的幸福上面。对于工会务必保持直接协商的范围，不但不压迫他们，不用干涉的态度，威吓的说话。政府的态度既然如此，所以工人一方面也就多少退让一点。这很重大的煤矿工人罢工问题就一时平复下去了。

戴季陶继而又将其与俄国对比，指出"自从开战到去年停战止，俄国的死伤亡失将近千万。这半年来俄国国内的战乱、饥馑，恐怕比俄德交战当中还要利害，死伤的人更不晓得有几何"。在戴季陶看来，俄国的社会运动之所以"会生出现在这样不幸的结果"，与"阶级压迫"、"不肯用渐进的忍耐功夫"、一般人民智识程度低下以及国内种族、语言隔离有密不可分的关系。而在英国的"阶级退让"与俄国的"阶级压迫"之间，他主张中国应学前者而不应步后者之尘。因为在他看来，阶级压迫"残酷"，与"人道目的"不合。[2]可以说，在戴季陶此时的思想中，"平和"、"人道"、"互助"、"退让"等词是其此时文章中频繁出现的词汇，这也构成了他对未来中国社会的期望。

戴季陶此时充分认识到"一个受到外国机器工业制品冲击，破坏农业、手工业的生产方式而出现大量失业的"中国社会[3]。"这些大没有建设能力，小没有生

---

[1] 季陶：《对付"布尔色维克"的方法》，《星期评论》第3号（1919年6月22日），第4页。

[2] 季陶：《社会民主化的英国政治》，《星期评论》第4号（1919年6月29日），第1—2页。

[3] 施纯纯：《革命抑反革命：蒋中正革命道路的起源》，台北："国立"中正纪念堂管理处，2017年，第61页。

活能力的人一天比一天加多，才真是革命的原因"。因此，如何引导这些旧社会解体下不断剧增的失业游民，成为戴季陶始终思考的问题。这在他复康白情的信中亦有讨论。他首先认为"革命这件事的发生，是由于多数人生活组织上的缺陷，革命的目的就是在一般的生活条件改善"。同时他亦指出革命其实就是促起失业游民的自觉。"革命是这一种人的权利，在别的人倒反是义务，当然不能够说这种人不能革命"。在他看来，"这种人对于革命的认识力最缺乏，道德的基础及理想的构成力最微弱"，因此，"这一种人最容易赞同革命运动，最欢喜参加革命运动，也最能够反对革命运动，而又是最要解决最难解决的大问题了"。他直言"'穷则独善其身，达则兼善天下'的这句话，在今天这个时代几乎要非倒转来讲不可"。正是基于上述原因的担心，他才"常常主张阶级的互让，主张渐进的改革"[1]。

戴季陶在回复康白情的信中，也展露出他"大创造"的方针，"用平和的组织的方法和手段"；开展"普遍的新文化运动"，实现"人民全体的经济生活改善和经济的机会平等"[2]。在 1919 年 9 月 26 日和友人的谈话中，戴季陶亦再次表明"平和的新文化运动"的主张。他告诉友人称"你以为一定要炸弹、手枪，军队，才能够革命，才算是革命，那就错了。平和的新文化运动，这就是真正的革命！这就是大创造的先驱运动！"他的友人认为平和的运动"太缓了"。戴季陶称除此之外就是"亡国"——"国亡了自然有人用极快的方法来改革中国"，"倘若是不愿意，还是只有猛力做新文化运动的工夫"[3]。

三、沪杭联动中《星期评论》的停办与沈定一的思想转变

沈定一、戴季陶以及同属国民党系的叶楚伧、邵力子所创办的《星期评论》、

---

[1] 戴传贤:《革命! 何故? 为何? ——复康白情的信》,《建设》第 1 卷第 3 号（1919 年 10 月 1 日）, 第 567—597 页。

[2] 同上。

[3] 戴季陶认为"从今天看虽然缓，从明天看已经早了一天，从明年看已经早了一年"。季陶:《我和一个朋友的谈话》,《星期评论》第 17 号（1919 年 9 月 28 日）, 第 4 页。

《民国日报》、《觉悟》等通过在各地的代派所传销到广大的内地社会，对内地的知识青年的思想启发有极大的作用。本节以与沈定一、戴季陶关系密切的浙江杭州为考察点，探讨沈定一、戴季陶及其所创办的《星期评论》对杭州知识青年的影响。

由于"省会杭州地当沪杭铁路的终点，上海、北京出版的书刊容易先看到，接触新人物的机会比较多"[1]。因此杭州的青年学生受《星期评论》、《觉悟》、《建设》、《新青年》等杂志的影响极大。时为杭州学生的夏衍在五四运动七十周年的答记者问中回忆称：

> 大概在 1918 年，我们就从上海的《申报》和《民国日报》上知道俄国发生了革命，但报上却把俄国的布尔塞维克党叫做"过激党"或"赤党"。那时是各种新思潮汹涌传入中国的时期，《民国日报》的副刊《觉悟》和《时事新报》的副刊《学灯》上，经常有介绍社会主义、无政府主义、工团主义等等的文章。[2]

傅彬然也称，"五四"以后，新的刊物更像雨后春笋般蓬勃生长出来。当时他们经常阅读的，"有《星期评论》、《建设》、《解放与改造》、《少年中国》、《觉悟》(上海《民国日报》副刊)、《学灯》(上海《时事新报》副刊)等。这一类的刊物所载介绍新思想的文章，我们不加选择，什么都贪婪地拿来看。介绍巴枯宁、克鲁泡特金、托尔斯泰、易卜生、哥德，以至杜威、罗素的文章都看。介绍苏俄情况和马克思列宁主义的文章当然更爱看"[3]。叶文心指出"五四运动在杭州得到突出表现的不是爱国主义的游行示威，而是新文化阵营里的出版创作。这些新刊物的出现集中在 1919 年夏秋之间，杭州一地，在短短六个月里，便出版了

[1] 傅彬然：《回忆浙江新潮社》，《五四时期的社团》(三)，北京：生活·读书·新知三联书店，1979 年，第 148—149 页。
[2] 夏衍：《一个过来人的回忆与反思》，《求是》1989 年第 8 期，第 10—17 页。
[3] 傅彬然：《"五四"前后》，中国社会科学院近代史研究所《近代史资料》编译室主编：《五四运动回忆录》，北京：知识产权出版社，2013 年，第 116—125 页。

十六种以教师学生为主要对象的刊物，总期数达到一百二十余卷。换言之，1919年秋天学生们返校开学之后，每星期平均可以接触到三至四本不同的新文化刊物"[1]。

当时的浙江一师还成立了书报贩卖部：

> 该校书报贩卖部，是由少数学生所自由组织的。这个贩卖部，对于该校，可说是有极大的效力。该校改革的动机，大半由于学生的自觉。学生自觉的原因，都由于新出版物的购阅，而供给新出版物的机关，就是书报贩卖部。听说现在书报的销路，计《星期评论》180份、《教育潮》120份、《民国周刊》120份、《建设》35份、《少年中国》50份、《新青年》50份、《新潮》80份、《解放与改造》80份、《平民教育》90份、《曙光》20份、《星期日》30份，该校学生欢迎新出版物的情形，也可以想见了。[2]

这些新文化刊物促使浙江知识青年思想上的觉悟。不过浙江一师的这些知识青年其实对于新思潮的接受也是较为笼统和模糊的。夏衍称"在当时，我根本分辨不出无政府主义和马克思主义的区别"，但是后来阅读了克鲁泡特金的《告青年》之后，"觉得社会太不合理大黑暗了，非彻底革命不可，这样，就很自然地参加到'新派'的队伍中"[3]。

---

[1] 叶文心即认为"杭州之于北京，并不是省会之对中枢、边陲之于核心，杭州新文化运动的内涵，并不为北京五四运动所涵盖。五四运动在杭州，比较之于北京，本身便代表了另一种截然不同的求变的讯息。这个讯息来自中国内地乡镇社会，而不来自通都大邑对外开放的口岸。正因为它源生于对日常现实的不满，而不只是对抽象理想的幢憬，所以表现出来的反传统性尤具激情"。参见［美］叶文心：《保守与激进：试论五四运动在杭州》，载汪熙、［美］魏斐德主编：《中国现代化问题——一个多方位的历史探索》，第200页。

[2]《五四运动后之浙江第一师范》，《时事新报》1920年12月15日，第2张第1版。

[3] 夏衍：《当五四浪潮冲到浙江的时候》，会林、陈坚、绍武编：《夏衍研究资料》，北京：知识产权出版社，2010年，第20页。

在浙江一师的教师群体与浙江思想较新的士绅支持下，浙江青年学生开始创办《双十》、《浙江新潮》等响应新文化的刊物。这些刊物的创办和流动促成并且加强了杭州学生群体与京沪新文化人之间的联系，形成了一种"合伙人"效应。这种"合伙人"的建立一开始是"通过阅读《新青年》和给这个杂志写通讯的关系"，逐渐与陈独秀等京沪新文化人有了联系[1]。目前所能见到浙江一师与北京新文化同人的通信不多。不过从 1919 年 12 月《新潮》杂志刊布的一份施存统致罗家伦的信颇能看出当时浙江一师的学生心态与思想状况。施存统在这封信中提出了"三桩事体"，其中前两桩为：

（一）我们杭州这回国民运动大失败，原因虽多，归纳起来就是受了奴隶教育，根本没有觉悟。听说有几个学校，平常日子无论什么杂志都没有看的，至于《新潮》和《新青年》更加不用说。

（二）敝校（第一师范）近来倒有改革的气象。同学们关于新文学和新思想也极注意。大概看过《新青年》和《新潮》的人，没有一个不被感动；对于诸位极其信仰。学白话文的，也有三分之一。

这里施存统将杭州"国民运动"大失败的原因归结为"受了奴隶教育，根本没有觉悟"。而在施存统看来，阅读新文化杂志是可以"觉悟"的，而《新潮》、《新青年》尤可以起到这样的作用。施存统称浙江一师学生群体中，"大概看过《新青年》和《新潮》的人，没有一个不被感动"，此句可以想见当时这两份杂志对他们的冲击和鼓动作用。施存统还指出当他们阅读了《新青年》中胡先啸的《中国文学改良论》一文，以为"白话未必可以全代文言"，后来看到罗家伦的反驳文章，才一改之前的想法，在信后"要求的事体"中主张"一概用白话"，可见当时浙江一师知识青年对白话文的犹疑和渐进的态度。此外，施存统还请求

---

[1] 施存统即认为这是互助的效果。陈独秀在 1920 年《新青年》的第 7 卷第 2 号上发表《浙江新潮〉——〈少年〉》的随感录，对一师风潮予以支援。

"长篇翻译和著作请一期登完","翻译名著请另出特别期刊"。之所以如此，是因为"分作数期刊载使看得人渴望"。"渴望"二字已将浙江一师青年学生企盼《新潮》杂志的心态展露无遗[1]。较为频繁的通讯往来，使这种"合伙人"效应愈加密切，这也为后来"浙江一师"风潮的扩大埋下了种子。

对于"浙江一师风潮"，目前学界虽有一定研究，但是较少讨论外部势力对学生群体的支援过程及作用。一师风潮之所以能不断发酵、愈演愈烈，与京沪两地的同乡、同学以及新文化同人及其所办的舆论呼应有密不可分的关系。徐白民后来回忆"留经运动"时称：在京的浙江同乡如"汪伯唐、钱能训、蒋梦麟等十余人，拍一电报给省长齐耀珊，外省人署名的只有梁启超一人，希望他维持一师"，"齐耀珊得电后，大为愤怒，说经（亨颐）必须撤，绝无挽回余地。这批小子（指我校同学）以北京阁老来压迫我，我愿意以省长一官拚之"[2]。虽然不能完全确定齐耀珊是否的确有此类的表述，但是北京的蔡元培、蒋梦麟等人暗中操纵"浙江一师风潮"的处理亦是确凿无疑。而其中以沈定一为代表的上海报界对于一师学生群体的舆论援应更为显著。实际上这是浙江一师学生群体之所以能够敢于持续和浙江省政府当局对抗的重要原因。

清末以来，上海已然成为舆论中心。这一中心对江浙地方权势结构的影响极大[3]。五四之际，随着诸多背景复杂的报纸杂志的创办，尤其是杂志的创办，使得这一舆论中心形塑地方权势结构的作用更加显著。这个时候上海的报界不仅仅有沈定一、戴季陶办的《星期评论》，还有国民党人叶楚伧、邵力子主持的《民国日报》及其一系列副刊，此外还有与国民党系杂志处在对立面和竞争者的《时

[1] 《通信》，《新潮》第2卷第2期（1919年12月），第368—369页。
[2] "浙江一师风潮"的解决实际上即是蔡元培与蒋梦麟协调下的结果。徐白民：《浙江一师风潮经过》（节录），中共浙江省委党史资料征集研究委员会：《浙江一师风潮》，杭州：浙江大学出版社，1990年，第380页。
[3] 对此问题的研究，参见瞿骏：《小城镇里的"大都市"：清末上海对江浙地方读书人的文化辐射》，载氏著：《天下为学说裂：清末民初的思想革命与文化运动》，北京：社会科学文献出版社，2017年，第4章。

事新报》及其副刊《学灯》，这些报刊在上海舆论界中亦具有相当重要的力量。不仅如此，前述上海新文化同人与北京同人此时关系密切，在新文化的宣传上往往有较多的互动合作。

浙江一师风潮爆发以后，沈定一、戴季陶、邵力子、叶楚伧、张东荪等人均对浙江一师学生群体给予有力的援助。尤其是与浙江关系密切的沈定一。亲历者曹聚仁即回忆称"我们发动了'留经运动'，他和沈仲九先生都是有力前策士"。[1] 1919 年 11 月 28 日，上海《民国日报》即直呼"齐耀珊大兴文字狱"。沈定一在《申报》上公开致电浙江警察厅厅长夏超，质问他"以武装警令逼一师学生离校"是否属实，并指责他"甘作摧残吾浙文化之虎伥"[2]。沈定一在 1920 年2 月 29 日的《星期评论》中发表了《学生与文化运动》一文，此外一师学生还和沈定一密切地书信往来，商讨风潮的具体对策。

沈定一 1928 年被暗杀以后，曹聚仁复刊的《星期评论》中公开了一份"留经运动"时沈定一给一师学生的信。这封信在当时属于秘密性质，曹聚仁即称"这是一封在当时不便公开的信，箭镝集中在经子渊身上"[3]。此信主要探讨如果浙江一师被浙江当局强行解散之后，该如何应对的问题。曹聚仁此后的回忆称，"在那时期，沈氏该属于消息灵通方面，因此，他早知道浙江省政府方面准备解散一师的决策"[4]。因此才会有如此打算。这封信也透露出在 1919 年年底到 1920年年初沈定一的思想转变。在此信中，他为浙江一师学生提供了四个对策。其中前两个均是关于另组新学校的计划，后两个均是学校解散后组织工读、农学互助团的设想。

从这封信中亦可看出，沈定一对于第一种，"联合群力组织学校"似乎并不太热心。对于"组织短期的集团等待相当的机会"建立学校以及"组织大规模的

［1］ 曹聚仁：《我与我的世界》，上海：上海三联书店，2014 年，第 178 页。

［2］《沈定一致夏超电》，《申报》1920 年 3 月 30 日，第 6 版。

［3］ 曹聚仁：《悼沈玄庐先生——写在他的来信尾上》，《星期评论》1928 年第 2 卷第 18 期，第 2 页。

［4］ 曹聚仁：《我与我的世界》，上海：上海三联书店，2014 年，第 413 页。

工读互助团"似乎均不太感兴趣。他倒是对于建立"农学互助团"充满了种种设想。他认为这是"一种主义的实行场所"。对此他还计划"我连我的房产并我一个人,我家里和我表同情的人,都可以加入在内",在这个互助团里面"废除家庭制度","各尽所能协力工作"等等。最后他鼓励青年"你们无论到那里,都要奋斗。一师既当了冲,便拿一师的事和旧社会奋斗,只会成功,不会失败。事情失败的一日,就是人格成功的一日,而且没有什么牺牲牺牲的,只是一付奴隶的锁链。如果中途立住了脚,或者拼命保守着奴圈的,才真正牺牲人格了"[1]。

"这封战书式的信富有煽动性,对我们影响极大"。曹聚仁在 1928 年追悼沈定一的文章中称"我们这一群小孩子要赤手空拳和旧势力恶斗,这一封信是最有力的桴鼓"[2]。这封信的四个计划只是沈定一自己一时的想法。曹聚仁后来回忆称沈定一后来又"有着这样的计划:万一一师被解散了,他准备在他自己的家乡衙前设立中学,让一师的教师学生都到那儿去复校",他称"这一计划,幕后有刘大白、邵力子、沈仲九诸先生影子,也可能获得经校长的同意(经校长后来在上虞白马湖也设立了春晖中学)。"[3]

沈定一此后还撰写《浙江学潮的面面观》、《杭州学生的血》等文援应浙江一师学生。其中在《浙江学潮面面观》中对齐耀珊的讽刺和挖苦尤甚[4]。曹聚仁回忆称"上海《民国日报》,更以全力支持;叶楚伧先生以社论地位讽刺夏敬观厅长,劝他'做做诗,看看月亮,少闹笑话吧!'邵力子先生也在《觉悟》中,几乎全面刊载教育文化界支援的文章"[5]。

曹聚仁当时"首先和杭州学生会取得联系,由他们通报各校学生,请他们加紧支援。一方面,我就在旅店写新闻电讯,先后分电上海《申报》、《新闻

---

[1] 曹聚仁:《悼沈玄庐先生——写在他的来信尾上》,《星期评论》1928 年第 2 卷第 18 期,第 2 页。

[2] 同上。

[3] 曹聚仁:《我与我的世界》,第 178 页。

[4] 玄庐:《浙江学潮面面观》,《民国日报》1920 年 4 月 5 日,第 13 版。《杭州学生底血》,《星期评论》第 47 号(1920 年 4 月 25 日),第 4 页。

[5] 邵力子撰文有《看"浙师"学生的团结力》,《民国日报》1919 年 12 月 5 日,第 7 版。

报》及《民国日报》，第二天都在头条新闻地位刊出"[1]。当施存统的《非孝》一文引起轩然大波之后，"杭州空气大为惊动，风声鹤唳，已经是很可怕了！"因此，《浙江新潮》的"第三期已不能在杭州印刷了"，"后来大多数主张第三期且到上海去印来"。《浙江一师风潮》的编者甚至称这是在上海《星期评论》社里印刷的。连瑞琦回忆称当时浙江一师学生"驱齐灭夏"运动时，他们"联络京沪的浙江进步人士，支援这个运动"，而"齐耀珊十大罪状"的宣传单即是上海《民国日报》社帮忙印刷的[2]。傅彬然也回忆称，当时经亨颐有引退之意，傅彬然听说之后，连同施存统"致函北京的蒋梦麟、罗家伦等，请他们写信给经子渊表示支持"[3]。

由此可以看出沪杭新文化同人及学生界之间的"合伙人"效应对浙江一师风潮所起到的扩大作用。但即使是同一"合伙人"之间，也会引发观点、策略、措施上的分歧与纷争。一师风潮的解决是蔡元培、蒋梦麟等在京浙人平衡各方，协调处理的结果。对于蔡元培在一师风潮中的持中处理，不仅仅当时一师的部分学生不满，连在上海的沈定一、戴季陶等人也不满。对于经亨颐所编著的浙江一师的国文课本，蔡元培对齐耀珊称，"这种教材选得不成系统。不过备学生底参考，也未始不可的"。又写信给经亨颐说"这种文章，都从现在杂志上选出来，是学生所习见的，何以编入教本？"对于蔡元培这种"骑墙"态度，戴季陶在 1920 年 3 月 29 日的《星期评论》上撰文质疑称，"这种委曲求全的态度，是不是以求真理为目的的学者所应该持的呢？这种没气力的态度，是不是文化运动的先驱者所应该持的呢？"。戴季陶直言"委曲求全是一种顶不好的、顶不合理的、顶害事的东西，要作文化运动，我们先就要革除这委曲求全的恶习惯"[4]！由此可见在面

[1] 曹聚仁：《我与我的世界》，第 179 页。
[2] 连瑞琦：《忆 1920 年的浙江学潮》(节录)，中共浙江省委党史资料征集研究委员会、中共杭州市委党史资料征集研究委员会：《浙江一师风潮》，杭州：浙江大学出版社，1990 年，第 395—396 页。
[3] 傅彬然：《回忆浙江新潮社》，张允侯等主编：《五四时期的社团》(三)，北京：生活·读书·新知三联书店出版社，1979 年，第 149—150 页。
[4] 季陶：《蔡先生委曲求全的是非》，《星期评论》第 39 号 (1920 年 2 月 29 日)，第 4 页。

对一师风潮中，新文化同人之间的内部差异[1]。

此外，曹聚仁所回忆到有关浙江一师风潮中施存统"非孝"问题上所引发的一件小事，颇能反应出这种想象的"合伙人"带给浙江一师学生群体的困扰。曹聚仁称当时有二部的学生凌荣宝，"他独自创办了《独见周刊》"，此刊物"好似专门为攻击施兄的《非孝》而刊行，一期、二期、三期，一直骂下去（那时，施存统兄已经离开一师，到北京参加工读互助团去了），这就激起了公愤"。曹聚仁也在《钱江评论》中与凌独见对骂。但这一论战"校外来了两种不同的反应。《新青年》主编陈仲甫先生来了一封讽刺凌氏的信，我把它张贴起来，还刊在《钱江评论》上。凌氏说这封信是假造的，说我们手段卑鄙（其实，这封信是真的，后来我在上海碰到仲甫先生，他承认是他自己的亲笔）。相去没几天，凌氏收到了一封戴季陶的来信，却是支持独见的主张，把存统骂了一顿，刊在他那份周刊上。我们也说是假造的，其实那封信也是真的。这也可见那时文士们思想路向的分野"[2]。

曹聚仁所言"这也可见那时文士们思想路向的分野"，其实是陈独秀与戴季陶的思想分野。由于陈独秀和戴季陶的信现无处寻觅，因此无法判断两人是处于何种情景下所写。但是，从前述戴季陶主张"平和的文化运动"，主张在"旧伦理崩坏"之时展开"新伦理的建设"来看，支持凌独见、痛骂施存统、反对"非孝"确实符合戴季陶此时的思想。1920年浙江一师风潮甫息之后，属于同一"合伙人"的陈独秀与戴季陶，却在"非孝"上拥有完全不同的立场，"合伙人"的分裂使凌独见和曹聚仁的论战顿时失去效力，难以为继，只好以"假造"为名互相诋毁[3]。

沈定一、戴季陶等人在浙江一师风潮中对浙江一师师生群体的支持导致卢永

---

[1] 当然，戴季陶之所以持此态度，而质疑蔡元培，则主要是站在学术、"科学"的角度立论，而较少关注浙江一师风潮本身的走向，因此与蔡元培站在"调停者"的角度自然有别。

[2] 曹聚仁：《我与我的世界》，第122—123页。

[3] 瞿骏：《新文化运动中的"失语者"：凌独见与五四时代》，载氏著：《天下为学说裂：清末民初的思想革命与文化运动》，第146—176页。

祥、李纯、齐燮元等北洋地方大员对《星期评论》的观感愈加恶劣，一些"旧派"及《星期评论》的竞争者对《星期评论》的丑化、诋毁亦更为严重，这些均是造成《星期评论》在浙江一师风潮解决不久就停刊的重要原因。沈定一、戴季陶在《刊行中止的宣言》中称：

> 近两个月以来，由官僚、武人、政客、资本家等掠夺阶级组织而成的政府，对于我们《星期评论》，因为没有公然用强力来禁止的能力，于是用秘密干涉的手段，一方面截留各处寄给本社的书报信件，一方面没收由本社寄往各处的本志，自四十七期以后，已寄出的被没收，未寄出的不能寄出。我们辛辛苦苦作成，印字排字工人辛辛苦苦印成的《星期评论》，像山一样的堆在社里，各处爱阅的诸君，不但是接不着我们的报，并且连本社言论受无形禁止的情形，也还不晓得。真是痛心极了！本志出版的目的，是在把我们的研究和批评，传达于各处的爱阅诸君。现在我们的宣传，既然受了这样大的打击，我们努力的效力，除上海一个地方以外，便失了效力。[1]

截留、没收，暗中打压《星期评论》，对其销售和发行的影响不言而喻。这也是导致《星期评论》停刊的重要原因。此外这份宣言还称"自去年以来我们一面努力于本志的著作和发行，一面努力从事于学术研究。一年以来，狠（很）感觉知识缺乏，有许多基本科学，都非从事于系统的研究不可。所以同人决意把本志中止刊行，暂时以刊行本志同样的努力，致力于学术的研究"。"感觉知识缺乏"，难以回答回应许多读者的问题，的确是句实话。但是"感觉知识缺乏"也是在面对纷繁复杂的各种相似相近却又各自立异的社会主义，难以选择也是其中一个原因。这也表明《星期评论》同人在"主义"上已经开始出现分歧，在具体

---

[1]《刊行中止的宣言》，《星期评论》第53号（1920年6月6日），第4页。

要解决"问题"的手段上，也存在着较大的不同。

结语

　　沈定一、戴季陶在创办《星期评论》中所展现出来的"合伙人效应"是尤为值得关注。《星期评论》同人在京沪杭三地联动的过程亦仍然值得进一步挖掘。正是新文化运动中的这种"合伙人"效应，才将"新文化"逐渐在全国形成一个"想象的共同体"。这一共同体的形成，一方面源于各种新文化杂志之间互相介绍、宣传、引用和回应，一方面也源于新文化杂志在各地的代派所使得新文化在区域传播中的向下拓展，使得处在新文化运动下一层级的阅读者也可以成为"合伙人"，并且通过写信、投稿、办刊以及求援等方式使这一共同体得以强化。这一共同体的形成，才使得包括"马克思主义"在内的"社会主义"等思潮不断扩展到"京、沪——杭州"乃至县乡等共同体的下一层级。也正是在这一共同体中，各地新文化同人之间彼此援应共济，才使诸如"五四运动"、"浙江一师风潮"等事件不断扩展剧化，这也使得身处这些事件漩涡中的学生群体等人有所凭借，而敢于和旧势力勇敢地作斗争。

第五章 《学生杂志》与"社会主义"的江南形塑
(1919—1924)

《学生杂志》是上海商务印书馆面向青年学生的一份重要刊物,与《东方杂志》、《教育杂志》、《小说月报》、《妇女杂志》、《英语杂志》、《少年杂志》、《儿童杂志》、《儿童画报》、《自然界》共同列为商务印书馆的十大杂志。《学生杂志》先后由朱元善、符涤尘、张明养、王学哲等担任主编,它以全国中学生为销售对象,以"辅助学业交换智识"为旨趣[1],大量刊登学生的来稿,设有论说、学艺、修养、学校状况、文苑、小说、诗词、游记等栏目,还有中国和世界的大事记。初创办时,该刊刊名为《学生》,后来加上了"杂志"二字,是为《学生杂志》[2]。本章将以《学生杂志》为研究对象,探讨其在 1920 年代对社会主义的宣传及报道,厘清这一时期《学生杂志》的主要编辑杨贤江及其同仁向青年学生宣传马克思主义的各种努力,以及江南学生群体阅读和接受马克思主义的状况[3]。

---

[1] 潘懋元、宋恩荣、喻立森著:《马克思主义教育理论家杨贤江》,北京:光明日报出版社,2005年,第44页。

[2] 为便于行文,后文统一使用《学生杂志》这一名称。

[3] 目前来说,王飞仙与刘宗灵均对《学生杂志》有过全面而详细的研究。王飞仙以《学生杂志》为例,研究五四前后期刊、出版、言论以及社会文化变迁间密切而复杂的关系。其中论述到（转下页）

一、"富于革新精神":《学生杂志》的创办与沿革

1914年7月,《学生杂志》发行第1期,1932年"一·二八"淞沪抗战期间停刊;1938年12月,《学生杂志》在香港复刊,1941年"一二·八"太平洋战争爆发,《学生杂志》再次停刊;1944年12月,《学生杂志》第22卷第1期在重庆复刊,1947年8月终刊。《学生杂志》断断续续存在了三十余年,在当时的中学生群体中产生了广泛而深远的影响。本章要探讨的,即为厘清1917年至1927年间《学生杂志》对社会主义的报道与宣传及其在江南地区学生群体中阅读和接受的状况。

1914年至1927年间,朱元善担任《学生杂志》主编。在时人的印象中,朱元善并非是一个热心新文化、新思想的人,甚至多少有些守旧[1]。起初,《学生杂志》经常刊发鼓励学生埋头读书、不问政治的文章[2]。但朱元善的经济眼光比较长远,而且是商务印书馆几个主编中对外界舆论最敏感的一个,"虽不学无术,但善观风色,而且勇于趋时"[3]。后来在五四新文化运动影响下,舆论界非常活跃,很多报刊纷纷革新改版,介绍新文化书刊,杂志间的竞争亦趋激烈。考虑

(接上页)社会主义方面内容的,主要是第二部分。作者考察了杨贤江关注青年的切身问题,并且还注重宣传社会主义以及相关方面的书籍。刘宗灵从报刊的社会文化史的维度,关注学生与媒介互动,以及知识、思想的生产和传播。其在第四章则详细地梳理了《学生杂志》的问答栏目中,与学生切身相关的"烦闷"问题,诸如恋爱、婚姻、升学、自学、苦学与职业问题。参见王飞仙:《期刊、出版与社会文化变迁——五四前后的商务印书馆与〈学生杂志〉》,台湾:"国立"政治大学历史学系出版,2004年。刘宗灵:《媒介与学生:思想、文化与社会变迁中的〈学生杂志〉》(1914—1931),成都:四川大学出版社,2018年。此外对《学生杂志》的研究还有朱文哲:《塑造"新学生":民初启蒙与商业中的〈学生杂志〉》,《安徽大学学报》2015年第4期,第128—137页,等。

[1] 金立人,贺世友:《杨贤江传记》,北京:光明日报出版社,2005年,第67页。

[2] 吴文祺:《忆贤江老友》,杨贤江教育思想研究会编:《杨贤江纪念集》,北京:商务印书馆出版社,1985年,第78页。

[3] 茅盾:《商务印书馆编译所生活之二——回忆录(二)》,茅盾著,唐金海等编:《中国当代文学研究资料·茅盾专集》第1卷上册,福州:福建人民出版社,1983年,第419页。

到读者的意向和杂志的发行，朱元善顺应时代潮流，邀请新式青年知识分子撰写文章，并刊登译作。1917 年，沈雁冰协助朱元善编辑《学生杂志》，期间沈雁冰写过很多稿件和译作。后来，朱元善"打算小试改革，在请沈雁冰写与以往不同的社论后，朱又写信给杨贤江，要他'多撰《学生》论文，或论时局，惟用语宜含蓄，'"[1]。

需要说明的是，杨贤江与《学生杂志》颇有渊源。在浙江省第一师范学校就读期间，杨贤江阅读了大量的报纸书刊，其中就有商务印书馆出版的《学生杂志》。杨贤江在 1915 年和 1918 年的日记中，记录了大量关于他向《学生杂志》投稿、咨询编辑等事宜，可以说杨贤江很早便是《学生杂志》的忠实读者。但杨贤江究竟通过怎样的方式以及何时开始接触和阅读《学生杂志》，尚无从得知。不过可以确定的是，杨贤江多次提及在图书馆阅读书刊，大致可知《学生杂志》是由学校或其他社会团体订购。

就日记内容来看，杨贤江最早开始阅读《学生杂志》的时间是 1915 年 4 月 5 日。这一天，杨贤江"早餐后，阅《教育杂志》，续作《吾侪之救国》，阅《英文杂志》、《学生杂志》"[2]。类似的购买和阅读《学生杂志》的信息，杨贤江的日记里还有很多。比如 1915 年 6 月 28 日，杨贤江"夜接《学生杂志》寄来书券十二元，盖前寄去之《学生自动之必要及其事业》、《读书要言》、《我生之一学期》三篇已蒙刊录也"[3]。1915 年 7 月，"与友人纵谈多时，不觉光阴如水，重阴叠叠，已告五句钟矣。乃别之回家，以余时阅《学生杂志》数页"[4]。1918 年 9 月 19 日，"上午，到花牌楼商务馆购《励志集》、《学生杂志》、《读经讲义》各一册"[5]。1915 年 9 月 1 日，浙江第一师范学校开学，杨贤江回到学校。从 9 月 1

［1］ 汪家熔：《杨贤江与商务印书馆》，杨贤江教育思想研究会编：《杨贤江纪念集》，第 82 页。

［2］《杨贤江全集》第 4 卷，第 28 页。

［3］ 参见《杨贤江全集》第 4 卷，第 87 页。

［4］ 参见《杨贤江全集》第 4 卷，第 103 页。

［5］ 参见《杨贤江全集》第 4 卷，第 294 页。

日至 9 月 10 日，杨贤江自习时基本上都会阅读《学生杂志》[1]。当然，杨贤江也会将《学生杂志》里的相关内容学以致用，加以评论，比如："集中力于穷理竟事，有切要之关系，无此力者，所得不免浮泛，不尽肯綮。《学生杂志》登有养成此力之方法，吾甚感激此论，以其提醒余者足以裨益余业"[2]。1915 年 10 月 4 日，"七时起阅《学生杂志》，读《中学生之体育及锻炼法》，谓以深呼吸、铁棒悬垂、棍棒体操、跑步等四者谓形式的锻炼，以忍耐、热心、勤劳、卫生四者谓精神上之锻炼云"[3]。

此外，杨贤江 1915 年的日记里，有大量关于他向《学生杂志》投稿、和编辑通信往来的事情。1915 年 8 月 26 日，杨贤江"在校中得阅《学生杂志》第 7 号，知特别征文已揭晓，余幸获第一，得赠书券二十元，系最高奖也。然余亦何得意，不过聊慰心愿耳"[4]。1915 年 9 月 16 日，杨贤江"下午抄《游西湖记》、《二十自述》及梦话三篇，亦拟同时投诸《学生杂志》社，并弹琴，阅《教育界》"[5]。1915 年 10 月 24 日，夜间"继作疑难问题十则，拟询《学生杂志》记者"[6]。10 月 31 日，"夜作书致《学生杂志》记者，并呈疑问十一则，请求解答。"11 月 1 日，"早膳后，写信（《学生杂志》）讫，于九时投邮"[7]。11 月 27 日，"见《学生杂志》广告，余所投者复不见登出，不免有不豫之想。既乃自解曰：果有价值，自可录取，余只问余业之精不精，予夺由人可也。况吾人眼光须图远大，此区区者，何足萦吾心哉"[8]！12 月 6 日，"下午四时后，画几何画，做手工，请夏师（夏丏尊）讲《人生》(《中学世界》)。此篇谓托尔斯泰原著，意欲译

---

[1] 参见《杨贤江全集》第 4 卷，第 123—128 页。

[2] 参见《杨贤江全集》第 4 卷，第 126 页。

[3] 参见《杨贤江全集》第 4 卷，第 143 页。

[4] 参见《杨贤江全集》第 4 卷，第 120 页。杨贤江获得第一的文章即《我之学校生活》，载《学生杂志》第 2 卷第 8 号（1915 年 8 月 20 日），第 1—18 页。

[5] 参见《杨贤江全集》第 4 卷，第 132 页。

[6] 参见《杨贤江全集》第 4 卷，第 155 页。

[7] 参见《杨贤江全集》第 4 卷，第 161 页。

[8] 参见《杨贤江全集》第 4 卷，第 177 页。

为国文，寄登《学生杂志》"[1]。12月8日，"《今后之学生》投《学生》志"[2]。

杨贤江向《学生杂志》大量投稿，在机缘巧合下，还与杂志主编朱元善结成了忘年交。1916年，杨贤江到上海参加江苏省教育和小学教员暑期补习活动，便趁此机会到商务印书馆拜访了朱元善。朱元善认识了杨贤江，很是喜欢这位青年学生，自此后，杨贤江更频繁地向《学生杂志》投稿。1917年夏，杨贤江以全优的成绩从浙江第一师范学校毕业。当年秋天，他受聘于南京高等师范学校，任教育科学监处事务员，并旁听大学课程。寒暑假往返学校途中，杨贤江都会拜访朱元善。1918年，杨贤江通过南京高师的学生恽代贤（恽代英之弟）结识了恽代英，并建立了长期的通讯联系，两人之间书信来往频繁，通讯中常常谈到青年学生的教育问题、如何鼓励青年学生进步的问题。在南京高师工作期间，经邓中夏介绍，1919年10月杨贤江加入少年中国学会，经常讨论社会上出现的新思潮和新观点。至1920年6月，杨贤江在全国当时有影响的杂志诸如《学生杂志》、《教育杂志》、《教育潮》、《少年世界》、《少年社会》等刊物上发表的文章和译文已有60余篇[3]。这些经历都为杨贤江被《学生杂志》主编朱元善所器重赏识并被邀请担任编辑奠定了重要基础。

1919年底，商务印书馆《小说月报》的主编王蕴章请沈雁冰开辟《小说新潮》栏，以倡导新文学。一年后，王蕴章辞职。1920年11月，沈雁冰担任《小说月报》主编，此后他也就无暇兼顾《学生杂志》的编辑事务了。由此，朱元善向商务印书馆出版部的部长高梦旦建议，请杨贤江来帮助开展《学生杂志》的编辑和改版工作，主编仍由朱元善挂名。经允许后，朱元善致信聘请杨贤江担任《学生杂志》编辑，春节后即可到商务印书馆上班。

1921年初，杨贤江来到上海，在商务印书馆担任《学生杂志》的编辑。这一时期，"杨贤江刚辞了南高师的工作去广东，正好又碰到打仗，没办法就任新职。

---

[1] 参见《杨贤江全集》第4卷，第182页。

[2] 参见《杨贤江全集》第4卷，第325页。

[3] 金立人、贺世友：《杨贤江传记》，第60页。

很快他就到了商务"[1]。在这里，他结识了沈雁冰、董亦湘等人，并开始系统地学习马克思主义，逐步接受了马克思主义的学说和观点。1922 年 5 月，在沈雁冰和董亦湘的介绍下，杨贤江加入中国共产党[2]。当时，党中央与各省党组织的信件往来和人员联络，是以商务印书馆编译所为秘密联络点。起初，党中央委派沈雁冰担任秘密联络员。1923 年，杨贤江接替了秘密联络员的工作。与此同时，杨贤江也接手此前由沈雁冰担任《学生杂志》的主编一职，并继续对杂志进行一系列的革新，将《学生杂志》作为宣传革命、社会主义以及教育青年的重要阵地。

杨贤江不仅自己在《学生杂志》撰文宣传革命与社会主义，还大量刊登其他人士的相关文章。据粗略考察，向《学生杂志》投稿的诸多宣传社会主义的作者，很多是浙江一师的学生，比如中共早期党员高尔松、高尔柏、侯绍裘、施存统、谢远定、恽代英等，他们都曾向《学生杂志》投稿，其文章多集中发表在 1923—1924 年。文章的内容多为讨论青年学生的学习和生活，介绍和宣传社会主义，或是利用马克思主义原理来分析社会现象和问题。之所以出现如此现象，一方面是这些早期共产党人有共同的兴趣志向，互相因缘；另一方面，这与杨贤江等人创办的"青年问题讨论会"有关。

1923 年 1 月，杨贤江与侯绍裘、赵景云、高尔松、高尔柏、陈光沅、沈昌、凌其恺、赵祖康等组织"青年问题讨论会"，其简章规定"本会以讨论关于青年的学术上、人生上和其他切要问题为宗旨"。该讨论会"由同志结合成立。成立后欲加入者，须有二会员以上之介绍，多数会员之赞同。"会员之间以通信的方式讨论问题，他们也可以随时提出问题，所有讨论的文稿，将刊登在《学生杂志》上[3]。此会成立后，其活动曾一度非常活跃，《学生杂志》上多次刊登与青年问题切身相关的文章，比如求学、婚姻、服务社会、干政与入党、职业选择等等问题，又刊行诸如"青年生活态度"、"学生生活研究"、"学习法研究"、"青

[1] 汪家熔：《杨贤江与商务印书馆》，杨贤江教育思想研究会编：《杨贤江纪念集》，第 82 页。
[2] 参见《杨贤江全集》第 4 卷，第 830 页。
[3] 贤江：《青年问题讨论会简章》，《学生杂志》第 10 卷第 1 号（1923 年 1 月 5 日）。

年与恋爱"、"择业问题"等专号。为加强宣传阵容，杨贤江还邀请恽代英、鲁迅、周建人、胡愈之、萧楚女等人撰稿，解答学生的疑问并撰写时评，增辟"通讯"、"答问"等专栏，并大量发表有关青年问题、教育以及解答关于马克思主义及其他社会主义思潮的文章，指导青年的学习与生活，倡导思想解放，走与工农群众相结合的道路。学生阅读后，他们也会向《学生杂志》投稿并发表自己的理解和主张，这些都一并发表在《学生杂志》，在读者中产生了重要的影响。比如，1923年至1924年间，杨贤江在《学生杂志》组织了一个延续时间长、参与人数多、规模宏大的"学生干政与入党问题"的讨论，并请恽代英做相关问题的解答，很多读者读后纷纷投稿咨询，在当时颇有影响。

从1921年至1926年底，虽然《学生杂志》的挂名主编仍是朱元善，但《学生杂志》的编辑事务实际由杨贤江负责。杨贤江在《学生杂志》任职的六年间，撰写了大量社评，发表了许多教育专论，用各种手法在该期刊上宣传社会主义的思想，鼓励学生参加政党，并亲自解答学生提出的各种问题，涉及思想、政治、读书、工作及生活等各个方面，为大多数学生所喜爱。高尔松、高尔柏兄弟在《学生杂志》发表的一篇文章中便指出，"我个人的观察，以为现在的《学生》，实为学生界定期刊物中思想最高尚、最纯洁、最切实、最缜密、最普遍而又是富于革新精神的杂志"[1]。

二、"俄国社会"与"社会主义"：对读者疑问的解答

《学生杂志》是向中学生以及青年提供课外知识的刊物，因此其阅读群体主要是中学生和受过教育的青年群体。关于《学生杂志》的读者群体与作者群体，刘宗灵将《学生杂志》的投稿人与读者群体分为前期、中期和后期三个阶段。杂志的前期阶段是1914—1920年，投稿的学生以中等师范生最多，他们主要就人

---

[1] 高尔松、高尔柏:《我们对于学生杂志的贡献》,《学生杂志》第10卷1号（1923年1月5日）。

生的修养、道德情操进行论说，也刊有很多课艺技术的文章，投稿者基本上也是读者，当然也有其他的读者，此时的《学生杂志》基本上是一份课堂延伸的刊物[1]。

在中期阶段，《学生杂志》经历了版面革新，主要由杨贤江主持编选稿件。杂志里经常出现的作者，"应该是支持新文化的，或至少是接受新式教育且有意趋新的青年群体"[2]，但也以在校学生为基础，中等学生为主体。除此之外，诸如侯绍裘、高尔松、高尔柏、施存统、恽代英、萧楚女等与杨贤江志趣相投的师友，也都在《学生杂志》上发表过文章，马克思主义、社会问题、青年成长等皆为他们所关心的议题。而其最突出的一个特点是，他们对青年学生问题的意见，对社会问题的报道，很多都涂抹了一层政治和激进的色彩，不过考虑到中学生阅读、接受知识的能力，他们并没有大张旗鼓地宣扬社会主义。

沈雁冰回忆他在担任《学生杂志》编辑期间，稿件多来自全国各地的中学校、初级师范学校和甲种蚕桑、甲种工业学校（程度和现在的中专相近）的学生。一旦他们的稿件被录用，都会刊登来自何省何县何校的信息[3]。杨贤江担任《学生杂志》编辑期间，亦沿用了这个惯例。因而可以据此了解大部分投稿者的来源地。就1919—1927年间《学生杂志》的稿源来看，江苏、浙江的中学生为多，而其中，浙江省第一师范学校和江苏省第二师范学校的学生投稿最多，一定

---

[1] 刘宗灵：《媒介与学生：思想、文化与社会变迁中的〈学生杂志〉》，第55—60页；第69—77页。

[2] 刘宗灵：《媒介与学生：思想、文化与社会变迁中的〈学生杂志〉》，第61页。

[3] 茅盾：《商务印书馆编译所生活之二——回忆录（二）》，载茅盾著，唐金海等编：《中国当代文学研究资料·茅盾专集》第1卷上册，第416页。茅盾审阅《学生杂志》的投稿发现"这些文言的游记，大多用骈体，可见当时全国各地中等学校盛行的，竟是骈体；而诗、词内容，颇多感伤牢骚，老气横秋，疑是教师们修改润色过的。"不过为了更好地推广销售《学生杂志》，"朱元善说，不管它真是学生写的，还是教师改的，只要做得好，我们就录取；一则登了出来，学校当局、教师、学生，都觉得光彩，就会逢人夸耀，这就成了我们这个杂志的义务推销员；二则，学生来稿录取了，不付现金报酬，只送书券，临时填写价目，从二元至十元不等，用这书券可买商务出版的书，这又为商务的书籍推广了销路。"见茅盾著，唐金海等编：《中国当代文学研究资料·茅盾专集》第1卷上册，第416—417页。

程度上可以表明《学生杂志》在江浙地区学生中的影响力，这为社会主义思想在江南地区传播奠定了一定的基础。

《学生杂志》在朱元善创办的最初几年，"经常发表鼓励学生埋头读书、不问政治的文章"[1]，其整体上的内容，基本上是课堂学习内容的延伸，这也难怪被认为是典型的"课艺杂志"[2]。杨贤江担任《学生杂志》编辑后，对其进行版面革新，编选大量关于时事和政治的文章，风格更为活泼，使这本一般知识性的读物，成为一本教育学生、指引学生人生观和价值选择的刊物。1917十月革命爆发后，苏俄政局变动的消息逐渐传入到中国，引起了中国知识界和舆论界的关注。和大多数观察者一样，《学生杂志》一开始称十月革命是暴力政变、俄国内乱，布尔什维克党为"过激党"、"极端派"等，认为俄国"自克伦斯机政府倒后，国际派执政，与联合国似已脱离关系。一方面背单独不讲和之约，一方面不顾巴黎经济会议之义务，故联合国愤过激派所为，不欲承认其政府"[3]。带有类似论调的文章多发表于十月革命爆发之初，直到杨贤江担任编辑后，报道俄国的文章才渐有改变。

十月革命爆发后，一些学生对俄国的基本状况比较好奇，向编辑询问一些今日来看是常识性的问题：有读者询问俄国自1917年革命组织苏维埃政府实行共产后，国内情形怎样；有的读者询问，"俄国自实行共产以来，他的施政方针和施行后国民实况，坊间曾出有专书时论否？乞为介绍一二种。（翻译、调查均所欢迎）倘没有专书出卖，先生能告诉我一二否"等等，杨贤江对这些问题都一一回复[4]。由于《学生杂志》的阅读群体主要是中学生，因此俄国的教育问题得到了学生的关注。很多学生向编辑咨询俄国的教育状况，比如：俄国学生的小学至

---

[1] 吴文祺：《忆贤江老友》，杨贤江教育思想研究会编：《杨贤江纪念集》，第30页。

[2] 茅盾：《忆贤江兄》，杨贤江教育思想研究会编：《杨贤江纪念集》，第30页。

[3] 《外国之部：俄国过激派之责任问题》，《学生杂志》第5卷第3号（1918年3月5日），第15页。

[4] 杨贤江：《答C.F.君》，《学生杂志》第13卷第1号（1926年1月10日），第107页；杨贤江：《答广东大埔温有为君》，《学生杂志》第12卷第2号（1925年2月5日），第114—115页。

大学的费用是否都是国家供给，中国的留学生是不是也有同样的待遇等等问题，这些都得到杨贤江耐心细致的解答[1]。

《学生杂志》也有少部分介绍俄国状况的文章，比如苏俄政府1920年在莫斯科设立的"十月革命文书保藏所"，《学生杂志》的"国外要闻"栏目便介绍了该保藏所的设立过程、各个部门、职责与类别等等[2]；在介绍俄国科学工作者的生活状况时，作者称俄国仍然有"工人"与"富户"阶级。在"工人"阶级里，包含有小工，熟练的工人，机关上员司，艺术者，纯粹科学者等。在"富户"阶级里，有新经济政策下私家雇员，实用科学者（自为经理或工程师），商人等等[3]。

十月革命后，"中国方面，报纸上，杂志上，纷纷记载，任意宣传，很引起了人们的注意。而青年学生界又听了俄国读书不要钱的消息，于是就有好多弄得神魂颠倒，废寝忘餐，总想到俄国去读书"[4]。中国留俄学生大幅增加，有的学生将考察结果和心得发表在《学生杂志》上。1921年初，苏俄为培养本国和亚洲一些国家的革命人才，在莫斯科创办了莫斯科东方大学，专门收中国、日本、印度、越南等东方国家的学生。翻译家韦素园便曾经到莫斯科东方大学学习。韦素园来到这所学校后，将该校学生的生活状况发表在《学生杂志》上。他在文中对俄国充满了乐观而赞誉的态度，在韦素园看来，"新俄，是一般改革家所注目的源地，也是一般热烈的青年所认为理想的天国；新俄改革家，自认他这种革命的行径，也正是二十世纪资本家避不了的恶祸。东方劳动大学，应着各方面的需要，恰好降生在赤俄首都莫斯科了"[5]。

韦素园乐观而充满希望的论调，并非是普遍性的案例，也有的投稿人从学生自身的角度出发，对莫斯科东方大学的培养模式持观望态度，更多是关注学生未

[1] 江：《答戆夫君》，《学生杂志》第14卷第2号（1927年2月10日），第89页。

[2] 《国外要闻：俄国大革命之文库》，《学生杂志》第11卷第1号（1924年1月5日），第211页。

[3] 皆平：《苏俄科学者的生活近况》，《学生杂志》第13卷第3号（1926年3月5日），第68页。

[4] 唐道海：《留俄学生之生活状况》，《学生杂志》第9卷第7号（1922年7月5日），第7页。

[5] 素园：《莫斯科东方劳动大学生活状况调查》，《学生杂志》第10卷第2号（1923年2月5日），第1页。

来的发展问题，唐道海便是其中之一。为了促进远东殖民地、半殖民地国家民族解放运动进一步向前发展，苏俄共产国际决定召开一次由远东各被压迫民族参加的代表大会。1922年，远东各国共产党及民族革命团体第一次代表大会开幕。出席大会的中国代表团由44人组成，其中包括来自安徽的青年代表唐道海。在此期间，他对留俄学生的生活状况进行考察并撰文发表在《学生杂志》。唐道海当时还是一名学生，也有想到俄国读书的想法，后来，周佛海到安庆征求代表，唐道海因为友人的介绍，于是有机会前往。在这篇文章中，对学生非常具有指导和参考意义的便是他对俄国留学生的物质生活状况以及将来发展的描述：

> 俄国因为几年的战争，重以大荒，物质上很是缺乏；加之各国封锁，尤其受极大影响。在他们（指中国留俄学生）初到的时候——一九二一年四月——每人每日，政府只供给半磅（合中国六两）面包，无糖，无肉，无牛油。这时候劳农政府虽已颁布准人民私有财产，实行新经济政策，可是什么都是贵的；且中俄汇兑不通，虽急欲买的东西亦无钱可买。这种生活过了不久，外国就输进了许多赈粮，他们的待遇也就变好了。每天每人两磅面包，每人每月磅半糖，但是天天无肉，无牛油，应用的东西无钱买，生活上总觉得还是很干枯的。政府发给他们的衣服，每人只给厚呢外衣一件，抹布褂裤一套，那种冷的天气（最冷约在摄氏表零度下三十度），他们虽然受不下来，但是他们还剩了些旧衣可以衬衬，或者最冷的时候少出来些，却也无关紧要——这是中国留俄学生物质上所过的生活。[1]

进而，唐道海指出了学生在莫斯科东方大学毕业回国后，在学习与实际行动方面可能发生的冲突。"这个大学仅六个月毕业（不过仅学点共产知识）；毕业后

---

[1] 唐道海：《留俄学生之生活状况》，《学生杂志》第9卷第7号（1922年7月5日），第7—8页。

就遣送回国,从事革命运动。他们真正相信共产主义的,回国都可从事运动;不相信共产主义的(大概都是中等学校的学生),既把以前学的都忘记了,新的又没学着什么,那回国就很感困难了"[1]。最后,他恳切地叮嘱想要留俄的学生们应当注意这一点。

1924年列宁逝世,《学生杂志》刊文详细报道列宁的去世和葬礼。其中,第11卷第5号的《学生杂志》刊载追悼列宁的诗歌,多达8篇[2]。杨贤江专门写了《列宁与中国青年》以作悼念。杨贤江追问读者,"列宁之死对于俄罗斯革命有什么影响?对于全世界社会革命有什么影响?"这些并非是他着眼探讨的问题,他所关注的,是学生能从列宁这位革命家的事迹中受到怎么样的启发,也就是列宁对青年有什么样的影响。"我认为像列宁这样一个人,实在可以做我们中国青年的模范了"[3]。

《学生杂志》关于俄国十月革命后的相关报道,大致分为三类。其一,是关于俄国社会状况的介绍,主要通过读者和编辑之间问答的形式展现出来,也有少量文章是以直接介绍的方式进行报道。其二,是与俄国教育相关的议题,比如留俄学生的生活状况,留俄学生将来如何发展等问题。其三,便是列宁逝世后,《学生杂志》刊文纪念。十月革命初期,一些投稿人对俄国的认知并不充分,以"过激党"等名称来看待布尔什维克党。在俄国社会状况的介绍上,投稿人有意识地用"阶级分析"的语调来论说俄国的社会科学家。有的学生对俄国相关概念的理解并不清晰,还有的学生想了解关于俄国的书籍,于是纷纷向编辑致信,读者们所咨询的问题并没有被杨贤江忽略,他将答案一并刊登在《学生杂志》上,这使得《学生杂志》担当了传播俄国知识的角色。

1920年代,《学生杂志》刊发关于马克思主义学说的文章明显增多,一定程度上是因为杨贤江担任编辑后,对稿件有所"筛选",对论调有所引导。从稿件的具

[1] 唐道海:《留俄学生之生活状况》,《学生杂志》第9卷第7号(1922年7月5日),第8页。
[2] 谷凤田:《哀列宁歌》,《学生杂志》第11卷第5号(1924年5月5日),第71—72页。
[3] 贤江:《列宁与中国青年》,《学生杂志》第11卷第2号(1924年2月5日),第2—3页。

体内容看，马克思主义的相关概念并未得到准确的理解和解释，呈现出了马克思主义在中国初期传播的"浑朴"状态。毛礼锐在《和青年诸君谈主义问题》中指出，共产主义的立足点就是"唯物史观"而忽视"心"的作用。在他看来，世界上的战争，都是因为经济问题而引发，如果解决了经济问题，那么世界就可以和平。要解决经济问题，就要打倒资本主义、帝国主义，为此需要联合世界上的劳动阶级与之作斗争。由于"国家就是资本家的保护者，有了国家就不能打倒资本阶级"，所以要承认"工人无祖国"，认为世界主义也属于共产主义的内涵[1]。

杨贤江也有关于"社会主义"和"共产主义"的理解。在他看来，"社会主义是一种救济社会缺陷的主张，正立于和资本主义相反的地位，是主张废除私有财产制度，把生产机关为社会所有的"[2]。共产主义属于社会主义的一派，要实现共产主义，必须定在产业极发达的国家。"中国眼前没有实行共产主义的可能，那苏维埃俄罗斯也尚未实行共产主义，不过正在向这方面进行罢了。"待到共产主义的时代，一切人情风俗自然会不同；但在理论上讲，不致于变坏。对于文化进步也不会受着妨碍[3]。

当时，社会、社会化、社会学、社会主义、社会政策等名词都非常流行。施存统在《社会化的意义》一文中对这些词意进行辨析，以"社会化"（socialization）一词为例，他指出其有三种意义。首先，"是指社会组成员间'心理的类似'的增加而说"；其次，"是指具体的社会结合的增进而说"；再者，"是常见于社会政策或社会主义的文书上的，指那生产机关（包含一切生产上所需要的东西，如土地、房屋、及其、器具、铁道、原料、半制品等）的国有或公有而说。[4]"而其中第三种意义的社会化，"在社会政策和社会主义的文书上常被使

［1］ 毛礼锐：《和青年诸君谈主义问题》，《学生杂志》第 12 卷第 12 号（1925 年 12 月 5 日），第 18 页。

［2］ 杨贤江：《答湖北二中杨邦理君》，《学生杂志》第 12 卷第 6 号（1925 年 6 月 5 日），第 176 页。

［3］ K：《答山西大同第三师范武荣君》，《学生杂志》第 12 卷第 12 号（1925 年 12 月 5 日），第 103 页。

［4］ 存统：《社会化的意义》，《学生杂志》第 11 卷第 4 号（1924 年 4 月 5 日），第 9 页。

用，自从欧战完结后，更加被用得多。这就是生产机关的国有或公有的意思。"施存统进而指出，当时许多人所说的社会主义的直接目的，"即包括于社会化一语中"，这种说法虽然正确，"但社会主义本来所说的社会化，是灭绝资本以后的社会化，是'榨取榨取者'使土地及其他生产机关归为公有的意思。"当时经常使用的"社会化"一语，"有许多时是那为资本国家的国家资本主义而使生产机关公有化的意思。"这种意义上使用的社会化，并不是社会主义本来的目的。最后，施存统总结称，"全国人民大多只知有个人不知有社会"，但人们在精神上也有所欠缺。因此，无论心理上还是物质上，要求社会化都非常迫切。而青年要改造中国社会，一方面需要从物质（经济）上努力，同时也须从心理（教育）上努力[1]。这样的分析辨别对于加强青年学生对"社会化"和"社会主义"的认知起到促进作用。

除此之外，有的读者还对"共产公妻"不理解，纷纷向杨贤江询问。"共产公妻"是一个流传甚久的说法，"共产"和"公妻"时而连用，时而分开，但是两者之间并没有从语义上的清晰界定。石岩的研究指出，"公妻"、"共妻"的流传一开始就与"共产"紧密联系在一起，这一点也可以从《学生杂志》得到验证[2]。有读者向杨贤江询问中国能否实行共妻主义，杨贤江回答称，"共妻主义是没有的，是中国一般没有常识的人杜造出来的"[3]。还有读者询问："何谓公妻共产之主义？有何益于国民？曾行之者何国？有无效果？"杨贤江回复称，世界上没有所谓的共产公妻主义，这些词语是"我国顽固派、资本家，以及军阀与帝国主义的走狗所杜造的名词，专为反对共产党而骗人用的"[4]。可以看出，有些读者，甚至投稿人，对马克思主义相关概念的认知仍然有些模糊。杨贤江、施存统等中共党人的撰稿和答复，则对澄清和传播相关概念起到了一定的作用。

---

[1] 存统:《社会化的意义》,《学生杂志》第 11 卷第 4 号（1924 年 4 月 5 日），第 11 页。

[2] 石岩:《"共产公妻"谣言在中国的生成与早期流布》,《苏区研究》2019 年第 1 期，第 98 页。

[3] K:《答山西大同第三师范武荣君》,《学生杂志》第 12 卷第 12 号（1925 年 12 月 5 日），第 103 页。

[4] K:《答广州冯家驹君》,《学生杂志》1925 年第 12 卷第 2 号（1925 年 2 月 5 日），第 119 页。

有投稿人指出，"现在共产主义的呼声，一天高似一天"[1]，至于在中国如何实现以及什么时候实行社会主义和共产主义，很多人抱有保守、怀疑和试探的态度，他们并不认为实行社会主义、共产主义是一蹴而就的。由此，他们认为应当检验这些主义是否适合中国国情；另一方面，他们认为可以以俄国为例，通过时间来验证社会主义的好坏。

1924 年 11 月，《学生杂志》刊登了一则某学校辩论会的记录，讨论的议题之一是在中国是否要实行社会主义，以及什么时候实行社会主义。辩论者 Y 指出中国当时还不是实行社会主义的时候，"社会进化，是有一定要走的阶梯的。小孩本不会走路，而我们定要他跑去，其结果一定是很危险的。"另一位辩论者认为国家社会主义在当时最适合中国。但有争论者称，国家社会主义"打不倒资本家，尤不是中国军阀的敌手"，虽然国家社会主义的立脚点是国家，但这是一种退步的主义。Y 继续解释道，中国并不适于共产主义，毕竟这在当时不适合中国的国情。针对反驳者的观点，Y 希望他们"不要太信服新物事，以至于盲从"[2]。

第一次国共合作期间，国共两党"以俄为师"，很多舆情言论都在宣传学习社会主义、共产主义。毛礼锐称，"共产主义正在我国实验著，可以说是很幼稚的婴孩，能够成人与否，还不能预料"[3]。在他看来，不管共产主义是否适合中国，但就其本身立论而言，到底是好是不好，这是并不能马上可以答复的问题。进而，毛礼锐指出，"可以让俄国充分的试验"，并没有必要拿到中国来试办，毕竟各地的还有不同的情形[4]。当时人们的穿衣吃饭问题仍然是个大问题，尚未得到解决，"许多学者所发明的什么马克思主义呀！乌托邦主义呀！三民主义呀！共产呀！都没有解决这种问题的效力！因为这种问题，不是社会学家所能解决

---

[1] 杨效春：《告同志》，《学生杂志》第 8 卷第 5 号（1921 年 5 月 5 日），第 2 页。

[2] CY：《学校写真：一场争辩》，《学生杂志》第 11 卷第 4 号（1924 年 4 月 5 日），第 91 页。

[3] 中国当时并没有实行共产主义，这一点我们可以理解为毛氏自己的误解。具有参考价值的，是他就共产主义是否适合中国的论说。

[4] 毛礼锐：《和青年诸君谈主义问题》，《学生杂志》第 12 卷第 12 号（1925 年 12 月 5 日），第18 页。

的！更不是别种学者所能解决了"[1]！他们认为社会学家并不能解决人们生活吃饭、粮食缺乏的问题，这些实际问题是科学家才能解决的，由此对社会主义与共产主义的理想持怀疑态度。

各种主义和思潮在1920年代大为流行，青年们面临着不同的选择。在主义时代，信仰主义的人都想推崇自己所信奉的"主义"。但实际是，他们要么被"主义"牵着走，"见到新奇的学说或主义，马上就拱手欢迎，一点也不犹豫"，逢人便问对方信仰什么"主义"。有人发文章指出，当时潜心研究学术的人太少，而高谈主义的人有很多，许君武讲了这样一个故事：

> 去年春间，在北京偶访一个朋友，其时同座还有三四位，都是国民党的同志，他们说起话来，都是慷慨激昂，我到的时候，他们正谈起国家社会主义和马克斯的资本论，我因而很高兴地坐在一傍，想听他们讨论的结局。不料不到十分钟，他们转变谈锋，又说到中国的共产党。有两位便把共产党痛骂一顿，谁知那三位却正是共产党员，于是五个人拍案对骂，终于动手对打，害得主人坐立不安，照劝不及。我也吓出一身冷汗，赶紧向主人告辞走出。直到回家细想，总不知道他们为什么要如此。然我还觉得他们究有"为主义而战"的精神。过了三天，又在别处遇见那天三共产党员的一位，只见他颈上手上，满贴著碎橡皮膏，右眼睛也用药布棉花蒙著，用绷带系住，那天的伤痕，历历可数。因问他何苦如此，并询他们的党纲。他却奋然回答道："我们党里，无所谓党纲；即有，我也不知道。我只知道我是共产党员，他们骂共产党，就是骂我，我所以要打他们。"还有一次，北京国民党某支部征集党员，有一位报名的，问那招待的旧党员道："孙先生的三民主义，究竟是那三民？"那位旧党员很仓促地回答道，"第一是……民生，第二是……这也非三言两

---

[1] 严洗尘：《改胃口主义》，《学生杂志》第13卷第4号（1926年4月5日），第84页。

句说得完的，这里有孙先生的《三民主义》,《建国大纲》各书，新同志尽可购阅……"于是这位报名的便填了志愿书，盖章签字，成了国民党的"新同志"，又花了几角钱买一本《三民主义》才走。这是我的朋友 C 君亲见而告诉我的。我真奇怪：那报名的人，毫不知道孙先生的主义，何以便来入党？那已经作党员的，何以当别人问起自己党里的主义时竟不能毕其词？读者试想中国现在青年，诸如此类者有多少？他们只是盲从附和，趋时顺俗，其所作的运动，支离破碎，脆弱无能，乃是当然的事。[1]

被"主义"牵着走的学生很容易被人利用，被人引诱。因此，毛礼铣告诫称"无论对于那一种主义，都要千慎万重，切不可盲从"，选择哪种主义，青年们应当有自己的主张，同时也要慎重考虑，认定自己的地位和责任，不要因为各种宣传而被引诱。"要自己拿出人类的特色——思想，去加以考虑，批评，不能够随随便便去信仰那一种主义"[2]。此外，青年也不应该"浮夸无当，迎合时流"，而是应该平心静气，"一方面眼光要远大，看这社会为什么不良，心思要缜密，斟酌我们所用以改革的手段；另一方面，更要力作克己功夫"[3]。

在当时的经济和制度下，要一般青年们认识到人生的意义和价值，立下一个正确的人生观，实在是很难。因此，一位读者指出，应当"结有意义的有实力的党，来实行我们的各尽所能，各取所需的社会主义，为唯一急务！在这党里，各人有求学的机会；作工的地方；恋爱的生活……也有真正的立脚点，则各人庶不致耗一生多半的精神，以注力于饭碗问题，而空废其研究之时间。亦惟这样，才能使平等实现，感情融洽，得以尽量发展天赋的同情和互助的本能；一团和气，

---

[1] 许君武：《今后青年运动应取的途径——从我个人经验的一点意见》,《学生杂志》第 12 卷第 10 号（1925 年 10 月 5 日），第 16—17 页。

[2] 毛礼铣：《和青年诸君谈主义问题》,《学生杂志》第 12 卷第 12 号（1925 年 12 月 5 日），第 18 页。

[3] 许君武：《经验的一点意见》,《学生杂志》第 12 卷第 10 号（1925 年 10 月 5 日），第 17 页。

各乐其生，则其对于生活态度，自然也能正确而感著兴味了，又何需讨论"[1]！

唯物史观亦称历史唯物主义，是马克思主义学说的重要组成部分。在马克思主义传入中国早期阶段，唯物史观占有重要的地位。《学生杂志》中亦有相关文章译介和讨论"唯物史观"。从概念方面来看，时人多不了解"唯物史观"的概念。往往有读者会询问《学生杂志》的编辑，什么叫做"唯物史观"。杨贤江也曾回答过这个问题，称唯物史观"是关于社会进化发达的一种见解，主张社会思想社会制度的发生或变迁，都是由于物质条件发达或变化的结果。"最后，杨贤江还向读者推荐了《唯物史观浅释》、《唯物史观》这两本书[2]。杨贤江在回答此类问题时，总会向读者推荐相关书籍，比如有读者问："唯物史观可以解释历史的事实之全部，支配人生观。又有人十分的漠视它。两方面孰是孰非？"杨贤江并没有直接回答这个问题，而是介绍相关书文，请该读者阅读研究商务印书馆出版的《唯物史观与马克斯主义》、《劳农俄国的研究》、《马克斯经济学原理》；中华书局出版的《唯物史观解说》；民智书局出版的《唯物史观浅说》；上海书店出版的《伦理与唯物史观》；以及《建设》第一卷胡汉民的《唯物史观批评之批评》一文[3]。还有读者致信杨贤江，寻求关于唯物史观的书籍，杨贤江便将商务印书馆出版的《马克思主义和达尔文主义》、《马克思学说概要》，上海书店出版的《唯物史观浅释》，中国青年社丛书《唯物史观与马克思主义浅说》等介绍给读者[4]。

然而，一些作者在使用"唯物史观"时，难免产生和其本意有偏差的说法。《学生杂志》有一栏目是"名辞解释"，专门介绍新式的名辞。一位名为"敬杲"的作者，称唯物史观"是欲专从物质方面——简直是经济方面——来阐明人类历史的一种见解。这个见解底起源，虽然可以推溯到十八世纪孔道西（Condorcet）

[1] 袁绍文：《读本志三号后的管见》，《学生杂志》第11卷第7号（1924年7月5日），第106页。

[2] K：《答广州 P.K. 君》，《学生杂志》第12卷第10号（1925年10月5日），第97—98页。

[3] 杨贤江：《答姜敬舆君》，《学生杂志》第11卷第4号（1924年4月5日），第104页。

[4] 江：《答广州西关林郴君》，《学生杂志》第12卷第9号（1925年9月5日），第88页。

等哲学家，只是严格说起来，实在是马克思（Karl Marx）底创见。"但在文后，作者认为除了"唯物史观"外，还有"经济史观"、"史的唯物观"等名词，"虽然有人把这些名辞强为区别，其实只有一个东西罢了"[1]。"人类行为都由物质的境遇决定，所以人类的文明史，只可说是物质境遇变迁史。换句话说：社会的进化，就是经济的进化。"作者承认这种观点可能过激，但是"社会跟着物质生活的安全进步，这是确实不移的"[2]。在涉及学生应当怎么做时，作者称，"我们学生，自然也脱不了物质与精神的两种生活。要满足精神生活，于是有求知的欲望；要满足物质生活，于是有劳动的必要。"因此，学生要将劳动付诸实践，"快快实行参与劳动！"[3]

此外，"唯物史观"往往与"进化论"结合在一起。有投稿人以唯物史观的角度来分析当时和未来的社会，认为社会之所以进化发达，在于经济上的达到了条件，这些条件包括物质之生产，分配和交换的方法等。如果这些条件变动了，其他一切的社会关系都跟着变动，而思想、政治、法律、哲学、宗教等要适应社会关系，也不得不发生相应的变化。为了促进读者更深入地理解，敬杲举出一个例子：

> 从前手工业时代，构成封建制度的社会；到了近世，蒸汽机关一发明，由大规模的工厂以从事于生产，封建制度的社会便不能立足，而代以资本制度的社会，对封建制度的社会，既然不能立足，那适合于这封建制度社会的中世底一切思想，一切精神文明，也就不能不同时失坠；另由组织这资本制度的近代人，创出适合于资本制度底近代的一切思想，一切精神文明了。一切社会制度，一切思想，一切精神文明，既然

---

[1] 敬杲：《名辞解释：唯物史观 The materialistic Conception of History》，《学生杂志》第 9 卷第 4 号（1922 年 4 月 5 日），第 51 页。

[2] 劳予心：《学生与劳动》，《学生杂志》第 8 卷第 11 号（1921 年 11 月 5 日），第 87 页。

[3] 劳予心：《学生与劳动》，《学生杂志》第 8 卷第 11 号（1921 年 11 月 5 日），第 87 页；第 90 页。

都立脚在经济上的条件上面，跟着他进化发达。[1]

最后，敬杲的结论是，经济条件是人们生活的基础，需要有衣、食、住等条件的支撑。有这些保证后，才会有政治、宗教、哲学等精神方面的发展。因此"物质的生活问题，是一切精神活动底基础，后者依据前者，才能够说明"[2]。

还有一些文章向读者传递"经济基础决定上层建筑"的唯物史观的观点。袁绍文在《学生杂志》发表了一篇文章，他认为自己"不是迷信唯物主义的一个人，但却深信人类的一切活动，都是要受物质支配的。"而"在现代社会制度底下的中国青年（一般的，非仅指青年学生而言）内受旧势力的压迫，外受新智识的灌输，前进则里有所不逮；而进化势力，革新潮流，终也盘据着青年们的心里，而早引起其反抗的决心"。青年需要做的是"地位经济之获得；智识饥荒的救济；恋爱生活的实现。"但是这些对于当时的青年人来说都比较困难，其中"无独立经济之原因，总是中心原因"，"他连奔走一碗冷饭，二件布衣还来不及，欲其了解人生意义目的及价值而立下一个人生观，能乎不能？"[3]

马克思主义政治经济学为马克思主义学说的三大部分之一，是研究在一定生产力状况基础上的社会生产关系及其发展规律的理论。它包括四个部分，即劳动价值理论、剩余价值理论、再生产理论、资本主义发展理论。关于这些内容，施存统 1925 年在《学生杂志》上发表了一篇《告有志研究社会科学者》，主要解释了为什么要研究社会科学、什么是社会科学以及到十九世纪才渐渐发达起来。在他看来，主要有两个重要原因：一个是十九世纪社会现象变化太快，唤起人们对于变化原因的追索；第二是十九世纪社会的不安与无产劳动阶级对于社会的不

---

[1] 敬杲：《名辞解释：唯物史观 The materialistic Conception of History》，《学生杂志》第 9 卷第 4 号（1922 年 4 月 5 日），第 51 页。

[2] 同上。

[3] 袁绍文：《读本志三号后的管见》，《学生杂志》第 11 卷第 7 号（1924 年 7 月 5 日），第 106 页。

满，逼得人们去探索其所以不安及因何不满的理由。

对于第一个因素，施存统认为工业革命为近世资本主义社会的发展奠定了基础。产业革命使得社会组织发生根本变更，同时很多现象发生了重大变化，比如"手工工业变成机械工业；家内生产变成机械生产；独立的自由生产者，失去了生产机关，变成了工钱奴隶；基尔特的行东与富裕的商人，变成了近世资本家，独占了生产机关"。工业革命打破了农村原先的生产方式，儿童与妇女一群一群地被拉入工厂里去，被资本家榨取剩余价值，社会展现出"赤裸裸的个人与个人竞争的凶相"，而新兴资本阶级支配了社会的一切，建设了拥护自己的政权，发展了有利自己的经济。这些对人们的生产生活产生了重要影响，很多时人研究探索各种新兴的社会现象，这是促进社会科学发达的最大动因[1]。

其次，施存统便将社会科学的发展归结到经济原因，运用马克思主义政治经济学"经济基础决定上层建筑"的原理来解释这个问题：

> 经济现象是社会的根本现象，经济关系是人类的根本关系。社会的一切政治法律、制度、文化，都建筑在经济的基础上面。只要经济的基础变了，其他一切的社会现象都会跟着变的。因此，要改造社会，改良政治，都应该先从改变经济情形着手。经济情形不改变，其他一切改革都是空谈，不会有实际的效果。我们中国（其实全世界皆然）现在正是社会不良、政治腐败的时候，亦是全国要求改革社会、革新政治的时候，然而若不从经济上着手，在经济上想出办法，其他一切改革，也不会有效的。所以我们在目前实际的应用上，应该以经济学为最重要，应该特别注重研究经济学，拿经济学上的智识来做实际救国（改造社会）的工具。[2]

---

[1] 存统：《告有志研究社会科学者》，《学生杂志》第 12 卷第 7 号（1925 年 7 月 5 日），第 102 页。

[2] 存统：《告有志研究社会科学者》，《学生杂志》第 12 卷第 7 号（1925 年 7 月 5 日），第 106 页。

在施存统看来，社会科学也分为两大派别，"至少是资产阶级学派与无产阶级学派"[1]。施存统认为，只有无产阶级的社会科学，才是真正的科学；只有无产阶级的立场，才是客观的立场。施存统的这篇文章，主要体现了他以马克思主义政治经济学的观点来分析社会科学，并向读者宣扬应当从阶级的角度出发，站在无产阶级的立场来开展社会科学的研究。这些内容宣扬了马克思主义政治经济学的观点，促进了中学生和青年的相关认知。

通过《学生杂志》的一些文章我们可以看出，马克思主义传入中国后并非立即得到了认可和接受：有的读者持有怀疑的态度；有的希望以俄国为参照，采取观望的态度；有的读者认为中国当时内忧外患，马克思主义并不适用于中国，需要经过长期的实践。当然，在"主义"漫布的时代，有的学生被"主义"牵着走，他们在不理解诸如"社会主义"、"共产主义"准确概念的情况下，便加以信仰和崇拜，一方面体现了他们心中对共产主义的向往和热忱，但另一方面也体现了时代的走向需要"主义"来指示和引导，以上内容很好地展现了马克思主义在中国传播有一个被人们再认知和被接受的过程。

五四新文化运动时期，除了马克思主义外，诸如基尔特社会主义、工团主义、新村主义、合作主义、泛劳动主义、无政府主义、国家社会主义等社会主义流派也都借助报刊媒介，在中国得到一定程度的传播，其中大多是昙花一现[2]。《学生杂志》中亦可见除马克思主义外其他社会主义流派的内容。

《学生杂志》中对无政府主义的介绍多集中对其概念的问答上。比如有读者询问"安那其主义何解？含有何种大意？现在中国有实行这主义的可能？"杨贤江则解释道："安那其主义，即无政府主义，主张废止政府，建设放任个人自由行动的新社会。在现在中国当然无实行的可能"[3]。除此之外，一位署名为"慈心"的作者认为，无政府主义的代表人物克鲁泡特金在《互助论》里对"道德"

---

[1] 存统：《告有志研究社会科学者》，《学生杂志》第 12 卷第 7 号（1925 年 7 月 5 日），第 107 页。

[2] 梅乐：《五四时期的社会主义流派》，《学习时报》2019 年 5 月 6 日，第 003 版。

[3] 《答美国高欲鸣均》，《学生杂志》第 14 卷第 3 号（1927 年 3 月 5 日），第 87 页。

的见解和老子所谓的"大道废，有仁义"有很多一致的地方。"慈心"认为个人主义是后世的产物，是国家成立以后自然的结果；在古人乃至在一般动物间，绝没有这种的倾向[1]。

《学生杂志》中也有关于工读主义的相关文章。严次陵写了一篇长文来论述在中国实行工读主义以促进学生学习的重要性。在他看来，学生求学耗费繁多，诸如食宿费、衣服书籍等费用，一年会花销"非百数十金不可"，如果想到大学专门学校就读，从事高深学问的研究，每年花费则会更多。那些贫苦但是有志于学习的学生，不得不望洋兴叹。此外，我国的男女"或限于地域，或羁于职业，学龄已过，不能入学校求学者，尤更仆难数"。为此，只有倡导工读主义才能解决上述问题。但有些人对工读主义比较抵制和排斥，他们认为"我国中所谓学校之区，大都无工厂商场于其间；而工商业繁盛之埠，则又未有良好之学校"，受客观条件的限制，工作和求学并不能很好地结合起来；此外，"我国交通机关，殊欠完备，学区与工商区，相距稍远，即不能往来无碍，以视美国学生下课后藉铁路轮船之便，于极短时间即能散之四方以谋工作者，实不可同年而语"[2]。虽然作者目的是宣传商务印书馆的函授学社，但是一定程度上也可以看出在中国实行工读主义的必要性以及不足之处。

由于工读主义在实行过程并非如设想那般容易，必然存在无法克服的矛盾和困难。曾有一名为"丐予"的学生致信杨贤江，抱怨"没有钱而要借工读机会求学问，简直是梦想"。他所在的学校限定他们每天写六张讲义，"须端正的正楷，如果发现了错误在五字以上的，除作无效外，还须赔偿其蜡纸和白纸"。假如错写了一张，多则赔偿一元多，就是少的也要赔偿几角钱。而他们每月只获得六元的薪金，还要扣去四元多的膳食费。在学习上，学校每天只准他们听两小时的功课。除此之外，他还要做一些不相干的工作，有时"被工作的限期迫促着，连旁听的权利都被剥夺"，工作忙起来时，他感到已经是筋疲力尽，疲劳不堪，没有

---

[1] 慈心：《咯鲁泡金的道德思想》，《学生杂志》第 8 卷第 3 号（1921 年 3 月 5 日），第 2 页。

[2] 严次陵：《工读主义与函授学社》，《学生杂志》第 11 卷第 7 号（1924 年 7 月 5 日），第 63 页。

精神再去听讲。"无论任何苛待，我要生存，势必惟有忍受。无论任何条件，我要求学，势必惟有默许。"进而，丐予感叹道："学校是智识机关，对待无钱的弱者，尚且如此欺凌，更毋庸论及其他了"[1]。

《学生杂志》对基尔特社会主义的报道，大多集中于相关概念的介绍和评价。在"通讯"栏目中，往往有读者来信问主编杨贤江"什么是基尔特?"杨贤江正好借着发问的机会详细介绍。当然，亦有作者撰文，将基尔特社会主义与马克思主义以及工团主义相比较，认为基尔特社会主义均较二者有优越性。并且指出三者之间存在逐渐进化的可能。这样的认识充分说明马克思主义在传播过程与其他理论学说的竞逐性，这也是后来马克思主义从纷繁多样的主义中逐渐突显进而成为大多数人的选择实际过程。

马克思主义传入中国后，其被人们接受的过程并非一帆风顺，和它同时存在的社会主义流派还有无政府主义、工读互助主义、基尔特社会主义等等，正是与这些主义的辨识和竞争中，马克思主义才为人所熟知，被先进知识分子所接受。虽然《学生杂志》对于除马克思主义外其他社会主义思潮的相关介绍并不多，然而从中可看出早期社会主义的发展趋势。在如此情境下，有投稿人指出，"有今之谈社会改造者，张嘴什么主义，闭嘴什么主义，谈些主义究竟有何用? 学校里，编译室里不是社会，想考察社会的真正情形，做出真正的社会做品，还请快到乡间去。"对于那些没有真正的修养而侈谈马克思和布尔什维主义的人，"我很替他们烦恼。我以为我们要做主义的利用者，不要做主义的奴隶;要做问题的研究者和实行者，不要侈谈问题"[2]。

三、"时论要目"：社会主义的"新书通讯"与"阅读指南"

革新后的《学生杂志》，增开了一个新的栏目，即"时论要目"，专门介绍书

---

[1] 丐予:《通讯:处工读境遇的感想》,《学生杂志》第 10 卷第 12 号（1923 年 12 月 5 日），第 7 页。

[2] 王鉴:《最后一课》,《学生杂志》第 11 卷第 5 号（1924 年 5 月 5 日），第 63 页。

刊，或者转载其他杂志刊登的书刊广告或内容摘要。除此之外，青年学生与《学生杂志》通讯时，杨贤江也会向学生推荐关于马克思主义及其他社会主义流派的书刊。《学生杂志》里出现的相关书目大致分为三类：第一类是介绍俄国情况的书籍，第二类是关于社会主义与共产主义的书籍，第三类是马克思主义相关理论的书籍。

首先，介绍俄国情况方面的书，有李达译述的《劳农俄国研究》《俄国劳农政府之过去及将来》《新俄国游记》《劳农俄罗斯的文化政策与其设施》《德国劳动党之状况》《俄国经济界之复兴》《革命纪念特载》《俄罗斯革命之五年》等。其次，关于社会主义及其他流派的书籍，《学生杂志》刊登的有《社会主义与进化论》《社会主义》《资本主义与中国的将来》《资本主义与社会主义》《国际资本主义下的中国》《自民治主义至社会主义》《共产主义之于劳动运动》《世界社会运动中共产主义派之发展史》《世界的社会改造与共产国际》《现代劳农战争与革命》。再者，还有一些是与马克思主义相关的书籍，比如《价值、价格及利润》《马克斯经济学说》《马克斯经济学原理》《资本论入门》《工钱劳动与资本》《伦理与唯物史观》《唯物的人生观》《唯物史观解说》《社会主义讨论集》《资本论入门》《阶级争斗》《唯物史观浅释》《自助论》《唯物史观》《各时代社会经济结构原素表》《政治上的惟（唯）心主义》《国际资本主义下的中国》《中国之资产阶级的发展》[1]。

《学生杂志》在介绍宣传马克思主义及其他社会主义流派的书籍时，并不单单列出其书名、作者、出版社、价格，有时还有介绍书籍的基本内容和版本。比如在向读者介绍《劳农俄国研究》时，编辑会用夸张的语气来形容劳农俄国为

---

[1] 可参见《时论要目》，《学生杂志》第10卷第2号（1923年2月5日），第1页；《时论要目》，《学生杂志》第10卷第3号（1923年3月5日），第2页；《时论要目》，《学生杂志》第10卷第9号（1923年9月5日），第1页；《时论要目》，《学生杂志》第11卷第2号（1924年2月5日），第97页；杨贤江：《中学生适用各科参考书》，《学生杂志》第13卷第3号（1926年3月5日），第59—60页；杨贤江：《高中普通科第一组学生适用必修科目参考书》，《学生杂志》第13卷第4号（1926年4月5日），第56页，等等。

"惊震现代的怪物"，以吸引读者注意，进而追问读者：劳农革命的历史是怎样的？劳农政治的特质和组织是怎样的？劳农俄国的劳工、农民、妇女，变到了怎样的地位？劳农俄国的教育制度、文化设施，又是现了怎样的色彩？而该书便回答了这些种种疑问，"凡留心现代社会问题的青年，似不可不读。"除此之外，还有如下以直接叙述的方式来介绍：

《马克思主义和达尔文主义》 马克思主义和达尔文主义是近代最有力的二种思想，影响到现代学术政治的地方很多。本书原为英国派纳柯克所著，阐明两种主义的关系非常透彻。惟原书甚繁，经日本界利岸节取精义，译为日文。本篇就从日译本译出。凡已看过社会主义与进化论（已在本志六月号上介绍过）的，应再购阅此书，因这两书颇多互相发明的地方。书由施存统翻译，商务印书馆出版，一册二角五分。[1]

《马克思学说概要》 本书系日本高畠素之所著。内容分五大章：（一）马克思及其近时批评家。（二）唯物史观。（三）马克思主义经济学。（四）资本主义的生产及其破灭。（五）共产主义观。提纲挈领，解释明了，诚为研究马克思学说最好的入门书。书由施存统翻译，商务印书馆出版，一册三角。[2]

《社会主义与进化论》 是书以社会主义者之眼光，介绍有关社会之生物及哲学上各派学说并加以批评。读之不仅能了然于社会主义与各派学说的关系，且于社会主义的真义更可得正当的见解。书列新时代丛书第二种，由商务印书馆出版，一册四角半。[3]

《各时代社会经济结构元素表》 张伯简译，大洋二角，上海书店

---

[1]《书报介绍·马克思主义和达尔文主义》,《学生杂志》第9卷第12号（1922年12月5日），第98页。

[2]《书报介绍·马克思学说概要》,《学生杂志》第9卷第12号（1922年12月5日），第98页。

[3]《书报介绍·社会主义与进化论》,《学生杂志》第9卷第6号（1922年6月5日），第106页。

发行。本表为阐明译者所编从原始共产社会到科学的共产社会一篇（见一九二四年十、十一两月《觉悟》汇刊）之意旨而成。举凡各时代各社会之生产性质，生产形式，协作形式，生产单位，剩余生产，掠夺及分配，阶级与统治阶级，以及社会之政治教育，知识，艺术，宗教，战争，革命运动，不平等的矛盾点，共产主义的思想等等，均分门别类，详载无遗。本表实为研究社会进化最简便的作品，且为关心社会政治经济文化组织者所必备。[1]

《互助论》 本书书名，想久为读者所知。从前杂志上亦曾有人翻译过，但未印成专书。原著者为克鲁泡特金，也是大家都已知道的。本书内容分八章，自下等动物至人类间的互助事实，备述无遗。凡从前读过达尔文的互竞论的，不可不看此书，以资比较。书由商务印书馆出版，一册一元。[2]

以上这些的书籍介绍，都是将书名、作者、译者、开本、页数、字数、定价及基本内容等要素，一一说明，使读者对其有一大概的了解。

还有一些关于马克思主义的书目，是读者主动向编辑咨询，编辑在《通讯》栏目解答时，便会将书单列出。比如：

问：关于马克思唯物史观的书，可以介绍些给我吗？

答：有商务印书馆出版的《马克思主义和达尔文主义》、《马克思学说概要》，上海书店出版的《唯物史观浅释》；更浅显的有中国青年社丛书《唯物史观与马克思主义浅说》。（江）[3]

---

［1］《书报介绍·各时代社会经济结构原素表》，《学生杂志》第 12 卷第 6 号（1925 年 6 月 5 日），第185 页。
［2］《书报介绍：互助论》，《学生杂志》第 9 卷第 4 号（1922 年 4 月 5 日），第 102 页。
［3］《答广州西关林郴君》，《学生杂志》第 12 卷第 9 号（1925 年 9 月 5 日），第 88 页。

问：要研究社会主义，有什么书？价若干？

答：可阅商务印书馆出版《马克斯主义和达尔文主义》（二角五分）、《马克斯学说概要》（三角）及新青年社出版《社会主义讨论集》（实价七角）。（江）[1]

值得注意的是，在《学生杂志》的问答栏目，一些读者咨询关于学习、人生、社会问题时，杨贤江往往会向他们推荐共产党人在其他报刊发表的文章。比如，当一位读者向杨贤江询问"人生为的是什么"时，杨贤江便向其推荐阅读陈独秀刊登在《新青年》上的《人生真义》[2]。当读者询问杨贤江能否推荐一些社会科学、经济学的书籍时，杨贤江考虑到这类书籍有很多，但仍然会有意识地、有选择地介绍与马克思主义有关的书目[3]。此外，杨贤江在其主持《学生杂志》期间，还多次向读者推荐当时中国共产党人士主办的期刊，比如《新青年》、《向导》、《中国青年》、《前锋》等[4]。

与刊登大量商业广告的《东方杂志》、《教育杂志》、《小说月报》、《妇女杂志》相比，《学生杂志》每期仅仅有几则广告插页，书籍销售方面的广告亦很少，而其关于书刊介绍的内容主要集中在"时论要目"和"书报介绍"两栏。除此之外，"学生问答"栏目里，杨贤江也在有意地向读者推荐与马克思主义相关的书籍。这些零零散散的介绍，仍然在青年学生群体中宣传马克思主义及其他社会主

---

[1] 《答天津滹阳静波君》，《学生杂志》第12卷第8号（1925年8月5日），第86页。

[2] 《答张镇岊君》，《学生杂志》第10卷第11号（1923年11月5日），第4—5页。

[3] 类似的问答，比如《答湖南尚志学校孟伟君》，《学生杂志》第12卷第8号（1925年8月5日），第85页；《答宁人君》，《学生杂志》第12卷第8号（1925年8月5日），第86页。

[4] 笔者统计的杨贤江向读者推荐《新青年》、《向导》、《中国青年》的相关内容如下：《答广东梅县赖福林君》，《学生杂志》第11卷第1号（1924年1月5日），第202—203页；《答湖北刘孤芳君》，《学生杂志》第11卷第1号（1924年1月5日），第204页；《答川东联合县立师范马英君》，《学生杂志》第11卷第8号（1924年8月5日），第79页；《答江西抚州中校王鉴清君》，《学生杂志》第11卷第8号（1924年8月5日），第80页；《答长沙梁君大君》，《学生杂志》第11卷第8号（1924年8月5日），第81页；《答广西贺县中学赖庆壮君》，《学生杂志》第11卷第10号（转下页）

义流派的书籍起到了一定的作用。

四、"问答栏目"："实际人生"与编读互动中的解答

王汎森曾经指出，晚清以来问答栏这种文类在报纸杂志中非常流行，这是读者与杂志沟通交流的连接点，方便我们不只是从思想家的角度，而且还从读者的视角来观察当时思想的动向。《学生杂志》辟有"问答栏目"，专门刊登学生和编辑之间往来的问答通讯，为学生们提供了一个发表作品、交流联络的言论空间，也向我们展示出了那个时代青年的思想动向、自我认知以及学习、生活中遇到的困惑。编辑杨贤江给青年学生们的解答，为他们提供了解决问题的思路和模式，我们从中可以看出杨贤江如何用马克思主义的思考方式和分析方法来为学生答疑难，以及如何劝导青年们将生活与国家命运结合在一起。

《学生杂志》改革后，内容丰富多样，再加上杨贤江这一期间担任编辑，注重与读者互动，《学生杂志》逐渐受到读者的欢迎，其影响和销售范围甚广，尤其在江南地区，受众最为广泛。下表即是1919—1927年间，向《学生杂志》投稿以及写信的学生的所在地统计。

（接上页）（1924 年 10 月 5 日），第 95 页；《答真如暨南学校傅侠仙君》，《学生杂志》第 11 卷第 10 号（1924 年 10 月 5 日），第 107 页；《答广西下洞孙华模君》，《学生杂志》第 11 卷第 10 号（1924 年 10 月 5 日），第 105 页；《答四川赵孟侠君》第 11 卷第 12 号（1924 年 12 月 5 日），第 112 页；《答 LCC 君》，《学生杂志》第 12 卷第 3 号（1925 年 3 月 5 日），第 123 页；《答广东琼崖东路中学王君》，《学生杂志》第 12 卷第 8 号（1925 年 8 月 5 日），第 83—84 页；《答南昌剑声中学沈清元君》，《学生杂志》第 12 卷第 8 号（1925 年 8 月 5 日），第 84 页；《答湖北路军官佐子弟学校张振国君》，《学生杂志》第 12 卷第 8 号（1925 年 8 月 5 日），第 86 页；《答丰润 T. K. 君》，《学生杂志》第 12 卷第 8 号（1925 年 8 月 5 日），第 87 页；《答广东平远韩宗瑗君》，《学生杂志》第 12 卷第 8 号（1925 年 8 月 5 日），第 88 页；《答长沙师范彭元恺君》，《学生杂志》第 12 卷第 8 号（1925 年 8 月 5 日），第 92 页；《答湖南资兴县立中学唐开明君》，《学生杂志》第 12 卷第 9 号（1925 年 9 月 5 日），第 84 页；《答琼崖东路中学陈汉兴君》，《学生杂志》第 12 卷第 9 号（1925 年 9 月 5 日），第 84 页；《答河南汲县郭鼎文君》，《学生杂志》第 12 卷第 9 号（1925 年 9 月 5 日），第 87 页；《答成都华西中学林宗伯君》，《学生杂志》第 12 卷第 12 号（1925 年 12 月 5 日），第 110 页；《答 C.F. 君》，《学生杂志》第 13 卷第 1 号（1926 年 1 月 5 日），第 107 页。

	投稿、通信读者 所在的区域	出现的次数	(接左表)	投稿、通信读者 所在的区域	出现的次数
国内	江苏	276	国内	陕西	12
	广东	163		香港	10
	浙江	139		察哈尔	5
	上海	107		吉林	3
	北京	83		台湾	3
	湖南	81		济南	2
	山东	58		重庆	2
	四川	56		海南	1
	湖北	47		黑龙江	1
	云南	45		辽宁	1
	广西	44		甘肃	1
	安徽	43	国外	新加坡	12
	福建	42		爪哇	6
	江西	38		美国	3
	直隶	38		越南	3
	奉天	36		日本	2
	河南	29		菲律宾	1
	贵州	28		英国	2
	天津	27		缅甸	1
	南京	24		法国	1
	山西	18			

由上可见，《学生杂志》不仅在国内影响广泛，在国外也有一定的销量。从投稿人所在地区的统计来看，江苏、广东、浙江、上海等地出现的次数较多，北京、湖南、山东、四川、湖北等地略在其后。《学生杂志》之所以在江浙沪地区影响比较大，一方面是商务印书馆设立在上海，上海既有强大的舆论界，也存有强有力量的出版界。同时，上海不仅有城市"本身"，也有城市"周边"，其辐射区甚广，而这个"辐射区"的主体就是江南。

商务印书馆在全国乃至海外都设有分售处。北京、奉天、太原、张家口、保

---

[1] 资料来源：据《学生杂志》1919—1927 年间刊登的文稿、"通讯"与"问答"栏目所整理。

定、济南、开封、长沙、汉口、杭州、兰溪、桂林、安庆、芜湖、南昌、福州、成都、重庆、梧州、贵阳、广州、潮州、香港、新加坡等地都有商务印书馆的发行处和分售处。《学生杂志》每一期的广告页，都会向读者注明可以在分售处购买《学生杂志》，这就使得该杂志在全国乃至海外都有受众。

学生如何获得《学生杂志》是个需要考察的问题。当时一些学校的图书馆订购了诸如《学生杂志》等期刊杂志，这是学生获得并阅读《学生杂志》的重要途径之一。杨贤江1915年和1918年的日记里多次记载他在浙江省第一师范学校的图书馆里阅读《学生杂志》；读者张名彦在给《学生杂志》的信中，也提到"在校中图书馆偶然看见一本《学生杂志》，读过一遍，不禁兀自惊讶，以为世界上竟有如此补益学生的一种杂志"；[1] 叶籁士在回忆录中写道，"1925—1926年间，我在苏州一所教会学校读初中二年级。在学校的图书馆里，《学生杂志》引起了我的兴趣"[2]。相关史料有很多，兹不赘述。除此之外，其他报刊也会刊载宣传《学生杂志》的广告，读者从中可以获得《学生杂志》的相关信息。商务印书馆出版的其他报纸杂志，有的会在广告页宣传《学生杂志》，向读者预告即将刊登的文章。《申报》在《学生杂志》未创刊时，就开始对其预告宣传。《学生杂志》创刊后，《申报》往往会在广告页公布《学生杂志》将要刊载的主要文章目录。这些途径都促进了《学生杂志》的流传，也为广大学生向《学生杂志》的互动往来营造了舆论空间。

杨贤江主持《学生杂志》的编辑工作后，在1921年第8卷第1期上便提出要增设通信一栏，以"登陆国内外学生关于学校事业、学生生活的通信，及读者对于本志的感想"。但直到1922年第9卷第3期，《学生杂志》才始有通讯栏目。此后，读者在这一栏目上提问各种学习、生活上的问题，也会议论时政，或者抒发阅读《学生杂志》后的感想与心得。自1922年3月至1927年2月，杨贤江答复

---

[1] 张名彦：《张名彦致〈学生杂志〉记者》，《学生杂志》第10卷第3号（1923年3月5日），第6页。

[2] 上海教育出版社编：《开卷有益——给我影响最大的一本书》，上海：上海教育出版社，1990年，第1页。

的信件有 1000 封左右，数目如此之大，令人惊叹。叶圣陶在杨贤江逝世五十周年大会上回忆起杨贤江答复学生的情景时称，"当时他在商务印书馆编辑《学生杂志》，在会客室里跟青年谈话的时候相当多，在编辑室里，埋头在读者的来信堆里的时候也相当多。他根据来访者和来信者提供的材料和提出的问题，写成'通讯'刊登在《学生杂志》上，每期八、九十来篇，有一期多达二十篇。……共产党成立后不久，革命的形势发展得很快，一期登载十来篇'通讯'，贤江同志还嫌不够，于是开辟了'答问'一栏，简明扼要地回答读者提出的各种问题"[1]。

总体来看，《学生杂志》中涉及与社会主义直接相关的询问和解答，多在1924 年左右。这与当时国共合作的背景有关，1924 年 1 月，国民党一大召开，正式与中共合作，并提出"联俄、联共、辅助农工"三大政策，革命形势不断发展，一定程度上激发了学生想要了解和认知社会主义。此时学生向编辑询问的，更多是与社会主义相关的一些概念问题，诸如什么叫"第三国际"、"唯物"、"唯心"、"唯物史观"、"剩余价值"、"新村主义"、"吉尔特"、"安那其主义"、"布尔什维主义"、"社会主义苏维埃共和国联盟"等等[2]。

由于读者群体多是受过教育的青年学生，他们向编辑所咨询的，更多是切身相关的"实际人生"困惑，比如生活、求学、择业、恋爱问题等。求学问题是学生非常关注的问题之一，很多想继续求学、升学的学生因为家境贫寒，无法继续就读，他们纷纷向杨贤江询问解决方法。苏州一位叫张绸之的学生，没有读过高等小学、初等学校，在读完杨贤江在《学生杂志》发表的《勖自学者》后，他向

［1］　叶圣陶：《杨贤江同志逝世五十周年纪念》，载杨贤江教育思想研究会编：《杨贤江纪念集》，第63 页。

［2］　可详见《答广州市薛亦魂君》，《学生杂志》第 11 卷第 10 号（1924 年 10 月 5 日），第 106 页；《答湖北二中杨邦理君》，《学生杂志》第 12 卷第 6 号（1925 年 6 月 5 日），第 176 页；《答闵行上海县立师范吴锡钦君》，《学生杂志》第 12 卷第 10 号（1925 年 10 月 5 日），第 97 页；《答广州 P.K. 君》，《学生杂志》第 12 卷第 10 号（1925 年 10 月 5 日），第 98 页；《答上海吴筱马君》，《学生杂志》第 12 卷第 10 号（1925 年 10 月 5 日），第 96 页；《答汕头黄骏君》，《学生杂志》第 12 卷第 12 号（1925 年 10 月 5 日），第 104 页；《答顾钧君》，《学生杂志》第 13 卷第 2 号（1926 年 10 月 5 日），第 111 页；《答常觉先君》，《学生杂志》第 14 卷第 2 号（1927 年 2 月 5 日），第 89 页等。

《学生杂志》写信，诉说其未能进学校的原因，是"由于处在顽固的家庭里面"。杨贤江回信安慰张绌之，称他并不是个案，在中国也有许多天资聪明的人，只是因为自身处境不好，不能接受适当的教育。这种现象最大的病根在于私有财产制度的存在，社会分出贫富两种阶级，"属于贫穷阶级的子女，更不容易享受教育的权利了"。但无论怎样，他告诫张绌之，为了全人类的普遍幸福，应当具有"不能不起来高唱社会革命的调子"的觉悟[1]。

杨贤江将因贫困而无法继续就学的原因，指向为贫、富两大阶级的对立，认为能够上学的学生，是因为家里是"富者阶级"。有的学生具有阶级觉悟，以阶级分析的方法来分析求学与革命实际的问题。一个名为曹定淮的芜湖学生，给杨贤江的信里称，"学校是富家子弟的俱乐部，教育也就是富者的专有物；贫苦子弟，是很难享受的。"有的学生经历苦学后成为了一个大学问家，学问高深渊博，但"那里还会与贫苦的民众接近啊"，这些学生已经"由贫者阶级进到富者阶级了"，不关心社会问题。进而，他引用并认同陈独秀所说的"不问革命底内容如何，但只为革命而革命，不问读书底目的如何，但只为读书而读书，自然是可笑"，并指出学生应当肩负重任，求取对当前有用而且急需的学问，以实现中国的政治革命及彻底的社会革命。杨贤江非常认可曹定淮的这些见解，认为求学应当具有一种正当的社会思想，否则就是私心的，不合理的[2]。

"贫者阶级过渡到富者阶级"，是学生经常用的一句话。在他们看来，那些苦读的学生，便是属于"贫者阶级"，而"富者阶级"，指的是能够上得起学而且生活过得较为舒适的学生。一个名为刘光照的学生称自己家庭困难，并且缺乏亲戚朋友的帮助，生活很艰辛，但仍然称自己是一个"坚决意志的苦学者"，"绝不愿由贫者阶级，渡到富者阶级里去"，因此希望能够找到一个工读学校，以满足求学的欲望[3]。杨贤江则是循循善诱，分析出现这种现象的原因。杨贤江令刘光照追

［1］《通讯·自学问题》，《学生杂志》第 10 卷第 8 号（1923 年 8 月 5 日），第 3 页。

［2］《通讯·自学问题》，《学生杂志》第 10 卷第 8 号（1923 年 8 月 5 日），第 2 页。

［3］《通讯·无产者不必定要入学校读书》，《学生杂志》第 11 卷第 3 号（1924 年 3 月 5 日），第 141 页。

问自己"为什我要吃这种苦呢？这种苦是应该吃的，没法铲除的吗？"求学的动机里，"有没有蕴藏着想由贫者阶级渡到富者阶级里去的因素？"如果有，"那便糟了！那便是青年的穷途了！那便是青年的堕落了！"而终结吃苦的方法，"只有革命！[1]"对于那些成了"少爷和小姐的样子"的学生，杨贤江认为这些学生多是"头脑糊涂的青年，多想钻营趋附，得过恣情纵欲的非人的生活"，但并非仅仅将其归结于学生自身的错，他告诫青年应当有觉悟，意识到"少爷和小姐是强暴阶级、掠夺阶级的产物，不是正当的人生"，所以极力勉励做思想革新的运动[2]。

一位名为邹鲁的学生，将上不了学的原因归结为社会尚未改造、经济组织不平等。介绍自身状况时，邹鲁说自己在小学毕业后，考入一所师范学校，但是家里的接济已经到了山穷水尽的地步，然而他的知识欲又很旺盛，所以向《学生杂志》写信，希望能够解决这种困惑。杨贤江肯定了邹鲁的说法，称"社会主义就是从这个不平等的经济组织里发生出来的"，并给他推荐了《社会主义讨论集》一书。至于个人求学问题如何解决，杨贤江建议邹鲁可以向学校申请兼职某个工作，边读书边求学；或者去当小学教师，教学相长，亦可以满足求知的欲望[3]。

一些穷苦学生在求知欲的促使下，选择继续就读，但他们的生活也并不轻松。据《学生杂志》的读者讲，一般的穷苦学生在学校中会被安以穷酸的绰号，比如"穷小子"、"老赶式的洋学生"，而势利眼的校长教员有很多，对待富学生态度谦恭，而对穷学生则傲慢不已，这两种是截然不同的态度。在乡村，穷苦学生也受到乡人的藐视，乡人认为"大分头、皮鞋子、洋纱大褂、大摇大摆"的形象才是学生的形象，穷苦学生假期在家里帮忙做家务，并不受他们欢迎。一位名为孟笑愚的读者向《学生杂志》写信询问道，"先生，穷学生人格低吗？校长教

[1]《通讯·无产者不必定要入学校读书》，《学生杂志》第11卷第3号（1924年3月5日），第142页。
[2]《答西安中华圣公会中学孙渊君》，《学生杂志》第11卷第4号（1924年4月5日），第95页。
[3]《通讯·现代社会里的求学问题》，《学生杂志》第10卷第12号（1923年12月5日），第6页。

员当瞧不起我们吗？富学生的毁骂该承认吗？假期中该不该工作？穷学生与富学生有平等日期吗？"[1]杨贤江将这些问题的原因归结为"都是私有财产制度的作孽，有了私有财产制，自然要有贫富的阶级。贫者为谋生存起见，非同富者反抗，即向富者服役。故富人之待贫人当然不能平等，富家子女要嘲笑穷人子女也属当然。"那些轻视劳动的乡人，则也受到这种风气的影响。他劝导作者，作为无产青年就不该自甘菲薄，可以不管校长和富家学生的态度，但是要理解那些讥笑自己的乡人，因为他们屈于威权已久，奴性甚深，对于他们"须表同情，而且还得随时开导他们"，要想根除社会上私有财产制的弊害，就要走改造社会的道路[2]。

在这种情形下，"无产"成为贫苦学生自我认知的一个标签。一方面他们具有想要求知的强烈愿望，另一方面又苦于无经济资源来继续读书。杨贤江便对他们进行劝导，用马克思主义的分析方法，将这些现象归结为社会制度的制约、贫者阶级与富者阶级对立等因素导致的。同时，杨贤江又劝告读者，升学并非是人生的唯一选择，即使升不了学，也不应当自甘堕落。从一些学生的通信中，可见这种解释和引导方式在学生中产生的影响。一位江西吉州中学的学生，他称自己是一个"无产"的中学生，不敢做升学的梦，然而收到杨贤江的回信后，其观念发生了变化。他"以前对于这种情形，只是归之于自己的命运，毫不思起而反抗。好像这种怪现象，是人类社会所当有的。现在得了先生的教训，才如梦初醒，知道我们无产阶级尚有一个重大的使命。我如其为饥寒而死，到（倒）不如为奋斗而死！从今后，我虽不能做个健将，但我至少要勉力做个小卒，愿与我同志们群起而争回自己的人权。在我未从事以前，自然是要静听先生与国内诸志士的教训"[3]。

一位名为郭卿熙的青年，他看到一般贫苦的中学生毕业以后，希望寻求深

［1］《通讯·三个重要问题》，《学生杂志》第 12 卷第 8 号（1925 年 8 月 5 日），第 99 页。
［2］《通讯·三个重要问题》，《学生杂志》第 12 卷第 8 号（1925 年 8 月 5 日），第 100 页。
［3］《通讯·决志是救星》，《学生杂志》第 11 卷第 8 号（1923 年 8 月 5 日），第 92 页。

造，但是被金钱约束，不得不被迫去维持生计。还有的学生毕业以后，"文不文，武不武的，欲想升学苦没有钱，欲想干事又找不到相当的事业，因此流落的也不少。……我害的毛病就是如上所述的"，因此希望杨贤江给指出一条道路。杨贤江回答称，"在这种资本势力弥漫学校，用费昂贵而且政治不良的时候，老实说没有贫苦学生入学校安心读书的可能。"他告诫学生不能安于现状，而是要自己觉悟起来，"觉悟到现代社会组织根本的缺点，觉悟到国内军阀、国外列强无理的压迫，觉悟到人生的权利和奋斗的能力，觉悟到无产者无工可做，无书可读的一般的现象的可以痛心"，青年学生应当为自己计，为大多数被压迫的民众计，奋发起来，做一番轰轰烈烈的大事业，比升学更有价值、更该力行[1]。

一名来自湘西的学生 S.C.H. 来信向杨贤江抱怨湘西学生的近况，一些昔日反对军阀、宣传马克思主义的学生"竟做了军阀的爪牙"，杨贤江则称这种现象需要深思，"为什么他们愿意这样做呢"，其根本原因还是在于中国的政治腐败，要想拯救堕落的青年，"只有大家起来改革恶政治，方是正当办法"，中国的政治、社会习俗、读书或择业，"都要靠我们青年去用力改造才有希望"[2]。

也有一些读者针对青年学生的升学问题表达自己的看法，杨贤江则用马克思主义的思考方式来引导。读者倪渭卿看到了青年生活与学习方面的缺陷与不足，他将其归结为社会环境所导致的，所以他主张以"艺术调和人生"，杨贤江并不赞同这种说法。在他看来，"衣食的不能饱暖，事业的不能发达，乃至求知欲的不能满足"，这些都不能全靠艺术来救济。中国青年的悲哀，多是经济上的压迫、婚姻的苦痛、升学的困难、习俗的束缚、身体的不健康导致的，这些又是由资本主义的侵略、国内军阀的摧残、旧礼教的支配、不良教育的影响而造成的。青年"要解除悲哀，只有认清了我们的这些障碍去奋斗"[3]。

---

[1]《通讯·无产者不必定要入学校读书》，《学生杂志》第 11 卷第 3 号（1924 年 3 月 5 日），第 141 页。

[2]《通讯·湘西的学生》，《学生杂志》第 11 卷第 3 号（1924 年 3 月 5 日），第 136—137 页。

[3]《通讯·怎样救济青年的悲哀》，《学生杂志》第 12 卷第 4 号（1925 年 4 月 5 日），第 121 页。

杨贤江不仅在学生入学、升学的问题上循循善诱，在青年学生的恋爱和婚姻问题上亦是如此。姜敬舆是经常向《学生杂志》投稿的一位读者，他写了一篇关于青年婚姻问题的文章。文章指出，当时许多"懦弱、苟安、无识"的未婚青年，仍然遵从父母之命，媒妁之言，屈服在父母包办的旧式婚姻制度之下，与"无智识的'黄脸婆'生活"，婚后双方的生活并不幸福。在生活问题并未解决的客观条件限制下，青年不懂得力争和反抗，"生活问题不解决，空言家庭革命、逃婚，结果，青年失了生活的凭藉，而陷自己于悲惨的地步。礼教不打破，冒冒失失的去讲社交、谈恋爱，也不大好的"[1]。

杨贤江读后，一方面认同他所说的要解决生活问题，打破旧的礼教，但另一方又认为这种解决方式不彻底，并不能普遍适用于所有的青年，于是他给出了如下的解释和建议：

因为在现代这种资本主义的经济（即财产私有）制度下面，一切生产变成商品化，一切生产工具变为少数人所占有，所以多数人要解决生活问题，是绝对不可能的。换句话说，多数人势必陷于贫乏，贫乏的人势必被剥夺了婚姻的权利。因此，我们可以断言：在现代经济制度底下，是不会有美满的男女结合的。现代青年真想实现美满的男女结合，非先打破这个妨碍他实现的经济制度不可。不打破现代的经济制度，生活问题就不得解决。不打破现代的经济制度，即使打破了旧礼教仍归于无用。[2]

在这里，杨贤江将生活问题归结为资本主义的经济制度所导致的，而且贫乏的人在这种制度下被剥夺了婚姻的权利，如若不打破现代的经济制度，那么生活问题和礼教问题都将无法解决。最后，杨贤江建议姜敬舆阅读施存统在《觉悟》

---

[1]《通讯·婚姻问题的讨论》，《学生杂志》第 11 卷第 5 号（1924 年 5 月 5 日），第 83 页。
[2] 同上。

上发表的《婚姻与经济的关系》一文[1]。

刘巍也对青年的恋爱问题提出了看法。阅读了《学生杂志》"青年与恋爱"专号，尤其读了恽代英的《青年的恋爱问题》后，刘巍向《学生杂志》写了一篇阅读感想。在刘巍看来，恋爱对青年来说是个大问题，但社会环境对青年恋爱造成了阻力。这些阻力是什么呢？在刘巍看来，它们是"彰明较著的几千年认为天经地义的礼教积习，再就是握操经济大权的资本家，及等等吃人的磨灭人格的阶级制度"。不铲除这些因素，恋爱是"是少爷们和小姐们的恋爱，是贵族的有权势的人们的恋爱"，"自由恋爱"、"恋爱自由"对于穷苦青年来说，就只是"幻想、梦想、痴想罢了。"青年要想有一场纯洁而美好的恋爱，就应当像恽代英所说的，要"先把压迫中国人的人打倒，把一切压迫人的人打倒"，青年自己"也要抖擞起青年的精神去作点反抗阻止"的活动[2]。杨贤江读完刘巍的信后表示，"我完全赞同你的意见。可惜许许多多近视的青年还在做恋爱的梦！深愿他们能从你的警告得到觉悟！"[3]

杨贤江在解答青年学生的升学和恋爱问题时，不仅给他们提供了解决方案，还进一步运用马克思主义的分析方法来引导他们追寻问题出现的原因，辅以慰藉之语，这使得《学生杂志》在学生中深受欢迎。一位佚名的读者致信道：

> 读了四号《学生》，你们那种诚恳答复我们的问题，真叫我们快慰极了。不独十二分的满足，并且二十四分的铭感。像我们这样无师可寻的人（失学者），本已是痛苦极了，屡屡将一些疑问寄到那些所谓启发知识、在学界占位置的刊物上，但是他们那号称主笔先生的，都是要摆面孔，搭臭架子的。你虽三番四次的求答、乞教，他总是置之不理的。我们想一想，本也难怪他们，因为他们本是借启发读者知识，来混饭吃

[1]《婚姻问题的讨论》，《学生杂志》第 11 卷第 5 号（1924 年 5 月 5 日），第 83 页。
[2]《现代中国青年不配谈恋爱》，《学生杂志》第 11 卷第 5 号（1924 年 5 月 5 日），第 81—82 页。
[3]《现代中国青年不配谈恋爱》，《学生杂志》第 11 卷第 5 号（1924 年 5 月 5 日），第 82 页。

的哦！像《学生》这样诚恳的待读者，真真了不得啊！从此我不独把《学生》看作益友，并且要认《学生》为良师了。[1]

信里所称的"你们"，指的就是《学生杂志》编辑部的杨贤江及其同仁。这位读者之所以有如此的感想，在于《学生杂志》的编辑能够诚恳地答复读者的疑问，给像他这样的失学者给予了心理的慰藉和人生路途的指引。一位中共早期党员洪沛然回忆《学生杂志》时，也对杨贤江耐心回答读者的疑问"倍感亲切"，他说：

> 二十年代初的一个青年学生，也是在人生的道路上开始进行探索。由于家庭穷困，升学就业都是问题，时时陷于苦闷之中。一次偶然翻阅《学生杂志》，读到杨贤江同志有关青年问题的论文和他在答问栏中回答读者提出的问题，倍感亲切，于是在商务印书馆订购了一份，从此成为《学生杂志》的长期读者。对杨贤江同志虽未蒙面，但通过《学生杂志》在思想感情上很快就把他引为我的良师益友。[2]

由以上可知，很多青年学生向编辑杨贤江致信倾诉，认为自己家境贫寒，求学难以为继，于是自认为自己是"无产阶级"，而那些能够继续上学的，则是"富者阶级"，这与马克思主义理论中的"无产阶级"概念显然有偏差，但一定程度上可以看出他们脑海中有模模糊糊的阶级意识。杨贤江也充分利用学生所述的"无产阶级"一词，一方面提出切实的建议，告诉他们可以找工读学校，一边工作，一边上学。如果没有适合的学校，可以将求学的想法放一放，因为人生的目的并不只是为了求学，更重要的是要做出对社会有意义的事情；另一方面，杨贤江充分利用学生的自我阶级认知，引导他们将上学的困境归结于社会、制度、经

---

[1] 《通讯》，《学生杂志》第 10 卷第 7 号（1923 年 7 月 5 日），第 6 页。
[2] 洪沛然：《青年导师，革命先驱》，杨贤江教育思想研究会编：《杨贤江纪念集》，第 109 页。

济问题所导致，要想解决这些问题，需要根除社会上的私有制，走社会改造的道路，进而将学生导向社会革命、无产阶级革命。

五、"到民间去"："入社会"与"干革命"的思想导引

《学生杂志》的读者主要是中学生以及受过教育的青年，其在向学生介绍宣传马克思主义及其他社会主义流派时，也会告诫青年应当具备怎样的素养，如何适应时代的发展，未来的路应当怎么走，这些引导都将青年前途与国家时势相结合。杨贤江在编辑杂志时，着力选刊与上述问题相关的文章，他自己也会在《学生杂志》上撰文规劝和引导中学生和青年。正如一位曾经是《学生杂志》的读者后来成为中共党员的洪沛然回忆称，"杨贤江同志在论述青年问题时，总是把青年人的一些具体问题同整个社会以及国家、民族的利害联系起来考虑"[1]。本节将要论述《学生杂志》的一些投稿者以及编辑杨贤江如何结合社会革命实际，对青年学生进行规劝和引导，这些又如何与时势相结合。

19世纪60至70年代的俄国，农民同地主和沙皇制度的矛盾日益尖锐，一批代表农民利益的平民知识分子走上民主革命的道路，逐渐形成"民粹派"，其所主张的"民粹主义"即是一种空想社会主义思潮。1861年俄国农奴制改革后，资本主义迅速发展，沦为无产者的农民遭受农奴制残余和资本主义的双重压迫，一批同情农民的知识分子发动了"到民间去"的社会运动。20世纪初，俄国"民粹主义"随着无政府思潮从日本传入中国，为中国知识分子所认知。五四运动期间，"到民间去"逐渐成为中国知识分子的一个口号，即知识分子走向民间，与工农相结合。当时的许多期刊诸如《晨报》副刊、《民国日报》、《努力周报》等都刊登过"到民间去"的相关文章，倡导青年投身于引领农民、教育农民、改革农村的事业中。此时的《学生杂志》也刊载相关的文章，倡导知识分子与工农相

---

[1] 洪沛然：《青年导师，革命先驱》，杨贤江教育思想研究会编：《杨贤江纪念集》，第109页。

结合[1]。

为鼓励青年到民间去，《学生杂志》的作者一般先会简要介绍俄国青年到民间去的概况，言词之间无不包含着赞扬与肯定的语调：

> 俄国大学生鉴于政治的腐败，贵族的混账，所以要到离文明中心地很远的村落，去和平民为伍，要唤醒平民回来干改造社会的事情。在实行这种运动的时候，他们是受着横暴官吏的摧残，受着贵族的猜忌，受着牧师的怨恨，受着头脑简单不识不知的农夫的惊怪。但是他们并不因此灰心；等到他们的工作完了，俄国是已得救了。现在研究俄国革命史的，谁能不赞美俄国学生那种热烈的精神和牺牲的行为呢？[2]

再比如《智识阶级的使命》一文提到：

> 在这些青年男女里面，盛行着一种呼声，是叫他们到民间去，到在离文明中心很远的黑暗村落，深入祖国的腹地去。他们为民众牺牲掉自己。他们教育儿童，医治疾病，扶持少年，看护老弱。他们这些工作，常常是教人而没有校舍，治病而没有器械，并且没有一点靠得住的薪水。不特如此，他们还要受地方官吏的压迫，贵族的猜忌，牧师的怨恨，和那头脑简单不识不知的农夫的惊怪。他们有得痨病死的，有得温热症死的，有因忧郁悲伤死的，又有因别种变化不测的病死的。这些无名的男女英雄所经的苦难远在所描写的以上。但他们的工作完了，俄国已得救了，他们已唤起了民众了。这种轰轰烈烈地做出的工作，遂使各个人永远地敬仰。[3]

---

[1] 蒋志彦、翟作君：《中国学生运动史》，上海：学林出版社，1996年，第77页。
[2] 健夫：《青年！向那里走？》，《学生杂志》第9卷第5号（1922年5月5日），第2页。
[3] 《时论摘要·智识阶级的使命》，《学生杂志》第9卷第5号（1922年5月5日），第90页。

在作者看来，俄国的男女知识青年，能够离开城市，深入农村，开展教育、医疗、卫生等一系列工作，唤醒民众，建设农村，改造社会，即使面临着巨大的艰辛和困难，他们都依旧坚持，这些智识阶级的奉献精神和牺牲精神应当受到后人的敬仰和赞美，由此可知"向民间去"，有其重要性和必要性。

当时"中国人口有三万万二千万，而农民占过半数；面积有三千三百万余方里，而除少数著名都市所占地皮外，尽都在农民势力范围之内。"如若想改变中国的现状，应当将注意力移向农民身上[1]。如果不对他们进行组织教导，那么他们很难感受到社会革命的意义和价值。此外，中国的财政收入，大半来自田赋，农民深受其苦，而且乡村交通不便，教育不兴，"而兵、匪、奸吏、劣绅，又从而百般欺诈，骚扰，凌辱"，这些都是智识阶级应该关注的事情。可是什么人可以改造和救助农民呢？在谢远定看来，受过中等教育的知识青年便是最合适的人选。

受过中等教育的青年很多都是农家出身，他们在假期对乡亲努力宣传教育，"则如火盆干薪，没有不燃烧之理"[2]。此外，这些青年回到家乡后，会受到亲戚的重视，家族的亲戚朋友们可能会称呼他们为"官人，少爷，哥儿，小姐，先生"等，这时，青年学生"大可利用亲戚恭维尊敬的心理来亲切地启迪、指导、组织"。同时，报纸杂志的记者们也要营造舆论氛围，"最要紧的还是要靠各个青年学生们自己自由结合，联络同乡，讨论本乡农民运动自具体办法而亲身实施之"[3]。

谢远定在他的另一篇文章《领袖论》中指出，革命的成功需要依赖群众。但是这些群众需要领袖来引领，那些时势创造的英雄，"老是栖栖皇皇（惶惶）地在人间奔波"，比如孔子、墨子、孟子、荀子，以及马克思、克鲁泡特金、列宁、

---

[1] 谢远定：《学生与农民》，《学生杂志》第 11 卷第 6 号（1924 年 6 月 5 日），第 36 页。
[2] 谢远定：《学生与农民》，《学生杂志》第 11 卷第 6 号（1924 年 6 月 5 日），第 38 页。
[3] 同上。

孙文等人，都是如此，这也是可以证明"领袖之不愿与群众须臾离了"[1]。当时所需要的是能够为群众谋利益的人，而"那些没心肝的官僚、军阀和资本家们不配称领袖"，"就是那些智识阶级和小姐、公子般的学生们，天天在试验室或图书馆里咬文嚼字的也不配称领袖。"真正需要的是，"有民治精神的，肯到民间去实际运动的组织家或行政家"[2]。

《学生杂志》的一些投稿人纷纷向读者们提出"向民间去"的口号，号召知识青年们深入到民众中。在当时受过教育的知识青年看来，"劳工"、"庶民"、"平民"、"民众"、"人民"等词语的意思虽然不同，但基本上都属于"下层民众"，即穷人、劳工阶级、农民。在投稿者来看，这些人之所以贫困，一方面是统治阶级对劳动者压迫所导致，另一方面，乡村与城市确实有很大的差距，需要受过教育的青年知识分子来拯救。

由此可见，早期的马克思主义者认识到知识分子应该到民间去，将工人、农民作为马克思主义的宣传对象，教育和引导群众，同劳动群众的社会实践相结合。然而，《学生杂志》对知识分子到工人中去的记载并不充分。笔者仅看到一则史料，大概内容是知识分子在工人中宣传社会主义比在农村中容易，因为工人比较容易召集。罗志田指出"到民间去"的口号"此时有了更明确而直接的意蕴，国共两党的工农运动以及'村治'派的出现等都可视为这一大趋势的不同侧面"[3]。

青年学生在当时面临的情况很复杂。一方面，第一次世界大战刚结束，"国际局面空空的支持着，各国内部的失业问题、经济问题、革命问题都逐渐发展"，另一方面，中国当时内外凋敝，社会中很多受过知识的青年颠沛流离，心灵无所依托。再者，中国的社会仍然被旧礼教支配，"稍没有勇气的青年，不是自杀，就被麻醉下去。何况帝国主义者的政策又咄咄逼人，弄得谋生无路，求学无

---

[1] 谢远定：《领袖论》，《学生杂志》第11卷第4号（1924年4月5日），第55页。

[2] 谢远定：《领袖论》，《学生杂志》第11卷第4号（1924年4月5日），第56页。

[3] 罗志田：《激变时代的文化与政治：从新文化运动到北伐》，北京：北京大学出版社，2006年，第7页。

门"[1]。面临如此的社会环境，一位名为徐警青的作者呼吁道，"青年们，现在是二十世纪了，一个人的生活是和世界社会情形发生关系的，你为你的生活不容，你不知道不明了社会情形，你不能糊里糊涂地向前走去"[2]。要推进青年界的发展，青年必须要在意志、学习方面深入修养，再加上创造精神和坚定毅力，才能谈"解决现代"的问题，以镕铸"新时代"[3]。

为促使青年人关心时事，一位署名为黄坚的作者指出，最重要的还是要从引起他们的兴味着手[4]。接着他从老师层面说起。一方面，老师可以指导学生选阅报章杂志，"报章杂志究竟是新知识新思想荟萃之处"，但报章杂志种类繁多，其言论主张难免有偏激之处，"且各种报章多少总不免有他自己党派的色彩"，因此指导学生阅读报纸是不可忽视的责任。此外，还可以指导学生组织时事讨论会，诸如"京沽惨案责任问题、法统问题、赤化问题、联俄问题、兵匪问题以及其他，均可设法由学生讨论或辩论"。当然，中学生能力有限，对上述有关国家大局的问题，他们或许并不能彻底地解答，只不过这种方式可以促进他们对国家大事的关注[5]。最后，作者还对当时老师怕学生赤化的现象予以抨击，称"愚昧的教师产得愚昧的学生。惟其愚昧，故易于受他人的宣传，为他人所利用。"这些老师应当设法纠正自己和学生对于政治及社会的认知[6]。

杨贤江还倡导个人与社会相结合，青年们应当具有高度的社会责任感，发扬

---

[1] 李震瀛：《青年对社会国家和世界的态度》，《学生杂志》第11卷第3号（1924年3月5日）3月5日，第99页。

[2] 徐警青：《对中等学生的建议》，《学生杂志》第12卷第11号（1925年11月5日），第10页。

[3] 李震瀛：《青年对社会国家和世界的态度》，《学生杂志》第11卷第3号（1924年3月5日），第99页。

[4] 黄坚：《有什么方法可以促进同学对于时事的研究？》，《学生杂志》第13卷第12号（1926年12月10日），第38页。

[5] 黄坚：《有什么方法可以促进同学对于时事的研究？》，《学生杂志》1926年第13卷第12号，第41页。

[6] 同上。

五四精神。如杨贤江向读者指出，五四运动自有一种不可磨灭的精神，这精神就是发扬青年特性，发扬公众意志的精神。也就是说，五四运动的精神，是在表示国民责任意识的觉醒[1]。而当时是要人觉醒的时代，是要社会革命的时代。"在五四运动以前的一般青年学生，各人都抱着'各人自扫门前雪，不管他人瓦上霜'的思想，只是闭门读书而已；到了五四运动以后，学界突然开放，无论什么团体，什么运动，大概都有学生参预，而且很多；各地更有学生联合会之组织，放远眼光，很热心的从事于社会服务"[2]。最后，作者还倡导青年们也需要觉醒，需要团结，走上社会革命的路。因此，青年们要"要张开眼来看看现代社会组织的缺憾究在什么地方，要研究改造这种社会是有什么方法"，大家都能有这个"人的责任的觉醒"[3]。

在社会改革的过程中，有些青年急思改革，改革过程可能有些艰辛，"有狂风细沙迷他的眼，有砖石瓦砾砸他的腿，有千丈深的涧，有万丈高的山"，但是不应放弃对社会的责任。作者强调，"青年们！你要明白，你要彻底地明白，要得自由之果，是要把建设种子尽力壅培，新社会之建设是我们自己终身的责任。负责任！负责任！这三个字差不多成为一班人的口头禅了。"但在实际中，真正负责的和切实负责的青年可能很少，这是因为他们没有热烈的感情，因此，青年应当对社会有热烈的感情，才能养成对社会的责任感[4]。同时，青年们也应该具有奋斗的精神，"但奋斗绝不是只凭血气之勇，'暴虎冯河'而不顾，乃是一种动静适度的生涯"[5]。

---

[1] YK：《复活"五·四"的精神》，《学生杂志》1922年第9卷第5号（1922年5月5日），第3页。

[2] 张友鹤：《青年学生应该怎样去服务社会？》，《学生杂志》第11卷第8号（1924年8月5日），第9页。

[3] YK：《复活"五·四"的精神》，《学生杂志》1922年第9卷第5号（1922年5月5日），第3页。

[4] 徐警青：《对中等学生的建议》，《学生杂志》第12卷第11号（1925年11月5日），第12页。

[5] 李震瀛：《青年对社会国家和世界的态度》，《学生杂志》第11卷第3号（1924年3月5日），第100页。

杨贤江认为，学生在改革政治的运动上，要尽到宣传和领袖一般国民的责任[1]，新时代的学生，应当具有一种服务社会的意识。文化运动便是服务社会的一种方式。当然，除了文化运动以外，还有其他服务社会的形式，比如禁烟、禁酒、劝用国货等等。其中，文化运动的方式有三种，一方面是将世界的新思潮、新学说介绍并输入于国内，普及于全国；其次是对这些新思潮、新学说进行研究，领会其中的精神和源流，并将其作为有系统和条理的事业；再者，通过演讲的方式宣讲，或者出版成书籍，作为参考[2]。在他看来，在教育发达的国家，国家承担大部分的责任，但中国的情形则不同。因为在中国，懂得文化运动的必要，并且能够实地进行的人，多是学校的学生。所以现在我国的学生，须要"做社会运动先锋的文化运动底基础"[3]。

　　除此之外，青年还应当努力唤醒自己的阶级觉悟，深刻意识到自己与国家的关系是"痛痒相关，休戚与共"。在当时，"有许许多多尚未成年的儿童，被强迫着做一天十小时以上的工作"，小工商店的学徒们，"整日整夜地替师傅、主人做奴隶的工作，更无自由的身体、自由的时间可说。"看到劳动群众所受的苦难，青年学生应当有一种努力唤醒劳动青年的阶级觉悟，"组织他们，教育他们，为要改善他们的经济地位，为改变他们的奴性心理，为利用他们的军队生活而有所奋斗"[4]。杨贤江还教导称，"人是永远而且必然的是个人群中的人，人的生活也是永远而且必然的是个群性的生活。所以人人对于社会有责任"。社会在正常的时候，大家过正常的分工互助的生活；社会在非常的时候，大家就须做非常的弥补救济的工作，因此，求学应当"为人群"[5]。

　　对于那些升学的学生，杨贤江敦劝道，应当"兼顾社会环境，千万不要变成书痴，不要把大学生当作一种特殊的高贵阶级而把劳苦民众的利益失学青年的痛

[1]　《通讯·对于学生运动的意见》，《学生杂志》第 10 卷第 12 号（1923 年 12 月 5 日），第 16 页。

[2]　杨贤江：《学生与文化运动》，《学生杂志》第 7 卷第 4 号（1920 年 4 月 5 日），第 2—3 页。

[3]　杨贤江：《学生与文化运动》，《学生杂志》第 7 卷第 4 号（1920 年 4 月 5 日），第 4 页。

[4]　江：《中国的学生运动与青年运动》，《学生杂志》第 10 卷第 8 号（1923 年 8 月 5 日），第 4 页。

[5]　贤江：《求学与救国》，《学生杂志》第 11 卷第 4 号（1924 年 4 月 5 日），第 2 页。

苦完全忽视不顾。"因为学生一方面扮演着学生的角色，另一面还扮演着国民的角色。他们应当一面须有专门的研究，一面还该留意与人类生活最有影响的政治、经济及一般的社会生活。如若求学而不关注社会，"不想促进社会的进化，单以个人的荣耀与福利为目的，他们是时代落后的'遗少'，而非现代中国的青年"[1]。对于那些自学的青年男女，应该同时也要成为一个社会主义者。"要是不然，那么我劝你索性不要自学!"[2]青年当时除了需要辨识各种主义外，还要具有觉悟的精神。杨贤江指出，"我们必须觉悟起来，觉悟到现代社会组织根本的缺点，觉悟到国内军阀和国外列强无理的压迫，觉悟到人生的权利和奋斗的能力，觉悟到无产者无工可做、无书可读的一般的现象的可以痛心。"于是青年为自己计，为大多数被压迫者计，奋斗起来，做一番轰轰烈烈的大事业。这样才算是一个有才有识的青年，"所以青年做人的关头乃在于觉悟不觉悟"[3]。

在当时军阀混战，内外忧患的情况下，青年的路应当如何走? 路又在何方? 对于这些问题，通过分析杨贤江及其同仁在《学生杂志》发表的文章，我们可以看出，他们非常注重引导青年将自身和社会结合，走社会主义和社会革命的道路。一方面，他们倡导青年应当投身于改革农村的事业中，倡导知识分子与工农结合，主动去传授知识和经验;另一方面，青少年应当觉悟起来，自觉承担起对国家和社会的责任，关心国事和政治，对于那些不关心国家和政治的青年，应当提起他们对时事的兴趣，教师在其中发挥了重要作用，比如引导青年学生阅读载有时事新闻的报纸杂志，青年学生也可以通过观看演说、发表文章的方式，意识到自己是社会中的一员，国家兴衰荣辱与自身有着不可分割的关系。为此，杨贤江还在1923—1924年间组织了一场颇具规模的"学生干政与入党问题"的讨论，引导青少年关心国事和政治。这些都促进了青年学生对时事的认知，也增强了青年学生的社会责任感。

---

[1] 贤江:《青年求学问题》,《学生杂志》第 11 卷第 6 号（1924 年 6 月 5 日），第 2 页。

[2] 贤江:《再劝自学者》,《学生杂志》第 10 卷第 7 号（1923 年 7 月 5 日），第 6 页。

[3] 贤江:《青年求学问题》,《学生杂志》第 11 卷第 6 号（1924 年 6 月 5 日），第 2 页。

结语

早在 19 世纪末 20 世纪初，马克思主义便传入中国，但直到十月革命尤其是五四运动后，马克思主义及其他社会主义思潮才如涓涓细流一般汇聚成滔滔大河，在中国广泛流传。张灏先生指出，在近代中国思想史的转型时代，思想知识的重要传播媒介之一便是报刊，它们不但报道国内外的新闻，而且还介绍新思想，起到了刺激政治社会意识的作用[1]。《学生杂志》在这个潮流中于 1914 年创办，起初被誉为典型的"课艺杂志"。杨贤江在浙江省第一师范学校读书时便是《学生杂志》的忠实读者和投稿人。1921 年，杨贤江开始主持《学生杂志》，编选的文章和以前大有不同，明显增多了政治类和时论性的文章，尤其刊登了大量关于马克思主义及其他社会主义流派的相关内容。这使得《学生杂志》在受众人数众多的江南地区，有效促进了社会主义思潮的传播。

若将《学生杂志》中对社会主义宣传和报道的文章做一番梳理，大致可以分为三类，分别是十月革命后的俄国、马克思主义及社会主义学说、其他社会主义流派。通过分析《学生杂志》对相关内容的报道，可以看出马克思主义及社会主义学说在中国的传播有一个被认识的过程。杨贤江及其同仁在这一过程中，会有意识地引导学生以马克思主义的分析方法来认识和理解社会现象，而"学生问答"和"通讯"栏目是介绍和宣传马克思主义及社会主义学说的重要平台。当然，马克思主义传入中国后，和它同时存在的还有诸如无政府主义、工读互助主义、国家社会主义、基尔特主义等等，《学生杂志》对于这些社会主义思潮的相关介绍并不多，多是对其概念以及代表人物的介绍。在如此情况下，不乏有作者指出，应当做主义的利用者、研究者、实践者，而非一味的信从。《学生杂志》在"时论要目"和"书报介绍"这两栏刊登的关于社会主义的书目比较多。在"问

---

[1] 张灏：《转型时代在中国近代思想史与文化史上的重要性》，张灏著，任锋编校：《转型时代与幽暗意识》，上海：上海人民出版社，2018 年，第 152 页。

答"栏目里,杨贤江也在有意地向读者推荐与马克思主义相关的书籍。这些介绍虽然比较零散,但仍然在宣传马克思主义及其他社会主义方面起到了一定的作用,促进这些书籍在学生中流传和认知。

《学生杂志》的通讯和问答栏目是了解学生自我认知和思想动向的一个重要渠道,汇集的大部分是与学生切身相关的问题。通过学生与编辑之间就求学和恋爱问题的互动,杨贤江充分利用学生的自我认知,巧妙地引导他们将上学的困境归结于社会、制度、经济问题所导致,而要想解决这些问题,需要大家共同努力,根除社会上的私有制,走社会改造的道路,进而将学生导向社会革命之途。可以说,杨贤江对学生生活、婚恋问题的答疑和解读起到了一定的效果,一些学生回信称,他们听从了杨贤江的劝告,并把杨贤江视为人生的良师,将《学生杂志》当做人生的一剂良药。很多读者向《学生杂志》投信,表达自己阅读后很有收获的喜悦和感激之情。他们将《学生杂志》比喻为"夜明灯"、"青年界的明星"、"青年界的保姆"[1],认为"《学生》不仅供给我们知识,并且指示我们做人方法。在这出版品幼稚的中国,真是一种不可多得的完美读物啊!"[2]有读者表示,"三年来,我领受它的勉励劝言和指导,使我生活上、精神上生了很大的变迁:趋向于有目的的善良的方面"[3]《学生杂志》不仅仅在生活上对学生有启发,在思想上也使得学生别有收获。一位名为张名彦的读者,在一封信件中写道:

> 我从前是一个枯寂守旧的学生,从来不知何谓"改放","新潮",
> "新思想","新文化"……种种新名词,新学说;每日除开埋首窗下,温
> 读功课外,没有一种有益的杂志来参阅;而我自己也不知觉悟,仍然糊
> 糊涂涂度我的岁月。后来在校中图书馆偶然看见一本《学生杂志》,读
> 过一遍,不禁兀自惊讶,以为世界上竟有如此补益学生的一种杂志;从

---

[1]《杂问及对于本志内容讨论》,《学生杂志》第 10 卷第 8 号(1923 年 8 月 5 日),第 13 页。

[2]《通讯·对于本志的希望》,《学生杂志》第 10 卷第 9 号(1923 年 9 月 5 日),第 4 页。

[3] 姜敬舆:《通讯》,《学生杂志》第 10 卷第 7 号(1923 年 7 月 5 日),第 7 页。

此在这一学期里，把《学生杂志》从第一卷起读了一遍，而我自己看来，好像我从一个旧式的人，翻而为一新式的人，从黑暗地牢里一跃而入了光明的世界。[1]

20世纪20年代是"主义"盛行的时代，《学生杂志》因势而行，在杨贤江的引领下，刊登了大量关于政治和时事的文章，尤其在宣传和介绍社会主义、引导学生用马克思主义的分析方法来认识社会问题方面。杨贤江及其同仁在此期间，撰写了大量社评，发表与马克思主义学说相适应、相并行的文章，在受众人数广大的江浙沪地区，与《民国日报》、《东方杂志》、《时事新报》、《星期评论》等报刊遥相呼应，互相因缘，形成了"红色江南"的壮美图景。

---

[1] 张名彦：《张名彦致〈学生杂志〉记者》，第10卷第3号（1923年3月5日），第6页。